# 新疆岩画艺术谱系研究

隋立民 / 著

新疆人民出版社
（新疆少数民族出版基地）

图书在版编目（CIP）数据

新疆岩画艺术谱系研究/隋立民著. -- 乌鲁木齐：
新疆人民出版社（新疆少数民族出版基地），2024. 11.
ISBN 978-7-228-21404-4

Ⅰ . K879.424

中国国家版本馆 CIP 数据核字第 20245K6Q77 号

# 新疆岩画艺术谱系研究
XINJIANG YANHUA YISHU PUXI YANJIU

| 出 版 人 | 李翠玲 | | 策 划 | 杨世新　宋江莉 |
| 责任编辑 | 宋江莉 | | 装帧设计 | 杨世新 |
| 责任校对 | 马鸿霞 | | 责任技术编辑 | 那孜古丽·阿克山拜 |
| 岩画摄影 | 陈 龙 | | 岩画插图 | 隋立民 |

出版发行　新疆人民出版社（新疆少数民族出版基地）
地　　址　乌鲁木齐市解放南路 348 号
邮　　编　830001
电　　话　0991-2825887（总编室）　0991-2837939（营销发行部）
制　　作　非凡印艺图文设计工作室
印　　刷　新疆新华印务有限责任公司

开　　本　880mm×1230mm　1/16
印　　张　28.25
字　　数　330 千字
版　　次　2024 年 11 月第 1 版
印　　次　2024 年 11 月第 1 次印刷
定　　价　80.00 元

# 谁能在岩石上留下刻痕

黄　毅

在我认识的艺术家中，多数人都惯常于使用自己熟稔和拿手的表现方式来"说话"，搞音乐的人用他的旋律，搞舞蹈的人用他的舞姿，搞美术的人自然是画了，这本身是无可非议的。但如果一个艺术家某一天采用了另外一种方式"说话"，其跨界之后的陌生感，是否还能够留住人们对他原初的印象？或者哪一种口音更容易打动人呢？当一个画家有了画笔之外的表达方式，是否说明对自身的突围？不囿于现状，不满足已获取的认知，可能是最初的原动力。证明自己的方式有很多种，书写应该是最容易也最难的吧？那么，操弄一本书呢？

隋立民是个画家，曾接受过正规系统的绘画训练，也从事过多年的习练与创作，在水彩和油画间游走多年，不能说她的画已臻化境，或找寻到了属于自己独有的绘画语言，至少应该在新疆美术圈子里属于经常能见到作品的活跃画家，绘画的前景于她而言不一定能望得见底。那么，基于什么考量她要写一本关于新疆岩画的大书呢？写作显然不是她的强项，可偏偏要为之，这不能不令人思忖。

我在想，一个人的责任担当，是否会成为一种为艺术献祭的行为？新疆的大山大川，遍布着史前的岩画，而作为图画艺术的先导，它所具有的艺术启示和价值，是毋庸置疑的，那么一个并非此领域研究者的画家对它的研究，是否可称之为艺术的自觉？我又在想，假如是因为一个人的艺术创作步入到了某个瓶颈，进入了困惑期，百思不得其解而又无法突破自我，找寻到新的路径，往往会折返到源头，探寻最初的艺术动因，就如同要搞明白我们是从哪里来的，进而才能知晓我们将去何方，这种探源式的艺术反思，往往潜伏着巨大的危险，要么沉溺其中难以自拔，要么因为窥破堂奥，忽然明了了艺术的真谛，大彻大悟，而对原先痴迷的艺术本体，性味大减，甚至产生某种悔意。

如果都不是，那是因为什么呢？须知，写一本关于新疆岩画研究方面的著作，不是凭着一时的冲动，或者想当然的艺术感悟就能轻易完成的，它需要写作者具有较为完备的知识储备，诸如地质学、气象学、环境学、考古学、历史学、艺术学、人类文化学、社会学、民族文化学、宗教学、材料学等等，不一而足。更为重要的是，她要有极大的信心和耐心，不断提升自己的自信力，不断激励自己的行动力，方可完成这个工程。

世界各国对岩画的研究由来已久，一些发达国家引领着研究潮流，且由此创立了不少学科。新疆的岩画研究肇始于20世纪60年代，其中因为众所周知的原因一度中断，直至20世纪80年代初才恢复研究，而研究多从考古学角度出发，以田野调查、发现整理为主要研究方法，陆续出版了一些研究专著，在疆内外产生过一定影响。

隋立民的研究，固然是要踩在前人的肩膀上，但必须独辟蹊径方能有所建树，这是一种探索亦是一种冒险，不唯此如何有乐趣与激情？她选择了从艺术学角度从新疆岩画的艺术属性、表现形式、审美特征与审美意义等方面入手，尤其注重探寻岩画艺术对现代艺术的借鉴价值，试图描摹出现代艺术与古老岩画融合的路径。

岩画是人类先民约在 4 万年前用石器在岩壁上刻磨下的生产生活场景，被誉为文字发明之前人类最早的"文献"。岩画其实也是一种石刻文化，人类祖先以石器为工具，以岩壁为画布，用粗犷、古朴、自然的方法——石刻，来描绘、记录他们的生产方式和生活内容及崇仰对象，它属于人类早期文化现象，是人类先民跨越时空留给后人弥足珍贵的文化遗产。

新疆的三条超级大山脉，无疑决定了新疆是岩画的富集区。从这一方面来说，隋立民是幸运的。她以阿尔泰山、天山和昆仑山区域的岩画为研究对象，就决定了她占有大量丰富的其他地方的研究者不可能拥有的素材资源。田野调查、实地调研加上多学科研究成果和文献史料作为依据，进而对新疆岩画的艺术特征与审美形式进行系统的分析阐释。

显然，这条路径是行得通的，作为研究者，对原始狩猎生产方式下人类生存环境、生存方式、社会结构、意识形态、原始思维及文化特征展开分析，其目的就是为了阐明由原始游牧生存活动产生的意识形态决定了这些岩画的艺术特征，在此基础上，运用谱系学方法论，从岩画艺术本体与原始社会生态的关联性出发，依据研究问题与知识材料的内在联系，撷取岩画中的自然物种、原始崇拜、场景叙事三大主题片段，确立新疆岩画艺术谱系框架。

此书的要义是谱系。谱系学的概念是法国哲学家木歇尔·福柯哲学中的核心概念之一，此概念来自尼采的《道德的谱系》。通常意义上谱系学是一种分析方法，要求耐心和了解细节，并且，它依赖于原始材料的大量积累。很显然，新疆丰富多样的岩画资源为隋立民提供

了进行谱系构架的可能，最便捷的便是以岩画图式为契合点，从而构建谱系体系，或曰旨在完成符合岩画艺术本体规律之研究体系的宏伟建筑。

一个画家，历时数年完成这样一部著作，其艰辛与难度自不必多言。我在推想，此时的隋立民再提起画笔时，笔端可能会呈现另一番景象。如果画家的面影由此模糊，而世间多了一位岩画研究的专家，是否也是一种塞翁失马的未知呢？

天荒地老、万水东去，大立于苍穹之下，念天地之悠悠，谁人不怆然涕下？自古勒石留名者众，岂不知时光之水冲刷，岁月风雨交加，真正能留下痕迹的其实寥若晨星。岩石有多么冰冷？有多硬？能在岩石上留下刻痕的一定比岩石更坚硬！吾始信。

是为序。

2022 年 12 月 25 日至 2023 年 1 月 9 日

乌鲁木齐市雅玛里克山望山斋

# 目　录

# 前　言

　　新疆地处亚欧大陆的腹地，在历史上是古丝绸之路的重要通道。它将古代中国与世界联系起来，成为沟通东西方经济、文明交流的桥梁。多种文化在此交融荟萃、融合碰撞，创造出璀璨的中华西域文明，成为中华民族五千多年发展史的组成部分。

## 一

　　史前岩画在世界各大洲都有发现，最早的岩画可以追溯到 4 万年前。自远古时期起，人类就开始利用石头从事各种生产活动。岩石既是劳动工具，也是生活用品，特别是利用岩石作为刻绘载体，用岩画记录和描绘自然事物、社会生活、精神意愿等，直至现代仍有一些原始部族还在制作岩画。岩画分布地域十分广泛，包括世界五大洲的 150 多个国家和地区，主要集中在欧洲、非洲以及亚洲的印度和中国。岩画有着鲜明的原始文化特征，特别是在文字出现之前的史前岩画，反映着人类初始阶段的社会形态、生产生活及精神意识，它是远古时代人类的劳动产物，也是人类的精神产物。先民们以生动的图画形式记录、表达着为生存而不懈努力的生命意识与精神意愿，是先民为人类

发展史遗留下的最早"文献"。

新疆岩画是远古游牧部族的社会生产生活印记。他们逐水草而居，以畜牧狩猎为生。其活动范围以山区和草原为主，岩画的分布与原始游牧部族频繁活动的牧场分布一致。新疆的地理地貌与气候特点，决定了游牧经济生产多以春、夏、秋、冬四季轮牧方式进行，特别是在冬牧场居留时间长达5~6个月。良好的冬牧场对于游牧民的生存而言尤为重要，同时也只有在漫长的冬牧季节，才有充分的时间从事各种崇仰仪式或创作活动，冬牧场往往是岩画数量较多的地方。

新疆岩画主要分布在阿尔泰山、天山、昆仑山的辽阔山区和草原。岩画分布较密集的区域是天山以北与阿尔泰山之间的阿尔泰山南麓、准噶尔西部山地，以及周边分布的许多矮山区。阿尔泰山群峰耸立，林木繁茂，并有乌伦古河、额尔齐斯河及其支流散布其间。这里冬夏季降水充沛，水草丰茂，四季草场分布广泛，具有优良的畜牧条件，有岩画的地方过去或现在都是良好的牧放之所。岩画中多以畜牧狩猎、动物形象、原始宗教、生殖崇仰等内容为主，生动地反映出曾经活动在阿尔泰山区域的游牧民族的草原文化面貌。阿尔泰山岩画分布密集且数量较多。阿勒泰地区六县一市逢山必有岩画，素有"阿尔泰山千里岩画长廊"之美誉。同时，在低山带和低位中山亚带的山间盆地、谷地以及河岸、沟地等区域还发现大量古代鹿石、石人、墓葬等遗迹，与岩画共同展示出阿尔泰山优越的地理条件与肥沃的山地草原所滋生的古老草原文明。

新疆中部的天山山脉也是岩画相对集中的区域，山脉之间发育有许多河流以及众多大小冰川的融雪汇聚出的河流，丰富的降水和河流滋润着天山南北的广袤草原，以及山间谷地和山前平原。特别是天山北麓降水充沛，水草丰茂，是优良的山区牧场。位于天山北坡1400米以下的低山区和沙丘的冬牧场是岩画分布最多的地区。天山北坡的岩画以哈密市、昌吉回族自治州、博尔塔拉蒙古自治州、伊犁哈萨克自治州最为典型。而天山南麓多为阳面背风坡，降水少，植被稀少，畜牧条件远比天山以北差，因此天山南部岩画远远少于北部，风格特征与天山以北的岩画有少许差异，与昆仑山脉岩画风格相似。天山南麓岩画主要分布在吐鲁番盆地、巴音郭楞蒙古自治州、阿克苏地区。

新疆南部昆仑山系分布于塔里木沙漠南缘，是亚洲腹地的干旱山地。干旱环境对于畜牧业有着较大的影响，因此岩画相对于北疆要少很多。昆仑山岩画主要分布在巴音郭楞蒙古自治州的且末县，和田地区的皮山县、和田县，喀什地区的塔什库尔干塔吉克自治县、叶城县，克孜勒苏柯尔克孜自治州的乌恰县、阿合奇县等地。新疆岩画分布规律以天山为界，自天山北坡直至阿尔泰山南坡的山间河谷的草场、牧场，岩画分布最为丰富，其中阿勒泰地区、塔城地区、伊犁河谷与哈密盆地较为集中。从天山南坡至昆仑山地区，因畜牧条件不如天山以北，所以昆仑山岩画的数量远比北疆地区少得多。新疆岩画主要分布在阿尔泰山、天山、昆仑山以及三山环抱的准噶尔盆地、塔里木盆地周缘的丘陵山地。

二

新疆岩画具有浓郁的山地草原游牧文化特点，岩画中大量的动物形象、牧猎场景与自然崇拜等内容，反映出原始牧猎生产生存方式下，人类对自然的依赖、敬畏，以及为了生存而不懈努力的生命精神，展现了新疆远古游牧族群的社会生活全貌。新疆岩画中动物形象的数量最多，从北至南分布广泛。种类繁多的动物岩画中，最多的是羊，其次为马、牛、骆驼等家畜，还有众多的野山羊、盘羊、羚羊、鹿、野骆驼、野牦牛、狼等野生动物。动物岩画反映出新疆地区原始时代生态环境的动物群落特征，说明当时的自然环境是水丰草茂、物种丰富。动物在原始牧猎族群的生活中具有至关重要的地位，它们既是人类不可或缺的生活资源，更是人们敬畏的崇拜对象。在集体表象互渗思维作用下，原始游牧部族尤为关注动物那些关乎"力"的特殊属性。他们将崇拜热情注入岩画刻绘上，创造出的各种具有神圣意义的动物形象，成为人类实现自我力量强化的增效介质。新疆岩画还有大量的人物形象，姿态各异，如直立、行走、射箭、骑猎、战斗等；还有体现仪式或崇仰活动的舞蹈、生殖崇拜等人物形象，生动地再现了原始游牧先民的生产生活方式。原始游牧部族将自身形象刻绘在岩画中，这是人类主动与自然进行互动的生命活动，也是人将自我意识转化为行动的实践方式，反映出早期人类在不断地生存实践中自我意识的觉醒与发展。除动物、人物形象外，还有许多反映现实生活的内容，如车辆、手印、自然景观和符号、抽象图形等形象，以及许多叙事性强且情节相对完整的画面，如放牧图、狩猎图、迁徙图、战斗图、仪式崇拜图、生殖交媾图、滑雪图等。原始游牧部族以岩画方式描绘出自然、人物、动植物以及各种生活场景，将原始社会人类的现实状态充分展现出来。岩画反映着先民的生活方式、思维意识、精神信仰，以及原始认知下的自然观、宇宙观，折射出原始文化的内涵与意义，成为原始文明得以延续的独特方式。

新疆岩画有彩绘岩画，但刻绘居多。彩绘岩画是用赭石、动物血或动植物胶混合后，在岩棚洞窟或洞穴中描绘图画，主要是红、白、黑等颜色；刻绘岩画是采用坚硬的石质或金属质工具，通过凿刻、磨制等方法在岩石或崖壁上刻出各种形象，正是这些原始技艺形成了岩画独特的艺术效果。原始人在"万物有灵"观念的支配下，将岩画作为实施巫术仪式的载体，并以虔诚的态度将自然物转化为神性的崇拜对象，以此表达对生命力的欲求。岩画是原始游牧部族生存中的重要内容，服务于生存实用的功利目的，它是配合崇仰活动而进行的"巫绘合一"的结果。岩画的艺术性由质料（手段）、形式、目的和结果共同体现。新疆岩画分布地域辽阔，数量庞大，题材丰富，形式各异，造型质朴且风格多样，呈现出独具特色的原始艺术魅力。

## 三

从古至今，广袤的新疆大地上众多游牧族群往返于此，从狩猎经济到畜牧生产，始终与自然环境相互依存。不同的游牧族群以相似的或相近的生产方式进行着社会生产实践，同时创造出与社会生产方式相适应的文化内容。他们视大自然为生命之母，崇拜自然万物，以原始思维方式认知、解释一切生命现象。他们以岩面为载体，用粗陋的工具和简拙的线条刻绘出形式各异的图画，记录自身所见、所闻、所想，以此表达认知、情感与信仰。岩画作为新疆原始文化景观中的重要内容，体现出鲜明的游牧文化特质，是原始时代人类生产生活与社会实践的缩影，也呈示出先民的精神追求、认知意识与审美理想。自古以来新疆因独特的地理位置成为东西方文化与经济交流的重要通道，不同人群沿着草原之路、绿洲之路以及丝绸之路迁徙往来，各种文明也随之交互、碰撞，相互影响、融合。据考古证实，史前时代不同族群就以各种方式参与着文明交流，为新疆文化多元格局的形成奠定了基础。文化多元性在新疆岩画中也有充分的显示，如考古学界和岩画学界一致认定呼图壁县康家石门子岩画是公元前10世纪至前5世纪的塞人所作，岩画中还发现有古印欧文化的印记。昆仑山的且末岩画系古羌人文化遗迹，而阿尔泰岩画中的"鹿"形象与中国北方草原、欧亚草原众多区域发现的同类遗迹极为相似。随着亚欧大陆东、西文化交往的深入，特别是在不断扩大的游牧社会集团的作用下，不同文化在人口流动过程中相互影响、融合与补充，文化传播面也随之深远、扩展，直至中华文明腹地。多元文明的融合与传播，使新疆成为"丝绸之路文化圈"中的重要环节。新疆岩画则是这一文化圈中各民族共同创作的艺术作品，因此新疆岩画既体现出复合型的文化形态、鲜明的区域文化特点，又反映出多元文化融合的共性特征，使新疆各民族文化自古就呈现出各美其美、美美与共的多元并存又相互交融的特征。

新疆岩画承载着原始游牧部族的现实生活与精神生活，是人类初期在自然改造中实现自身改造的精神依托与生命动力，反映着早期游牧民族的社会活动，是新疆原始文化的具体体现方式。岩画以其特有的艺术形式和文化内涵，成为记录新疆原始社会面貌的"图画式"历史档案，对不同学科领域的研究都具有极大的史证价值。

四

早期人类的一切活动都基于生存目的，生命意识是促进人类不断创造和发展的根本动力。岩画的创作动机是基于生存需求的精神满足，它是人类在原始社会意识形态下，认识世界、再现生活、表达自我的图像化语言形式，是人类生存活动的真实记录和具有连续性的历史印记。原始岩画具有功利性与艺术性的双重特征，无论是题材还是表现形式，都与人类早期认知意识、生存情境、思想观念以及情感信仰、审美理想等有着必然联系。因此，岩画艺术研究不能脱离其所处时代的历史环境与人文背景，孤立地对内容与形式进行读取。新疆岩画艺术研究立足于历史背景、社会环境与文化语境中，运用多学科研究方法，从其他学科的研究材料中获得证明、参照、借鉴以及相互印证，力求准确地解读岩画语意，将新疆岩画的文化特征、艺术价值与审美意义真正呈现出来。

《新疆岩画艺术谱系研究》以新疆阿尔泰山、天山和昆仑山区域的岩画为研究对象，以大量的岩画素材、实地调研、多学科研究成果和文献史料为依据，对新疆岩画的艺术特征与审美形式进行系统的分析、阐释。首先，对原始牧猎生产方式下人类的生存环境、生存方式、社会结构、意识形态、原始思维及文化特征展开分析，阐明由原始游牧生存活动产生的意识形态决定了岩画的艺术特征。在此基础上，运用谱系学方法论，从岩画艺术本体与原始社会生态的关联性出发，依据研究问题与知识材料的内在联系，撷取岩画中的自然物种、原始崇拜、场景叙事三大主题片段，建立新疆岩画艺术谱系框架。将典型图像置于原始社会人文景观中进行逐一考释，探讨岩画的文化特征、艺术形式、图式特点及内涵意义，解读生命母题意旨下岩画的社会功能与艺术特征。其次，从岩画的制作工具与技术入手，阐明物质材料和手段是构成岩画艺术特殊性的重要因素。解析岩画的图式布局、叙事方式和审美规律，探讨原始思维方式、原始审美意识与岩画艺术特征的关系。最后，以新疆阿尔泰山、天山、昆仑山分布的典型岩画为样本，综合分析各地区岩画图式的艺术特征与内在含义，解析岩画中反映出的原始牧猎经济下人类社会活动的全貌与精神含义。《新疆岩画艺术谱系研究》旨在建立符合岩画艺术本体规律的研究体系。运用多学科理论、文献，互为借鉴，相互印证，秉持严谨的治学态度，深入探究新疆岩画艺术的发生与演进。以宽泛的研究视野，科学、立体地考释新疆岩画的艺术特征与审美价值。力求为新疆岩画研究带来新的思路与研究方法，为新疆历史文化与民族艺术研究提供可借鉴、可参照的理论材料和具体样本，以此提升新疆岩画艺术在学术研究上的地位、价值及意义，为丰富中华民族文化建设做出贡献。

研究期间，课题组走遍新疆天山南北，对新疆岩画分布区域进行实地调研和考察，拍摄、收集了上万张岩画素材，修复、提取典型图像 4815 张，涵盖全疆 406 个岩画地点。通过查阅、研读大量文献资料与考古材料，在历史性、地域性的文化与知识背景中，解读新疆岩画的文化内涵、艺术特征与审美意义。《新疆岩画艺术谱系研究》以图文并茂的形式，用通俗易懂的语言，在原始文化艺术与现代文化艺术之间搭建起沟通、交流的桥梁，引导人们真切地体味到原始文化艺术所蕴含的本真、纯朴的精神内涵，让更多的人认识、了解新疆岩画独特的文化价值与艺术魅力，切实体会到中华文化艺术的博大精深。

参考文献

[1] 新疆维吾尔自治区文物局 . 新疆岩画 [M]. 北京：科学出版社，2011.

[2] 苏北海 . 新疆岩画 [M]. 乌鲁木齐：新疆美术摄影出版社，1994.

[3] 周菁葆 . 丝绸之路岩画艺术 [M]. 乌鲁木齐：新疆人民出版社，1993.

[4] 杨利普 . 新疆维吾尔自治区地理 [M]. 乌鲁木齐：新疆人民出版社，1987.

[5] 张家宝，史玉光 . 新疆气候变化及短期气候预测研究 [M]. 北京：气象出版社，2003.

# 绪　论

　　岩画是原始游牧部族在自然岩面、岩穴或崖壁上涂绘、刻绘出的图形、图画。同时也作为早期人类进行交流、记忆与情感传达的"原始语言"，反映着人类早期的社会实践活动、生产生活方式、精神信仰以及意识认知与审美观念，是原始社会的一种文化现象。在文字产生之前，懵懂的人类以"万物有灵"的思维方式，观察、认知、理解和解释世界，通过表象记忆、主观想象创造出"有意味的图画形式"，用以记录、描绘、表达自身的生活内容与精神世界。岩画不仅反映着原始游牧部族的经济方式、社会生活，还是早期人类创造出的精神文化产品。它是解读人类发展历史不可或缺的重要"文献"，也是研究人类初始文化形态与艺术发生的宝贵资料。关于世界遗产中的岩画，联合国教科文组织曾这样写道："岩石上的绘画和图形，正如人们通常所说的'岩石艺术'，它们的产生在人类还不知道如何读和写之时，是开始于智人出现的时候，它们提供了人类在文字发明之前极其重要的历史资料。"[1]

　　现已发现的岩画遍及世界五大洲的 150 多个国家和地区，最早的

---

[1] 陈兆复，邢琏. 世界岩画 I 亚非卷 [M]. 北京：文物出版社，2010：15.

岩画已距今四万年，分布从非洲、亚洲、欧洲到大洋洲，乃至南美洲大陆最南端。从岩画的分布广度上可以看出，这一史前文化现象并不是孤立存在的，而且世界各地的岩画在题材、表现形式、年代上具有类似性，由此可见岩画是原始时代人类社会共同的文化现象。意大利岩画学者埃马努埃尔·阿纳蒂教授提出了岩画的"全球性"观点，他说："如果一个人在一处岩石上凿刻了一些图像，看起来是个完全孤立的个人行为。然而，人们不知道的是，几乎就在同时，这个世界上的其他地区，亚洲、非洲、欧洲或美洲的人们，其实也在用同样的方式制作着岩画的图像，同样的手段、相同的色彩，表达着类似的主题。交流、记忆与情感传达是人类最基本的需求，全球不同地方的人类，可能在做着完全相同的事情，所以看似孤立偶然的行为，实际上遵循的是一种'全球性的文化传统'。"[1] 岩画作为人类早期普遍使用的一种以视觉形式进行交流、传达的表达形式，不仅以形形色色的图形、图画呈示出早期人类的生存情境、精神情感、观念信仰，还映射出人类的认知方式、意识观念与思维能力。透过岩画所描述的原始社会形态与意识形态，可探视到先民的智力生活和文化模式。岩画作为人类文化共同遗产中重要的组成部分，也是艺术发生的基源之一，是人类想象力和艺术创造力最古老的见证。"这种艺术的图像是一种普遍的人类遗传。全世界数百个著名的巨大的岩画点，装饰着数千个形象，它们包含着数千年的艺术创造。从最初的狩猎——采集者开始，岩画描绘出日常生活、信仰和不同发展阶段人类的重大社会现象。它们也透露

---

[1] [意]埃马努埃尔·阿纳蒂.世界岩画——原始语言[M].张晓霞，张博文，郭晓云，等译.银川：宁夏人民出版社，2017：11.

出流行的观念和交流的动机。通过这种艺术，我们可以看出人类特性的本质：诸如知识、文化、艺术、想象和宗教等等。"[1]

中国地处亚洲东部的广阔地区，从东部沿海至西部山地，岩画分布广泛且丰富，是世界岩画的重要组成部分。关于中国岩画的发现很早就在古籍中有所记载，北魏《水经注》（河水二）中有关于新疆岩画的描述。《水经注》还对甘肃、宁夏贺兰山与内蒙古阴山等地的岩画有所记载，所记录岩画有动物、神像、人面像、符号、脚印、蹄印以及符号等形象。关于岩画记载还散见于许多历代古籍中，如《史记·周本纪》（汉）、《北史·西域记》（唐）、《太平御览》（宋）、《徐霞客游记》（明）、《武夷山志》（明）、《阅微草堂笔记》（清）等。关于岩画制作的记载出现在战国时期的《韩非子》（外储说左上第三十二·说三）中："赵主父令工施钩梯缘播吾，刻疏人迹其上，广三尺，长五尺，而勒之曰：'主父常游于此。'"文中讲述了赵武灵王为一统天下，令人刻绘脚印制造神迹，以表明君权神授的故事。岩画作为原始游牧部族在生命活动过程中镌刻下的生活印记，蕴含着原始社会各层面的信息，它是早期人类认识世界、解释世界的一种表达方式，是原始社会生活与精神世界的缩影，更是人类文化历史发展进程中的关键内容。

中国岩画根据分布地域与文化特征可分为三个体系。一是北方岩画，这一区域的岩画与中亚等周边文化有着密切关系，主要分布在内蒙古、新疆、宁夏、甘肃、青海、西藏等区域。岩画题材以动物为主，始作者多为狩猎、牧放的游牧人群，具有鲜明的游牧文化特征。如内蒙古阴山岩画、新疆岩画、宁夏贺兰山岩画等。二是西南岩画，此区

[1] 陈兆复，邢琏.世界岩画Ⅰ亚非卷[M].北京：文物出版社，2010：15.

域岩画主要分布在云南、广西、贵州、四川等地区。岩画以表现人物生活为主，特别是形式多样的原始崇拜活动。如云南沧源崖壁画、广西左江花山岩画等。三是东南岩画，主要分布于沿海地区。岩画内容多与祭海、祭天、祭神相关，反映出原始海洋文化特征。如江苏连云港将军崖岩画、福建摩崖石刻等。不同地域的岩画，无论是内容、形式还是内涵都体现出鲜明的地域文化特色。

新疆地处亚欧大陆腹地，自古就是东西方人流往来、文化交流、商贸交换、征战掠夺的要塞通道。特别是古丝绸之路的拓通，将古代中国与世界联系起来，成为沟通东西方经济和文化的桥梁。多种文化在此交融荟萃、融合碰撞，创造出璀璨的中华西域文明，成为中华民族五千多年发展史的组成部分。

新疆岩画的考古探察始于 20 世纪 20 年代，之后随着大量探险、考古研究的开展，陆续发现众多岩画遗迹，可谓遍及天山南北，无论数量还是样式都居全国之首。新疆岩画是早期生活于此的原始游牧人群所镌刻，主要分布在阿尔泰山、天山、昆仑山等山脉及其支脉中，这与原始游牧人群的生活轨迹一致。从古至今，广袤的新疆土地上不同的游牧族群往返于此，他们逐水草而居，从狩猎经济到畜牧生产，始终与自然环境相互依存。原始游牧先民在不断地生存实践中，创造出极具生命意志的文化内容。他们视大自然为生命之母，崇拜自然万物，以特有的思维方式认识、理解和解释一切生命现象。以岩面为载体，用粗陋的工具和简拙的线条刻绘出形式各异的图画，记录自身所见、所闻、所想，以此表达自我认知、情感意愿与精神信仰。岩画作为新疆原始文化景观中的重要内容，体现出鲜明的原始游牧文化特质，也是特定时代人类生产生活与社会实践的缩影。在漫长的历史长河中，

自然环境变化、人口迁移、战争纷扰等原因，使不同的民族和文化不断地相互影响、叠加、融合。例如，新疆岩画中许多动物、车马、场景等，都与欧亚草原其他区域的文化有着许多相似性特征，说明新疆岩画是不同民族共同创造的文化产物，体现着多种文化背景与文化特质。新疆岩画的丰富性与多元化为考古学、历史学、人类文化学、民族学、民族文化学以及艺术学等不同学科领域的研究提供了宝贵的文献材料。

原始游牧部族在漫长的生存实践中，为了生命延续做着不懈的奋斗和努力，创造物质文明的同时还创造着精神财富。岩画是原始文化中一种特殊的视觉文化现象，以丰富的题材、表现形式和审美情趣再现了原始社会的生活面貌与文化内容。这为当前研究人类文化史提供了佐证和依据，更是原始艺术研究的主要材料，是人类艺术史中极具审美价值的经典作品。

## 一、研究背景

### （一）研究目的

中国是统一的多民族国家，新疆各民族是中华民族血脉相连的家庭成员。新疆各民族文化是中华文化的组成部分。新疆位于中国西北，地处亚欧大陆中心，特殊的地理位置使新疆从古至今都是多民族汇聚融合、文化商旅交融的重地。特别是丝绸之路的开拓，使新疆成为中国与世界交流的桥梁，也是东西方文明的交汇之地。

漫长的历史进程中，新疆土地上最早的开发者有先秦至秦汉时期生活在天山南北的塞人、月氏人、乌孙人、羌人、龟兹人、焉耆人、于阗人、疏勒人、莎车人、楼兰人、车师人，以及匈奴人、汉人等。之后每个历史时期都有包括汉族在内的不同民族的大量人口进出新疆地区，众多民族人口在此生息繁衍、交融共存。各族群部落以相似或相近的生产方式进行着社会生产实践，独特的地域环境与生存方式，在人们的心里投射下与之相适应的心理积淀，形成集体无意识的文化俗成。这些心理积淀与集体无意识影响着人们的思维与行为，并由此形成集体共识的认知、理解、判断、处理及加工自身与外部世界各种信息的范式。在这种范式指导下，原始群体与外部世界实现着双向改造，并在不断地重复、积淀、发展中构架出与社会生产方式相适应的文化体系。不同部族群体的文化又在人口流动过程中相互影响、融合与补充，构建起丰富多彩的原始地域文化体系。远古时期新疆就已存在东西文化往来的遗迹，考古发现了史前中原文化，同时一些西方文化也在西域出现。在新疆历史发展进程中，不同生产方式和文化观念的族群在不断交流互补、迁徙汇聚、冲突融合中，逐渐形成与环境相适应的生存模式、社会形态、崇仰观念，构架出地域文化的独特面貌。不同民族的文化相互交融、叠合的文化形态，决定了新疆地域文化自古以来就具有丰富性、多样化与融合性的特点。

新疆岩画是远古游牧先民创造出的文化成果，也是多元文化形态在特定历史阶段表现出的一种文化现象。

游牧生产方式决定着人类必须与自然环境相互依存，一方面他们在改造自然过程中学会适应外部环境，另一方面他们以自身的强大生命意志不断尝试着改造外部环境。在人与自然频繁的互动中，培育出游牧先民对自然和世界特有的、原始的、本真的生命认知情感。这种情感成为原始游牧文化的核心内容，激励人们在改造客观世界的同时，也改造着人的主观世界。新疆岩画中数量众多的不同物种、不同形态的动物形象，狩猎、驯养、牧放动物的生活生产场景，以及由此生发的自然崇拜、图腾崇拜、生殖崇拜等生动画面，无论内容还是形式都是先民们现实生活与精神生活的真实写照。新疆岩画是游牧先民在与自然互动共生过程中，认知世界、反映世界、再现生活、表达情感的"图像语言"与重要载体，是新疆原始文化艺术中一种独特的表现形态，其鲜明的文化特点和艺术价值，成为中国史前艺术中的一种典型样式。

随着岩画研究的广泛开展，越来越多的学者开始关注新疆岩画，并从不同学科视角讨论岩画的历史价值与文化价值，特别是在岩画保护、开发应用上做出了许多新的尝试。学界对新疆岩画的关注始于20世纪之初，国内外许多学者对新疆岩画进行了科考勘察，并从考古学、人类学角度展开分析研究。本土学者的岩画研究始于1960年，但在1962年停滞中断，20年后从1981年开始恢复并逐步发展。新疆岩画研究多从考古学角度出发，以田野考察、发现整理为主要研究方法。随着岩画的不断发现与深入研究，新疆岩画的文化价值愈发显现，更多的学者从不同学科领域和视角对岩画开展研究和解读，深度探究岩画反映出的原始文化、民族文化、原始宗教，以及民族迁徙与人种演进等问题。但是，从艺术学角度对新疆岩画的艺术属性、表现形式、审美特征与审美意义，以及岩画艺术对现代艺术的借鉴价值、与现代艺术融合路径的研究还十分欠缺。

任何艺术形式都脱离不了它所处的地理环境、历史背景、人文背景和生态环境，岩画作为新疆原始艺术文化的一种特殊表现形态，需要将其置于历史性、地域性的文化与知识背景中去剖析：注重区域文

化特质，考察特定社会形态与人文背景下，新疆岩画艺术的图式特征
与文化内涵；以艺术人类学的视角和方法，探究岩画艺术的发生动因，
阐释原始思维下审美意识在岩画图式中的外显特征与呈现规则；挖掘
新疆岩画艺术价值，对新疆民族文化与艺术的研究、传承、发展做出
理论铺垫；从审美的角度理解原始岩画的形式特征，让世人体味到原
始艺术本真、纯朴的艺术精神，在古今文化之间搭建起沟通、交流的
桥梁，实现现世与历史的对话，让更多的人认识、了解新疆岩画独特
的文化价值与艺术魅力，真正体会到中华文化艺术的博大精深。

（二）研究意义

新疆岩画是人类艺术发生和发展初期形成的一种原始艺术形式，
其艺术形态具有多元的文化特征与艺术特点。研究新疆岩画的艺术特
征、审美价值及文化内涵，对新疆历史文化与美术史发展研究具有重
要的参考价值，对中国古代艺术史的渊源与文化多样性的探讨具有宝
贵的借鉴意义。

1.丰富"丝路文化圈"建设内容，对中华民族文化研究与完善具
有现实意义

任何一种艺术形式都不能脱离其所处的历史背景、文化环境与人
文空间，探讨新疆岩画艺术就必须将艺术的外显形式置于地域文化的
历史与人文内质中进行分析，才能深刻地揭示出原始岩画艺术的审美
特性与精神内涵，发现艺术的个性特点与共性特征。意大利岩画学者
埃马努埃尔. 阿纳蒂教授提出："岩画是史前与部落艺术的一个组成部
分，也就应该具备历史学或视觉艺术的一般性规律，它应该具有能够

沟通美学与人类学这些主要学科的概念。作为人类的一种认知与精神传达的途径，它需要考古学与人类学的背景，而这些又都属于人文学科的一个组成部分。"[1]

自史前时期草原之路与绿洲之路的出现，新疆就是不同人群迁徙往来之所，各种文明也随之交流、交换，相互影响融合。不同的民族文化就以各种方式参与着文明的交流与交换，为新疆文化多元性格局的形成奠定了基础。文化的多元性在新疆岩画中也有充分的显示，考古学界和岩画学界一致认定呼图壁县康家石门子岩画是公元前10世纪至前5世纪游牧于此的塞人所作，此处岩画是游牧先民在漫长岁月中不断重复、完善而成，且反映生殖崇拜的原始艺术，其中对马造型就与阴山岩画中的对马具有相似的文化内涵。昆仑山区域的且末岩画系远古时期活动于此的羌人的文化遗迹。阿尔泰岩画中出现较多的"鹿"形象，以及分布新疆各地的"鹿石"，其造型风格与中国北方草原、亚欧草原众多区域发现的同类遗迹有着密切的文化联系。

古丝绸之路作为欧亚大陆连接亚洲、欧洲乃至非洲各区域的商旅通道，在这条陆路沟通渠道上各种古代文明交流、交汇、交融。古代新疆因其独特的地理优势成为东西方文化与经济交流通道上的桥头堡，随着亚欧大陆东西方文化交往的深入，加剧了新疆地域文化的多元化发展。同时，在游牧社会集团不断扩大活动领域作用下，游牧文化传播面也在不断地深远、扩展。新疆岩画是原始游牧族群表达认知与精神情感的艺术形式，成为人类在自然改造中实现自身改造的精神依托

---

[1] [意]埃马努埃尔·阿纳蒂.世界岩画—原始语言[M].张晓霞，张博文，郭晓云，等译.银川：宁夏人民出版社，2017：10.

与生命动力。岩画不仅仅是游牧民族记载其丰富且独特文化内容的方式，还是承载多元文化交流成果的载体，它更是证实古代新疆同中原地区广泛交往、全面交流、深度交融的重要实物资料。新疆岩画是丝绸之路文化中的重要内容之一，是各民族共同创作的艺术瑰宝，反映着人类文化与艺术发生的初始与渊源，还见证着中华文化在长期发展、传播、交流过程中，各民族共同开拓广阔疆域、共同创造璀璨文化、共同培育伟大民族精神的发展历史。深入探究新疆岩画的艺术特征与文化内涵，对中华民族文化研究与完善具有现实意义。同时，新疆岩画丰富多彩的内容与形式，也为不同领域的科学研究开辟了的独特视角，对新疆社会史、民族史、文化史、宗教史及艺术史等研究都具有一定的价值。

**2. 以岩画图式为切入构建谱系体系，为新疆岩画艺术研究树立一个全新的研究范式**

岩画是全世界较为普遍存在的原始社会文化现象，越来越多的学者将研究视角聚焦于此，从考古学、历史学、自然科学、人类学、民族学、美学等不同学科领域对岩画展开深度研究，从岩画的地理分布、区域异同、文化异同等方面展开比较研究。从岩画的时间入手，研究岩画发生、发展、演进、衰退的历史进程，探求其文化现象的历史性规律。从人类文化学角度对岩画的地域历史、民族及社会形态进行研究。而更多的是考古学研究，体现在对岩画分期断代、类型、方法分析、内容说明的研究方面。随着研究的深入，许多艺术工作者也进入到岩画研究领域，从艺术学角度对岩画的艺术特色、造型形式与审美意义的研究成果不断涌现。新疆岩画艺术研究就是从美术学视角对岩画的艺术形式展开探究，以历史的目光审视岩画的艺术性与审美性，这是对新疆岩画研究视野的拓展，也是对新疆原始艺术的研究内容进行补充。

原始艺术的发生源自人类生存与生产的需求，具有功利性与审美性双重特征。岩画首先是原始游牧部族生活和生产内容的一部分，其创作动机主要服务于生存的功利目的。岩画艺术研究不能脱离其所处时代的历史环境与人文背景，孤立地对其内容与形式展开读取，必须立足特定的历史性的社会文化环境进行分析才能准确解读。新疆岩画艺术研究就是将岩画放置在历史文化情境中，运用多学科研究方法，从其他学科的研究材料中获得证明、参照、借鉴以及相互参证，将岩画的艺术特征、艺术价值与审美意义真正呈现出来。综合多学科研究材料相互印证，严谨考据岩画的人文环境与特征，剖析原始岩画的图像叙事、图形构成的表达形式与内涵，揭示岩画图像语意的深层意义。运用跨学科方法开展岩画艺术研究是必要的、可行的，是研究过程中不可或缺的方法论，可使研究结论更为可靠、可信。

"历史主义"研究方法与思维方式使人们已习惯于将事件经验放置在一个连续的、历史的时间轴线中去理解，用"现代"辩证法与意识形态在连续性、进步性的时间观中去回顾和解释时间与事件之间的关系。在这种历史观中，事件的"大写的本质起源"并不完全是在那个时刻发生的现实经验，而是某一逻辑在现象上必然或可能的表现。现代历史学的线性逻辑并不是历史事件在客观时间的线性分布，而是作者在当下意识形态加工和整合的结果。"[1] 因此，要想切实地了解和解读岩画，就需将研究对象置于其原生的现实经验情境中去理解。

谱系学是法国哲学家米歇尔·福柯就历史的知识与话语体系所提出的概念。是指追踪世系、探求前事以及解释认识体出现的方法。[2] 谱系学方法为岩画艺术学研究带来了新的思维方式与研究方法，也为研究岩画艺术提供了一个有效角度。将岩画图像与它产生的社会环境、历史背景、价值观念进行整体的理解与认识，在图像形式根植的社会结构与社会文化中，寻找其存在的本源与发生条件。其核心必定与一个母题紧密联系，图像则在母题范畴中发生着衍生、变化，并逐渐形成特定规律。把岩画艺术还原至历史文化语境中，理解其中文化内涵，发现艺术形式的发生规律，这才是岩画艺术研究需要重点关注的问题。

将岩画置于原始社会结构与意识形态中，从冗繁的岩画信息撷取典型主题片段，透过不同主题所显现出的多种性质特征，分析"生命"母题内化结构的外显形式，发现图像在母题范畴中的变化规律，建立起新疆岩画的图像系统，构建符合岩画艺术本体规律的研究体系。由此考证原始艺术缘起、图式特征、嬗变及美学语境的内在关联性，探究母题意旨下的原始艺术特征与审美价值，为新疆岩画艺术的深入研究铺垫理论基础。

---

[1] [意] 克罗齐. 一切历史都是当代史 [J]. 世界哲学 .2002（06）；引自：赵家祥，译. 历史过程的时空结构和时间向度——兼评西方历史哲学的两个命题 [J]. 北京大学学报（哲学社会科学版），2005（02）.

[2] 钱翰. 福柯的谱系学究竟何指 [J]. 学术研究，2016（03）：155–159.

### 3.挖掘岩画文化资源，为新疆原始艺术传承发展及创新提供借鉴

新疆岩画资源丰厚，其分布范围广泛、数量非常多，内容丰富且形式多样，具有鲜明的游牧文化特点。岩画反映出新疆远古游牧文化与社会生活的现实面貌，真切地记录了先民的社会内容与生存活动。

新疆岩画中最多的形象就是动物与狩猎牧放的生活场景，这是新疆远古游牧民族频繁迁徙的生活方式的真实写照。生存方式决定了游牧先民必须依附自然。幼年时期的人类灵智尚处懵懂，在严酷的自然面前人力显得十分孱弱与渺小，生存成为人类面临的首要问题，这就决定了原始游牧先民所有的实践活动都是为了满足自身生存。在生存实践中人类的自我意识觉醒，并控制着人的行为，一切行为都是基于生存占有的服务。集体表象的神秘互渗原始思维模式，指导着先民的认知意识，以及对外部世界实施占有的行为方式。在人与自然的互动中，人类意识的发展从最初纯粹的"物的占有"，到"物为我用"的精神物化，再去占有，这一过程就是文化的创作过程。他们一方面学习适应自然，一方面强化主观力量对自然实施改造。外部客观世界和内部精神世界在人的行为联通下，实现着双向塑造，孕育出丰富的人类原始文化，创造了人类历史早期文明。

原始文化体现着先民内心世界的精神实质，指导着人们改造客观世界，同时也作用于人的主观世界。游牧文化就是游牧群体在与自然互动的生存践行中建立起的文化体系，这一文化体系体现在社会形态、生存方式、精神信仰、情感意愿等层面，并在群体心里达成共识与认同，同时随着迁徙，在个体与群体之间相互传达、影响、感染、督促与规范，逐步形成群体性、区域化的文化效应。"生命"母题是游牧文化的精神主导，它始终以人与自然的关系和强烈的生存欲求为话语内容，成为其文化的主要特征。生命精神作为文化的核心，激励人们努力占有自然物的同时，也促进了人的认知能力与创造力不断发展。在与严酷自然的抗衡中，先民面对己所不能、悬而未决的现实事物，发挥自身的想象力与创造力，把现实物的表象转化为满足自身需求的、强大的精神物，构建出现实与精神共存的二重世界。在原始思维意识中，现实物与精神物同样具有活性，是真实的、有生命的存在，同样与人发生着或直接，或间接的关系，并以某种特殊运作秩序对人自身发生着作用。岩画就是这一运作秩序的载体与外化形式。原始游牧部族为争取更多生存利益而不断扩大占有，同时也创造出新的内容，如制造工具、改变生产方式、改善生存环境等，最重要的是创造了使人自身发生改变的文化内容。原始文化是人类为满足生存目的而创造出的社会内容，它又反哺于人的精神，促使人的意识成长，人的目的性也随之不断增加，继续创造更多新的内容与形式。人创造出文化，文化作用于人，二者不断地相互激励、完善、促进，人自身也得以提升、发展与改变。

岩画作为一种特殊的原始文化形式，是原始游牧部族借以表达自我认知与情感态度的图像语言形式。解读岩画艺术需要立足于时代背景、社会环境、生存条件与文化情境中，理解特定环境下人的认知方式、思维意识及审美倾向，从客观视角探析岩画的内涵与形式的特征，揭示其中的审美意味与审美规律。新疆岩画是原始游牧文化中一种视觉化的、图像化的语言形式与符号系统，其图式形态与表现形式都凸显出鲜明的游牧文化特征。新疆岩画内容丰富，姿态各异，以简拙、生动的造型方式表现着各种动物、人物、车辆、手印、符号、抽象图形以及自然物象与景物等。岩画中还有许多复杂的叙事性场景，如放牧图、狩猎图、迁徙图、战斗图、仪式崇拜图、生殖交媾图、滑雪图等，可谓涵盖了原始游牧生活的全部。新疆岩画具有极高的文化价值与艺术价值，可以被审美地鉴赏，它是原始游牧先民遗留下的历史印迹，负载着人类童年生活的记忆。岩画是人类艺术发展历史链条的初始环节，更是人类文化遗产中的重要组成内容。既然是文化遗产就需要人们不断地去研究、审视，而不是遗失、忘却。应从人类发展的角度出发，在岩画中体悟原始游牧部族的生活现实与精神内容，总结有价值的规律与经验，让其中优秀的文化元素在当下时代焕发新的活力。

首先，新疆岩画资源丰富、形式特征鲜明，虽然在学术领域具有极高的研究价值，但在社会认知层面却鲜有人了解。其次，由于岩画多暴露在自然环境中，历经千百年风吹日晒，地质变化，岩画的风化、脱落现象极为严重。再者，由于岩画文化的历史对现代人而言太过久远，即便是常年生活在山区的牧民对岩画也很陌生，常会看到刻有岩画的山石遭到人为毁坏或涂抹。面对如此状况，如果不及时加以保护、记录及抢救，新疆岩画将面临永久性的损失。因此，科学有效地开展系统的岩画研究、记录、保护，成为迫在眉睫的工作。新疆岩画作为中华文化遗产的珍贵资源，与那些在博物馆里展示的文物同样具有历史价值和文化意义，需要被格外关照和重视。然而保护工作更需要社会的广泛参与，前提是要让更多的人认识和了解岩画的文化遗产价值。

岩画是新疆宝贵的历史、文化、艺术资源，将会是促进区域旅游和经济发展的价值来源。开发利用岩画资源是参与岩画遗址保护的一种有效路径，也是获得大众广泛认知与关注的最好方式，更是为大力宣传新疆，促进地区经济发展提供了文化平台。意大利岩画学者阿纳蒂教授提出:"岩画对人类文化的发展具有重要的作用。"阿纳蒂教授在几十年对岩画的研究中,不断向政府和国际组织呼吁要促进公众对岩画的认识,同时完善关于保存岩画和其文化价值的教育方案。特别是由他创建的意大利卡莫诺史前研究中心就是世界岩画研究、保护与开发的典型范例,研究中心是以岩画群为核心配套而建的文化产业集群。它将岩画的研究、旅游、教育与文创集为一体,成为世界岩画研究与有效保护、利用、开发的示范性模式。成功的案例可为新疆岩画的保护与利用带来启发,探索新疆岩画艺术在现代融合中具有普适性的方法与路径,对新疆岩画文化资源的开发利用及发展创新具有重要意义。依托岩画文化资源,研发相关文旅项目与产品,推动中华优秀文化的创造性转化和创新性发展,也是提升新疆文化软实力的重要渠道。

## 二、研究动态

关于新疆岩画的记载在许多古籍文献中都有所出现。北魏郦道元《水经注》(卷二·河水二)中写道:"在道一月五日,得达于阗。其国殷庶,民笃信,多大乘学,威仪齐整,器钵无声。城南十五里有利刹寺,中有石鞾(靴),石上有足迹,彼俗言是辟支佛迹。法显所不传,疑非佛迹也。"

类似的记载还见于《北史·西域记》:"(于阗)城南五十里有赞摩寺,即昔罗汉比丘旃拵为其王造覆盆浮屠之所,石上有辟支佛跣处,双迹犹存。""跣"就是脚印,即石上刻着脚印。

清代徐松的《西域水道记》记载:"额敏河又西南流经察罕托海卡伦西十许里,有温泉,旁达摩寺中有青石一方,上有足迹,长尺余,深寸许，缕纹悉备，不类雕刻。故老相传：达摩浴此，留迹而去。"和田地区的桑株县、巴音郭楞蒙古自治州的且末县，以及塔城地区的额敏县、博尔塔拉蒙古自治州的温泉县都发现类似手印与脚印图像。[1]清代纪昀的《阅微草堂笔记》（卷十三槐西杂志三）记载："喀什噶尔山洞中，石壁剗平处有人马像。回人相传云，是汉时画也。颇知护惜，故岁久尚可辨。汉画如武梁祠堂之类，仅见刻本，真迹则莫古于斯矣。后成卒燃火御寒，为烟气所熏，遂模糊都尽。惜初出师时，无画手橐笔摹留一纸也。"[2]这是文中对喀什噶尔的岩画做出的描述。

新疆岩画考察始于 20 世纪之初。1914 年，英籍匈牙利人斯坦因在第三次中亚探险中，完成罗布泊周围的考察后向敦煌方向进发，途经库鲁克塔格山脚和疏勒河谷地对当地的岩画进行了考察。1927 年，由中国和瑞典联合组成"中瑞西北科学考查团"，对中国西部进行探险考察。1928 年 2 月，中方团长徐旭生在新疆哈密附近的博格达山中发现了刻有动物、人物形象的岩画。1928 年 4 月，考查团的瑞典考古学家贝格曼对位于尉犁县的库鲁克塔格山兴地峡谷中的岩画进行了考察，但没有做具体研究。同年 11 月，贝格曼再次来到兴地峡谷，对兴地岩画进行了拍照记录，并在其著作《新疆考古研究》中将岩画命名为"库鲁克—塔格岩刻"。[3]同时他还对伊犁的岩画进行勘察。1928 年，考古学家黄文弼在新疆拜城地区对刘平国摩崖刻石考察时，也对当地

[1] 陈兆复 . 中国岩画发现史 [M]. 上海：上海人民出版社，2008：24-36.

[2] [ 清 ] 纪昀 . 阅微草堂笔记（卷十三槐西杂志三）[M]. 重庆：重庆出版社，1996：301.

[3] [ 瑞典 ] 贝格曼：《新疆考古研究》第 3 章第 1 节 "库鲁克—塔格的岩刻"，"Archaeological Reseachs in Sinking"，Part Ⅲ，Ⅰ·A Quruq——Tagh Rock Carving：183-193；引自：陈兆复 . 中国岩画发现史 [M]. 上海：上海人民出版社，2008：44.

的岩画进行了调查，之后在《女师大学术季刊》上发表文章《拜城博者克拉格沟摩崖》。

20世纪50年代之后，新疆岩画被大量发现，主要分布在阿尔泰山、天山、昆仑山等地，尤其是阿尔泰山区岩画数量最多，形式多样，内容最为丰富，自此新疆岩画也被越来越多的学者所关注。1956年，美术考古学奠基人王子云在《文物参考资料》第8期上发表了《新疆的石刻艺术》考察记录。1960年，新疆博物馆克由木在伊犁地区、塔城地区、博尔塔拉蒙古自治州等地进行岩画考察，并在《文物》上连续发表了《新疆北部的岩画》，对北疆岩画做了考古描述。1960年，史学家史树青在《文物》上发表《新疆文物调查随笔》，也对新疆岩画有所表述。同年，考古学家黄文弼在《考古》上发表《新疆考古的发现——伊犁的调查》，对新疆伊犁岩画进行考古描述与分析。1965年，新疆民族研究所王明哲等对新疆阿勒泰地区岩画进行了专门的考古调查。随后多年，新疆考古学者先后对哈密、吐鲁番、昌吉、伊犁、阿勒泰等地区的岩画进行重点调查与研究。新疆岩画研究始于1960年，到1962年停滞后中断近20年，从1981年开始恢复并逐步发展。

20世纪80年代初期，岩画考古学者盖山林对新疆阿尔泰山、天山、昆仑山的岩画进行了专门考察。特别值得一提的是，新疆大学历史系苏北海教授自1984年（是年69岁）开始，历时10年，克服重重困难对新疆各地的绝大部分重要岩画进行了考察，掌握大量第一手资料。他提出"新疆是全国岩画数量最多、内容最丰富的省区"。在这期间，苏北海教授陆续发表了多篇关于新疆岩画研究的文章与考察实录。1983—1988年，第二次全国文物普查期间对新疆的文物遗址展开普查，其中包括对岩画进行了全面考察和记录，并在《新疆文物》上陆续发表大量的普查调研报告，对新疆岩画做了较为详细的介绍。80年代以后，关于新疆岩画的专题研究文章也涌现出来。例如，董苏宁、刘一明的《哈密岩画》，邢开鼎的《巴里坤县兰州湾子岩画》，成振国、张玉忠的《新疆天山以北岩画述略》，苏北海的《新疆北部牧区古代动物分布特点》，张志尧的《新疆阿勒泰鹿石之管窥》，李国曙的《新疆生殖崇拜岩画考述》，万新君的《新疆"康老二沟"岩画简介》，苏北海、张岩的《新疆独山子村岩画所反映的牧业文明》，蒋学熙的《新疆温泉苏鲁北津岩画》；等等。1991年，蒋学熙在《新疆岩画研究综述》一文中将新疆岩画的发现与研究情况做了总结："新疆的岩画，80年代之前，总共只在7个县发现了8处。80年代之后，新疆的岩画不断在各地被发现并陆续做了报道，据初步统计，在各类报纸杂志上发表的文章或消息约有150多篇。报道了新疆境内的39个县，共151处的岩画点。"[1]

新疆岩画为科学研究提供了宝贵的素材资源，成为动物学、人类学、民族学、考古学、历史学、宗教学以及文化史等学科研究的专题对象，研究视角也开始逐渐多样化、广泛化。在众多研究中也出现了一些从艺术学角度对新疆岩画艺术形式与艺术特征展开讨论的文章内容，如李扬的《新疆古代岩画艺术》，陈冬季的《生殖崇拜、图腾崇拜与艺术的起源》，南飞雁的《新疆原始游牧部族的岩画艺术》，杨法震的《呼图壁岩画艺术》，等等。至今为止，在中国知网中检索出关于新疆岩画研究或涉及相关内容的研究论文达千余篇，关于新疆岩画艺术

---

[1] 蒋学熙. 新疆岩画研究综述 [J]. 新疆师范大学学报（哲学社会科学版），1991（03）：17–23.

研究的文献达数百篇。

随着中国岩画研究的深入与发展，新疆岩画研究也进入到一个快速发展的时期，一些关于新疆岩画的专著也应运而生，并从多视角、多角度、多层面的研究领域对新疆岩画进行了分析和探究。1990 年，由王炳华与新疆维吾尔自治区文物考古研究所共同主编的《新疆天山生殖崇拜岩画》[1] 分析了新疆岩画中的原始生殖崇仰文化，论述了生殖崇拜作为原始岩画主题的表达方式与内涵。1991 年，陈兆复的《中国岩画发现史》[2] 对新疆岩画的发现与不同地区的典型岩画进行了考古学描述。1993 年，户晓辉的《岩画与生殖巫术》[3] 运用跨文化视角对岩画创作及造型语义、原始生殖文化进行阐述，并以呼图壁县康家石门子岩画为样本进行翔实分析，提出了生殖巫术岩画的概念，阐释了岩画图式的蕴意，开拓了岩画研究的新思路。1993 年，周菁葆编著的《丝绸之路岩画艺术》[4] 收录了数十篇有关新疆岩画的考古研究论文，研究内容十分丰富。1994 年，苏北海撰写的《新疆岩画》[5] 对新疆岩画分布做了全面系统翔实的梳理，集中整理了新疆已发现岩画的一手资料，从考古学角度解读岩画图像，阐述原始社会与文化现象，为新疆岩画研究做出了贡献。1998 年，刘青砚、刘宏编著的《阿尔泰岩画艺术》[6] 一书从艺术的角度以图文并茂的形式对阿尔泰岩画的艺术形式进

[1] 王炳华. 新疆天山生殖崇拜岩画 [M]. 北京：中国展望出版社，1990.

[2] 陈兆复. 中国岩画发现史 [M]. 上海：上海人民出版社，2008.

[3] 户晓辉. 岩画与生殖巫术 [M]. 乌鲁木齐：新疆美术摄影出版社，1993.

[4] 周菁葆. 丝绸之路岩画艺术 [M]. 乌鲁木齐：新疆人民出版社，1993.

[5] 苏北海. 新疆岩画 [M]. 乌鲁木齐：新疆美术摄影出版社，1994.

[6] 刘青砚，刘宏. 阿尔泰岩画艺术 [M]. 济南：山东美术出版社，1998.

行了充分的分析。2002 年，陈兆复的《古代岩画》[1] 从人类学角度对新疆岩画与族群文化进行了论述。2006 年，王嵘的《西域艺术史》[2] 以一章节内容对新疆岩画的文化意义、艺术风格进行了分析与论述。2007 年，刘学堂的《新疆史前宗教研究》[3] 从原始宗教的角度对岩画内涵意义进行论述。2008 年，班澜、冯军胜的《中国岩画艺术》[4] 从岩画造型心理、流变及象征性对中国岩画艺术特征进行了分析研究，其中对新疆部分岩画的艺术形式与艺术特征做出表述。2009 年，由盖山林、盖志浩所著的《丝绸之路岩画研究》，[5] 收集了丝绸之路沿途发现的主要岩画，并对新疆岩画中的典型个例给予解读。2009 年，仲高的《丝绸之路艺术研究》[6] 分析了原始巫术与新疆岩画的关系。2010 年，陈兆复、邢琏的《世界岩画 I 亚非卷》[7] 把新疆岩画定位为中国北方草原地区狩猎游牧民族的作品，并对康家石门子岩画生殖崇拜主题进行着重论述。特别是 2007—2009 年，在新疆第三次全国文物普查的实地调查工作中，共普查了新疆岩画 472 处，新发现岩画 249 处，其中有 18 处为自治区级文物保护单位，89 处为县级文物保护单位。新发现的岩画主要集中在阿尔泰山脉、天山山脉，昆仑山脉也有少量发现。[8] 此次普查仅哈密地区就有岩画遗址 82 处，岩画数量超过 7000 幅，为新疆

[1] 陈兆复.古代岩画 [M].北京：文物出版社，2002.

[2] 王嵘.西域艺术史 [M].昆明：云南人民出版社，2006.

[3] 刘学堂.新疆史前宗教研究 [M].北京：民族出版社，2009.

[4] 班澜，冯军胜.中国岩画艺术 [M].呼和浩特：内蒙古出版社，2008.

[5] 盖山林，盖志浩.丝绸之路岩画研究 [M].乌鲁木齐：新疆人民出版社，2009.

[6] 仲高.丝绸之路艺术研究 [M].乌鲁木齐：新疆人民出版社，2009.

[7] 陈兆复，邢琏.世界岩画 I 亚非卷 [M].北京：文物出版社，2010.

[8] 新疆维吾尔自治区文物局.新疆维吾尔自治区第三次全国文物普查成果集成——新疆岩画（上）[M].北京：科学出版社，2011：03.

境内天山山系岩画最密集的区域。[1] 2011 年，新疆文物局出版了《新疆维吾尔自治区第三次全国文物普查成果集成——新疆岩画》，图录以阿尔泰山、天山、昆仑山三大山系为主线，以图文形式全面集结了三大山系具体岩画点的介绍与岩画图片，这是新疆迄今为止较为全面的新疆岩画图录集成，对新疆岩画研究具有极其重要的意义。2012 年，《新疆美术大系》编委会编著的《新疆美术大系：新疆岩画卷》将岩画作为新疆原始美术部分的作品。[2] 2015 年，木菁的《中国原始岩画艺术美》以美术学角度，从岩画的形式元素、图式造型、艺术特征等层面对岩画的审美性进行研究，并将新疆岩画作为其中个例进行分析。[3] 随着岩画学的兴起，近年来还陆续出版了许多从不同学科领域、不同研究视角对新疆岩画展开学术研究的专著和图录，为新疆岩画研究的持续发展积累了丰厚的文献资料与理论基础。

但是，新疆岩画在世界岩画研究中并没有得到足够的重视。1991 年，中国岩画学者陈兆复通过《中国岩画发现史》这一著作，打破了国际学术界认为"中国没有岩画"的误识。自此，中国岩画成为世界岩画资源库中的重要内容之一。之后，中国岩画成为许多国外学者的研究焦点，其中一些学者对新疆岩画也有所关注。1995 年，俄罗斯学者 Kubarev V D 在法国巴黎国际岩画会议上发表了《由墓葬材料来看阿

[1] 新疆维吾尔自治区文物局 . 新疆维吾尔自治区第三次全国文物普查成果集成——哈密地区卷 [M]. 北京：科学出版社，2011：09—80，132—187.

[2]《新疆美术大系》编委会 . 新疆美术大系：新疆岩画卷 [M]. 乌鲁木齐：新疆美术摄影出版社，2012.

[3] 木菁 . 中国原始岩画艺术美 [M]. 乌鲁木齐：新疆美术摄影出版社，2015.

尔泰岩画的年代问题》[1]研究报告。同一会议俄国学者 Ranovv·A 发表了《帕米尔岩画：地点风格主题年代》[2]研究报告，运用考古学的断年法对帕米尔岩画做了断代研究。2012 年，澳大利亚大学出版了世界岩画研究论文集《岩画指南》(A Companion to Rock Art)，该书基于世界范围的岩画研究进行多方面论述，只以较少的篇幅涉及中国岩画，且无提及新疆岩画。[3]国外岩画研究起步较早，已形成相对独立的岩画学体系，并取得许多关于岩画历史发展等广泛民族志资料，同时从宗教学、人类学、符号学、象征学、艺术学等角度，对岩画进行了深度研究。但国外岩画研究多立足于本土文化，虽其中也有对中国岩画的关注，但对新疆岩画的专项研究鲜有染指。随着岩画学的日趋发展与完善，新疆岩画的研究也在不断成熟，但还没有形成更为系统的理论体系，特别是对岩画艺术学的研究还有待完善。

综上所述，新疆岩画已有的研究成果多从考古学、人文学、原始宗教、原始艺术等视角展开研究，从美术学角度运用谱系学分析方法论对新疆岩画艺术审美性的研究内容尚为空白。在当下"丝绸之路文化圈"建设中，以"中华民族艺术文化"的宏观视角，试图为新疆岩画艺术研究带来新思路与新内容。将新疆岩画艺术置于原始社会生态文化中，以岩画艺术图式为切入点，构建符合岩画艺术本体规律的新疆岩画艺术研究谱系全景图。阐释原始意象世界在外化图式上的语意

---

[1] [ 俄 ] Kubarev V D. 由墓葬材料来看阿尔泰岩画的年代问题 [A]. 法国巴黎国际岩画会议 [C]. 法国巴黎国际岩画会，1995.

[2] [ 俄 ] Ranovv·A. 帕米尔岩画：地点风格主题年代 [A]. 法国巴黎国际岩画会议 [C]. 法国巴黎国际岩画会议，1995.

[3] 张芳. 新疆阿尔泰山系岩画的宗教象征性初探 [D]. 新疆师范大学学位论文，2015：03.

特征，探究岩画艺术审美的个性与共性特征，嬗变规律及美学意义，力图对新疆岩画艺术研究有所建树。

## 三、研究依据

### （一）研究的合理性

目前研究普遍认同岩画是原始崇仰、巫术与宗教活动的负载产物，但一味强调岩画的宗教功利性质，势必抽离了原始艺术存在的审美性，导致对其的艺术分析失去立论基础。而单纯地视岩画为纯艺术概念加以研究，不仅缺乏立论依据，还会陷入现代人的主观主义解释，不被理论界所认同。随着艺术哲学思辨的发展，人们对原始艺术（岩画）的艺术性与审美性已有客观论证并达成共识，艺术范畴没有固定的明确的边界，它是随着社会的发展和人类意识与能力的提高，而不断变化、演进的，具有极大的包容性与跳跃性，因而没有任何一个确定性的标准可以衡量、评判那些人工的作品，哪些是艺术，哪些不是艺术。当代分析哲学家、美学家简·布洛克提出了："通常艺术所拥有的特征有以下几点：①物品必须被审美地欣赏；②艺术品是由训练有素的专业、半专业人员制作的；③一件艺术品必须经受批评，以及审美的标准所做的判断、排列和评价；④一件艺术品应当从每天的日常生活中分离出来；⑤我们通常将艺术品当作象征性的表现；⑥我们通常认为艺术品是按制造者的意图制造出来的；⑦当我们说起艺术品，我们通常想到它是凭借艺术传统和对新奇、创造力的渴求之间的张力而被创造出来的；⑧在创造者的态度中，可以看到革新和创造力的折光。"[1]此外，哲学家维特根斯坦在《哲学研究》中提出"家族相似"理论，为艺术判断提供了方法依据。[2]以"家族相似"理论为基础，从形式意义本质的重复与交叉上呈现的不同程度的相似性来判断——岩画是艺术，因为岩画大多数条件符合对艺术的定位，与其他时代的艺术有着许多相似性。

岩画作为原始艺术中的一种形式，形象塑造与情感表达始终贯穿于岩画创造的全过程。它是原始游牧部族在漫长的生产实践与社会活动中，为了满足自身的需求而形成和创造的文化成果。原始游牧部族通过观察与记忆、认知与感受、整合与运用等方式，对自然客体和主观意识进行感知、判断、思维，并以物质媒体（岩石上刻绘）为中介，以丰富的情感来表现社会生活和审美形态。因而，岩画既是人类早期用于记录、叙事、传达的"原始语言"，也是表达原始认知、感悟、情感的艺术形式。原始艺术创造是人与自然、社会发生互动关系的结果，岩画则是其中一种特殊的艺术形式与语言方式，饱含着原始思维下人对世界的认知、判断和情感。

岩画艺术包含着复杂的文化意蕴，原始崇拜与巫术的功利性意义只是岩画艺术意蕴的一部分，它增强了岩画的丰富性，但巫术功利不是解读岩画的唯一途径。意大利学者埃马努埃尔·阿纳蒂将岩画图

---

[1] [美]简·布洛克.原始艺术哲学[M].沈波，张安平，译.上海：上海人民出版社，1991：119-123.

[2] [英]维特根斯坦.哲学研究[M].陈嘉映，译.上海：上海人民出版社，2001：49.

式分为三种：象形、表意、心理。[1] 以此说明岩画艺术形式所体现出的内涵意蕴的复杂性。大卫·威特廉认为"岩画明显具有多种起源与功用"。[2] 这就需要透过岩画复杂的众多文化内容，窥探岩画艺术蕴含的最根本的核心母题。原始艺术起源于原始崇仰文化、宗教巫术和生产劳动，基于生存实用与情感交流而引发了审美需要。岩画的功利性意义与艺术形式是紧密结合在一起的，所以原始艺术表现和审美心理形态与其文化形态之间呈对应同构关系。强烈的功利需求促使岩画艺术形式具有了独特性，而岩画的构形要素、图像特征及表达形式强化了表现内容与社会功利的感染力。岩画是客体表现与主体表达的融合，是主客体世界同一的外化形式，有意味的形式和有情绪的内容使岩画具有了文化与艺术的感染力，岩画就成为可被审美的对象。弗朗兹·博厄斯在《原始艺术》中用不同的方式表达了同样的观点："我们必须记住艺术效果的双重源泉。其一，仅以形式为基础；其二，是以与形式有关联的思维为基础，离开了这双重源泉谈论艺术，那就是片面的。既然世界各地人类的艺术，不管是具有高度文明的国家的艺术，还是原始部落的艺术，都有这双重源泉，即纯形式和有涵义的内容。""形式和实践创造的活动是艺术的基本特征。心灵的喜悦和意识的升华，是由于感官受到具体形式的感染而产生的，而这感官的感染则必须来自人类的某种实践或人类实践的某种产物。"[3] 他强调原始艺术

---

[1] [意] 埃马努埃尔·阿纳蒂. 欧洲岩画艺术的比较研究 [C].91 国际岩画研讨会文集 [M]. 银川：宁夏人民出版社，1999：420.

[2] Dvids Whitley . Introduction to Rock Art Research [M]. Walnut Creek：Left Coast Press，2005：102.

[3] [美] 弗朗兹·博厄斯. 原始艺术 [M]. 金辉，译. 上海：上海文艺出版社，1989：04.

形式首要满足实用的目的，但同时满足人们对美的需求。而原始艺术的根本性质是为了作为一种有意义的标记或象征，服务于内容的表达。

原始审美的发生源自人类与自然的物我交流的生存实践，这一过程使人类感受到自然环境所引发的感官快感（生理快感），以及劳动成果所带来的精神愉悦（心理快感）。随着人类自我意识的觉醒，人们从感知与利用自然物的形、色、质中获得审美感受力与审美表达力，并从中体会到一些形式带来的快感，审美意识与审美思维也由此产生。原始审美心理是人类在自然环境的滋养下，通过生存实践与操作行为促生出的审美体验。与此同时，他们以观察、记忆、模拟的方式将审美体验再现与表现出来，并且在审美实践中不断提升表现手段与表现能力。岩画的审美性体现在对物象塑造与内容表现的主观感性的想象、取舍、提炼与组织中，这一审美特征反映出人类在原始认知意识、思维模式与审美意识下的审美心理与审美逻辑。研究岩画艺术不能只从对艺术品直接的视觉形式考察出发，需要综合多学科的研究材料，以艺术学为基础深度分析岩画的图像形式、结构方法、图符象征。运用美学理论追探原始审美意识的发生缘由，利用岩画学知识分析岩画产生的社会背景、文化意义及思维意识特征，以及结合社会学、人类学知识深刻理解岩画艺术的文化总体意义。

## （二）研究材料的界定

### 1. 岩画的时间界定

从现有考古文献可以看出，新疆岩画的创作时间跨度很大，早至旧石器时代，晚至明清，甚至现代。新疆岩画艺术研究的对象是原始社会文化背景下的岩画艺术。那么首先就需要对岩画的"原始"时间段有所界定。

"原始"的划分需要一个原则加以界定，历史学家、人类学家摩尔根提出："文字的使用是文明伊始的一个最准确的标志。"[1] 虽然这一标准已被学界普遍认同，但若以此为唯一标准就忽视了原始社会的丰富性与原始文化的多样性。除此之外，社会学家们还逐步建立起以阶级、工具使用、生产方式、宗教等为基础的界定原则。马克思在《1857—1858年经济学手稿》中以生产力为标准划分了人类社会发展的三大社会形态。[2] 生产力是社会发展的决定力量，原始生产力必然决定着其社会性质和社会经济、文化的发展方向，呈现原始性特征。

不同地区的文化类型有各自特征，存在明显差异，文化发展也不均衡。就新疆众多游牧民族的社会发展历史而言，新疆岩画的原始性也就会在时段上有所差异。它既受中华历史文化进程的影响，具有文化多元性的特征，也受地域发展的局限性影响，形成与区域社会发展相对应的文化特征。因此，新疆岩画的原始身份界定就要从地域的历史发展与早期社会形态的特殊性出发加以综合考量。

首先，以人类的社会生产方式为依据。新疆原始岩画是诸游牧族群在历史发展早期创作的岩画，即以原始的采集、狩猎、牧放为生产手段，是具有原始游牧生活方式的社会群体所遗留下的岩画。新疆原始游牧文化是驻足于此的远古诸族群共同创造的一种与游牧生态环境

---

[1] [美] 摩尔根 . 古代社会 [M]. 杨东莼，马雍，马巨，译 . 北京：商务印书馆，1997：30.

[2] [德] 马克思 . 马克思恩格斯全集：第 46 卷上 [M]. 中共中央马克思恩格斯列宁斯大林著作编译局，译 . 北京：人民出版社，1979：104.

相适应的复合性文化形态，源于古老的采集、狩猎、游牧以及农耕等整合形态的社会生产方式。其次，以岩画中体现出的原始思维与原始认知方式特征，以及由此产生的与社会结构密切相关的自然崇拜、生殖崇拜、图腾崇拜、祖先崇拜等原始崇仰与巫术文化现象为据。英国著名人类学家、民族学家、宗教史学家詹姆斯·乔治·弗雷泽在《金枝》中论证了巫术信仰是人类落后状态中的真正全民的、全世界性的信仰，所以人类学家逐渐将巫术当作原始社会的主要活动方式。[1] 从对当前众多研究岩画的释义中可以看到，弗雷泽的论证深远地影响着岩画的时间限定。最后，根据考古学分期法，以劳动生产工具的发展为尺度，将人类的早期历史分为石器时代、青铜时代、铁器时代，工具的使用标志着一个时代的生产力水平和人类改造自然的能力。以此为据划分原始岩画的时间跨度，特别是工具的发展对岩画的制作工艺与表现形式具有重要的影响意义。

综合上述因素，将新疆原始岩画的时间界线规划在原始社会或处于原始生产生活状态的历史时期。因此，新疆原始岩画是指在人类早期阶段，新疆区域内的以原始采集、狩猎、牧放为生产手段，以原始的集体游牧为生活方式的诸游牧族群遗留下的岩画。岩画反映着原始游牧社会的面貌，以及与社会结构紧密联系的原始崇仰与巫术活动，具有鲜明的原始文化特征。

---

[1] [英] 詹姆斯·乔治·弗雷泽. 金枝 [M]. 徐育新，汪培基，张泽石，译. 北京：大众文艺出版社，1998：83-86.

2. 岩画的载体界定

在远古时期，人类就以各种方式从事着图画创作，如在陶器、骨片、石雕等材料上涂绘纹样。而岩画特指那些以岩穴壁、崖壁或岩石为载体，用工具涂绘、磨刻、凿刻出各种形象、符号的原始图画。因此，以岩石、岩壁或岩穴为载体是岩画有别于其他原始绘画形式的重要特征。岩石是人类最早使用的绘画载体，人们在岩面上描绘着自己的生活内容与精神诉求。在文字出现之前，岩画就是记录、反映和表达原始社会与人类精神世界的最早"史书"。

岩画是介于绘画与雕塑之间的原始艺术形式，兼有绘画与雕塑的某些特征，但又与二者有着本质区别。绘画的载体材料与表现手段形式多样，手法也较为灵活多变。而岩画的载体为石面，质地粗糙，加之原始工具的粗陋，涂绘或凿刻的形象就无法精细与精致，凸显出原始的简拙、粗放的意味。雕塑是利用工具对不同材料进行加工，通过雕琢、捏塑等手段塑造出三维立体的形象。岩画大多数为刻绘，虽然形象也有凿刻出的凸凹变化，甚至有类似浅浮雕的效果，但岩画整体呈二维平面化的视觉效果。就造型方式与构成要素而言，岩画更接近绘画。岩画与绘画有着相同的造型要素，即点、线、面三要素。正如意大利文艺复兴大师达·芬奇所说："绘画科学的首要原则：首先从点开始，然后是线，再次是面，最后由面构成一定的形体。"[1] 无论绘画采用什么样的载体、工具与技法，唯有构成画面最本质的因素点、线、面这三个核心绘画要素不变。岩画充分体现出原始游牧部族灵活运用

[1] [意] 达·芬奇. 达·芬奇讲绘画 [M]. 刘祥英，编译. 北京：九州出版社，2005：25.

点、线、面塑造形象的表现能力，同时还以组合、重构、变形、夸张等手段创造性地塑造出"理想"形象与"理想"空间，以主观意志构建自我认知中的现实世界与精神世界。

（三）研究思路

前期研究以实地田野考察为主，采集分布在新疆阿尔泰山、天山、昆仑山的典型岩画，拍摄取证岩画的图像、环境以及周边古迹、遗址等，真实记录下岩画及其所处的自然景观。调研岩画分布地域的历史文化与民俗文化，走访文物考古机构与专家，掌握大量考古学等相关学科的文献材料，按岩画分布、内容、类型对素材进行归类整合。运用图像处理技术分析岩画造型与制作技艺，保留岩面质地与凿痕印记，从拍摄素材上提取出岩画图像，以直观的、图案化的形式将岩画完整呈现出来。通过分类比较、图文互证对岩画样本进行剖析，结合考察实证、文献参考与科学理论等佐证材料，对新疆岩画艺术进行深入探究。

绪论部分。对岩画这一原始艺术形式做简要阐述，并从新疆岩画艺术的独特性与价值性出发，提出研究目的和研究意义，表明研究的目的在于挖掘新疆岩画的文化价值与艺术价值，为地域文化艺术的传承发展提供理论支持。提出构建岩画艺术谱系，为新疆岩画艺术研究带来新的研究思路。提出新疆岩画艺术研究对丰富"丝路文化圈"的内容，以及对中华民族文化研究和完善上具有重要的现实意义。同时将新疆岩画发现与岩画学研究的动态加以梳理，分析新疆岩画艺术研究的合理性，并对研究对象相关概念加以界定。厘清研究思路，阐明已有的多学科的理论基础与研究成果，明确运用综合性研究方法是研究新疆岩画艺术的文化意义与审美特征的必要方法论。

　　研究主体部分。首先，从原始游牧族群的生存环境、活动方式以及人与自然的关系入手，分析岩画艺术的发生缘由。然后，从原始社会生态与岩画艺术本体特征的关联性出发，依据研究问题与知识材料的内在联系，以研究对象的共同本质特征（即母题共性）为基础，对研究对象进行分类。把所要研究和解决的问题纳入到同类知识结构中进行解析，建构与原始社会环境及文化形态相对应的岩画艺术谱系框架。将自然物种、原始崇拜、场景叙事等主题片段的图式形态置于原始社会结构与意识形态中，分析图像特征、结构形式、图符意义，诠释母题意旨下原始岩画的艺术特征与审美规律。接着，从岩画的技艺与图式规律入手，讨论岩画形式与技术的关系，考究工具使用对岩画艺术形式的作用。结合考古学材料、文献资料与综合学科理论，分析岩画构图空间秩序与美感形式，以及折射出的原始思维方式和审美意识，解读岩画的"语义"与"语意"。最后，以分布在新疆三大山脉中的典型岩画现象为样本，综合分析岩画图式的艺术特征与内在意蕴，剖析岩画反映出的原始游牧社会的生活面貌与精神内涵。

## 四、研究方法

### （一）研究需具备的理论基础

　　新疆岩画艺术研究是从美术学角度对岩画的图式艺术、审美形式及审美意义展开研究。但岩画有别于其他的艺术形式，它不是现代意义上的"为艺术而艺术"的作品，它是由特定历史、文化背景以及人的因素共同构成的早期人类文化景观中的一种艺术形式，需要在历史性、社会性的人地关系、人文关系里进行全面考量，才能真正领悟岩画艺术的意蕴。以跨学科视角将岩画置于历史、文化的语境中展开研究、分析，尤其是对岩画的艺术形式、审美特征以及其中反映出的原始观念做出深入解析，力图依靠岩画图式的自证，揭示图像所表达的真正含义。跨越岩画学、艺术学所属领域界限，充分借鉴考古学、人类文化学、图像学、语言学、宗教学等学科理论知识及研究材料与研究方法，科学审视和考察出岩画艺术形式与内蕴的本质。

考古学知识属于人文科学的领域，考古学以调查发掘为手段，对文化遗迹、遗址、文物及其历史、自然环境、经济模式、生活习俗、宗教信仰等文化因素进行考证。例如，岩画周围常会伴有遗迹与墓葬遗址等，利用遗迹考古发现的信息，可以考证岩画的创作年代、族属与创作目的等问题，为岩画艺术研究提供相对准确的证据。考古学知识来自考古学界的发掘报告和考古研究专著，在研读中从共同理解出发，考据与岩画相关联的文化内容。利用典籍文献和文物研究成果相互补证，呈示出岩画的时代环境、社会形态、文化背景的基本面貌和承接关系，为研究提供坚实的理论参照，考古学材料对岩画研究是必要且重要的。文化人类学材料为岩画艺术研究提供了关于人类社会形态、生活习俗、宗教信仰以及思维观念等方面的实证素材。艺术研究必须注重文化的原因追踪，文化人类学对新疆多元地域性人文基础与地缘文化圈历史生成的研究已有许多丰硕成果，还原出立体的、全面的原始游牧社会的人文空间，为岩画艺术研究提供了充分的背景材料。从中汲取与游牧族群的社会特征、文化内容相关的理论素材，为考究岩画创作动机、主题内容与文化形式的发生与演进缘由等相关问题做出解答。除此之外，更需掌握原始思维、原始审美心理等相关理论，从原始思维与审美意识的生发原理、表现形式与实践方式中，追究原始岩画艺术的内容、形式、审美的本质特征与规律。

以图像学与符号学分析方法对岩画形式与象征性内容进行确定，有助于真正领会岩画图像的综合性含义。帕诺夫斯基指出："内在的含义或内容……是通过确定那些基本的原则而领会的，那些原则揭示了一个民族、一个时代、一个阶层、一种宗教或哲学假设的基本态度——由一个个体无意识赋予并凝聚到一件作品中。"[1]岩画是负载和传递信息的中介，也是认识事物的一种手段，从岩画的图像符号中厘清人类早期表达情感与认识意义的方式，发现和解释图像的象征性及其所暗示的意识观念。岩画作为人类早期表现社会内容与生存活动的艺术形式，也是原始游牧部族表达认知与情感的图像语言，具有记录与表述信息的传递功能。因此，还需借用语言学概念对这一图像语言的表达形式、语意结构、叙事方式进行分析，揭示原始语言的内在含义。

岩画艺术研究需要结合多学科理论、文献与成果材料进行互证互论，方能使研究观点有据可依。新疆历史文化有着地域多元性的人文背景，岩画作为原始社会形态下游牧先民创造的特殊文化形态与艺术形式，必须对视觉形象的深层含义展开综合性的文化研究，才能对岩画艺术形式的特殊性做出准确的分析。利用跨学科的知识材料与技术方法进行分析、比较、参照，相互印证，以科学的实证精神探究与岩画艺术相关联的各因素间的因果关系，以宽泛的研究视野科学地、立体地考究岩画的艺术特征与审美意义。运用多学科知识与方法展开研

---

[1] [美]迈克尔·安·霍丽·帕诺夫斯基与美术史基础[M].易英，译.长沙：湖南美术出版社，1992：142.

究，是人文学科发展的必然趋势，也为岩画艺术理论的建立提供了更多的论据支撑和更大的研究空间。

（二）研究方法

以考据研究方法为基础。运用田野考察法对新疆阿尔泰山、天山、昆仑山分布的典型岩画点进行实地考察与调研，拍摄、搜集岩画图像素材。对岩画载体材质、涂绘与刻凿方法、图像内容、岩晒深浅加以分析、判断。对岩画现场的自然环境与周边遗迹、遗址进行调研，了解当地文化特点与民俗现象，收集相关的文献资料和地方志资料。通过收集和记录的田野资料，获取研究所需的直观实证材料。运用文献考据资料为研究创建理论根基与佐证提供支撑。查阅国内外岩画研究的相关文献，全面了解、掌握岩画的研究动态与研究成果，检索、收集、鉴别与研读各学科、各领域的相关研究成果与理论基础，结合已有知识结构与研究目的对文献素材进行分析、比较。在大量研究成果与理论知识的研习基础上，加以综合运用和升华，为观点论证提供坚实的、科学的、可印证的理论依据。

以谱系学研究方法为主导。突破传统的"历史主义研究方法"，不再对原始岩画艺术的发展源流进行历时性的表述与梳理。而是以岩画艺术本体与原始社会生态的关联性为切入点，撷取典型岩画片段并将其置于原始社会文化景观中因势利导，在同一母题语境中对岩画艺术现象发生的前因后果、影响因素、构成要素、艺术特征等内容进行追根溯源。在社会结构与社会文化中探寻岩画艺术的本质特征及意义，构建出岩画艺术本体的图像谱系结构。将图像学与符号学研究方法引入岩画图像的分析与解读中，以视觉文化角度辨析岩画艺术的文化性特征。力求在图像分析和文化考释的基础上进行理性概括和文化阐论，揭示出新疆岩画艺术的艺术特征和审美规律。分析岩画图像空间的构成形式，剖析图式空间的结构规律。从形式特征中探究图像的表层"所指"向深层"能指"转化的表意机制，诠释岩画图像的象征语意和文化内涵。理解图像表达的原始文化含义，发现岩画图式的隐喻视觉元素及其母题范畴中的变化规律，探讨新疆岩画艺术审美特征，阐明岩画艺术的本质意义与母题意旨下的原始艺术特征与审美价值。

以多学科研究方法为辅助。通过吸收、借鉴各学科理论知识与研究方法对岩画艺术展开科学、立体的研究。考古学提供了岩画考古所得的历史知识和理论性的解释。文化人类学、民族学等学科的理论成果，还原出原始游牧族群的社会形态、文化习俗、崇仰观念以及思维意识的客观图景。秉持科学的实证态度，从多学科、多角度的视野综合分析与释读岩画的图式特征与文化含义，厘清岩画的艺术形式与原始精神文化及社会生态的关系脉络，研究岩画的艺术特征与审美价值。运用多学科的理论、方法和成果，对新疆岩画艺术进行综合研究，为探究新疆岩画的艺术特征和审美意义提供坚实的理论与技术支撑。

# 第一章 新疆岩画的地理分布与缘起

　　中华文明在其诞生之始就不是一个封闭体系，而是在当时条件的许可之下参与各种文明的交流与交换。中国境内不同地区文化的融合，对于创造中华文明的基本面貌起着重要作用。[1]新疆地处欧亚大陆中心，是古丝绸之路的重要通道。它将古代中国与世界联系起来，成为沟通东西方经济、文化交流的桥梁。欧亚大陆上不同区域的人群在史前时期就有迁徙往来的活动，高加索人种至中国西部地区活动的历史至少可以追溯到公元前 3000 年以前，距今 4000 年的史前时期中原文化就已出现在新疆哈密区域，历史上曾有许多游牧族群在今天的新疆地区游走生活。可见，新疆自古就是多人种、多元文化、多种民族交汇、融合之地，多元文化在此交融碰撞，成为中华数千年文明发展史的组成部分。

　　新疆地域辽阔，地质地貌复杂且丰富多样，自然景观绮丽壮美。新疆的地形特征为三大山系包围两大盆地。北部为阿尔泰山，南部为昆仑山系，天山横贯新疆中部，天山以北为准噶尔盆地，以南为塔里木盆地，基本轮廓是三大山系与两盆地相间排列，被称为"三山夹两

---

[1] 盖山林 . 丝绸之路草原文化研究 [M]. 乌鲁木齐：新疆人民出版社，2009：07.

盆"的地貌。新疆因受深处大陆中心和高山环抱的影响，天山南北的自然风貌与生产方式也有着一定差异。阿尔泰山和天山的自然条件有利于森林和草场的生长和发育，适合发展畜牧业经济。而天山以南至昆仑山系之间，地缘辽阔，气候干燥，降水少，高山雨雪水形成河流，沿河形成局域性绿洲，为农业发展创造了良好的条件，以农耕定居为主，畜牧为辅。

新疆岩画多分布在天山南北的高山草甸与河谷之中，岩画分布与原始游牧族群频繁活动的牧场分布一致。游牧部族以狩猎、畜牧为生，活动范围以山区和草原为主，随季节以周期性的轮牧方式从事畜牧生产。原始游牧部族为适应环境和争取生存利益，创造出特色鲜明的游牧文化，同时在迁徙过程中也成为各种文化沟通、交流的传播者。新疆岩画是游走于此的游牧族群遗留下的文化形式，反映着原始游牧部族的社会生活和精神生活的全貌。

新疆岩画分布广泛，阿尔泰山、天山、昆仑山系的山区、河谷都有岩画出现，数量最多的地区是天山以北至阿尔泰山的辽阔山区。从大量的地理科考资料发现，自人类活动开始至今，新疆地理地貌没有太大变化，虽然草场分布会随气候波动发生雪线变化，但也没有巨大的差异。因此，从岩画分布可以看出，远古游牧民族的活动区域与现在畜牧草场分布基本一致。

良好的草场是游牧民族赖以生存的主要场所，为狩猎、畜牧生产提供了必要条件。阿尔泰山南麓、准噶尔西部山地，以及周边分布的矮山区，降水充沛，草木茂盛，四季草场均有分布，具有优良的畜牧条件。凡出现岩画的地方，过去或现在都是优良的牧场。新疆中部天山山脉也是岩画相对集中的区域，山脉之间发育有许多河流，还拥有

许多大小冰川，冰川融雪汇集成众多河流，共同滋养着天山南北的广阔绿洲以及山间的盆地、谷地。天山北麓水草丰茂，是优良的山区牧场，特别是冬牧场大多位于天山北坡1400米以下的低山区和沙丘，冬牧场是岩画分布最多的地区。而天山南麓多为阳面背风坡，降水少，植被稀少，畜牧条件远比天山以北差，天山南部岩画远远少于北部，风格特征与山北岩画也有少许差异，与昆仑山脉岩画风格相似。新疆南部昆仑山系分布于塔里木沙漠南缘，是亚洲腹地的干旱山地，缺乏适宜畜牧的高山草甸和草原，因此岩画相对于北疆要少很多。

总之，新疆岩画主要分布在阿尔泰山脉和天山山脉，昆仑山脉岩画分布相对较少。

# 第一节　新疆原始岩画的地理环境及分布

## 一、阿尔泰山岩画环境及分布

### （一）阿尔泰山自然环境

阿尔泰山，蒙古语意为"金山"，因其蕴藏着丰富的黄金而得名。阿尔泰山呈西北—东南走向，中国境内的阿尔泰山为山脉中段南麓，地势呈北高南低，平均山脊线海拔不到3000米，山势由西北向东南呈阶梯状递降，表现出明显的垂直层次地貌特点。阿尔泰山西南部是准噶尔西部山地，这一区域由许多海拔在2000~3000米的低山丘陵组成，这些低山多呈间断性的东西向，山间盆谷地有吉木乃谷地、和布克谷地、塔城盆地、托里盆地等。[1]

中国境内阿尔泰山中段南麓在新疆最北部，西北与哈萨克斯坦、俄罗斯相连，东北与蒙古国接壤。准噶尔盆地地处阿尔泰山与天山之间，西侧为准噶尔西部山地，东至北塔山麓，这一区域的行政区划为阿勒泰地区和塔城地区。

阿尔泰山从国境山脊线到额尔齐斯谷地，山体呈3~4个阶梯，气温和自然景观随地势抬升呈垂直、分带性分布，依次发育有高山草原植被、山地草甸植被、山地草原植被、荒漠化草原植被、低地草甸植

---

[1] 杨利普 . 新疆维吾尔自治区地理 [M]. 乌鲁木齐：新疆人民出版社，1987：184.

被，形成可四季利用的优质牧场。海拔2400~3200米为高山带，此地带为高山草原，草植较为丰茂，是畜牧优良的夏牧场，年均利用时间为75天。海拔1500~2400米的中山带，降水较多，槽形谷地分布广泛，降水与温度条件较好，以山地草甸植被为主，是优良的夏牧场，年均利用时间约95天。海拔1000~1500米为低山带，山地与断谷交错，发育有山地草原植被，是优良的春秋牧场，春秋两季利用时间约135天。海拔500~1000米为山前丘陵、谷地及平原区域，是良好的春秋牧场。近河谷低处发育有低地草甸植被，可作为冬牧场。阿尔泰山西南部的准噶尔西部山地，夏牧场主要分布在海拔1200~2500米的中、高山带上，以海拔1400~2000米间最为集中，以加依尔山、玛依勒山北坡和巴尔鲁克山中、高山区为主。这些低山也是终年冰雪，景观雄奇，地理环境与气候条件优越，为畜牧生产提供了良好的牧场。其中海拔1500~3000米萨吾尔山降水丰沛、林木繁茂、牧草丰饶，是优质的夏牧场之一。山前丘陵平原，牧草丰饶，是重要的春秋牧场，特别是山谷地带成为吉木乃、哈巴河等县的重要冬牧场。塔尔巴哈台山的高、中山地是水草优良的夏牧场，浅山和山前丘陵及冲积扇地带系春秋牧场，丘陵地和浅山阳坡地带则是良好的冬牧场。巴尔鲁克山、玛依勒山不仅有良好的春秋牧场和夏牧场，还有塔城地区最好的冬牧场。这些牧场自古就是享有盛名的畜牧草场，分布着许多重要的岩画遗迹。

游牧先民随季节变化采用轮牧方式进行畜牧生产，阿尔泰山区域春、夏、秋三季时间较短，冬季长达半年之久，冬牧场对牧民而言是极为重要的生活场所。阿尔泰山周边近河谷的山间草甸和平原，因四面环山，冷空气被阻挡减弱，形成冬季温暖且风小的逆温气候，利用逆温层作为冬牧场是游牧民族长期与自然抗争的经验总结。冬牧场一般在气候温暖、避风、向阳、雪少的低山区、平原区或沙丘区。这里积雪浅薄，牧草生长较好，成为牧民与畜群越冬的理想场所，在此度过长达5~6个月的冬季时间。阿勒泰地区部分冬牧场分布在萨吾尔山，塔城地区的冬牧场主要在巴尔鲁克山、玛依勒山、加依尔山南部，每年冬天有数十万头牲畜在冬牧场过冬，这些区域历代都是游牧民族越冬储畜的优良牧场，从而成为岩画数量较多的地区之一。[1]冬牧场是牧民使用率最高、时间最长的御冬驻留场所，从每年11月初到次年3月底，这一阶段也是牲畜配种孕育的关键时段，冬牧场对畜牧业起着至关重要的作用。半年之久的越冬季节，游牧部族安营驻扎，有充分的时间从事各种崇仰仪式或岩画创作活动。阿尔泰山岩画基本分布在游牧族群频繁活动的营地、牧道与四季转场途经之处的崖壁、岩石上，尤其冬牧场最多，只要是岩画刻绘之地历来都是良好的牧场，这些区域的岩画是不同时期生活于此的游牧民族遗留下的生活印记，内容有动物以及狩猎、牧放、祭祀等场景。

　　阿尔泰山多样性的地形地貌、气温和自然景观，为生物多样性的形成创造了有利的环境和条件。独特的地理环境与气候条件，发育出种类繁多、茂盛丰饶的植被，不仅是历代游牧人民赖以生存的丰美草原，还是众多动物生息繁衍的优美境地。从阿尔泰山岩画中可以看到，动物数量最多的是人类驯养的羊、马、牛、骆驼、狗等。还有许多野生动物，如盘羊、北山羊、岩羊、羚羊、藏羚羊、牦牛、梅花鹿、马鹿、麋鹿、驼鹿、驯鹿、野双峰驼、单峰驼以及各种飞禽，还有凶猛

---

[1] 苏北海 . 新疆岩画 [M]. 乌鲁木齐：新疆美术摄影出版社，1994：3.

的食肉类动物，如狼、狐狸、雪豹、金钱豹、野猪等，在岩画中还能看到亚洲象和新疆虎的踪迹。[1]

### （二）阿尔泰山岩画分布

阿尔泰山区域的牧场多属于山地草原，因而岩画的分布主要见于高山牧场、中低山区以及牧场之间的转场牧道上，有些河谷地带也有所见。阿勒泰地区广袤的草原资源，使之成为新疆岩画数量最多、分布最广的地区。同时，在山间盆地、谷地河岸、沟地等区域还有大量鹿石、石人、墓葬等遗迹，与岩画共同彰显出阿勒泰地区得天独厚的自然环境下所衍生出的古老草原文明。阿勒泰地区的山区都有岩画，分布密集且内容丰富，生动地反映出古代阿尔泰山区游牧民族的草原文化面貌。准噶尔西部山地的巴尔鲁克山及玛依勒山、加依尔山南面作为重要的四季牧场，山区中也遗留下大量的原始岩画，以冬牧场最多，说明自古以来这里都是水草丰美的牧场，畜牧业十分发达，游牧族群在此的生存活动十分活跃。

根据第三次全国文物普查统计，新疆阿尔泰山岩画主要分布在阿勒泰地区与塔城地区的山区及周边区域，阿勒泰地区较为密集的岩画点有114个，塔城地区岩画点有41个。

阿勒泰地区岩画主要分布在阿勒泰市、福海县、青河县、布尔津县、哈巴河县、富蕴县、吉木乃县的周边山区。

其中阿勒泰市有岩画点27个，包括玉依塔斯岩画、海依那尔岩画、喀腊希力克岩画、库布岩画、将军布拉克岩画、巴尔也恩巴斯陶

---

[1] 周菁葆 . 丝绸之路岩画艺术 [M]. 乌鲁木齐：新疆人民出版社，1993：293.

洞穴彩绘岩画、乔尔海岩画、汗德尕特岩画、阿腊勒托别岩画、墩德布拉克洞穴彩绘岩画、玉勒肯卡拉苏沟岩画、陵园岩画、奶牛场岩画、泉沟岩画、谢天尔德洞穴岩画、塔拉特岩画、喀腊希力克别特岩画、骆驼峰岩画、黑山头岩画、斯得克岩画、杜拉特岩画、沙尔乔克岩画、克兰河岩画、巴特尔岩画、别斯巴斯陶村西岩画、阿克塔斯彩绘岩画、喀腊塔斯岩画。

福海县有代表性的岩画点4个，包括托让格岩画、博肯塔纳吾岩画、江格孜塔勒岩画、长而阿赫特一号洞窟。

青河县有岩画点30个，包括乌鲁肯达巴特岩画、乔夏岩画、也根德布拉克岩画、塔拉特沟岩画、阿比金岩画、巴润萨依岩画、喀木斯特岩画、县水电站闸口岩画、喇嘛布拉克岩画、查干郭勒水库岩画、库勒舒美克岩画、江布塔斯岩画、卡拉乔拉岩画、巴特巴克布拉克岩画、塔斯拜特洞穴彩绘岩画、喀拉盖特岩画、喀拉盖特沟岩画、扩协岩画、美依尔曼达拉斯岩画、塔勒德萨依岩画、阿亚克喀拉沃愣岩画、乔什喀吐别克岩画、塔斯特萨依岩画、达巴特岩画、拉斯特岩画、南山坡岩画、萨尔布拉克岩画、瑙干彩绘岩画、库勒活拉岩画、嘻拉乔拉岩画。

布尔津县有岩画点12个，包括吐峪克岩画、加尔布勒德岩画、库须根岩画、阿克巴斯套岩画、阿克巴斯套加勒岩画、乔拉克布拉克岩画、吐鲁克岩画、鸭泽湖岩画、托喀纳斯岩画、也可阿沙岩画、智勒布拉克岩画、吉别特岩画。

哈巴河县有岩画点19个，包括唐巴勒塔斯萨依岩画、喀腊托别岩画、加尔塔斯阔拉岩画、多尕特洞穴彩绘岩画、霍特拉克洞穴彩绘岩画、阿什勒岩画、解特布拉克岩画、多尕特岩画、玛依玛托别岩画、博海塔勒德洞穴彩绘岩画、解特布拉克洞穴彩绘岩画、多拉纳勒岩画、喀拉塔斯山口水电站岩画、阿克加勒帕克岩画、胡勒木尔扎岩画、哈拜罕岩画、加勒格孜阿尕什岩画、阿依托汉岩画、比特得库勒彩绘岩画。

富蕴县有岩画点 14 个，包括布腊特岩画、徐永恰勒岩画、阿热可拜岩画、苏普特岩画、库尔特岩画、也森喀拉岩画、博塔莫云岩画、恰勒格尔岩画、库热科特岩画、托普铁列克岩画、唐巴勒塔斯洞窟岩画、乌勒肯库斯洞穴彩绘岩画、阔克布拉克岩画、库吉勒拜岩画。

吉木乃县有岩画点 8 个，包括小吐玉克沟岩画、托海阔拉斯岩画、塔特克什阔拉斯岩画、唐巴勒岩画、克孜勒阔拉岩画、翁格尔阔拉岩画、依玛什阔拉斯岩画、喀拉萨依岩画。

塔城地区岩画主要分布在和布克赛尔蒙古自治县、额敏县、塔城市、托里县、沙湾市、乌苏市、裕民县，岩画点有 41 个。

其中和布克赛尔蒙古自治县有岩画点 11 个，包括哈日托洛盖岩画、敖包特岩画、光其根乌必勒争岩画、艾尔肯阿门岩画、乌兰萨拉岩画、库同岩画、白杨河东岸岩画、玛力增呼都格岩画、达吾尔萨拉山顶岩画、扎瓦里阿门岩画、布茹勒岩画。

额敏县有岩画点 6 个，包括吉浪特岩画、喀拉也木勒岩画、布依提布拉克岩画、白杨河西岸岩画、哈拉乔克岩画、交勒布拉克岩画。

塔城市有重要岩画点 4 个，包括那音乔卡山岩画、窝依加依劳岩画、玛依勒山喀拉甘德岩画、喀拉甘德唐巴勒岩画。

托里县有重要岩画点 12 个，包括唐巴勒岩画、奥凯库思曼岩画、努勒思拉克斯陶岩画、司马依勒克斯陶岩画、吐别克斯陶岩画、布勒买得岩画、赫那亚提岩画、科克巴斯陶岩画、阔克哈达唐巴勒岩画、拉巴唐巴勒岩画、克孜勒阔腊岩画、库玛拉克斯陶岩画。

沙湾市有重要岩画点 1 个，为小白杨沟岩画。

乌苏市有重要岩画点 2 个，包括卓日克图岩画、尔图河新龙口岩画。

裕民县有岩画点 5 个，包括巴尔达库尔岩画、铁孜布拉克岩画、额敏河边防站岩画、红石泉岩画、丘尔丘特岩画。

阿尔泰山岩画分布以阿勒泰地区数量最多，准噶尔西部山地的萨吾尔山、巴尔鲁克山、玛依勒山等山区也有许多岩画。阿尔泰山体基本为花岗岩和变质岩，经过千年风吹日晒，岩石表面多为黑褐色或青黑色，岩画大多刻绘在向阳朝东的山面岩石上。阿尔泰山岩画有彩绘和岩刻两种主要形式，它们是原始游牧部族的文明产物。由于远古游牧民族社会形态发展的不平衡，岩画断代一直是学界面临的研究难题，新疆岩画最早可推算到旧石器时代晚期。

阿尔泰山岩画是不同时期的各游牧族群共同创造的文化形式，内容极为丰富，大多数是动物图像，包括家畜与野生动物，还有狩猎牧放、崇仰仪式、生殖崇拜等场景内容。岩画为研究阿尔泰山地区的自然生态、历史人文、民族文化提供了丰富、形象的文献资料。从阿勒泰地区古遗址中发掘的文物考证，如切木尔切克墓葬群出土的战国双联石罐、兽首柄石杯和素面铜镜，哈巴河铁列克特出土的战国铜豆，福海县古遗址出土的秦半两钱和汉五铢钱等实物证明，阿尔泰山地区不仅有着悠久的历史文化，而且与中原地区文化有着密切的联系。阿尔泰山岩画与内蒙古阴山、蒙古国和西伯利亚等地岩画，在题材和创作方法上有许多共性特征，反映了古代亚洲北部草原文化的广泛交流。阿尔泰山岩画对研究整个亚洲北部岩画带的产生原因、形成过程和内

容特点等都有着重要的意义。[1]

## 二、天山岩画环境及分布

天山岩画主要分布在天山以北直至阿尔泰山的辽阔山区和草原中，天山以南山区因其畜牧业不及天山以北，所以岩画分布较少。特别是天山北坡的中低山区及盆地、谷地以及有林带屏障或森林包围的地方，有较好的避风条件，均作为冬牧场，这些区域分布的岩画最多，在春秋牧场及转场的沿途也有一些岩画分布。总而言之，天山充沛的水源、茂密的森林以及丰美的草原、绿洲，历代游牧先民在此刻绘出众多岩画，记录下他们的生存活动。

根据第三次全国文物普查统计，新疆天山岩画主要分布在天山南北山区及山间盆地、谷地及山前地带，这些区域多为四季牧场，尤其冬牧场较多，天山北麓岩画多于南麓。岩画主要分布在天山西部伊犁河谷地的伊犁哈萨克自治州、北天山地槽褶皱带博尔塔拉谷地的博尔塔拉蒙古自治州、天山北麓昌吉回族自治州、乌鲁木齐市、天山东部博格达山南麓吐鲁番盆地的吐鲁番市、东天山支脉哈密盆地的哈密市，以及天山南麓巴音郭楞蒙古自治州的部分区县、天山南麓和塔里木盆地北缘的阿克苏地区等地域。

哈密市分布的重要岩画点约 82 个，其中伊吾县有岩画点 22 个，包括尖甲坡岩画、乌勒盖岩画、乌瓦勒克岩画、乌尊萨依岩画、伊吾镇北山岩画、伊吾镇南山岩画、阿斯克力克岩画、博然勒克岩画、喀

---

[1] 陈兆复.中国岩画发现史 [M].上海：上海人民出版社，2008：127.

萨普其岩画、科托果勒沟岩画、库木达坂岩画、热孜布拉克沟口岩画、粤海水库岩画、阿尔帕沟岩画、布热勒克岩画、大白杨沟岩画、喀尔里克山北岩画、阔如勒岩画、斯外特昆多岩画、托克塔斯岩画、峡沟岩画、约勒颇克昆多岩画。伊州区有岩画点40个，包括焕彩沟岩画、阿热孜果勒岩画、柳树沟沙枣泉岩画、柳树沟岩画、二道沟岩画、黑沟岩画、水亭东岩画、穆孜布拉克岩画、水亭岩画、榆树沟岩画、下二崖头岩画、乌拉台岩画、巴合乌斯台岩画、庙尔沟岩画、恰尔勒克岩画、霍吉格尔东岩画、卡拉卡依提岩画、塔拉特岩画、杏树沟岩画、乌兰布拉克西北岩画、乌兰布拉克西南岩画、乌兰布拉克北岩画、安拉北岩画、白山岩画、库热勒克岩画、三墩岩画、上马崖岩画、小堡尖山子岩画、下河村岩画、下胡拉斯台岩画、小堡南岩画、折腰沟岩画、霍吉格尔岩画、乌鲁江岩画、阿格孜岩画、托甫塔勒岩画、西山阔克亚尔岩画、头宫口子岩画、白杨沟岩画、白石头岩画。巴里坤哈萨克自治县有岩画点20个，包括弯沟岩画、小黑沟岩画、森塔斯乔克岩画、五场沟岩画、乌都苏岩画、尖山子岩画、乌图其岩画、八墙子岩画、五沟岩画、大黑沟岩画、克桑岩画、加满苏岩画、李家沟岩画、岳公台岩画、兰州湾子岩画、西黑沟岩画、大阔克亚尔岩画、红山口岩画、冰沟岩画、东黑沟（石人子沟）岩画。

昌吉回族自治州分布的重要岩画点约61个。其中木垒哈萨克自治县有岩画点14个，包括怪石山岩画、冬窝子旧圈岩画、平顶山夹皮泉岩画、霍加墓沟岩画、喀什肯布拉克沟岩画、东地岩画、鸡心梁岩画、哈沙霍勒沟岩画、哈夏古尔沟东岩画、哈夏古尔沟岩画、芦塘沟岩画、神龙潭岩画、苏提巴依沟岩画、石仁子沟岩画。奇台县有岩画点6个，包括细壶腰子岩画、艾尔提沟岩画、达坂河西沟岩画、大沟口西岩画、库普沟岩画、根葛尔岩画。吉木萨尔县有岩画点 15 个，包括喇嘛昭岩画、松树沟岩画、大三台沟岩画、大东沟西岸岩画、二工河西岸岩画、西台子头道梁岩画、西台子二道梁岩画、西台子三道梁岩画、西台子四道梁岩画、长山渠上村岩画、东梁岩画、二道沟山顶岩画、小三台沟岩画、西下沟岩画、大东沟下游岩画。玛纳斯县有岩画点 5 个，包括苏鲁萨依岩画、杰列德乎拉岩画、木云苏瓦特岩画、鸽子洞岩画、沙拉乔克岩画。呼图壁县有岩画点 6 个，包括康家石门子岩画、阔克霍拉岩画、苇子沟岩画、尖夹沟岩画、大河坝岩画、登格克霍拉沟岩画。阜康市有岩画点 13 个，包括四工河岩画、可可沙依沟岩画、黄山沟岩画、黄山沟一号岩画、黄山沟二号岩画、花儿沟岩画、泉沟岩画、白杨河上游岩画、三工河岩画、三工河三级水电站岩画、永鑫煤化厂岩画、吉沿坚岩画、西沟岩画。昌吉市有岩画点 2 个，包括阿什里三组岩画、山羊圈岩画。

吐鲁番市重要岩画点有 15 个。其中鄯善县有岩画点 7 个，包括二塘沟东岩画、二塘沟西岩画、漠河沟岩画、蒙古窝子岩画、碱泉子岩画、高泉岩画、斯尔克甫沟岩画。高昌区有岩画点 2 个，包括胜金口岩画、三岔口岩画。托克逊县有岩画点 6 个，包括克尔碱岩画、克尔碱水系图岩画、库加依沟东南口岩画、托格拉布拉克岩画、托格拉布拉克西岩画、库热阿克斯岩画。

乌鲁木齐市岩画点有 14 个，包括独山子岩画、魏家泉子岩画、唐巴勒霍拉岩画、绿草沟口岩画、那比依岩画、丁克霍拉岩画、红沙滩岩画、大跌水岩画、黑沟渠首岩画、阴沟上沟口岩画、沙尔太克仙岩画、阴沟岩画、霍加穆岩画、小挫帕尔岩画。

博尔塔拉蒙古自治州重要岩画点有 36 个。其中温泉县有岩画点

23个，包括哈尔查汗岩画、孟克沟岩画、苏鲁别真岩画、乔德库尔达吾岩画、阿敦乔鲁岩画、库克他乌岩画、浩特尔杭布岩画、玛夏岩画、托斯呼尔黑山头岩画、托斯呼尔岩画、吐日根岩画、本布图一号岩画、本布图二号岩画、本布图三号岩画、本布图四号岩画、本布图五号岩画、本布图六号岩画、其其尔根布呼岩画、鄂托克赛尔水库岩画、达瓦堤岩画、鄂托克赛仁温泉岩画、鄂托克赛河检查站西南岩画、乌拉斯台岩画。精河县有岩画点5个，包括哈热尕特阿门岩画、巴音阿门岩画、沃门呼斯塔岩画、乌图布鲁格沟口岩画、那仁郭勒岩画。博乐市有岩画点8个，包括阿克萨依岩画、康布拉克岩画、堆尔斯和岩画、苏里科克岩画、卡浦达尕依岩画、阔依塔斯岩画、苏更阿木岩画、乌土布拉格岩画。

伊犁哈萨克自治州重要岩画点有40个。其中察布查尔锡伯自治县有岩画点1个，为琼博拉岩画。巩留县有岩画点3个，包括库勒萨依岩画、萨尔布津岩画、布库尔萨依岩画。霍城县有岩画点1个，为开勒木库尔沟岩画。尼勒克县有岩画点13个，包括沃巴勒克增岩画、穷科克岩画、塔特郎岩画、却米克拜岩画、喀拉旱德沟岩画、库尔于孜克岩画、吉仁台峡谷谷口岩画、巴勒根萨依岩画、纳仁喀拉岩画、塔尔克特岩画、纳仁喀拉西岩画、奴拉赛岩画、阿合买提沟岩画。特克斯县有岩画点12个，包括塔勒拜岩画、阿克塔什岩画、鄂勒格代萨依西岩画、加汗萨依西岩画、加汗萨依东岩画、吾日克沟口岩画、铁热克提萨依岩画、可可达萨依岩画、阿扎提萨依东岩画、阿扎提萨依西岩画、库克苏河水电站岩画、唐姆洛克塔什岩画。新源县有岩画点4个，包括塔特然岩画、克孜勒塔斯岩画、铁木里克岩画、铁木里克阿克赛岩画。伊宁县有岩画点3个，包括卡约鲁克沟岩画、突尤可岩画、

托逊岩画。昭苏县有岩画点3个，包括科培雷特岩画、乔什喀萨依岩画、格登沟岩画。

巴音郭楞蒙古自治州重要岩画点有8个。其中尉犁县有岩画点3个，包括兴地岩画、协海尔托喀依岩画、吐格曼托喀依岩画。和静县有岩画点5个，包括嘎哈提岩画、夏格提岩画、赛尔哈德岩画、德代沟萨拉岩画、金矿沟岩画。

阿克苏地区重要岩画点有7个。其中拜城县有岩画点4个，包括塔西阔坦东岩刻、塔西阔坦西岩刻、夏特热克山口岩画、博孜克日克沟口岩画。库车市有岩画点2个，包括克孜利亚东岩画、克孜利亚西岩画。温宿县有岩画点1个，为小库孜巴依岩画。

天山山区及周边地域丰富的岩画，反映出远古游牧民族在这片丰饶的土地上创造出的丰厚文明。在中国历史上有许多古籍文献都有关于"天山"的记载和传说，《史记》《汉书》《山海经》《西域记》《水经注》《西域水道记》《西域图志》《钦定皇舆西域图志》《钦定新疆识略》《汉西域图考》《新疆图志》等，对天山的地理地貌、社会历史、民俗风貌都有翔实的描述。天山自古就是游牧族群宜居地，由于天山南北坡的地理环境与气候条件不同，形成若干相对独立的文化单元，因而天山南北的文化有着明显的差异性和多样性特点。同时，天山南北两麓沿线地带在远古时期就是重要的交通要道，使天山不同区域都与外界有着密切联系，多种文化在此交流融合，使得各自独立的文化单元之间又有较多的相似性。不仅如此，天山山系还是连接与贯通人类几大文明的中心，天山西端连接着古代两河流域文明和波斯文明，天山东端经河西走廊与中原文明相接，整个天山之北毗邻广阔的欧亚草原文明。天山成为多种文明相互联系的桥梁，特别是丝绸之路的贯通，天山南北沿线成为其中的重要路段。不同文化背景的人群沿着天山迁徙往来，多种文化因素也在此交汇、碰撞、融合、同化。因此，天山文化既具有地域的独特性，又具有文化多元性的特点。

## 三、昆仑山岩画环境及分布

### （一）昆仑山自然环境

昆仑山系指中国境内帕米尔高原、喀喇昆仑山、昆仑山以及阿尔金山的总称，东西长约 1800 公里，南北宽 60~300 公里，呈西高东低，山脊线均在 5500 米以上，海拔 7000 米以上的高峰有 10 多处。中国境内的昆仑山系主要分布在新疆南部的塔里木沙漠南缘，自西向东包括帕米尔高原、喀喇昆仑山及昆仑山脉，以及北部的阿尔金山。在行政区划上指新疆西南部和南部的克孜勒苏柯尔克孜自治州、喀什地区、和田地区，以及巴音郭楞蒙古自治州的山区。

新疆境内为帕米尔高原东部，山顶终年积雪，山间融雪形成许多河流和湖泊，周边发育有许多天然的牧场、草地和耕地，适合农耕与牧放。[1] 考古发现，东帕米尔地区自旧石器时代起就有原始人类的活动遗迹，历史上有羌人、塞人、粟特人、突厥人等古老游牧民族在此游牧生活，因此这一区域分布有岩画。

---

[1] 郑度, 中国科学院青藏高原综合科学考察队. 喀喇昆仑山—昆仑山地区自然地理 [M]. 北京：科学出版社，1999：21-27.

（二）昆仑山岩画分布

在对塔什库尔干塔吉克自治县吉日尕勒文化遗址的考古中发现，帕米尔高原在距今至少1万年的旧石器时代就有原始人活动。[1]远古时代许多古老部族都在此进行社会活动，如古羌人就在帕米尔从事着畜牧和农耕生产，还有塞人、粟特人、嚈哒人、突厥人等等，证明从古至今这里就是一个多民族聚居的地区。历史上，昆仑山地区作为东西方交流的要冲，成为沟通南亚农业文明与中亚游牧文化的必经之地之一，也是多种文明交汇互动的重要区域。

自古以来昆仑山地区的人类活动主要依赖河流灌溉的绿洲，但高山盆地、谷地还是有部分游牧民族驻居，这一区域整体特点是依山牧放，依水耕田，特别是绿洲居民以农业为主，畜业为辅。历史文献对绿洲城邦有着翔实记载，如《魏书·西域传》记载："（于阗）土宜五谷并桑麻"，"（疏勒）土多稻、粟、麻麦"。《北史·西域传》记载焉耆"土田良沃，谷多稻、粟、菽、麦"。天山南麓诸绿洲农业发展较早，如拜城、库车、阿克苏、喀什等绿洲分布区，在距今3000年的时期就形成了混合经济。昆仑山北麓且末的扎滚鲁克遗址，就是青铜时代晚期"农业畜牧"的混合经济表现。从众多遗址考古中发现的大量粟黍和小麦种子，表明从青铜时代以来，天山以南表现出强烈的农业活动特征，同时并存的狩猎和家畜饲养也具有重要的地位，但畜牧业远远不及天山以北。众多研究说明，南疆是以粟黍、麦类、畜牧为特征的混合经济为主，北疆以游牧经济为主，天山是南北疆的分界线，农牧

---

[1] 新疆维吾尔自治区博物馆，北京自然博物馆，新疆维吾尔自治区地矿局区测大队联合考察队.塔什库尔干县吉日尕勒旧石器时代遗址调查[J].新疆文物，1985（01）.

业交错分布。[1]

　　岩画作为游牧文化的重要内容，从昆仑山地的地理地貌及气候条件可以看出，该区域适合畜牧生产的水草气候条件远比天山以北区域差，部分地区虽有岩画分布，但比天山以北至阿尔泰山地区要少很多。根据第三次全国文物普查统计，新疆昆仑山岩画主要分布在新疆西南部和南部的克孜勒苏柯尔克孜自治州、喀什地区、和田地区以及巴音郭楞蒙古自治州的山区，共有 27 个重要岩画点。巴音郭楞蒙古自治州重要岩画点 2 个，分别为且末县的莫勒切河西岩画、莫勒切河东岩画。和田地区重要岩画点 6 个，其中和田县有阿克雅贝希岩画，皮山县有克依克吐孜岩画、其切克乌尼库尔岩画、桑株岩画、巴什开维孜岩画、阿萨尔萨依岩画。喀什地区重要岩画点 15 个，其中塔什库尔干塔吉克自治县有喀拉塔西岩画、帕斯库依本岩画、辛干岩画、卡拉塔什麻札岩画、谢依坦吉里杂岩画、托库孜布拉克岩画、上库英地尔岩画、下阿克铁列克沟岩画、阿尔沙尔岩画、阿勒库尧勒岩画、阿孜孕拉岩画、下阿克铁列克岩画，叶城县有塞格孜亚岩画、托格拉尔革勒岩画、阳阿克艾尔必西岩画。克孜勒苏柯尔克孜自治州重要岩画点 4 个，其中阿合奇县有莫兹勒克岩画、老虎口岩画，乌恰县有阿勒克木岩画、铁克塔什岩画。仅从岩画分布数量来看，昆仑山岩画比天山以北少很多，这与当地地理环境、气候等自然条件影响下的人类生产生活方式有着紧密联系。

　　总体而言，新疆岩画分布以天山为界，从天山北坡直至阿尔泰山南麓的大部分山间草原、牧场及山前平原草场，都分布着大量岩画，

---

[1] 安成邦等 . 新疆地理环境特征以及农牧格局的形成 [J]. 中国科学，2020（02）：295-304.

而天山以南至昆仑山地之间大片区域岩画分布较少。新疆岩画主要分布在阿尔泰山脉、天山山脉、昆仑山脉。岩画多凿刻在避风、朝阳的山坡、崖壁及岩石上，冬牧场分布较多，岩画周边多为草场和水源，许多岩画点附近还伴有墓葬、遗址。古代岩画分布区大多与现在的牧场比较一致，说明草木丰茂的区域从古至今都是游牧族群主要牧放生活之地。在漫长历史中众多游牧民族逐水草而居，在与自然相生相存的过程中积淀出独具特色的文化形式——岩画，它是镌刻在石头上，反映新疆原始游牧民族社会与文化发展的重要历史文献。

## 第二节　新疆原始岩画的社会背景

新疆从东部哈密盆地，到西部帕米尔高原，从南部阿尔金山，到北部阿尔泰山，天山南北广袤地域都发现有远古人类活动的遗迹。2017 年，在阿勒泰地区吉木乃县托斯特乡阔依塔斯村东南部萨吾尔山内，发现了新疆境内第一个旧石器时代洞穴遗址。众多遗存表明，通天洞遗址为当时古人类的生活居所。经碳十四断代法判断，遗址年代为距今约 4.5 万年的旧石器时代中期。遗址地层堆积分明，文化序列清晰，为研究古人类技术传播、文化交流、族群融合提供了明确样本。该遗址还发现了炭化的小麦、青稞，测年确定为距今 3500~5000年，为研究中国早期社会人们的生计问题及农业交流传播历史提供了重要依据。[1] 在历年的新疆考古发掘中，还发现许多距今万年以前中石器时代的细石器遗存。细石器原始文化遗址在帕米尔高原东麓、罗布淖尔荒原、阿尔金山腹地、昆仑山山前地带、天山南麓、准噶尔盆地周缘，以及哈密、吐鲁番等地都有发现，由此可见，以狩猎经济为主的原始人群的活动曾遍及新疆地区。[2] 细石器代表着从旧石器时代晚期延续到新石器时代的文化特征。细石器多为直接打片法打出的石

[1] 于建军，王幼平，何嘉宁，等 . 新疆吉木乃县通天洞遗址 [J]. 考古，2018（07）：3–14+2
[2] 王炳华 . 新疆考古、文物资料概述（上）[A]. 西域文史（第一辑）[C]. 北京：科学出版社，2006：02.

片、石核、石叶、石镞等形状细小的打制石器，通常作为复合工具的刃部使用。细石器工具与狩猎经济相关，说明这时期人们的生产是以狩猎为主。旧石器时代演进至新石器时代，经济方式也从狩猎发展到牧放，以狩猎游牧为主体的细石器文化孕育着新疆畜牧业的萌芽，随着被驯化的动物种类和数量的累积，原始畜牧业逐渐形成。从岩画分布范围可见，新疆天山南北都遗留着原始游牧族群从事狩猎、畜牧生产活动的印记。但受自然条件、地理环境的影响，不同地区原始畜牧生产方式有所差异。自古以来天山以北地区广泛分布着水草丰茂的草原，畜牧业成为主要经济方式，兼营狩猎。天山以南主要是沿河绿洲，部分山间谷地虽有草场，但范围狭小，所以以种植业为主，畜牧作为辅助经济。从而使天山南北形成鲜明的"南农耕、北游牧"的经济模式。因此，新疆岩画分布呈天山以北地区岩画多过天山以南地区的特点。

原始游牧族群随水草而居的生产方式，使他们更加依附自然环境，促使游牧族群形成自觉融入自然并与之同生共存的观念，关注、崇拜、信仰自然万物决定了游牧文化及其艺术形式的主要特征。意大利岩画学家阿纳蒂教授提出："以生活方式为基础条件，反射到社会生活中，它影响着人们的行为、思想、意识形态、联想过程，继而也影响了人们对于艺术的表现形式。"[1]岩画艺术源于其生发的地理环境、生态环境以及历史背景和人文背景，因而释读岩画艺术就必须要对游牧民族的人文历史、社会结构及意识模式予以充分理解。原始游牧社会形态与

[1] [意]埃马努埃尔·阿纳蒂.世界岩画——原始语言[M].张晓霞，张博文，郭晓云，等译.银川：宁夏人民出版，2017：22.

经济方式是游牧文化形成的基础，解读岩画的文化与艺术特征就要追溯原始游牧族群的社会形态与人文背景以及思维意识、思想观念形成的根源。

## 一、新疆原始族群活动迹象

从 20 世纪 70 年代开始，不断有学者采用体质人类学、分子考古学等现代技术与测量方法，对新疆南北疆及东疆地区的史前时代遗址中的人类学标本进行深入研究。最终得出研究结论，新疆地区的古人类材料分为欧罗巴人种、蒙古人种及两大人种的混血等三大类群，又将其中的欧罗巴人种类群划分为古欧洲类型、地中海东支类型及中亚两河类型等，为新疆古人类学深入探讨奠定了基础。[1] 在漫长的人类历史进程中，新疆境内的古欧罗巴人种文化群体逐渐向东渗透，蒙古人种文化群体则通过河西走廊沿天山向西迁移，不同族群与文化在天山南北区域发生接触与融合。已有的研究材料表明，新疆在远古时期是欧罗巴人种和蒙古人种各个支系交错杂居的地方，这是形成今天新疆多民族并存、共同发展的历史基础，同时也形成了古代新疆多元文化与欧亚草原文化的共享模式。

现代考古研究通过分子技术测定了古代人类的食物结构，进一步明确新疆古代人群的生存方式、生存环境以及迁徙活动，如测定出罗布淖尔古代居民以动物类为主要食物，植物（小麦等谷类）为辅。鄯

---

[1] 潘其风. 新疆地区古人类学研究的主要收获 [A]. 中日尼雅遗址学术讨论会 [C]. 新疆文物考古研究所，2000：12-14.

善县苏贝希墓地、和静县察吾呼沟口墓地、巴里坤哈萨克自治县黑沟梁墓地等，也都呈现出较为普遍的以动物类为主、谷物为辅的食物结构。从遍及新疆天山南北的岩画中也可以看出，狩猎与牧放是岩画的主要内容，特别是动物形象占有很大比重，如驯养的羊、牛、马、骆驼及各种野生的羊类、鹿类等，说明岩画分布地区的古人类是以狩猎、畜牧作为主要的生产方式。在自然地理、环境等因素影响下，南北疆的经济生活与生产力的发展水平逐渐发生变化。北疆广袤草原以畜牧业为主，兼营狩猎；南疆部分地区出现了以农业为主、以畜牧业为辅的经济模式，农业和畜牧业这两种主要的经济形态在地域上各有所侧重，但同时也存在相互交叉。[1] 这也是新疆岩画大多分布在天山以北，而天山以南分布较少的主要原因。

古代新疆是不同族群频繁迁徙往来的主要区域，也是各种文化不断汇聚交融之所。天山向西延伸连接了中亚和西亚诸文明，向东经河西走廊与古老的黄河文明联系密切，成为东西方文化与商贸交流的主要通道。阿尔泰山作为古代欧亚草原文化的重要一环，是古代游牧文化在欧亚之间传播的主要路径。昆仑山也在民族迁徙、文化交流、商贸往来中扮演着重要角色，丝绸之路开辟后，一度成为东西往来的一条主干道。广泛分布在阿尔泰山、天山和昆仑山区的岩画，也是对新疆地区众多古老草原人群迁徙活动与文化活动的有力佐证。

历史上新疆曾活跃着许多古老的游牧族群，在较长时期，原始游牧部族在新疆地区扮演着重要的角色。他们逐水草牧放，生息繁衍。这些族群在不同时期往来于天山南北，在与严酷的自然环境抗争中，

---

[1] 贺菊莲. 从新疆史前考古初探其古代居民饮食文化 [J]. 中国农史，2007（03）：03-10.

磨砺着生存力量，探索着与自然和谐相处的方式，他们对人种融合、技术传播、文化交汇产生了重要影响，缔造出与游牧生产相应的社会结构、经济模式、生活习俗与文化内容。据考古研究与文献记述，新疆阿尔泰山、天山、昆仑山等区域的许多早期岩画都与塞人活动有着密切关联，如裕民县巴尔达库尔、乌鲁木齐市米东区独山子村以及呼图壁县康家石门子等处的岩画，都体现出塞人的文化印记。而在塔里木盆地东南、昆仑山与阿尔金山相接的且末县岩画，从岩画的风格和远古居民等情况判断，应该是曾活动于此的羌人作品。[1]有文字记载之前，新疆就是多种游牧族群驻居的地方，经济形态在长期历史演变过程中，经过了从狩猎、牧猎混合到畜牧业与种植业并存的发展历程，这在新疆岩画中有着具体体现。游牧生产和生活方式决定着游牧族群格外关注自然与人的关系，基于自然环境与人的相互作用、相互选择，形成游牧族群特定的自然生态价值观念、思维方式、审美意识与精神崇仰等文化内容。相同的生产方式决定了各游牧族群的文化具有相同或相似之处，因而阿尔泰山、天山、昆仑山岩画在题材、形式与主题上表现出同一性特征。新疆岩画是生活于此的远古游牧群体共同创造的文化形式，涵括了游牧先民基于自然背景的所有生存活动内容，是反映游牧族群物质表象与精神内在的文化形态之一。

（一）原始游牧族群的生产生活方式

"不同的公社在各自的自然环境中，找到不同的生产资料和不同的生活资料。因此他们的生产方式、生活方式和产品，也就各不相

---

[1] 盖山林.丝绸之路草原文化研究[M].乌鲁木齐：新疆人民出版社，2009：162.

同。"[1] 游牧生产生活方式孕育出游牧族群特有的文化特征，以牧猎为主体的经济生产以及逐水草而居的生活方式，决定着游牧族群对自然环境的极度依赖性。游牧文化建立在人与自然互动的基础上，体现出游牧民族积极主动适应自然、崇尚自然、与自然高度协调的文化属性，各游牧族群在同一游牧经济生活方式下有着相同或相似的文明类型。

新疆原始游牧部族具有游牧民族普遍的生产生活典型特征和文化属性。首先，主要体现在游牧族群的生存活动高度依赖于自然条件，他们与牲畜为伴，择牧场而迁，岁月经年游牧不息。其次，自然环境的残酷恶劣，决定了游牧族群的个体成员只有依附群体才能生存，族群亲缘观念和共同利益是游牧社会结构凝聚的核心。再者，游牧族群终年迁徙游走，变动性大，无法形成如阡陌文明那样发达的社会文化。游牧生产方式使游牧民族具有强烈的自然生态意识，文化形态充满着对自然的崇拜、依赖与感恩。在漫长的牧猎生存活动中，游牧民族形成了与生产方式相适应的社会形态、意识认知、风俗习惯、崇仰观念与文化特征，历经世代积累与传承构成了底蕴深厚、独具特色的游牧文化特质。岩画是游牧先民在无文字时代的一种文化表达形式，记录着游牧先民的社会生活，它是人类社会早期的文化现象之一。

意大利岩画学家埃马努埃尔·阿纳蒂教授通过对世界范围内岩画的研究分析，提出岩画的"全球性"，认为岩画制作实际上遵循的是一种"全球性的文化传统"。认为特定的文化与部落模式对具有类似活动与背景的人们的影响是同样的。岩画反映着早期部落社会成员的观

---

[1] [德] 马克思，恩格斯. 马克思恩格斯全集：第 23 卷上 [M]. 中共中央马克思恩格斯列宁斯大林著作编译局，译. 北京：人民出版社，1979：390.

念，社会和经济背景很大程度上决定了思想意识，而思想意识又决定了其艺术表现形式。从世界范围的岩画分布来看，特定经济背景下的原始艺术，体现在岩画的主题和风格上就导致图像输出有相似的趋势。[1]

图 1-1
阿根廷巴塔戈尼亚地区涂绘岩画[2]

图 1-2
西班牙阿卑森迪阿普拉地区岩画[3]

图 1-3
埃及撒哈拉沙漠吉夫凯比尔岩画[4]

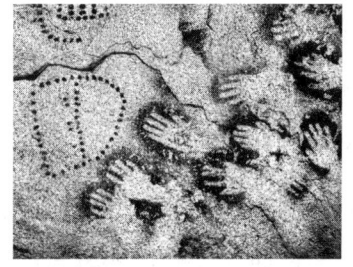

图 1-4
阿勒泰地区哈巴河县多尕特彩绘岩画

[1] [意]埃马努埃尔·阿纳蒂.世界岩画——原始语言[M].张晓霞，张博文，郭晓云，等译.银川：宁夏人民出版社，2017：11-21.

[2] [意]埃马努埃尔·阿纳蒂.世界岩画——原始语言[M].张晓霞，张博文，郭晓云，等译.银川：宁夏人民出版社，2017（06）：60.

[3] [意]埃马努埃尔·阿纳蒂·世界岩画——原始语言[M].张晓霞，张博文，郭晓云，等译.银川：宁夏人民出版社，2017（06）：102.

[4] [意]埃马努埃尔.阿纳蒂.世界岩画——原始语言[M].张晓霞，张博文，郭晓云，等译.银川：宁夏人民出版社，2017（06）：111.

图 1-5
巴音郭楞蒙古自治州且末县莫勒切河东岩画

图 1-6
阿勒泰地区富蕴县苏普特岩画

在原始牧猎经济社会背景下，世界各地岩画图像具有趋同性。采集、狩猎时代在人类历史上延续了很长时间，这一时期人类度过了漫长的襁褓时期和童年时期。先民以猎取、采集动植物的方式从大自然中获取生存所需的食物与物质材料，随着人类自我意识发展，生产力不断改进，狩猎捕获后多出的活畜会被驯化圈养，由此形成原始畜牧经济。新疆岩画大多以动物形象以及狩猎、牧放相关的生活场景为主题，可见游走在新疆地区的原始族群基本是以狩猎、畜牧为主要生产方式。早期大量的动物岩画反映出狩猎经济下，原始游牧部族以猎取动物为主的生存活动与精神活动。畜牧经济时期的岩画，则主要以动物、牧放、牧猎混合等内容为主，反映出原始游牧族群畜牧经济的生存状态及精神生活。

在新疆发现的细石器文化遗址中，大量的石核、石叶、石镞等石器证明当时人类以狩猎作为生产方式。早期原始族群把狩猎动物当作食物重要来源，用打制石器作为工具刃部，制造出可以击杀、防御动物的猎杀工具或武器。狩猎、生产必须以有组织的集体行动才能完成，最直接有效的组织结构就是以血亲为纽带，建立起共同生产生活的氏族群体。人类最早的社会组织形式建立在母系血亲关系上，母系氏族社会属于考古学的旧石器时代晚期至新石器时代早期，这时人类择居洞穴，以采集、狩猎为生存手段。依靠集体力量从自然界中获取生存所需的生活资源，群体成员共同劳动和经营，共同面对严峻的自然环境挑战。狩猎经济时代人类生产水平与认知意识较为低下，生活资源完全依赖自然环境，人们最为关心的问题就是如何从自然中获得更多的食物和保障族群人口的繁衍。

早期岩画多以彩绘、喷绘等方式进行，岩画多描绘在洞穴或岩棚的岩壁上，内容以动物与生殖崇拜为主。动物作为岩画的主要内容，成为祈求狩猎丰产的崇拜对象而被夸张、放大。而人物与符号等则被赋予特殊意义，与动物形成象征性关联。岩画主要作为原始巫术的操作和施法对象，目的在于满足人类渴望狩猎丰收、神明护佑、人口繁衍、力量强大等生存需求。狩猎岩画形象简单、概括，组合形式较为松散。其因在于，此时原始游牧部族的认知能力和表现能力十分有限，再者生存需求的迫切性，使狩猎者更关注形象的表意作用，而不在意对形象的现实描绘。如狩猎岩画中动物形象都较为壮硕夸张，人物形象很小，说明人对动物的关注度远远大于对自身的关注。以红色岩料描绘出菱形或椭圆等似女阴的图形，作为祈愿母系生殖与族群繁衍的生殖崇拜象征。以拓印、喷绘方式制造出手印图形，代表借巫术之力对猎物、所属物和力量的占有。还有许多具有象征意味的线条、点、形状等图形，与动物、人形象共同构建出具有神秘性的意象空间。大自然为狩猎先民提供生存资源，同时也让他们面临着自然的酷厉考验。在人自身力量有限的情况下，面对变幻莫测的自然环境，原始游牧部族以神秘互渗意识为指导，对"未知世界"给予了符合原始思维逻辑的解释。他们以"泛生命意识"解释着自然，理解着自然与人的关系，创造出各种神灵，催生出自然崇仰、神灵崇拜、生殖崇拜、祖先崇拜等。岩画刻绘是实现万物神秘力量互渗的巫术行为，同时也是生存经验记录与传达的方式。猎人把从实际得来的狩猎知识刻绘在石壁上，期冀借助神力获得更多猎物，具有明显的巫术意义。但从客观上讲，通过岩画对狩猎进行事先"预习"有助于狩猎的成功，同时也是向下一代传授狩猎经验的重要手段。

在漫长的狩猎历史过程中，人们不断改进工具，特别是弓箭的发明和使用大大地提高了狩猎经济的生产力，使狩猎者有能力获得更多的物质资料。当人类拥有了更有效率的工具时，人的抵御力和攻击力得到提高，从而能够获取更多资源，这为人类生存繁衍增添了一份力量。弓箭对人类的进步与发展起到了至关重要的作用。此阶段的岩画，有了一些描述性的场景画面，主要以人与动物为主，形象有了更多的动态表现，特别是人物各种持弓射猎的姿态，反映出现实的狩猎场景。弓箭对于狩猎者而言，还是被赋予神秘属性的象征物。在中外原始宗教中，弓箭一直作为男性生殖力的象征存在着。据研究，早在欧洲旧石器时代的洞穴岩画中，带羽毛的箭就象征男性（雄性）。[1]

弓箭使人类的生产力大大提升，当猎获有了剩余，人们就将猎物或幼兽进行驯养。原始畜牧经济的形成，使那些以狩猎为生的猎人成为以牧放为生的牧民。为满足畜牧生产的需要，他们开始了逐水草而居的游牧生产生活。人类最早驯养的家畜，普遍认为是犬，之后是马、

---

[1] [法] 安德列·勒鲁瓦·古昂.史前宗教 [M].俞灏敏，译.上海：上海文艺出版社，1990：102–106.

牛、羊等。驯养的犬成为人类狩猎牧放的助手和守卫者，羊、牛、骆驼等为人类提供了生存所需的食物和生活资源，成为游牧族群的重要财富与经济基础。而马的驯化深远地影响着人类文明的发展，不仅为人类提供了食物，更大大拓宽了人类的生存空间。马的驯化促使人类更为频繁的迁徙互动、种族融合、文化传播。马在游牧民族心目中不只是重要的生产资源，更是游牧文化中特定的民族精神与品质的象征符号。

由于新疆特殊的地理环境，远古游牧部族多活动在高山、谷地及山前草原。进入畜牧生产阶段后，狩猎依然是游牧族群重要的辅助经济，成为生活物资的补充，牧放与狩猎两种经济活动完全是统一的生产活动。畜牧经济下，畜群作为游牧族群重要的物质基础，决定着族群部落的生存发展。然而，原始畜牧业完全依附于天然草场和牲畜的自然繁殖，草场质量好坏、可利用时间、气候条件都影响着牲畜的生长与繁衍。为满足牲畜对牧草的需要，游牧经济生产过程必须持续化进行，因而随季节变化逐水草迁徙成为游牧族群重要的生产生活方式，规模化、季节性的轮牧迁徙是原始畜牧生产的重要手段。在不断地生存实践中，逐步形成了人、畜、自然协调与统一的生存法则与意识观念。他们遵循自然规律，崇尚生命，敬畏自然，有强烈的自然生态观，不断的游牧转场既满足了牲畜对牧草的需求，也使自然环境得以修复。游牧族群利用夏牧场水草茂盛的时机让牲畜抓膘，寻找能避风御寒的冬牧场让牲畜安全度过漫长的冬季，把春秋草场作为过渡地带进行畜群繁育。周而复始，千百年来游牧族群始终按照人与自然的契约，以迁徙游牧方式生息繁衍。

新疆岩画中动物形象占有很大比例，这与原始游牧社会的牧猎经

济紧密相关。畜牧经济出现之前，狩猎是人们获得生存资料的一种攫取式经济形态。这一时期，原始游牧部族除实际狩猎生产活动之外，做得最多的就是以祈求狩猎丰产、人丁兴旺为目的的祭祀活动，大量动物形象进一步说明了动物对人的生存有着重要意义。从狩猎经济发展为游牧畜牧业，是人类社会的巨大进步，但人的生存仍然离不开自然环境与动物。生产方式决定思维意识，游牧经济下的人们依旧是通过岩画这种巫术形式，祈求畜群的增殖和丰产，以确保族群的生命延续。新疆原始畜牧业以山地草原游牧生产方式为主，岩画基本分布在山区及山前地带。狩猎岩画、牧放岩画及牧猎混合的岩画在天山南北普遍存在，画面中的猎人也是牧人，既搭弓持箭追杀野兽，同时还放牧家畜。从阿尔泰山到天山到昆仑山系大片的草原，不仅养育着世世代代的各族游牧民，同时也孕育着山地草原游牧文化。建立在自然生态环境基础上的文化形式与内容，体现着游牧群体的精神本性与积极主动适应自然的能力，他们以独特的文化视角践行着人与自然的高度协调。

（二）原始游牧族群的生活轨迹

从新疆岩画中大量的动物形象可以看出，动物种类丰富，多为北山羊、盘羊、麋鹿、马鹿、梅花鹿、驼鹿、野牛、野马、狼（图1-7、图1-8）。说明远古时代的阿尔泰山、天山、昆仑山系分布着茂盛的森林、高山草原和草甸，适宜的自然环境哺育着众多野生动物，虽然岩画中一些动物现已灭绝，但北山羊、盘羊及马鹿等物种依然存在。原始游牧先民生活在山地草原地区，为了生存捕猎野兽获取肉食与皮毛，他们游走于丛林谷地进行狩猎。小型动物可以通过个人之力获取，而大型动物则需要群体围猎。在弓箭出现之前，他们用石器、棍棒、绳索等工具猎取野兽。弓箭的发明与制造提高了狩猎效率与杀伤力，使原始初民可以获得更多的动物（图 1-9、图 1-10）。恩格斯指出："弓箭对于蒙昧时代和火器对于文明时代一样，乃是决定性的武器。"[1]

图 1-7
博尔塔拉蒙古自治州博乐市
堆尔斯和岩画

图 1-8
阿勒泰地区哈巴河县多尕特岩画

图 1-9
塔城地区和布克赛尔蒙古自治县
达吾尔萨拉山岩画

图 1-10
阿勒泰地区哈巴河县加尔塔斯阔拉岩画

从狩猎经济发展到畜牧经济，狩猎活动依旧存在，作为畜牧业经济的辅助，以补充畜牧生产的不足。为满足畜牧经济的持续生产需要，游牧民族严格遵循自然生态规律，探寻出与自然和谐共生的生存法则。

---

[1] [ 德 ] 恩格斯 . 马克思恩格斯全集：第 4 卷 [M]. 中共中央马克思恩格斯列宁斯大林著作编译局，译 . 北京：人民出版社，2009：34.

他们从牧放实践中获得应对自然灾难的经验，掌握气候与草场生长规律，寻找良好的牧场悉心照料畜群。游牧族群根据环境与气候变化，采用四季轮牧的方式从事轮牧生产。新疆多为山地牧场，每逢转季时节，就会追随草木生长情况，驱赶着畜群在山地间循环转场进行牧放。

"游牧"强调以集体游动方式展开畜牧生产，多以数户联合协作劳动为基本组织形式，以畜养羊、马、牛、骆驼等食草性动物为主，每年随季节规律进行循环移动。游动性是游牧族群最重要的生产生活特征，正是在移动中形成了特有的游牧文化知识体系。游牧迁徙的目的在于寻找良好的牧场，以保证畜牧业的持续发展。转场是游牧族群有效利用牧场的一种移动式的生计模式，是随着季节变化和草场状态，进行有规律的往返迁移的牧放生产活动。[1]

阿尔泰山、天山、昆仑山区的高山牧场，是夏季牧草质量最好的牧场，这里气候凉爽，水草丰茂，有利于牲畜抓膘。因新疆山地气候原因，高山草场海拔较高，夏季时间较短，因此游牧先民在夏牧场驻留时间相对短，他们充分利用这一时间让牲畜饱食牧草，快速长膘。这一季节游牧民多在山间从事放牧或狩猎。岩画中的牧放图对放牧方式有着较为写实的表现，牧放形式有单人、双人、群体的，或步行，或骑牧。放牧方式视畜群的数量与距离的远近而定，充分展示出原始游牧族群现实的生产方式（图1-11、图1-12）。岩画中牧放、狩猎混合经济也有具体表现，游牧先民在放牧的同时兼以狩猎作为生活补充，狩猎活动有单人狩猎或多人围猎，人物多手持弓箭或其他猎具，围猎形式也多种多样。高山牧场春秋两季气候较为寒冷，春季牧草尚未萌

---

[1] 吴泽霖．人类学词典 [M]．上海：上海辞书出版社，1991：701．

发，秋季草木会提早衰败，这时的高山草场不适宜牲畜发育，游牧先民就会把牲畜迁移至山前、谷地及浅山区的春秋牧场。春秋牧场在季节过渡期间相对较为温暖，牧草质量较好，良好的畜牧条件为经历寒冬的牲畜提供了较好的恢复场所，保障畜群免受风雪等自然灾害，利于畜群的存蓄。秋季是牲畜在越冬前快速长膘的季节，春秋牧场给牲畜"贴膘"提供了丰富的牧草，为牲畜应对冬天的来临增加抗寒、抗旱的能力。春秋牧场是牧民夏、冬两季的过渡地段，适合牲畜育羔、养膘，是畜牧业持续发展的重要保障。

图 1-11　　　　　　　　　　　　图 1-12
伊犁哈萨克自治州昭苏县乔什喀萨依岩画　　阿勒泰地区阿勒泰岩画

新疆地区冬季时间长且极为寒冷，冰雪覆盖时间长达 4~6 个月之久，冬季成为一年中最为漫长和严酷的季节。这一时期游牧先民不仅要面对寒冷气候给牲畜带来的伤害，还要面对牧草匮乏与野兽袭击畜群的极大威胁。冬牧场的选择对于游牧先民与畜牧业持续发展都是至关重要的，游牧先民不仅要在冬牧场生活长达半年之久，牲畜的繁衍育羔也是在冬牧场进行。如果家畜无法安全度过冬季，这对游牧族群的生产生活是灭顶之灾。冬牧场一般选在山前平原、谷地或浅山区，这些地方因四面环山，冷空气被山脉阻挡减弱，形成较为温暖且风小的区域性逆温气候，利用逆温层作为冬牧场是游牧族群长期生存实践中掌握的生活经验。冬牧场相对温暖、避风、向阳，积雪浅薄，牲畜可以啃食低矮的牧草，成为牧民与畜群越冬的理想场所。由于冬牧场利用时间较长，游牧族群生活相对稳定，从而冬季成为游牧族群频繁进行各类文化、仪式活动及岩画创作的季节。从新疆岩画分布情况就可以看出，岩画分布密集的多是冬牧场，特别是大型仪式性岩画常常刻绘在冬牧场周边的山崖岩壁上，可见冬季驻扎在冬牧场的游牧先民有充分的时间进行集体性的仪式活动和岩画刻绘（图1-13、图1-14）。

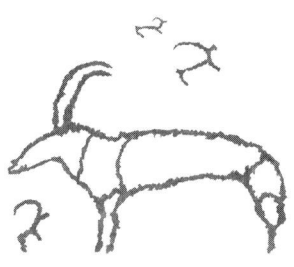

图 1-13
塔城地区托里县吐别克斯陶岩画

图 1-14
哈密市伊吾县库木达坂岩画

　　转场是游牧族群至关重要的生产方式，这是游牧先民与自然环境长期互动而产生的劳动智慧，也是游牧先民与自然和谐共生的法则，更是世世代代游牧先民在长期牧放劳动中积累出的实践经验。他们依据自然环境、气候变化及牧草生长周期，有序地组织畜群进行迁移。四季转场的游牧方式，是游牧族群千百年来与草原生态和谐共处、天人合一观念的具体行为方式。他们在长期的游牧生存活动中不断改进工具，掌握驯化动物的技术，使畜牧生产能力得到了迅速提高。特别是驯化后的马，既是主要的"交通运输"工具，还是推动畜牧业大范围兴盛的动力。车和拉车的马、牛等交通方式的使用，在人类早期文明发展和社会复杂化的进程中起着决定性的作用（图1-15、图1-16）。在哈密市乌兰布拉克北岩画中，就有牧民骑着骆驼，赶着羊群进行转场的描绘。在阿勒泰地区吉木乃县塔特克什阔拉斯岩画中，牧民骑着马，身边跟随着家犬，还有车辆、一大群牲畜。以马代步，以车载物，说明此时游牧生产已经较为成熟，使得游牧族群能够迁徙到更远的优质草场进行牧放生产。马、牛、骆驼这些动物的驯化以及车等工具的出现，使游牧民族拥有了更好的转场能力，大大提高了畜牧生产效率，生存也得到了更好的保障，最为重要的是有了远足的能力，他们的生存空间从此也变得更加开阔和辽远。

图1-15
塔城地区和布克赛尔蒙古自治县
达吾尔萨拉山岩画

图1-16
阿勒泰地区吉木乃县依玛什阔拉斯岩画

远古游牧族群在不断地转场中开创出的迁徙之路，成为贯穿天山南北的交通干线，不仅打通了远古草原之路、玉石之路、绿洲之路，还为古丝绸之路的经济贸易与文化交流的发展做出重要贡献。他们转场迁徙的所到之处都会刻画着岩画，因此，新疆岩画数量与样式之丰富，位居全国之首，著名岩画学专家陈兆复教授认为，新疆岩画反映出古代亚洲北部草原文化的广泛交流，所以，新疆岩画对研究整个亚

洲北部岩画带的产生原因、形成过程和内容特点等都有着重要的意义。[1]

## 二、原始游牧社会的文化形态

人的社会化过程就是个体在社会文化的内化作用下，逐步由自然人到社会人的转变过程。当代社会学家戴维·波普诺认为"社会化是人们获得人格和学会参与社会或群体的方法的社会互动过程"[2]，社会化的核心就是社会文化的传承，即个体按照社会文化的期待调整自身行为，承担起群体中的社会角色。游牧族群社会化体现在特定游牧文化背景下个体与群体的互动关系上。所谓游牧文化，就是以迁徙畜牧为生产生活方式的游牧族群共同创造的文化。游牧文化包括基于游牧生产生活方式而形成的社会结构、制度规则、价值观念等，以及与之顺应的文学、艺术、宗教、哲学、习俗等具体要素形式。游牧经济是游牧社会最根本的生存实践活动，决定着游牧群体社会化的性质与表现形式。

原始游牧生产完全依附于自然环境，在与自然环境长期相生相存的过程中，游牧族群创造出具有显著自然生态禀赋的文化特征。岩画作为原始游牧族群表达文化内容的视觉艺术形式，无论是题材还是构成形式，无不折射出原始游牧社会的文化特征，反映着原始游牧先民的认知方式、意识观念、崇仰精神与审美理念。

[1] 陈兆复，邢琏.世界岩画 I 亚非卷 [M].北京：文物出版社，2010：29.
[2] [ 美 ] 戴维·波普诺.社会学 [M].李强，译.北京：中国人民大学出版社，1999：142.

（一）原始游牧社会结构形式

在原始游牧社会中，个体不能脱离群体，离群索居必定无法生存，群体也必须依靠个体成员的积极参与，才能维系游牧族群的生产的良性发展。采集狩猎、畜群牧放、部落冲突、自然威胁等现实问题，都需要群体的众力合作才能完成。人们深刻地认识到只有集体的力量才能为个体带来安全保障和生存支持，群体的凝聚性是种群发展的根本。社会文化作为群体意识的载体，是社会化过程中的重要因素，不仅体现一个群体的外在风貌，还规范着成员的思维方式与行为方式，将群体成员紧密聚合为一个整体。因此，文化因素（人类社会环境也就是社会文化环境，包括物质和精神两方面）在人的心理、行为的发生发展中起主导作用。[1]

原始游牧生产的自然经济属性，决定了人的社会化过程离不开血亲关系与生存空间，原始游牧民的认知心理与行为方式就是特定社会组织关系与文化环境作用下的产物。游牧社会结构中占据支配地位的是血亲纽带，原始游牧族群以血亲关系作为组织基础，集结出有血亲关系的家庭、氏族、部落等群体结构。这种以血亲关系链接的游牧社会组织，通过与其生产方式相应的社会文化的传承和浸润，协调、规范着每个成员的行为，使其以现实利益为根本，共同从事游牧生产活动，共同面对自然环境挑战，以合理有效的组织方式达到共同生存发展的目的。游牧社会群体组织就是在血亲关系下，有计划、有步骤地建立起的一种社会群体，"为了更高效率地达成群体目标而进行劳动分

---

[1] 娜拉. 新疆游牧民族社会分析 [M]. 北京：民族出版社，2004：62.

工和权力的分配"[1]。

　　游牧社会组织是关系较为复杂的社会群体，它是在不同层次群体的基础上形成的。个人、家庭、氏族、部落在社会组织结构中发挥着不同的社会作用，从而有效地管理、组织流动的游牧族群，同心合力实现共同的生存利益。以自然经济为主体的原始游牧生产方式，靠一己之力难以生存，若干个体组成群体、氏族、部落是每个游牧个人与家庭的必然选择，而血亲关系是其中最为稳固、持久的链接方式。游牧族群的社会架构以家庭为单元，若干有着血亲关系的家庭形成氏族、部落，众多氏族、部落组成氏族联盟，随着势力的发展，氏族联盟集结为较为庞大的游牧集团。日常畜牧生产多以家庭为单位，逢转场、牧猎、自然灾害或战乱时，社会群体就发挥出集体力量的作用，为个体成员带来安全保障。

　　人类历史发展初期，原始族群因不同时期牧猎生产的侧重不同，男女的社会分工及所承担的社会角色也各有侧重。大约在旧石器时代晚期至新石器时代早期，人类以采集、狩猎为主要生产方式，生产的根本目的就是获得食物与生殖。这一时期男性承担外出狩猎和抵御野兽袭击等工作，女性则负责采集食物、猎物加工、烹制食物、缝制衣服、养育老幼等主要生活任务，老人与小孩进行辅助性劳动。族群分工中，女性从事的事务比男性从事的狩猎更具有稳定性，是较为可靠的生活来源。同时，在人类生存能力极为有限的条件下，人口是族群发展的基础，女性承担着孕育后代的责任，在维系氏族生存和繁衍中具有主导地位，有着极为重要的社会意义。此时的女性作为氏族社会

---

[1] [ 美 ] 戴维·波普诺 . 社会学 [M]. 李强 , 译 . 北京 : 中国人民大学出版社 ,1999:190.

组织中的重要成员，备受重视并成为氏族的核心。原始母系社会以母系血缘关系作为维系氏族成员的纽带，互相保护，协同生产，达成族群共同生存发展的现实目的。由于早期人类的生存完全受制于自然，面对无法认知和理解的自然环境，只能通过原始的、直观的、臆想的方式，以"万物有灵"的认知方式对自然现象做出解释，从而形成自然崇拜、女性崇拜、祖先崇拜等原始崇仰文化。母系氏族社会时期，女性被认为是两性生殖关系的主体，女性崇拜是母系社会崇仰文化的重要特征。这一特征在彩绘岩画中得以充分体现，如阿勒泰地区富蕴县的唐巴勒塔斯洞穴彩绘岩画中，描绘着象征女阴特征的同心椭圆图形，以及女阴图形组成的巫士人面像（图1-17）；哈巴河县多尕特洞穴彩绘岩画中以喷绘方式制作出的手印图形，以及彩绘的交媾状人群形象和群舞形象（图1-18）。这些图像都鲜明地体现出女性生殖崇拜的崇仰文化特征。

狩猎工具的改进提高了人们获取猎物的能力。当猎物有了富余，就有了动物的驯化和圈养，游猎生产也逐步转换为游牧生产。畜群牧放、抵御野兽、战斗防御这些生产活动，就需要依靠体力强盛的男性完成，妇女及长者则承担照顾家畜和维持日常生活等工作，男性便成

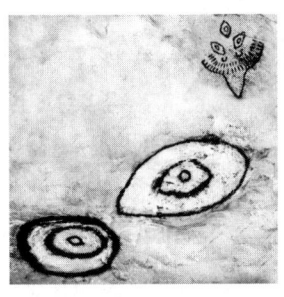

图1-17
阿勒泰地区富蕴县唐巴勒塔斯彩绘岩画

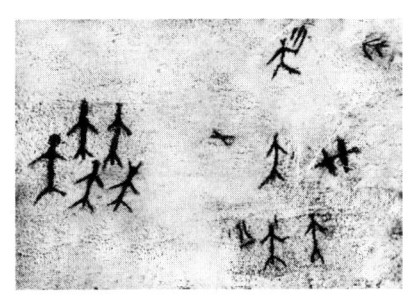

图1-18
阿勒泰地区哈巴河县多尕特彩绘岩画

为家庭、氏族的主要生产者与保护者。动物驯养与工具改进使人类生产力得到大幅提升，畜牧取代狩猎，生存物资的相对富足，使族群也趋于稳定。但氏族部落或部落联盟之间，为了获得更多的生存资源，开始演变为不同族群之间的争夺，在武力争夺中，男性的力量优势得以充分显示，男性逐渐取代了女性在氏族部落中的地位。原始畜牧经济时代，父权制取代母权制，人类进入以男性为主导的父系社会。这一时期的岩画最重要的特征就是对"力"与"雄性"的强化。动物岩画中，动物犄角、雄性生殖器官的夸张体现出对"力"的崇拜（图1-19）。各种牧猎、仪式、战斗等场景图中，多以男性牧猎者、骑行者、战斗者为主。男性生殖器的夸张与强调，凸显出男性在两性生殖关系中的主导地位。作为工具与武器的弓箭也被赋予"力""性"的含义，表明了男性在氏族部落中的决定性地位（图1-20）。

图 1-19
阿勒泰地区富蕴县徐永恰勒岩画

图 1-20
阿勒泰地区青河县喇嘛布拉克岩画

在人与自然的长期斗争中，氏族群体有组织、有秩序地开展着协作式的生产活动，社会性的群体力量发挥着重要作用。群体为个体带来庇护，个体间的相互协助凝聚出集体力量，使人类有了更为强大的驾驭自然的能力。游牧生产方式必须依靠集体合作，才能应对群牧生产、自然灾害、部落间冲突等现实问题，群体为个体提供安全和生存保障，每个个体都是劳动者和战斗者。传统游牧社会是家庭组织、生产组织和社会组织三者统一，"上马则准备战斗，下马则屯聚牧养"，既是一个家庭，又是一个部落、一个生产单位和一个军事组织。[1] 游牧氏族部落是以血亲为基础，认定同一祖先和血脉的社会结构形式。每个游牧组织共同聚居牧放，不仅有各自的领地和畜群，还有象征共同身份的称号、印记和图腾。强烈的族群意识是部族成员相互认同和形成集体共识的基础，对于维系氏族部落的组织结构、社会秩序和文化传统有着重要作用。哈萨克族有一句谚语说"不知七代祖先名字的人好比是孤儿"，[2] 充分说明血亲关系对游牧族群的重要性。游牧社会组织结构中，以若干家庭或血亲关系聚居的群体，是传承游牧文化和组成游牧社会集群最基础的核心单元。个体成员的社会属性在社会组织中得以具体体现，个体自有分工又相互合作，个体享有社会组织的庇护与获得资源分配的权利，也承担着社会组织的物质生产与人力生产的义务，还要为创造、发展和传承该社会群体文化做出各自的贡献。这种社会组织形式在游牧族群中一直被延续和保留，如在现代游牧民族中，哈萨克族以"阿吾勒"为社会组织形式共同从事牧放生产，蒙古族则称为"阿寅勒"，柯尔克孜族称其为"阿依勒"，塔吉克族称为"禾西乃"等。氏族部落组织和制度的存在，成为古代游牧社会畜牧业生产在公有制基础上持续发展的根本保障。

马克思指出："人们为了能够创造历史，必须能够生活。但是为了生活，首先就需要衣、食、住、行以及其他东西。因此第一个历史活

---

[1] 鄂云龙. 草原文明与生态和谐 [A]. 生态文化高层论坛集 [C]. 北京：民族出版社，2007：31.

[2] 苏北海. 哈萨克族文化史 [M]. 乌鲁木齐：新疆大学出版社，1989：129.

动就是生产满足这些需要的资料,即生产物质生活本身。"[1]原始游牧先民最根本的诉求就是生存,畜牧是族群生存的经济基础,劳动力是族群生死存亡的关键。以家族或血亲关系为基础的游牧社会群体,共同从事畜牧活动,共同进行财产经营,繁育与丰产成为社会生产的根本目标,也是族群兴衰的重要标志。为使畜群繁育旺盛,人口增长,保障族群的生存延续,于是,游牧先民关注一切有利于生存发展的事物。原始游牧先民在人力无法实现全部生存意愿的情况下,运用自认为的神秘互渗观念和方式,以神灵崇仰为手段,期冀能从自然万物中获得一切关乎丰产和繁衍的神秘力量,以达到生存延续的目的。在本能的生存意识自觉性促使下,建立起的游牧社会崇仰文化体系,是游牧先民在面对自身认知与客观现实之间产生矛盾时的自我关照与能动改造。不同的族群部落都有自成体系的崇仰文化内容,这些文化内容成为凝聚社会关系的群体象征和制度规则,发挥着规范、维系群体社会结构稳定与平衡的作用。岩画作为原始崇仰文化中凝聚群体关系的精神象征与文化标识,是由集体创造的具有崇仰属性与巫术功能的文化载体。通过特定的仪式或巫术手段,进行群体化的文化接受活动,成为群体持续贯彻的行为模式,也是族群成员学习、传授、传播族群文化、知识与历史的途径。

（二）原始游牧文化特征

"文化……是包括全部的知识、信仰、艺术、道德、法律、风俗

---

[1] [ 德 ] 马克思, 恩格斯 . 马克思恩格斯全集 : 第 1 卷 [M]. 中共中央马克思恩格斯列宁斯大林著作编译局, 译 . 北京 : 人民出版社, 1972 : 32.

以及作为社会成员的人所掌握和接受的任何其他的才能和习惯的复合体。"[1] 而文化的发生源于特定的社会历史条件和特定的生产方式，它赋予文化元素以最深刻的影响，并由此派生出一系列独具特色的文化模式与文化现象。人们在特定的物质环境与生产方式的轨迹中不断重复实践，累积出稳定的经验积淀与心理定式，形成集体无意识。这种无意识作为指导人们认识、理解、加工客观世界和外部信息的范式，形成社会群体意识判断、价值判断、道德判断、审美判断的规则。原始游牧文化是游牧族群沉淀出的"以生存为根本"的文化形态，并投射到社会结构、组织制度、思想意识与行为模式的方方面面。

原始游牧族群在极为严酷的自然生存状态中，只有全力抗争，别无选择。他们一方面通过生存实践学会掌握自然规律，努力适应环境；另一方面通过主观想象尝试着对自我改造和对外部世界的改造。在世事多变的自然中，他们遵循自然规律，以"万物有灵""天人合一"的自然观与外部世界展开互动。但他们并不听天由命，当遇到各种险恶情况时，依旧靠群体的力量进行勇猛抵抗。崇尚自然、勇敢无畏、忠诚团结等性格品质，都是游牧族群在生存实践中积淀出的精神特质，也是游牧民族的文化内核。

原始游牧族群在与自然环境频繁互动的实践中，建立起人与自然相互依存的"天人合一"观念，认为人与自然的关系是互为依存的整体，并内化为社会性的自然观、生态观、伦理观。他们从自然中获取资源，但不会索取无度，以轮牧方式合理利用自然，关照生态环境的修复，以确保自然资源的长久使用。原始游牧先民认为自然万物皆为

---

[1] [英] 爱德华·泰勒.原始文化[M].连树声，译.上海：上海文艺出版社，1992：1.

生命，人是自然中微小的一部分，人与自然万物是同宗同脉、相生相伴的亲缘关系。相信外部世界中存在着某种神秘力量，这种力量可在人与万物中互渗、转化，促使人自身能力的强化。"万物有灵"观念构成了游牧民族的哲学基础，支配着人们的认知观念和意识形态，并渗化在社会形态的每个层面。

在生存实践中，人开始不断审视自身与客观世界的关系，这标志着人类自我意识的觉醒和发展。"自从意识具有指导人的行为的权威后，意识就是为人的生存占有服务的，占有是生命的本质。意识一开始活动，就把兴趣放在指导人的行为去对外部世界实行占有。起初的占有是纯粹的占有，直接把外物拿来为我所有。当意识活动渐渐成熟时，智慧物化出来，使自然物质变形变质成为新的器物，然后再占有。这种占有实际上是一种文化塑造。"[1]

原始游牧崇仰文化就是早期人类以"物我同一"的意识与外部事物发生互渗关系的意识形态体现，并以人的行为作中介，实现外部世界和精神世界的双向塑造，以此强大自身的主观力量，成为激励人不断去改造外部环境的精神内力。严酷的生存处境培育出原始游牧民族强烈的生命意志。生命意志激发着原始游牧先民的想象力和创造力，面对未知的外部世界与现象时，他们从主观本能出发，以模糊的、臆想的"万物有灵"观念对未知世界做出了补全和解释。正是如此，人类在自我构建的现实与精神混同的神秘性世界里，获取了精神鼓励与关怀，促使人们以更加激进的精神动力实现自身改造和世界改造。

原始游牧社会的生命个体或群体以最本能的求生欲探寻着生存之

---

[1] 孟驰北. 草原文化与人类历史：上 [M]. 北京：国际文化出版公司，1999：28.

道，努力在自然环境中求生存、谋发展，获得人类自身的地位。生存意识是原始游牧文化的核心内容，包括以群体延续为目的的人类自身的生产，以维系生存为目的的物质资料的生产。在生存本能的驱动下，人的认知意识、思维观念及实践行为都明确指向"求生存"这一主题，并由此形成充满"原始生命意识"的文化内容与文化形态。为满足生存需求，渴望获取更多生活资源，祈求族群繁荣，他们运用"泛生命"观念解释着自然万物与人的关系，建立起较为明确的以生存为目的的"神灵论"。人们通过臆想创造出各种神灵，崇尚天地万物，敬畏自然与生命，关注一切与自身生命、生存之间有着紧密联系的事物，催生出对自然万物的崇仰信念，原始游牧崇拜包括对自然、生殖、图腾和祖先的崇拜等。通过集体化的崇仰观念与崇仰活动的浸润、渗化，崇仰文化成为族群集体共识的精神力量与社会象征，并一代代积淀、传承、深化至社会形态的各领域。岩画是崇仰文化中的一个外化环节，所表现的动物、图腾、牧猎、生殖、战争、仪式等内容都表达出原始游牧族群强烈的生存意识。

在原始游牧族群的生存视域中出现最多的就是动物，他们与动物朝夕相处，休戚与共。牧猎动物既是主要的生产方式，也是维系生存的根本保障。对于原始游牧民族而言，动物是除亲缘之外最亲密的生活伙伴。在游牧民族的认知中，动物不仅是人类的"衣食父母"，还具有某些超越人类的能力属性，成为被尊崇的对象。此时的人们并没有完全把自身与动物分离开，在与动物的比照中，认为动物具有的那些属性和能力是强大的，是神性的，如鸟会飞、鱼能游、鹿善跑等，这些是人所不具备的，因此人自认为与动物处于同等的自然地位，甚至还略低。人的生存离不开动物，这就需要对所处环境中的动物有充分的了解。游牧先民对经常出现在视野中的动物进行细致观察，了解和掌握各种动物的表象特征、生活习性、活动轨迹及种群分布，积累下丰富的关于动物的知识和经验。

各种飞禽走兽因其不同的自然属性给人留下不同的认知经验和记忆，有凶猛的，有温顺的，有善跑的，还有善飞的，人们对动物不仅有了视觉认知，还形成了心理感知。当视觉形象随着自然客体的消失而淡化，心理形象却留存在记忆力里成为经验，随时作为认知参考。生命欲望激发着人的想象力，动物所具备的某些令人艳羡的表象特征成为人们的理想榜样。原始游牧部族调动记忆中存储的动物表象，按照主观意愿发挥想象力，对表象进行夸张、转移、分解、重构、改造，使之成为与人类生存需求有着相似性或联系性的新形象或新身份。那些动物有的成为"衣食父母"，有的成为神灵图腾，有的成为邪恶化身，在族群社会结构与意识形态中扮演着不同角色。例如，新疆岩画中的鹿形象就是动物崇拜的典型表现。在原始游牧文化中，鹿不仅是生存的猎取对象，还是寄寓着人类精神意愿的神化对象，成为牧猎民族动物崇拜的神灵象征。鹿形象在"人为"意识改造下，形成"体大、驼背、鸟喙、梳角"的程式化特征，这一特征在岩画和鹿石上都有所体现（图 1-21、图 1-22）。

图 1-21　　　　　　　　　　图 1-22
阿勒泰地区富蕴县徐永恰勒岩画　　阿勒泰地区青河县鹿石

　　氏族部落作为游牧社会经济生产和生活的基本组织，是群体生存与畜牧生产的重要依托。在游牧迁徙、季节性转场的过程中，劳动力的多少决定着畜牧生产的结果。特别是发生资源纠纷、外族冲突时，氏族部落作为游牧族群的军事组织，战斗力的数量直接影响着族群的存亡。在原始特定社会形态与自然环境的制约下，原始游牧族群首要关心的是自身"种"的生产，物质生产也始终围绕着人类自身生产与发展的需求而开展。

　　原始游牧部族面对生命与生殖现象无法做出客观的理解和判断，但生殖繁衍的迫切性使他们以神秘互渗意识为指导，对生殖问题给予了符合原始思维逻辑的解释。他们认为一切关乎生命的问题都源于万物中的神秘力量，它赋予人类生存延续的能力，由此激发原始游牧文化的生殖崇拜观念。同时，现实两性活动带来的身体感受，也为生殖繁衍带来了神秘、愉悦及美感的体验，族群繁衍的必要和身体愉悦的体验促使原始游牧部族生殖崇仰文化的形成。他们以人的主观尺度为基础，把万物人性化与神性化，并将与性相关的意识移植转嫁到一切可能的事物上去。生殖崇仰成为原始社会文化的重要内容，人类最早的雕刻物就是生殖器。新疆考古发现中，距今 3800 年前后青铜时代的小河墓地林林总总的男根与女阴的立木，形象逼真的木雕男性生殖器、蜥蜴头骨、蛇形木刻等，传达的信息都是祈求人能获得强大的生育繁衍能力，这些器物都是生殖崇拜观念的表现形式。[1] 在新疆各地遗址的考古中，都发现了人祖、男女木俑等遗存，它们明确表达出原始游牧部族祈愿增强生殖力的用意。生殖崇拜作为古代先民的信仰，具有普

---

[1] 王炳华 . 新疆考古中所见生殖崇拜遗痕 [J]. 欧亚学刊，2005（07）：60—72.

遍性，可以说是世界性的文化现象。生殖崇拜思想的产生、发展源自社会物质基础，服务于社会的发展需要。原始游牧社会中，人力是最主要的社会生产力，人口数量维系着所在群体的生存延续，只有想尽办法增加人口，才能使人类自身的再生产得以发展，因此，原始游牧部族竭尽所能去寻找各种繁衍子嗣的方法。生殖崇拜的产生是特定社会时代下人类自我意识发展的体现，生命欲求的贪婪性随着人的意识发展而更为强烈。原始游牧部族在无法也无力改变自然的情况下，就有了改变自身的冲动。他们凭借想象力，以原始互渗律集体表象思维为出发点，将人的主观意愿与自然之间构建起生殖神秘化的内在联系并相互作用，创造出关乎生殖繁衍的崇拜文化，以求得生殖欲望与生殖力量的满足，这是人类早期在追求生命精神过程中的自我超越。

新疆岩画中大量关于生殖崇仰内容的画面，反映出原始游牧社会人的再生产的社会意志。生殖崇拜岩画不仅以人物交媾、生殖夸张等形象进行直观表现，还以意象化方式将生殖意识渗透在各种自然物象与场景中，如动物形象、牧猎行为、工具和符号等都被赋予了生殖意义。基于生存本能形成的生殖崇仰观念，构筑成原始游牧民族的生命精神，激励着游牧民族在与自然抗衡中生生不息。"生命精神"是原始游牧社会的集体意识和民族性格，生命母题始终贯穿在游牧社会发展的历史进程中，成为构成社会文化形态的重要因素。

## 第三节　原始崇仰文化的缘起

　　原始崇仰文化是人类社会早期特有的精神活动，由人所创造，也为人所特有。它是在特定社会历史条件和文化背景下，为了满足自身需要，以调解人与自然、社会、他者以及与自身心灵之间的关系，而产生的文化综合体。美国心理学家马斯洛把人的需要分为生理需要、安全需要、归属和爱的需要、获得尊重的需要及自我实现的需要五个层次，或在上述五个层次之外又加上求知和理解的需要与美的需要，而分成七个层次。其中生理需要、安全需要主要为生理性、物质性的需要。而归属和爱的需要、获得尊重的需要、自我实现的需要、求知和理解的需要以及美的需要，属于高层次的心理性、精神性的需要。高层次的心理性、精神性需要的产物就是文化，即哲学、信仰、伦理、艺术、风俗等人文文化。[1]

　　人类早期最关注的是生存需要。基于生存的需求，他们还关注与生存紧密关联的安全感、归属感以及群体社会的认同感等问题。在生产力落后的原始时代，人类的生产、生活离不开自然环境，他们不断探索着人与自然的协调方式。劳动让他们对工具进行改进，并尝试着改造自然事物，从采集、狩猎到畜牧、农耕，人类由完全依赖自然的

---

[1] [美] 亚伯拉罕·马斯洛.动机与人格 [M].许金声，译.北京：中国人民大学出版社，2012：19.

攫取者，逐渐转变成物质资源的生产者。种植与畜牧经济生产方式的形成，使人的生理性、物质性等低层次需要得到基本保障。劳动促使生产力的发展，也使人的自我认知意识得以提升，人们渴望获得更多的自我实现、解惑求知以及审美表达等心理性、精神性需求的意愿逐步强烈，从而导致了文化的产生。

原始游牧部族以"万物有灵"的认知观念，把自身的行为、意愿、感情、能力和生命投射到客观世界中，以想象和幻想构建出超越客观现实的具有神秘性的心象世界。在原始认知中，客体与主体，物象和心象是混为一体的，世界是心物不分、天人合一的混沌世界。他们将自然客体（物）、人文客体（人）和心理客体（心）"纳入共有的本原或共有的普遍秩序之中"[1]。

原始游牧部族认为自然万物皆有生命、意识和灵魂，这些有灵性的万物与人的生存命运、疾患忧乐、物产丰歉、生殖繁衍息息相关，于是人们将所有的生命热情都投入其中，创造出与自然崇拜、祖先崇拜、图腾崇拜、生殖崇拜有关的神话世界和巫术世界。原始游牧部族在现实与精神混沌的世界里，制造着各种各样的想象物，并使之与自身的生存需求形成复杂的链接关系，成为群体所共同承认的社会知识、伦理、信仰、艺术等文化内容。

经济基础和生活方式决定人的行为模式与思想意识，在牧猎族群中原始崇仰文化具有普遍性和共同性特征，反映在文化形式与内容的相似性上。以岩画为例，有着相同社会形态与生产方式的原始游牧群

---

[1] 张佐邦.美学人类学——原始人类审美心理的生成及其文化表现形态 [M].北京：民族出版社，2008：34.

体，会用同样的方式制作岩画图像，表达着类似的主题（图1-23、图1-24、图1-25、图1-26、图1-27、图1-28、图1-29）。这是由于原始牧猎族群的生存环境（草原、山地）、经济活动（游牧的畜牧饲养）、生活方式（游牧迁徙）以及社会发展程度等经济与社会因素的类似，决定了他们的意识形态与文化形态存在着共同点或相似性。同时，游牧生产的流动性也决定了游牧族群之间在地理上的频繁接触，文化在传播过程中彼此影响，从而使信仰、文化、习俗乃至语言逐渐显现出原始游牧文化的共性特征。自然崇拜、祖先崇拜、图腾崇拜、生殖崇拜等原始崇仰文化，对早期牧猎部族、族群共同地域、共同经济生活、共同语言、共同心理素质的确认起到了相当重要的作用。

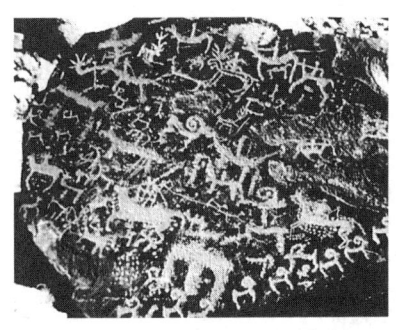

图1-23

内蒙古自治区阿拉善右旗曼德拉山岩画[1]

图1-24

西伯利亚岩画[2]

---

[1] 陈兆复，邢琏．世界岩画I亚非卷[M].北京：文物出版社，2010：24.

[2] 陈兆复，邢琏．世界岩画I亚非卷[M].北京：文物出版社，2010：88.

图 1-25

蒙古阿尔泰岩画[1]

图 1-26

西班牙拉文特地区岩画[2]

图 1-27

以色列内盖夫岩画[3]

图 1-28

哈萨克斯坦岩画[4]

图 1-29

哈密市白山岩画

[1] 陈兆复，邢琏．世界岩画Ⅰ亚非卷 [M]．北京：文物出版社，2010：114.

[2] 李淼，刘方．世界岩画资料 [M]．北京：中国工人出版社，1992：8.

[3] 陈兆复，邢琏．世界岩画Ⅰ亚非卷 [M]．北京：文物出版社，2010：149.

[4] 李淼，刘方．世界岩画资料 [M]．北京：中国工人出版社，1992：37.

岩画是原始崇仰文化中的一种特殊形式,其中的内容与意义既是自然的客观存在,也是人的能动表现,更是原始游牧部族主观意志的外化体现。它揭示了原始游牧先民的生产方式、经济活动、社会实践、精神信仰、哲学思想、审美意识,是先民们以原始思维认知世界和反映世界的一种手段。新疆岩画不仅是游牧先民在牧猎经济基础上形成的物质产品,更是人与自然互动过程中产生的精神成果,揭示了人类初期的认知意识与思维能力,描述了原始牧猎经济下人类社会活动的全貌。

## 一、原始思维下的崇拜印记

### (一)原始崇仰文化的起因

原始崇仰文化是人类初期在生存实践中创造出的精神产物,反映出原始游牧部族认知、解释世界的特有的思维和认知方式。它是人类在生产力极为低下的时候,以一种神秘性的思维方式认识世界、说明事物、满足自身生存欲求的方式。

人类初期的认知能力与思维水平尚处混沌、简单的状态,知识与经验的贫乏使他们对所处的世界以及周围发生的一切事件无法做出客观的说明,周遭都充斥着不可理解的神秘性,因而不可能形成关于事物的总体观念。但是生存本能的需要,又迫使他们不得不去认知、理解、学习和处理这些问题。随着人类生存实践与社会实践的积累,人的自我意识觉醒,开始思考关于人与自然、社会、他者的关系,以及与自身之间的关系。懵懂时期的游牧先民缺乏科学、客观的观念来指导他们认识和思考世界,所有的一切都被笼罩在未知的神秘中。他们在生存实践中，一方面，凭借劳动从自然中获取生存资源和经验，制造工具，采集、猎获物质材料；另一方面，通过感官接触、认识自然万物，面对现实中无从解释的现象，就会凭借想象去探究。亨利·柏格森认为："原始的理智把它的体验划分为两个部分。一种服从手或工具的行动，它能被预见，是可靠的……另一部分体验使原始人感到他根本无法把握住它们……"[1]原始游牧部族将无法把握的、不可捉摸的、模糊不定的体验视为神秘存在，这种神秘印象积淀在人的无意识中，就成为对外部世界的认知结论。在原始人心中，那些神秘性是客观真实的，这为人的认知增添了浓重的神秘色彩。原始崇仰文化就是神秘化思维的产物，是人类初期认知、解释以及建立人与自然、与社会之间各种关系的方式与途径。

原始思维是一种"主客体不分"的思维方式，原始人以自己的视角和尺度来观察世界，面对不能解释的事物就归结为神秘存在，认为人与万物之间没有区别和界限。人是有灵魂的，自然万物皆有灵魂。从人类生存的意愿出发，他们也希望万物都有灵魂，这样才能实现人与自然的对话。于是，人们依靠想象创造出一个周遭皆有灵的，可与人进行互动交流的大千世界。原始思维中世界万物是生命一体化的，人可以通过一定的方式和手段与它们进行思想、感情、能力的交流、互渗与迁移。原始思维的混沌状态反映在他们对于事物的分类体系上，如原始族群会将某种动物或植物当作血亲或祖先；把一切都视为有生命的实体，认为事物都可互为因果并相互联系等。坚信有神灵护佑的

---

[1] [法]亨利·柏格森.道德与宗教的两个来源[M].王作虹，成穷，译.南京：译林出版社，2014：123.

人在自然中就不再孤单、无助。随着生存实践的积累，这一观念不断被深化、完善、稳固，成为原始初民摆脱自然恐惧、满足生存需要、激励自身发展的精神支柱和生命信仰。

法国文化人类学家列维·布留尔在研究原始思维时提出："原始人的思维在意识层面上是没有逻辑性的，但在潜意识上，原始思维又具有一定的逻辑性，这种思维逻辑体现在：一方面，类化意象由其本性所决定，它的内涵和外延具有很大的模糊性和不确定性；另一方面，类化意象由其本性所决定，又不能不具有某种程序的相对的清晰性和确定性。"换言之，原始的类化意象不是科学、严格的逻辑判断，不具有现代思维的客观性、抽象性的逻辑推理，但类化意象还必须要对事物有所判断、推测和预构。列维·布留尔对此给予了说明："原始人在思维过程中，一方面运用观察摹写的方式，把握思维对象真实的性质、关系和过程；另一方面又用投射幻化的方式，把思维主体的幻想、想象、情感、意志等主观因素融入思维对象之中，因此在原始思维下许多具体事物具有虚构的神秘性质、关系和过程，这种逻辑思维即为'原逻辑思维'。原始人在这一思维逻辑下，用大量的不可验证的'知识'去补充可以检验的知识的不足。这种凭想象、信念去确认的'知识'日积月累，在原始人的思维中，自然而然就形成了各种各样的神秘观念。"[1] 原始游牧部族自发的和必然的采用人神同形同性的类比方法，使自然万物皆具有神秘性，所以在自然界处处看到了与自身相像的意志、神灵、灵魂，并坚信这些神秘性与人发生着某种互渗与传授。因而，在互渗律指导与支配下的原始思维，最为关注的是神秘的属性

---

[1] [法]列维·布留尔.原始思维[M].丁由，译.北京：商务印书馆，2009：37.

和关系，并通过各式各样的行为或方式（接触、意念、传染、巫术）使神秘属性与人或物相互传授，能力互渗。列维·布留尔提出："以物力说的观点来看，存在物和现象的出现，这个或那个事件的发生，也是在一定的神秘性质的条件下由一个存在物或客体传给另一个的神秘作用的结果。它们取决于被原始人以最多种多样的形式来想象的'互渗'：如接触、转移、感应、远距离作用……"[1] 原始思维以生存本能为基础，附加了更多人的主观成分和色彩，它在群体的共同生存实践中形成了不局限于个体的思维，而是原始群体具有的特殊的共识思维。列维·布留尔将这一集体意象称为"集体表象"，他指出："'集体表象'所具有的特征是：这些表象在该集体中是世代相传的；它们在集体中的每个成员身上留下了深刻的烙印，同时根据不同情况，引起该集体每个成员对有关客体产生尊敬、恐惧、崇拜等感情。它们的存在不取决于每个人……"[2] 因此，原始思维是以集体表象为反映形式，以原逻辑为根本特征，以互渗为基本规律的神秘思维。

原始思维是建立在感性基础上的思维模式，其核心就是满足功利性的生存需求。原始游牧部族依靠生存经验掌握现实中可控制的内容，对于不能认知的部分，基于实际生存的需要，以原始思维经验模式做出自认为合理的神秘化解释，从而使现实世界与精神世界统一起来。人类自我意识的觉醒与发展，使人感受到意识存在于人自身，原始思维反映着原始游牧部族的自我认知意识。人将主观想象、情感、意志等融入客体对象之中，对客观世界做出符合自身需求的主观渲染，这

---

[1] [法]列维·布留尔.原始思维[M].丁由，译.北京：商务印书馆，2009；80.

[2] [法]列维·布留尔.原始思维[M].丁由，译.北京：商务印书馆，2009；05.

是原始意识中人对自我生存观照的体现。他们将那些与自身生存紧密关联的表象，经过臆想加工，赋予其生命和灵魂，成为崇仰、敬畏的神灵。原始游牧部族为获取更多食物而崇拜动物，面对生死则衍生出灵魂崇拜，为族群的繁衍创造出生殖崇拜、祖先崇拜，为凝聚族群创造出图腾崇拜，不难发现那些被创造、夸张、放大的神灵实则是人的意识的物化形态。原始崇仰文化的产生是人类想象力与思维力共同运作的结果，也是人自我意识趋向成熟的表现，更是人类为满足生存欲求所创造出的激励自身发展的精神依托。原始崇仰文化的形成，就是人类在早期生命活动中所做出的主观能动的对自然和自我的创造与改变。他们从自然中撷取生存材料，同时还希望自身能拥有更加强大的生存力量，以保证长久的生存与繁衍。在实践中，他们不断确证着自我与客体之间的关系，试图以各种方式，来获得让自然为己服务的或增强自身能力的方式。

岩画作为原始崇仰文化的外化形式之一，代表着原始游牧部族主体意志驱使下创造出的"神灵"物化。人们心怀敬畏、崇仰与归属感，把自然客体视为具有神性的存在，在记忆、描摹自然物象时加入想象，构建出符合自身生存欲求的图像形式，通过刻绘施以巫术行为实现神秘力的互渗，从中获取精神的激励、慰藉。不同的物质环境和社会生产生存方式给人造成不同的心理投影，从而形成不同的心理积淀，这种积淀会影响人的思维方式和行为方式。在生存实践的思维活动中，人们对所处环境中与自身生存有关的重要事物格外关注，并记下事物独特的主要表象特征。他们将特殊的主观情感及心理需要通过幻想融入其中，使这些表象特征人格化、神灵化。岩画中的形象源自客观物质环境，但在人为改造下成为某种象征性的形象，并参与到崇仰仪式

中，成为与实体一样具有神秘属性的崇拜对象，以此实现神秘"力"与人的互渗和传授。

新疆岩画是原始族群在狩猎、放牧的社会生产生存方式下，形成的具有鲜明地域特征的文化形态。原始游牧族群赖以生存的物质基础就是自然环境与动物，新疆岩画大量的动物、牧猎与生殖内容主题，反映出原始游牧先民对自然的依赖和敬畏，自然崇拜、动物崇拜、生殖崇拜及图腾崇拜是原始游牧族群崇仰文化的主要内容。他们在与自然环境的互动实践中，格外关注自然事物、动物所具备的而人所不及的能力，生命本能让他们希望自身拥有那些强大的力量，对生命的认知方式是神话、巫术产生的基础。不可见的精神意识只有通过可见物象作为媒介才能被呈现，于是游牧先民将感情、意志、期冀等精神理想迁移至自然物或动物身上，以期获得同样的力量，或得到神灵的庇护和佑助。对自然万物的崇拜观念成为游牧先民认识客观世界和处理外部世界所有信息的指导思想，从而在价值判断、道德判断和审美判断上表现出一种认知定向，这种定向形成原始游牧文化的特殊性。原始崇仰文化是人类在特定历史阶段以解决人和自然矛盾为主要内容的文化形式，他们创造出充满神秘力的世界，那些隐藏在事物之中的神秘因素，构成了原始认知中的世界的真实性，岩画正是先民以独特的视角表达认知世界的方式。

总而言之，原始崇仰文化是人类在特定历史条件和社会生产生活方式下，基于生存需要，形成的协调人与自然、人与社会之间关系的文化形式。它建立在原始游牧部族特有的以神秘互渗观念为基础的集体表象的"神秘思维"方式上，从而形成充满神秘性的文化特质，富于想象的主观心理因素是这一文化形式产生的重要因素。原始崇仰文化的起源和发展，有着特定的历史原因和人类思维认识发展的内在规律。岩画正是原始思维发生发展演化过程的具体呈现方式，也是人类生命意识自觉性的体现。

（二）岩画中的原始巫术操作

岩画作为人与神进行通灵交流的崇仰媒介，是人在主观意志作用下，通过想象对自然物象加以"表象改造"而创造出的"神灵"物化形式。在生存实践活动过程中，原始游牧部族始终关注与自身生存有关的事物，所以岩画原型都源自生存的物质环境，真实地再现出那个时代的自然环境、生态状况、生活方式以及人类的社会形态、认知思维、精神信仰等。原始游牧部族相信万物具有神秘性，并以此观念观察和理解自己的生存环境，他们的视线选择总是指向那些与自身紧密联系的事物上，即那些自然中不可捉摸的、各种动物所具有而人所不及的特征或属性，或者是对人构成危险或伤害的事物等，从而做出攫取和规避的反应。德裔美籍美学家鲁道夫·阿恩海姆通过大量事实证明："任何思维，尤其是创造性思维，都是通过意象进行的，只不过这种意象不是普通人所说的那种意象，这是通过知觉的选择作用生成的意象。当思维者集中注意力于事物之最关键部位，把其他无关紧要的部位舍弃时，就会见到一种表面上不清晰、不具体甚至模模糊糊的意象。"[1]也即是说，原始游牧部族在物象选择上，最关注的是与自身利益相关的那些具有神秘性的特征，如自然天象、动物或人的某些特征。

---

[1] [美]鲁道夫·阿恩海姆.视觉思维——审美直觉心理学[M].滕守尧，译.北京：光明日报出版社，1987：30.

这些特征是被认为存在"力"的特征，在刻绘岩画时就会忽略其他无关的内容，只强调那些象征"力"的特征，准确地把想要唤起的"力"的样式体现出来。原始游牧部族从主观意愿出发，从现实物象中抽离出所需要的内容，对局部特征进行夸张、想象、变化，创造出具有神化性的形象。这些形象既现实又虚幻，既具体又抽象，成为一种代表事物本质或代表着特定情感的"力"的表现形象。

在巫术和崇仰仪式中，岩画作为被"施法对象"，人们认为图像与自然原型同样具有生命意义，二者具有的"力"的属性与功能是等值的，特别是人为加工后的形象，"力"的属性甚至超出了实体。巫术操作的模拟性也正是基于这样的思维，原始游牧部族认为对岩画图像做出任何行为，都会在现实原型上发挥出相同的作用。

新疆岩画中动物形象数量最多，说明牧猎生产方式中动物与人的关系最为密切。动物是人的食物，也是具有神秘属性的崇仰对象。原始游牧部族凭直觉感受、认知各种动物，关注动物最为显著的特征，或者说更关注动物那些具有神秘属性的特征，如"犄角、翅膀、躯体或生殖器等"。他们重点关注动物特征所具有的"力"，不同物种的特征形制、性质与大小都体现着"力"或"效力"的属性。摹绘动物形象的目的就是在图像与现实之间建立起神秘性联系，从中获得人自身所需的某种因果关系。这种因果必须通过特定方式或手段才能实现，即巫术行为。这种操作必须是在巫术仪式中，人对动物图像实施某些特定的行为方式（包括人与图像的各种接触、刻绘等），才能发生神秘力或神圣性的互渗与传导的巫术效应。

岩画中的动物形象是现实物的替代，人们认为对动物图像所做出的行为在现实中会有同样的结果。在巫术操作中，原始游牧部族将动物刻绘在岩壁上，刻绘行为本身就是对动物施以掌控的过程。他们刻绘身躯庞大的动物，意味着将会获得足够肥美的猎物；或在某些动物身上刻绘出箭、矛，意味着在事实中动物也被猎杀；或在岩画中表现人击杀、射猎动物，也代表现实中完成了对动物的猎杀（图 1-30、图 1-31）。有些动物还会被重复描绘，说明这些动物通过巫术行为被反复操作或召唤。原始游牧部族还以模拟猎杀、牧放等行为对岩画中的动物进行施法，如用矛、箭或棍棒等工具对动物图像进行刺杀、涂抹、射击、投掷等，这意味着对现实中的动物进行猎获或消灭猛兽。通过模仿猎杀行为对岩画动物形象施行巫术，最终是为了达到对现实物和猎物的实际控制，这种"狩猎巫术"是原始游牧部族为获得更多占有而进行的神秘互渗的操作行为。岩画动物与现实动物是相通的，既是被占有和猎获的对象，又是人们崇拜、敬畏的神灵或神秘力的化身。原始游牧部族认为动物强健旺盛的力量就是神秘性的体现，岩画中刻画出动物巨大的身躯、犄角、生殖器等都是对"力"属性的呈现，触摸、刺杀那些形象，人就能获取与动物实体一样的超凡力量。英国人类学家、民族学家、宗教史学家詹姆斯·乔治·弗雷泽在《金枝——巫术与宗教之研究》中说："动物也经常被相信会具有某些对人有用的特性，而顺势或模拟巫术就通过不同方式把这些特性传授给人类。"[1]原始游牧部族坚信自然万物与人之间存在着神秘的交感联系，只要有所接触，即便已分开，这种联系依旧存在，也会产生同样的结果。

---

[1] [英] 詹姆斯·乔治·弗雷泽. 金枝——巫术与宗教之研究 [M]. 徐育新，汪培基，张泽石，译. 北京：大众文艺出版社，1998：47.

图 1-30
阿勒泰地区富蕴县岩画

图 1-31
昌吉回族自治州呼图壁县苇子沟岩画

　　"食物"和"生殖"是人类最为关心的首要大事。英国"神话—仪式"学说的创立者简·爱伦·哈里森对此阐明："生存和延续生存，进食和生养孩子，这是古人最根本的需求，只要世界存在一天，这也是未来人类的最根本需求。虽然其他事情可以使人类的生活变得更加丰富多彩，但是，除非这些需求首先得到满足了，否则人类自身就会不复存在。因此，这两件事情——食物与后代，是人类通过有规律的、季节性的、魔术般的仪式表演所主要寻求的。它们是仪式从艺术（如果我们是对的话）产生的最根本的基石。"[1]岩画中的生殖崇拜是"人神共生"巫术操作的产物，这种充斥着"性"意义的内容渗透在岩画各种主题中。原始游牧部族在对现实物的表象改造中，认为自然物所具有的最有特点的表征就是生命原力，如动物的角、身躯、翅膀、嘴，以及动物与人的两性生殖器等。这些特征必须要凸显和放大，使生命原力得到彰显。岩画是人与神明之间生命神秘力交互的重要介质，原始人将动物、生殖形象刻绘在岩壁上，以夸张的方式表现出强壮的躯体、生殖器官、男女（雌雄）交合等与生殖相关的形象与符号，刻绘

---

[1] [英]简·爱伦·哈里森.古代的艺术与仪式[M].吴晓群，译.郑州：大象出版社，2011：23.

本身就是生殖效力或能量传递的巫术操作方式。在岩画中经常可以看到与生殖有关的特征被反复描摹、重刻或累积的痕迹，刻绘本身就是巫术施法的同步操作行为。原始游牧部族认为通过描摹生殖器官或生殖行为结合巫术实施，神秘生殖力就能按照人的主观意愿进行感应、授受。如岩画中摹绘男女生殖器官，刻绘男女交合、动物交合，或描绘出人与动物接触（人与动物生殖器接触、执弓箭射动物生殖器等形象）等动作行为。这些模仿生殖行为的形象再配合巫术行为（触摸、刻绘、刺击等），共同构成一个完整的生殖事件。原始游牧部族相信对这些事物所做出的一切行为，都是人与自然、人与神灵沟通交流的方式，也是为了满足自身需求所做出的人与自然生命融合的手段。

　　巫术仪式作为原始族群不可缺少的社会内容，是实现各种社会功能（包括教化功能、政治功能、审美功能、娱乐功能、凝聚功能）的重要途径，也是崇仰精神信息灌输和实现福祉意愿的形式。仪式活动为巫术操作和实施搭建了重要舞台，通常岩画刻绘选择在依山傍水、向高向上向阳的崖壁或岩石上，这样的环境被视为"圣地"。在原始自然崇拜和"万物有灵"观念中，山、石、水和草木皆有生命，"山"可通天，"石"代表永恒。岩画作为神圣空间的一部分，充当着沟通世俗世界与神圣世界的中介，它与环境共同构成具有象征意味的神圣的视觉和知觉场域。岩画与自然环境相互作用，营造出使祭祀或巫术仪式更加具有神秘性的神圣氛围，让置身其中的人们产生强烈的精神共鸣。在环境、岩画与人共同构成的仪式空间中，施以独特的巫术行为和操作程序，将人不自觉地引至仪式所营造的神圣化情境中。岩画、环境以及仪式中的人形成"天地物我一体"的心灵碰撞，精神与自然的混沌融合，使源于仪式与岩画的神圣意识被无限放大，延展至整个空间，构成神秘、神圣的场域气氛，烘托出原始崇仰精神的感召力。人们在集体情绪浸润下的神秘体验，更增强了对神灵的信仰与崇拜之情。詹姆斯·乔治·弗雷泽提出："对超人力量的信仰，以及讨其欢心、使其息怒的种种企图。这两者中，显然信仰在先，因为必须相信神的存在才会想要取悦于神。"[1]

原始游牧部族将自然物象幻化为神圣化的岩画形象，刻绘在同样具有神性意义的岩石崖壁上，在巫术活动作用下获取精神满足以及由此带来的生命鼓励。在原始认知观念中岩画是通灵的载体，其形象不是单纯的自然再现，而是具有生命力和神秘性的现实存在。原始游牧部族通过刻绘岩画达成天人合一的灵魂交汇，实现对自然物的控制，从中获得精神安慰和自我确认，并以此为基础对一切关乎生命的自然现实和社会关系做出解释。这种主观意志引发原始游牧部族能动性的创造行为也是一种劳动生产，推动着人类孜孜不倦地进行着以生存为目的的自然改造和自我改造。这种劳动既是个体或部族生存繁衍的精神需要，也是推进人类历史延续、发展的内驱动力。马克思曾有过精辟的论述："劳动首先是人和自然之间的过程，是人以自身的活动来引起、调整和控制人和自然之间的物质变换的过程。人自身作为一种自然力与自然物质相对立。为了在对自身生活有用的形式上占有自然物质，人就使他身上的自然力——臂和腿、头、手运动起来。当他通过这种运动作用于他身外的自然并改变自然时，也就同时改变他自身的自然。他使自身的自然中沉睡着的潜力发挥出来，并且使这种力的活动受他

---

[1] [英]詹姆斯·乔治·弗雷泽.金枝——巫术与宗教之研究[M].徐育新，汪培基，张泽石，译.北京：大众文艺出版社，1998：77.

自己控制。"[1]

## 二、原始游牧族群崇仰的象征印记

### （一）自然崇拜

自然万物为人类提供生存资源的同时，也以各种严酷的方式摧残着人类。人类在无法控制的自然面前，倍感无力和羸弱，从而产生敬畏、恐惧。自然界的瞬息万变都与人类的生存有着密切的关系，原始游牧部族在生存实践中探索着认识和把握自然的方法，试图与自然达成和谐。"万物有灵论"为原始游牧部族提供了方法论，他们相信万物皆有生命与灵魂，人与自然的关系就可以通过交流、沟通达成和解。他们将自然力与自然物作为人格化或神化的对象予以崇拜，自然崇拜就是天人合一、天人同构观念的具体表现。

在长期的游牧生活实践中，史前时期原始游牧部族发现云雨变化、日月盈亏对人的生存生产有着重要的影响和支配作用，他们将关乎生存衰亡的各种因果关系与日月盈亏等自然规律联系在一起，认为日月盛衰、春华秋实等自然现象影响着人的生老病死、族群盛衰，从而形成崇拜日月星云、敬畏风雨雷电的巫术观念。据史载，《后汉书·卷八九·南匈奴传》中记载："匈奴俗，岁有三龙祠，常以正月、五月、九月戊日祭天神。"《汉书·匈奴传》中又记："单于朝出营，拜日之始生，夕拜月。"突厥人崇拜天地在《周书·卷五十·突厥传》中也记载有：

---

[1] [ 德 ] 马克思，恩格斯 . 马克思恩格斯全集：第 23 卷 [M]. 中共中央马克思恩格斯列宁斯大林著作编译局，译 . 北京：人民出版社，1979：201.

"可汗恒处于都斤山，牙帐东开，盖敬日之所出也。每岁率诸贵人，祭其先窟。又以五月中旬，集他人水拜祭天神。"塞人、羌人也都盛行太阳崇拜，说明敬拜日月是原始游牧部族的习俗。岩画和鹿石中的"鹿"就是通天逐日的神灵化身，造型多为"鸟喙、驼背、梳角"，鹿石顶端通常都刻绘着太阳，长有鸟喙的鹿就是人与太阳之间沟通的使者（图1-32）。岩画中还有星月（图1-33）、云雨（图1-34）、河流（图1-35）、植物（图1-36）等，这些都是自然生命体的象征，代表着人与自然的互通。在原始自然崇拜中，山、石也是有生命的，原始游牧部族认为山峰是上升通天、不可超越的象征，岩石代表着坚固、永恒的生命灵性，因而山、石常被视为部族群体的精神象征和信仰符号。山、石的位置、方向及周围环境也与人的精神世界有着某种神秘性的联系，将岩画刻绘在有生命意义的山石之上，就是实现与神灵沟通、交互的最佳途径。

图 1-32

阿勒泰地区青河县青河鹿石

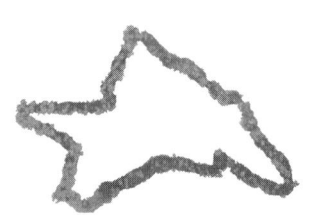

图 1-33

和田地区皮山县克依克吐孜岩画

图 1-34

昌吉回族自治州玛纳斯县鸽子洞岩画局部

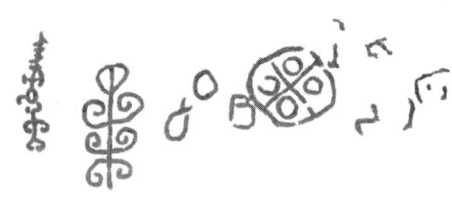

图 1-35
巴音郭楞蒙古自治州且末县
莫勒切河东岩画

图 1-36
阿克苏地区拜城县夏特热克山口岩画

动物崇拜是由原始物质生活条件、生存环境与生产方式所决定的。狩猎时期，野生动物是人类必不可少的食物来源，生产力低下使获取猎物变得极为困难，甚至危险。当生产力有所发展，从狩猎转化为畜牧生产，动物依旧是原始游牧族群的生存基础，保障牲畜丰产更是生存之关键。总之，动物始终是满足当时人们生存所需的重要且必要的物质基础。原始游牧部族在与动物的朝夕相处中，发现飞禽走兽各有其不同的自然特征，那些特征是人所不具备的，也是无法企及的。人们自感能力低微，自觉地将自身与动物等同起来，甚至认为不如动物。动物对原始游牧部族具有双重意义，它们既是攫取的对象，又是敬慕的崇拜对象。人对动物这种既依赖又对立的矛盾关系，是动物崇拜形成的心理根源。原始游牧部族对动物的认知与观察，除了了解动物的体态、习性之外，还思考着如何猎获和豢养。最重要的是关注动物的那些最为显著的特征，或者说更关注动物那些特征具有的神秘属性。原始游牧部族对视域所及的动物从形态、色质、强弱，到动态的、静态的行为方式都会做细致观察，久而久之就积累下许多牧猎所需的经验知识，同时也会在内心积淀下许多动物的表象，并在记忆加工下成为心理形象。随着生存实践的不断深化，人的自我意识也得到发展和完善。在生存欲求的激励下，人有了试图改变自身的冲动。这时，想象力开始活跃，人们调动记忆中的动物表象，按照主观意愿进行加工、改造，重塑出符合自身意愿的崇仰形象。他们渴望拥有与动物同样的力量，于是将主观认知附着在动物身上，以夸大、变形等方式改变动物的客观形象，塑造出更为夸张的、具有神性意义的形象特征，并以特定的行为方式（仪式、巫术）满足自身所需要的能力和力量的互渗。原始游牧部族将动物形象刻绘在岩画上，既是牧猎经验知识的记录，也是为了与动物实体建立起"神秘"互渗的联系，以此获得自身所需的某种因果关系。岩画中的动物造型，大多是以简约的线条或剪影勾勒出动物的基本形态，着重使有角类动物的犄角夸张、变形，或将躯干形体放大，或将动物生殖器突出，或将多种动物的属性融合为一体（图1-37、图1-38）。他们通过刻绘大量的动物岩画作为巫术操作的手段，祈求动物的增殖，祈佑族群的生殖繁衍。因此，新疆岩画中多是以动物为主角的狩猎、牧放及仪式等自然崇拜内容，反映出原始牧猎族群崇尚自然的本性，也体现出人类主观能动地与自然达成了高度协调的能力。

图1-37
阿勒泰地区阿勒泰市岩画

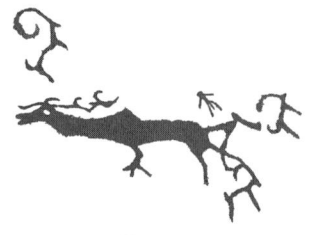

图1-38
阿勒泰地区阿勒泰市将军布拉克岩画

自然崇拜是原始游牧部族在探索自然过程中的感性认知与理性认识交织的综合产物，也是人类最早的满足自身求知愿望和生存意愿的手段。它是原始游牧部族在无法正确理解、解释人与自然关系时，由生命欲求激发出的想象力为人们提供了化解方法。原始游牧部族相信人与自然同源，视自然万物为神灵。他们在岩画中依据自身的认知刻绘自然物象，从中获得物我交流与人神交互的精神满足与抚慰，这不仅仅是对大自然的人性化塑造，也是间接对人自身的塑造。原始游牧部族为了探索自然奥秘，塑造自然万物，将自身的主观意志融入其中，虽然人与自然依旧混为一体，但人也逐渐清晰了对自我的认知，他们将自然物与自然力人格化，以造就自然之神的方式实现人与自然对话，从而消除自身对自然的恐惧。自然崇拜是原始游牧部族以"物我同一"的认知意识与自然万物之间建立起的沟通、互渗关系，并在"悦神娱己"中获得自我完善的精神激励，从而树立人在自然环境中的生存自信，自然崇拜实则是人的自我观照。

（二）图腾崇拜

"图腾"（Totem）一词是从北美印第安人奥基华部落的用语"奥图特曼"（Ototeman）翻译演化而来的，原意为"他的亲族"或"兄妹亲属关系"，指意一个氏族的标志或图徽。[1]图腾崇拜是随着原始氏族部落的形成而产生的崇仰形式，这一文化现象在世界各原始族群中普遍存在。图腾崇拜源于自然崇拜，不同的族群部落对不同的自然物有着不同的理解和感情，他们会将自然中某些具有特殊意义或特殊情感的事物作为崇拜对象，并由此创造出凝聚群体意愿和精神寄托的象征物，成为代表本氏族群体的身份标识与文化内容。

图腾原型多来自原始族群生活的客观世界中，大多为动物、植物，

---

[1] [美]摩尔根.古代社会[M].杨东莼，马雍，马巨，译.北京：商务印书馆，1997：162.

也有人为创造物。原始游牧部族的自然崇拜信仰，使他们在模仿自然物形态的过程中，格外关注崇拜对象所具有的那些与自身有关联的特征。这些特征表象逐渐积淀和保持在人的记忆中，随着人类探知欲求的发展，想象力发挥了极大的作用。他们将氏族群体的主观意愿注入某些自然物的表象，通过不断地模拟、提炼、拼接、组合，生成具有象征性的形象，这一形象实际是原始游牧部族心理形象的再现。图腾形象凝聚着族群成员共同的精神意愿和寄托，成为氏族群体共同崇拜信仰的对象或祖先。在族群图腾崇拜文化体系中，不同族群部落都掌握着一套专门的崇仰文化内容，并以此标定族群和成员的身份、社会地位、领地范围以及文化形式。拥有图腾意味着族群成员拥有了专属的神灵护佑，它就是氏族成员共同敬仰的神灵偶像。崇仰知识在世代相传与仪式中得到不断规范与丰富。岩画正是这一文化体系中的视觉形式，作为维系群体关系的内聚力与社会象征，成为社会结构中的关联要素，并以此建立起相对稳定的社会秩序。图腾形象在氏族群体的传承中，不断被完善和塑造，世代传承，形成氏族部落特有的文化内容。

图腾崇拜是人类在自我意识发挥过程中，产生出的以自身为基准的自然物的类比心理，即人的主观"移情"。原始游牧部族认为和族群在同一环境中生存的某些自然物或动植物，与本族群存在着某种血亲或宗族关系。他们就会将此作为氏族群体共同的祖先，成为同宗同源的家族成员，并赋予它们更多的象征意义，这个图腾就是该社会组织的守护神，氏族将其作为族群的祖先、名称、标识和象征。图腾是氏族群体区别"我"与"他者"关系的标志，这是人类在自我意识发展中对人与自然、自我与他者及自我本身的思考结果。图腾不仅是氏族群体寄寓人口兴旺、物质丰产的专属神灵，也是凝结血脉、团结族群的精神核心，发挥着维系社会结构的纽带作用。图腾是氏族群体在共同信仰下紧密凝聚、团结一致的精神维系，并在此基础上衍生出一系列规范族群秩序、伦理道德、个人行为、生活习俗的准则，成为族群成员共同遵守的社会制度。詹姆斯·乔治·弗雷泽在《金枝——巫术与宗教之研究》中指出："在这里，各部落划分为许多图腾氏族，为了本氏族的共同幸福，每个氏族都有责任利用巫术仪式来增殖它的图腾生物。绝大多数图腾都是可食用的动物或植物，因而这些仪式通常都是为保证这个氏族的食物或其他生活必需品的供应而举行的。这些仪式一般都含有人们所要产生的效果的模拟。"[1]仪式作为族群成员与图腾进行交流、互通的主要方式，本身就是群体社会聚合的有效手段。特别是对于那些游牧原始群体而言，在特定时间和特定地点，分散四处的人群被聚合在一个具有神圣意义的空间中进行集体仪式活动，季节性或规律性的重复仪式，使游散的人群在仪式参与中不断深化自身的身份归属感。岩画作为神圣空间的一部分，刻绘的图腾形象不仅发挥着象征神圣力的崇仰功能，还行使着对族群成员召唤、支配、教化的社会功能。人、自然、图腾及巫术行为共同形成一个神圣的感知系统，人们沉浸于神秘的氛围情境中，在人神同生共感的情绪共振里，获得精神满足与意愿达成的幻象体验，从而更加坚定了集体成员对宗族图腾的信仰。原始人相信通过礼仪可以取悦图腾，获得图腾神灵庇护，实现生存所需的全部愿望，膜拜图腾就成为化解自然矛盾、寄愿祈福、

---

[1] [英]詹姆斯·乔治·弗雷泽.金枝——巫术与宗教之研究[M].徐育新，汪培基，张泽石，译.北京：大众文艺出版社，1998：28.

宣泄情感的一种特殊方式。与此同时，由仪式与岩画营造出的群体崇仰文化的接受活动，也是氏族成员接受教化的过程。这一教化过程，既有历史的传统接受，也有现时的集体接受。仪式化的接受活动作为群体持续贯彻的行为模式，是族群历史文化与知识经验传达、传播、传授、传承的途径。由图腾崇拜形成的集体共同遵循的秩序制度与文化习俗，成为联结群体社会关系的规则与象征，起着维护社会结构稳定与保持社会关系平衡的作用。

图腾是氏族群体"娱己悦神"的外化形象，在长期的传承教化与文化浸润下，族群成员将其作为稳定的、集体的精神力量与身份标识，形成群体成员共同遵循的社会规范和伦理准则，以此强化群体的凝聚力。岩画的刻绘行为或仪式活动，既是与神灵进行精神沟通的介质，也是将群体共同精神旨意进行叙事记载、教化传播的图像化语言，服务于群体的生存繁荣这一共同利益。

岩画中的图腾形象是原始游牧部族将本我的精神世界，以共感互渗方式迁移至自身生存环境中的自然实体上，或模仿，或重构改造，创造出的具有神化意义的崇仰形象。图腾是人类不断探寻自我的"生命"或"存在"意义的表达形式，成为实现自我生命精神超越的承载，反映出人的原始本能的"生命意识"的自觉认知行为。

如在新疆古老族群的图腾中，鹿是最为普遍的图腾形象，在阿勒泰地区青河县、富蕴县等地就发现有大量鹿石（图1-39），在天山南北的岩画中也镌刻有许多鹿的形象。"鹿"作为图腾不断地呈现在岩画中，成为同一游牧文化背景中的集体共识，这一形象在欧亚大陆许多岩画中也都有频繁地出现，说明鹿崇拜是活动在新疆地区的各古老游牧民族的共同习俗。原始牧猎民族崇尚鹿并视其为"神灵"的化身，鹿也被不断加入更多人为的主观意志和精神意愿，由现实物象转换成为赋有神性的图腾。鹿角、鹿嘴是鹿形象变化的核心特征。鹿角变化样式繁多，造型多以规律性线条形成有节奏的样式，但始终遵循以"大"为美的理念，这符合原始社会"丰实"与"收获"的审美观念。鹿纹形象已不再是现实意义的客观形象，而是内涵深远的精神化的崇拜物，成为原始游牧部族精神夙愿主宰的象征符号，并作为崇仰叙事的核心元素。"大角、鸟喙、驼背"的形象特征为典型的鹿纹程式化的造型形式，这是原始图腾崇拜从实物向抽象化、概念化发展的演化结果。鹿纹岩画不仅是一种独特的造型样式，更是一种原始文化符号。

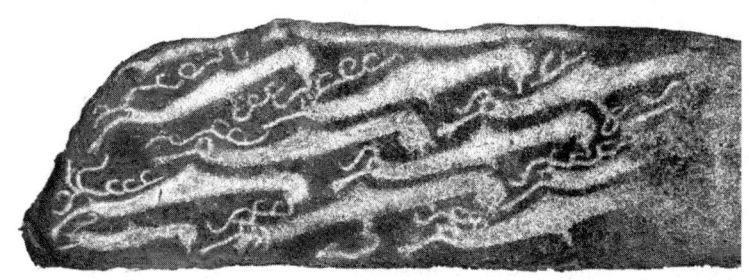

图 1-39
阿勒泰地区富蕴县鹿石

### （三）生殖崇拜

生存或者说求生欲是一切生物体的本能，先民们在生存本能驱动下竭尽全力适应着自然环境，并通过自身劳动的生产实践推动着人类社会不断发展。恩格斯在《家庭、私有制和国家的起源》序言中指出："根据唯物主义观点，历史中的决定性因素，归根结底是直接生活的生产和再生产。但是，生产本身又有两种。一方面是生活资料即食物、衣服、住房以及为此所必需的工具的生产；另一方面是人类自身的生

产，即种的繁衍。"[1]人类在原始特定社会形态与自然环境的制约下，个体只有依附群体力量与集体行为才能维持个体和族群的生存延续。因此，人自身"种"的生产是原始游牧部族首要关心的问题，即本族群的"种"的繁衍。

早期人类由于认知能力和生存能力在大自然面前显得羸弱、稚拙，那些自然现象、生命盛衰等问题都是不可解释且神秘的存在，但这些问题又与人类的生存紧密联系。在特定社会形态与自然环境的制约和影响下，食物的获取与种群的延续是人类生存活动的首要问题。在恶劣的自然环境中，人类的生命个体或群体都以最本能的求生欲探寻着生存之法，竭尽全力在自然中获取生存利益，体现出朴素、自然且迫切的原始生命意识的本质。"生存"是原始游牧部族一切实践活动的目的，"生"是以群体繁殖为目的的种属延续，即人类本身的生产；"存"是以群体留存为目的的生命维持，即生活资料的获取。在以"生存"为原点的原始生命意识的驱动下，原始游牧部族的意识形态及行为都共同指向着一个鲜明的"生命"主题。

人类自身生产的根本途径就是两性生殖。从生物学角度解释生殖行为，就是当雌雄两性生殖器官发育成熟，通过交配行为孕育下一代，是生物的自然本能行为。人类的生殖繁衍要经历交配、受孕、怀胎、生产与哺育这一较长的时间过程，但在此期间会因各种外在或内在原因导致孕育的失败。人类最初并没有对自身的性交行为有更多的理性认识，他们重视男女两性交合，但又因不明其理而无力掌控，于是

---

[1] [德]恩格斯.家庭、私有制和国家的起源[M].中共中央马克思恩格斯列宁斯大林著作编译局，译.北京：人民出版社，2009：16.

以原始思维认知为生殖行为做出了神秘化的解释，以此满足人口增殖的迫切意愿。原始游牧部族通过对自身与动植物等生殖行为的观察记忆，以原始逻辑思维方式做出关联、知觉和判断，认为人类生殖受着某种神秘力量支配，这种神秘性存在于自然万物中。在中华传统文化中，伏羲和女娲可以说是代表生殖的始祖神，伏羲和女娲两尾相交的形象充分说明了被神圣化的两性繁殖。原始思维不仅将男女两性交合行为进行神秘化，还认为所有与生殖有关联的或相似的事物或特征都具有这种生殖神秘力，人与此类事物可在巫术辅助下达成生殖力的关联和互渗，从而获取生殖力强大的精神抚慰。这种神秘性互渗观念根植于群体的思维认知中，是构成生殖崇拜的核心内容。列维·布留尔在《原始思维》中指出："人的行为是受一定的神秘关系的总和支配的，这些神秘关系决定于社会集体的集体表象，它们和集体表象本身一样又都是受互渗律支配的。"[1]原始人在互渗律集体表象下，与自然之间构建起具有神秘性的内在联系并相互作用，从中得到生殖欲望被补偿的精神快感。源于自然的生殖现象作为原始生殖崇拜的互渗外力，并转化为鼓舞人类追求生命精神的内驱力。

原始人基于生命与生存需求，在自我与客体中分离出"我"与"物"，开始主观能动地认知生命现象。他们依赖自然给予的生存条件，同时依靠自身顽强的生命力与大自然互为适应、协调。生存本能是催生自我意识建立的基础，人在自我意识的不断发展中，开始自觉关注、理解着生命意义。由于童年时期的人类认知意识的幼稚和懵懂，人面对无法解释的现象时更多是通过想象构架起"自我"与"客体"的联

---

[1] [法]列维·布留尔.原始思维[M].丁由，译.北京：商务印书馆，2009：07.

系，借此诠释对生命现象的认知。他们认为所有事物都与人有着相似的类同性，并由此形成普遍的共同的人类"集体潜意识"。这一集体意识认同了人与自然的生命共感，自然也以人格化的方式与人同生同存。原始游牧部族把已认知和理解的生命品质通过想象投射到每一种物象上，自然的人化和人化的自然构成的"泛生命意识"，将世界变成了现实与精神混沌一体的世界。

"泛生命意识"是人类在漫长发展进程中沉淀出的集体意识，并成为社会群体文化中的重要内容。在神秘互渗意识指导下，原始人对"种"的繁衍问题给予了符合原始思维逻辑的解释，他们认为万物的生命源自某些神秘力量的操控，这些神秘力量赋予了人类生存延续的能力，由此激发出原始生殖崇拜观念。生殖崇拜大多通过原始巫术、原始崇仰仪式的方式实现，渗透于人类社会生活的方方面面。岩画在摹写自然、标记现实的同时，也反映着原始社会形态下的人类认知意识、思维逻辑和主观意愿。在岩画的题材内容、造型形式和图示内涵中，都鲜明地传达出原始游牧部族对生命崇仰与生存意愿的强烈冲动，如对两性生殖特征的突出、动物犄角的夸张、交媾行为的表现等等。马克思与恩格斯在《德意志意识形态》中指出："思想、观念、意识的生产最初是直接与人们的物质活动，与人们的物质交往，与现实生活的语言交织在一起的。人们的想象、思维、精神交往在这里还是人们物质行动的直接产物。"[1]生殖崇拜反映出人类对自身生产需求的迫切性，人口数量决定生产力的发展，生殖崇拜体现着原始社会生产力对人的

---

[1] [德] 马克思，恩格斯. 德意志意识形态 [M]. 中共中央马克思恩格斯列宁斯大林著作编译局，译. 北京：人民出版社，1979：29.

再生产的社会意志。生殖巫术的神秘性与图画的神秘意义体现在人与原型、图与人、图与原型之间的互渗感应，原始思维认为岩画中人物或动物的生殖图像与原型本身并无差异，在神秘性互渗下都能够给予人类旺盛的生殖力，激励和护佑人类自身生产的繁荣。岩画是原始游牧部族自然、朴素的生命观的图像化反映，成为原始时代人类意识形态与社会文化中的重要构成部分。

在新疆岩画中始终都能看到体现原始生殖崇拜的形象，说明生殖繁衍意愿在原始游牧族群中具有重要意义。原始游牧族群依据所处自然环境的物质基础，随四季更替逐水草而居，游走于高山草甸，通过采集、狩猎、豢养、牧放获取食物。他们深知群体行为是维系个体与种群生命的有效保障，集体产食活动是原始游牧先民获取食物资源的重要手段，人口的繁衍意味着劳动力的增加，更关乎种群的延续，人口数量的增减直接影响着族群的生存。马克思指出，"对人的需求必然调节人的生产"[1]。"人的生产"即人类的自身繁衍，成为原始社会发展的决定性因素。生命本能让原始游牧部族更加关心种群的繁衍问题，为迫切实现人类自身丰产和增殖的目的，强烈的生存意识促使原始牧猎族群的生殖崇拜观念更加强烈和急切，这是原始游牧群体的集体共识。这一集体共识作为维系种群关系的内聚力与社会身份象征，由此界定种群与个体共同遵循的社会规则，个体有义务为种群繁衍做出生殖贡献，群体保障个体的存续。人们将动物或人物刻绘在岩壁上，以夸张、象征的方式表现出动物强壮的躯体、生殖器官，或人的生殖器、

---

[1] [ 德 ] 马克思 .1844 年经济学哲学手稿 [M]. 中共中央马克思恩格斯列宁斯大林著作编译局，译 . 北京：人民出版社，1979：05.

男女（雌雄）的交合等，这些与生殖相关的形象和符号，通过巫术操作成为人与自然生命力交感与互渗的承载物（图1-40、图1-41）。原始游牧部族相信生殖繁衍源自神秘力的作用，可通过模仿生殖行为或实施巫术，使神秘生殖力按照人的主观意愿进行互渗、感应、授受。生殖崇拜是人类期冀实现生存繁衍意愿的意识反映，渗透在原始社会意识形态的每个层面，成为原始文化的核心内容。岩画作为生殖崇拜互渗思维的物化表现形式，不仅满足了人类对自身生产意愿的精神需求，还映射出原始社会时代下的自我意识的发展。

图1-40
塔城地区裕民县红石泉岩画

图1-41
塔城地区裕民县巴尔达库尔岩画

赵国华先生在《生殖崇拜文化论》中指出："我们认为，人类的文明恰恰是在生殖崇拜中诞生的。我们提出的生殖崇拜文化理论，包括两层含义：第一，生殖崇拜是一种文化，而且是原始社会人类的主要精神文化，甚至是上古早期人类的主要精神文化。第二，生殖崇拜是运用种种文化手段来表现的，或者说，由生殖崇拜又衍生出生殖崇拜文化，它是当今世界人类多方面灿烂文化的萌芽。"[1]

---

[1] 赵国华. 生殖崇拜文化论 [M]. 北京：中国社会科学出版社，1990：389.

# 第二章　新疆原始岩画艺术的符号谱系

　　新疆岩画艺术不仅是原始游牧族群物质生产的结果，还是其在生存体验中创造出的精神成果，它包含着物质与精神两个层面，反映着原始游牧部族在牧猎生产基础上形成的认知意识与行为模式。牧猎生存方式决定了原始游牧族群对自然事物与自身生存的格外关注，这一核心内容渗透在原始游牧族群的社会形态与意识形态的每个环节。岩画是游牧先民认知世界、反映世界、再现生活、表达感情的"原始图像语言"，承载着原始游牧族群在物质生活与意识活动中的所有精神情感。

　　面对无力抗拒的自然界时，原始游牧部族努力寻找着适合自身生存的出路，通过互渗的集体表象思维构建出主观的、臆想的对客观世界认知的框架，以此解释那些未知的事物。他们认为，自然万物都和人一样，有意志、有灵魂、有生命；灵魂是独立于形体的，纯粹的灵魂可以随意地或暂时地附着在任何事物上；相信一切事物都是由某种超自然的力量所掌控。原始游牧部族从主观意愿出发，将自然事物和现象加以人性化、神性化，以"万物有灵"观念对世间万象做出理解与解释，试图运用崇拜、巫术等方式命令和控制自然物，或与神灵进行交感、互渗，以此协调着人与自然、人与社会、自我与他人的关系。

恩格斯认为："这些关于自然界、关于人本身的性质，关于灵魂、魔力等的形形色色的虚假观念，大都只有否定性的经济基础；史前时期的低级经济发展有关于自然界的虚假观念作为自己的补充，但是有时也作为条件，甚至作为原因。"[1] 岩画就是崇拜意识与巫术行为的具体表现形式，他们将客观物象转化为神性化的形象，参与到崇仰精神的表达与倾诉中。岩画中的动物、人物及场景，已不再是单纯的客观世界的再现，而是现世与幻象共存的神圣世界。在这个世界中，人们可以对自然万物施以控制与占有，可以为所欲为地掌握自己的命运。原始游牧部族在亲手创造的幻象世界中获得极大的精神满足，这种满足感内化为现实生活中的精神动力，激励着人的主观能动性，使人们有信心且主动地对自然与自身进行改造和发展。因此，解读岩画内容必须要以原始时代人类社会特定的意识形态、思维模式、精神信仰以及生命观念为基础，透过岩画的表象形式，深究其中的本质语意，解析画语中的精神性与象征性的内涵意义。

---

[1] [ 德 ] 恩格斯 . 马克思恩格斯全集：第 4 卷 [M]. 中共中央马克思恩格斯列宁斯大林著作编译局，译 . 北京：人民出版社，2009：475.

## 第一节 以自然物种为原型的符号谱系

在漫长的生存实践中，原始游牧部族对所处环境中视线所及范围内的自然事物、动植物的形貌、习性等表象特征进行观察，做出可食用、可利用、可猎获或有危险等认知判断。他们的观察视角具有选择性，注意力总是指向与自身生存紧密联系的事物上，判断其是否有益或有害，从而做出相应的反应行为。原始游牧部族对外界事物的认知能力，仅限于对事物表象的直觉感知、印象记忆以及经验的积累，对事物内在联系还不具备客观的判断能力和思维能力。于是，在表象记忆的基础上，凭借感性和想象来认知所有未知现象。他们把众多表象相似的事物进行类型化，并以自身为参照，以互渗思维的方式将相关表象联系起来，对自然事物与现象进行神秘化的解释。虽然这些解释不是真实的存在，但接近了事物的真实，也满足了人类生存活动的需求。正如意大利著名哲学家维柯所说："人对辽远的未知的事物，都根据已熟悉的近在手边的事物去进行判断。""人们在认识不到产生事物的自然原因，而且也不能拿同类事物进行类比来说明这些原因时，人们就把自己的本性移加到那些事物上去。"[1]

动物与游牧生活有着最为密切、频繁的联系，牧猎生产的危险性和不稳定性，促使人们对动物产生敬畏、仰慕的崇拜心理。动物崇拜

---

[1] [意] 维柯. 新科学 [M]. 朱光潜，译. 北京：人民文学出版社，1986：83-97.

属自然崇拜的范畴，是最古老的崇拜形式。活跃在自然环境中的动物，或静止或运动，时刻都展现出与人所不同的姿态特征与生存属性，这些都是原始游牧部族所关注的内容。人类早期尚未具有空间关系与透视关系的观念，他们在观察动物时会把自然环境作为背景，以垂直投影的视角（侧面观察法）去观察动物最具特点的一面，并记忆下它们的整体轮廓特征，以此辨别不同物种的主要区别。长期的观察实践，使不同物象的表象印象积淀在记忆中，成为生存实践中随时可参考的经验知识。岩画中的动物形象并不是面对动物进行即时性的对照写生，而是表象记忆的再现。这些表象印象在大脑存储过程中，已经是经过人为主观加工后的表象再现，因而，岩画形象是对自然物象的延迟模拟，表现的重点多是那些人们最关注的特征印象。原始观物取象的认知方式，决定了岩画中多以剪影或轮廓的方式来表现不同物象。不同动物的形体特征既是区别物种的标志，也是原始游牧部族最为关心的神秘属性。

岩画中的动物形象是原始自然崇拜巫术进行具体实施和操作的对象，游牧先民认为岩画中的动物与客观实体同样具有生命力，摹绘动物可以与实体之间建立起某种巫术性联系。特别是人为强化后的动物形象更具有增效价值，动物的神秘属性就能交感传递给人，达到人类自身力量得以强大的目的。动物形象体现在对物象形体的主观改造，原始游牧族群摹绘动物形象时并不关心物象是否完全真实，他们更关注动物所具有的神秘"力"，认为动物那些特征的形状、属性与大小都具有"力"或"效力"，这些"力"与人所需求的丰产、生殖、繁衍有着密切联系。格式塔心理学美学代表人物鲁道夫·阿恩海姆通过大量事实证明："任何思维，尤其是创造性思维，都是通过意象进行的，只不过这种意象不是普通人所说的那种意象，这是通过知觉的选择作用生成的意象。当思维者集中注意力于事物的最关键部位，把其他无关紧要的部位舍弃时，就会见到一种表面上不清晰、不具体甚至模模糊糊的意象。虽然事物的表面质地和轮廓等已变得很模糊，但却能准确地把他们想要唤起的'力'的式样体现出来。这种心理意象可根据'需要'达到不同的抽象程度。例如，可以完全无视事物的实际空间排列，成为一种仅与思维概念有关的虚幻事件，一种不带任何外界物理世界之痕迹的抽象结构和形体。在特殊情况下，还以一种纯几何形状或拓扑形状呈现。总之，这是一种既具体又抽象、既清晰又模糊、既完整又不完整的形象。说到底，这是一种代表事物之本质或代表着某种内在情感表现的'力'的图示。由于它的动力性质，其本身的运动'逻辑'或规律，便成了创造性思维活动的首要推动者。"[1] 因此，原始游牧族群在表现动物时，将关注点放置在他们认为的动物所具有的特殊属性（包括自然特征与神秘属性特征）上，特别是对体现生命力的局部特征进行创造性的、主观性的放大、夸张和突出，并将刻绘行为作为神秘力量互渗与传递的巫术过程。他们相信形象夸张代表着力量的倍增，刻绘过程可实现与原型的交互感应，人类自身的力量也能获得超凡的升华，这是岩画创作的实际目的，也是原始游牧部族创造性思维形成的动因。

新疆岩画中动物的形象最多，天山南北分布十分广泛。动物岩画中最多的是羊、马、牛、骆驼等家畜，还有种类繁多的野山羊、盘羊、

---

[1] [美] 鲁道夫·阿恩海姆. 视觉思维——审美直觉心理学 [M]. 滕守尧，译. 北京：光明日报出版社，1987：30–31.

羚羊、鹿、野骆驼、野牦牛、狼等野生动物。动物岩画反映出新疆地区远古时代生态环境中的动物群落特征，说明当时这里是水丰草茂、狼虫虎豹的世界。新疆岩画中羊、马、鹿、牛等形象最为普遍，这些动物在原始牧猎生产生活中具有极其重要的地位，必然成为原始游牧先民格外重视的、崇仰的对象。羊是维系游牧族群生存和延续的主要物质，羊群繁盛是维系畜牧生产的关键。马、牛是游牧民族重要的运输工具，不仅为人的生存提供物质产品，还将人类带向更为广阔的生存空间。而鹿优美的大角和雄健的体态被原始游牧族群视为神奇的存在，成为原始游牧族群心中具有超自然能力的神灵而被敬仰。这些与原始游牧族群生存有着密切关联的动物，被人们赋予了神圣的地位，成为自然崇拜的对象。

## 一、驯养物种的画语

狩猎时代随着工具的改造，人类的生产力大大提高。当猎物获取大于实际使用时，狩猎者就会将食用不完的猎物进行储存。在当时的生活条件下，剩余猎物无法长期保存，同时狩猎活动受季节气候影响，并不是总能获得猎物。在长期的狩猎实践中，猎人们已掌握许多狩猎经验，并对动物习性有了更多的了解，他们懂得在狩猎繁盛季节捕获活的动物或幼崽进行驯化、豢养。将较为温顺的且适合饲养的野生动物（主要是食草类动物）驯化成为家畜，储存和繁衍家畜使狩猎族群获得了更多的生存资源，生活有了较为稳定的保障，从而形成了原始畜牧经济。恩格斯指出："畜群的形成，在适于畜牧的地方导致了游牧生活。"[1]

　　人类最早驯养的家畜，普遍认为是犬，之后是羊、马、牛等。驯养的家犬成为人类狩猎牧放的助手和守卫者，羊、牛、骆驼等家畜为人类提供了食物和生活资源，成为游牧族群的重要财富与经济基础。而马的驯化深深影响了人类文明的发展，它为人类提供食物的同时，也拓宽了人类的生存空间。动物驯养成为原始游牧部族重要的物质基础，也形成原始游牧族群世代以游牧迁徙进行繁衍生存的生产生活方式。游牧生产生活方式在与自然环境相生相存的过程中，"畜群丰产"与"人口增殖"成为游牧族群的生活重心，并以此为主题形成了特有的游牧崇仰文化。他们热衷于对动物的崇拜与表现，以臆想与动物建立起亲密的关系，祈望在神灵庇佑下能够获得家畜与猎物的丰产，同时缓解对自然的畏惧，使族群的生息繁衍得以昌盛。所以，动物岩画始终围绕着"丰产增殖"这一主题展开，体现着强烈的功利性。

（一）岩画中的羊

　　目前学术界普遍认为，羊在距今大约 1 万年前就已被人类所驯化，成为人类重要的牧养家畜。羊为草食性动物，性情相对温和，是原始游牧族群主要的食物来源，羊皮、羊毛等也作为主要的生活用品。羊的驯化代表着人类开始以草食性动物作为生计资源的生产方式已经形成，表明畜牧经济的产生。从新疆岩画中大量的羊形象可以看出，原始游牧族群牧放的多为山羊。山羊是人类最早驯养的动物之一，大约

---

[1] [美]鲁道夫·阿恩海姆.视觉思维——审美直觉心理学[M].滕守尧，译.北京：光明日报出版社，1987：30-31.

1.1万至1万年前人类开始蓄养小群山羊，山羊体形较小，意味着更容易被饲养。羊身上丰富的产出，对于缺乏物产的游牧部族来说是最重要的财产。羊的突出特点就是羊角，不同种类的羊角形状、大小都有所不同。羊角受到性遗传的控制，是重要的雄性第二性征，公羊角比母羊角粗壮。发情期间，公羊为争配偶就会用羊角进行激烈的争斗，长着大角的公羊在生殖配偶上更容易成功。因此，游牧先民会把羊角强大粗壮、美观对称的公羊作为种羊，粗壮的羊角常被游牧部族作为族群图腾。历史上在新疆游走牧放的原始部族羌人，包括以羌为主要组成部分的西戎诸部落，都是以畜牧业为主。"羌"字最早见于中国古文字甲骨文中，学术界也都公认"羌"字为"羊"与"人"的组合，意为牧羊之人。东汉许慎《说文解字》中，释义："羌，西戎牧羊人也。从人，从羊。"甲骨文中的"美"字，也一直被释义为"羊大为美"，或"以羊为大，即美"，这有可能是对羌人的羊崇拜的描述，或是对羌人举行祭祀仪式时，人（巫士或头领）头饰羊角祭神装扮的描述。在新疆各地岩画的狩猎图、仪式图中就有头戴饰角的人物形象，角饰和尾饰是原始猎人模仿动物的伪装，也是巫士的装扮。从各种岩画的羊形象看，新疆岩画中羊以山羊为最多，山羊有的已被驯化，有的则是野山羊。游牧民族对羊极度依赖，并产生对羊崇拜的习俗，这在游牧群族中十分普遍，岩画中出现大量的羊形象就是原始游牧生产现实生活的真实写照。

1. 羊的造型（单羊、组羊、群羊）

岩画作为原始游牧部族记事、表达的图像叙事方式，具有自身特有的叙事呈现规律。从符号学、语言学视角考察，每个独立形象可被视为一个符号，每个物象符号在不同的相互组合、关联、呼应关系中充分发挥出表事喻义作用，构成具有主题指意的图像语句结构，以此表达原始社会集体的共同精神意愿与情感诉求。

岩画中的羊是自然实体的现实性模拟，新疆岩画中的羊主要有已驯化的山羊或野生北山羊。山羊主要的外形特征是稍有弯曲的羊角，以侧面观察法看到的就是山羊最具特点的一面，因此岩画中的山羊都是侧影形象。羊造型的表现形式大致分为剪影式、线条式、线面结合式（图2-1）。

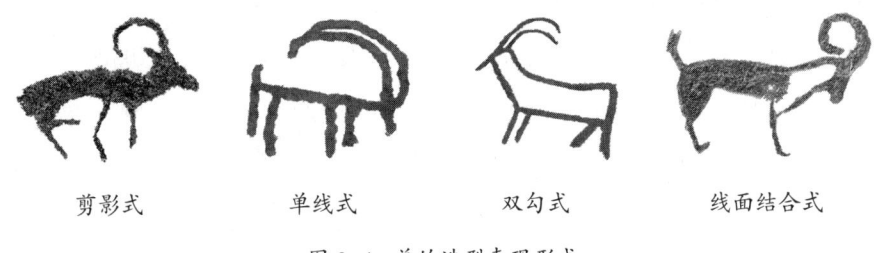

剪影式　　　　　单线式　　　　　双勾式　　　　　线面结合式

图 2-1　羊的造型表现形式

剪影式是从侧面将羊的身形特点进行整体概括，羊角特征明显，以平面剪影方式造型。由于原始岩画是凭记忆刻画，加之人类还未形成空间透视概念，刻画时羊角多为单个，也有两个羊角的；羊腿也会有两条、三条或四条的表现，以此代表动物的形体姿态或行动方式。剪影式刻绘多为先琢刻出轮廓线，再以密集的凿刻点或研磨、打磨的方式进行填充。

线条式是羊形象最多的表现方式，分为单线式和双勾式。单线式是以简单的线条概括出简化的羊形象，只凸显羊角特点。双勾式是将羊的外形轮廓勾勒出来，羊角与羊腿都以短小的线条表现，躯干部分中间空白，类似于中国画白描的线勾形式。线条式是使用工具不断敲凿出连续的点而形成线条，因刻绘工具简陋，线条有断续感且不流畅，尤其是早期岩画线条更为粗糙。随着金属工具出现，岩画线条逐渐精细、流畅，形象也变得精致美观。

线面结合的综合表现方式，既有填充的体量感，也有线条勾勒的细节，使形象更加饱满，具有形式美感。说明人类已有了本能的美感意识，具备综合运用多种表现手段进行岩画创作的能力。

原始游牧部族在长期生产实践中发现，羊角的大小、形状都与羊的生殖力有关，角大的公羊往往会是种羊或头羊，虽然其中原理还无法解释，但这的确是牧放生产中积累的经验。因此，羊角是游牧先民最关注的"力"的特征，在岩画中被着重表现，其他都被忽略和简化。

独体羊作为基础符号或"词"，当两个或两个以上组合在一起就有了语句关系，用来表达更为丰富、复杂的内容。不同组合关系具有不同的象征含义，符号语意也得以扩展。岩画中两只羊的组合方式，较多见的有两只并置、大小组合和对羊等形式。两只同样的羊并置则表示一组或小群羊，当两只不同的羊并置则有了复杂的意义。如图2-2中的两只羊，一只为驯养的山羊，一只为野生的盘羊。家畜与野生动物组合在岩画中十分普遍，野生动物身体强健，生存力旺盛，而驯养的羊代表家畜群和生存资源，二者组合的目的是让野性神力对家畜施以互渗，以护佑家畜的强壮，这是祈愿畜群丰产的巫术操作。图2-3中是一公一母两只山羊形象，公羊以剪影呈现，羊角较为粗壮；母羊则用线条勾勒出中空的腹部，表示家畜的孕育繁殖。在岩画中，无论动物还是人物，常以线条勾勒出空白的腹部来表示孕育与繁衍。羊整体造型极为简练，只突出了公羊的角和母羊的腹部，这些都是原始游牧族群所重点关注的特征，着重体现和突出这些部位是关乎牲畜生殖繁衍、丰产增殖的刻意操作。

图 2-2

塔城地区托里县库玛拉克斯陶岩画

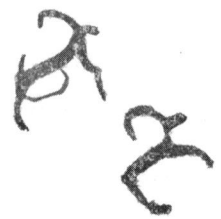

图 2-3

哈密市塔拉特村岩画

　　大小羊的组合是岩画中最常见的代表丰产巫术的组合形式（图2-4、图2-5）。大羊作为主体形象，身形简单，但羊角被延长、夸张，以彰显神圣性和"力"的增殖。小羊或在大羊夸张的犄角中，或在腹下，或在尾部、背部。大羊与小羊的形态基本相似，二者紧密联系或嵌合在一起，构成一个封闭或半封闭的图式。原始游牧部族认为大小羊的组合是有效实现牲畜生殖丰产的关联形式，也是提升巫术神秘力的途径，以达到畜群增产的目的，这种大小形象嵌合的图式在岩画中十分常见。独体形象经过各种形式的组合成为有特定意义的关联，形象的组合关系不受客观现实的制约，只关注语意的传达。这是人以自身需求为标准，主观地、创造性地构建出的象征性图式，从而使客观物成为语意内涵丰富的代表丰产巫术的象征物。

图 2-4

和田地区皮山县阿萨尔萨依岩画

图 2-5

哈密市巴里坤哈萨克自治县加满苏岩画

图 2-6 中的对羊为线条式造型，图 2-7 中的对羊则是侧剪影造型。两组对羊都是以对称的形式组合，体态极为概括，四肢简化为线，只有羊角被放大、突出。两组对羊虽造型简单，而对称形式使图像有了一定审美趣味。对称性是自然界中最基本的美感形式，原始游牧部族很早就会运用对称、重复等形式创造秩序美感，原始审美意识的发生，源自生存实践与劳动行为中所形成的美感经验。原始艺术中对称性形式多用来表达两性交合和繁殖，说明原始审美首先是满足实用目的，服务于内容的表达，其次是满足情绪的愉悦。

图 2-6
塔城地区托里县吐别克斯陶岩画

图 2-7
哈密市伊吾县托克塔斯岩画

岩画中羊群多以独体形象重复或以不同种类羊的组合形式来表现，群体表现呈现无比例、无秩序、无空间的散点排列，只关注数量的多少，群羊是畜牧丰产的象征（图 2-8、图 2-9）。牲畜繁衍的内在原理是原始游牧部族还无法掌控和认知的内容，在神秘互渗思维指导下，通过拟物的图像方式实现与神灵沟通。他们以想象为基础对自然表象给予主观加工，创造和构建出超越实物本身、符合自身需求的理想图式。岩画形象的造型与组合形式，目的在于崇仰意义的传达，审美形式也是强化这一功利目的的重要手段。无意识或有意识的美感创造，也使原始游牧部族获得了精神愉悦和美感满足。

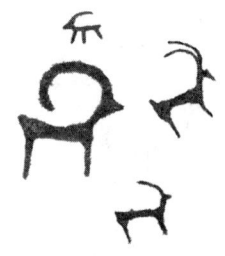

图 2-8
阿勒泰地区吉木乃县托海阔拉斯岩画

图 2-9
哈密市伊吾县乌尊萨依岩画

### 2. 羊与其他形象的组合

丰产巫术是原始崇仰文化中重要的主题。羊作为畜牧生活依赖的
物质基础，羊形象必然成为反映丰产信仰的一个符号元素。当羊与不
同物象进行不同形式的组合，可容纳、关联、转移各种物象，衍生出
更为丰富的丰产崇拜、生殖崇拜等崇仰意义。（图 2-10、图 2-11、图
2-12、图 2-13、图 2-14、图 2-15）

图 2-10
阿勒泰地区富蕴县博塔莫云岩画

图 2-11
阿勒泰地区吉木乃县依玛什阔拉斯岩画

图 2-12
阿勒泰地区哈巴河县阿什勒岩画

图 2-13
阿勒泰地区哈巴河县加尔塔斯阔拉岩画

图 2-14
阿勒泰地区吉木乃县依玛什阔拉斯岩画

图 2-15
阿克苏地区温宿县小库孜巴依岩画

岩画中的羊或羊群多与野生羊、鹿、牛等动物进行组合，野生羊或鹿的形体通常要比家羊大出许多，被放置在羊群之中。原始游牧族群认为野生动物的生存力比家畜的更加强大，而鹿更是原始游牧族群心目中的神灵图腾。刻绘野生动物与羊组合，目的在于让野性、神圣的生命力作用于家畜，使家畜更加强壮、健康，能够抵御自然环境及野兽的伤害，护佑畜群的安全和丰产。以此实现畜群的强盛、安全及丰产，这是原始游牧部族满足生存意愿和心理诉求最直接的方式。

羊与人的组合是岩画中最主要的内容，多以牧放、狩猎等生活场景及生殖崇拜、图腾崇拜等形式展现，充分体现出人与羊的密切关系。牧放图中，有独牧、群牧、骑牧、牧猎等生活场景，这既是现实生活场景的记录，也是祈福人与畜群丰产的崇仰主题。在这类图像中，虽然人是具体的牧猎操作者，但在比例上人的形象要比羊小很多，可见羊在游牧先民心中有着极高的地位。这也说明原始游牧部族因自我认知不足和力量薄弱，于是将自身置于自然界的从属地位，反映出人在自然关系中表现出的自我妥协。岩画是原始人为生存而做出的能动的自我改造，他们极力从精神层面弥补现实的不足。羊与人的组合即是人为创造的"神化"互渗的介质，人（画中人即现实中的人）在其中可以完全掌控所有事物，各种"力"互渗传达给人和畜群，从而实现人对牲畜丰产和繁衍的控制，这是人对自身力量不足而做出的精神补全。羊与人的组合中，人以不同的姿态与羊发生互动关系，如驱赶、追逐、围牧、射杀等。这些姿态既是现实牧放活动的行为方式，也暗喻对羊实施控制、接触的手段。还有以工具为媒介对羊实行互渗操作，如岩画中的人以弓箭、棍棒等指射羊角、生殖器，以实现"力"的传导。岩画中的羊形象不仅是对现实生产资源的表现，更是游牧先民表达丰产意愿的话语符号。

### （二）岩画中的马

人类对动物的驯化，是人与自然、动物相互适应的行为过程。人与动物在长期相处过程中，一些动物被人类所选择，建立起更有效、更稳定的互惠共生关系。人类在控制、驯化动物过程中往往采取一种主动行为，如拘禁、放养、牧放、圈饲等，逐步让动物为自己服务。考古发现，新石器时代中晚期欧亚草原就有了马的驯化遗迹。首先，马是草食性动物，饲养起来较容易；其次，马可以作为食物，为人提供所需的生活资源；最重要的是，马拥有超过人类的力量和速度，可以骑乘或驮物，弥补了人类力量和速度的不足。驯化的马主要作为役使家畜，用于骑乘、挽车和驮物。马对原始游牧族群而言，更是游牧生产、迁徙、征战中重要的交通和战争工具，在游牧民族发展历史上起到非常重要的作用。

马作为原始游牧族群重要的生产生活资料，成就了人们的生活和梦想。不仅提高了人类社会生产、交通运输、军事作战的效率，还影响着人自身的精神塑造。马在原始游牧民族心中不只是生活工具，更是他们的精神寄托。马因其矫健的雄姿和奔跑的速度，被视为图腾，人们将美好的愿望与品质寄托在马的身上。有了马，人类便获得了自身所不能及的高度和速度，使人有了超越动物的自信和勇气，从而强化了人在自然中的自我意识。马的驯化促使人类有了更为频繁的迁徙互动、种族融合以及语言和文化的传播。因此，马在游牧民族心目中不只是重要的生产资源，更是游牧文化中特定的民族精神象征符号。

### 1. 马的造型

岩画中的马主要有以下内容：以马为主体，马与人、马与其他动物的组合等。以马为主体的岩画分为独立形象、组合形象、群体形象；马与人组合的岩画有骑乘、骑射、马车等；马与其他动物的组合有马与家畜的组合、马与野生动物的组合等。这些岩画清晰地再现了游牧先民在生产生活中与马接触、互动的行为方式，也反映出人对马所寄寓的精神意愿和崇拜心理。

岩画中马的造型倾向写实性，表现形式为剪影式、线条式，基本都是侧面概括的造型。马形象多以简约的线、面表现出形体特征，如耳朵、四肢、尾部均以短线刻画，比较注重马的真实性（图2-16）。抽象化或者说符号化的马则是以高度简化的直线或者曲线来完成，着重体现马的体态和动态变化。图2-17中的马以剪影式造型，抓住马浑然健硕的躯干这一体态特点，以短小的线条表示马耳，四肢、尾部也以线条表现。马的形象突出了公马的生殖器，以体现雄性特征和生殖力。马的静态表现，多以四肢、尾部的下垂状呈现，貌似悠然地伫立着，这在现实草原中是十分常见的景象。马的动态表现，则以改变四肢的运动幅度和马尾呈水平状，来表示马在行走、奔跑等姿态。从不同的马的姿态中可以看出，原始牧民对马有着细致入微的观察，并能运用一定的造型方法，把马的不同动态特点生动地表现出来。岩画一般都是由族群中专门的刻绘者或巫士进行刻绘，这些专业刻绘者都掌握了一些刻绘和表现技巧，因而才能如此细致、生动地表现出动物的各种姿态。

图 2-16
阿勒泰地区富蕴县库尔特岩画

图 2-17
阿勒泰地区吉木乃县克孜勒阔拉岩画

马是群居动物，草原中常常会看到群马觅食或奔腾的场面。岩画在表现马群时，明显的特征就是没有比例大小和前后空间的概念，大小与位置相对随意。这是由于人还未建立起空间概念，不能在二维空间中反映出真实的视觉空间。在群体表现中，是以主观情感需求和崇仰仪式诉求为标准来确定形象的大小，形象多以散点的方式平铺在岩面上。马群中也常会伴有其他动物，动物混群是为了实现不同物种间"力"的互渗操作，如马与羊、马与鹿等，都是为了祈求牲畜丰产所做出的操作（图 2-18、图 2-19）。马作为原始游牧文化中的崇仰图腾，体现着游牧文化对马特有的认知和情感。图 2-20 为阿勒泰地区哈巴河县加尔塔斯阔拉岩画中的三匹马的造型，这组造型自下而上呈垂直布局，三匹马有序排列，造型十分写实，头部宽额窄面，颈部弯曲，体量庞大，特别是从头颈至身躯呈现流畅的曲线，身形的结构和比例极为写实和准确。从向前迈动的前肢和扬起的尾部可以判断，马正在奔跑，可见岩画刻绘者有着较高的表现能力。这组马最引人注目的是马脚下都有一条横线，动物脚下刻画横线这种形式在岩画中时常可见。原始游牧民族"敬天崇地，尊阴阳"的观念，使他们视大地为母，认为神灵源于天地造物，因此，脚下画线是喻示马与大地有着某种关联。

图 2-21 为呼图壁县康家石门子岩画中的两组对马造型。对称是具有秩序美感的形式，马以对称方式体现出两性交合的意义。原始游牧族群认为，动物繁殖与人的繁衍之间可以相互刺激，使生殖力互渗。对称图式不仅具有视觉的形式美感，还具有浓郁的生殖巫术意义。

图 2-18
阿勒泰地区阿勒泰岩画

图 2-19
塔城地区沙湾市小白杨沟岩画

图 2-20
阿勒泰地区哈巴河县加尔塔斯阔拉岩画

图 2-21
昌吉回族自治州呼图壁县康家石门子岩画

### 2. 马与人的组合

马与人的组合是岩画中常见的造型形式，反映出马与游牧民族亲密的伙伴关系。马是游牧部族社会生活中必不可少的工具，游牧民族也自称"马背上的民族"。骑行是马与人组合图式最普遍的形式，人物直接叠加在马的背部，表现人骑行的状态。骑行人物中有的手持弓箭，或持武器、持缰绳、套马等，以不同姿态表现出人们熟练地运用马开展各种实践活动，同时也表明出人物身份，如骑马牧人、骑马猎人、骑马战士等（图2-22、图2-23、图2-24、图2-25、图2-26）。岩画中人与马以多种组合方式，将原始游牧社会的现实生产场景生动地展示出来。游牧先民关注所有与牧猎生产生活有关系的重要事物，他们观察和记忆这些内容，并以刻绘岩画的方式记录下来。这些形象不仅具有技术指导与认知教育的作用，而且还是原始游牧部族记录叙事、抒情达意的载体。

图 2-22
塔城地区和布克赛尔蒙古自治县
达吾尔萨拉山顶岩画

图 2-23
阿勒泰地区富蕴县徐永恰勒岩画

图 2-24
阿勒泰地区富蕴县徐永恰勒岩画

图 2-25
哈密市巴里坤哈萨克自治县东黑沟岩画

图 2-26　　　　　　　　　　　图 2-27
哈密市伊吾县托克塔斯岩画　　　哈密市巴里坤哈萨克自治县八墙子岩画

　　图 2-27 为哈密市巴里坤哈萨克自治县八墙子岩画中的骑行人物。该组岩画为侧面剪影式造型，从造型的精致度与凿点的细密度可以判断，此时的岩画作者已经使用了金属工具。工具改进提高了生产力，特别是金属工具的出现，使人类社会进入到快速发展的历史轨迹。金属工具提升了岩画的制作技巧，使岩画由粗糙逐渐向细致演进，人的造型经验和美感认知也在不断地实践中得到发展。细致的线条体现出创作者有意识地运用美感形式进行造型，形式美始终服务于崇仰文化的功利目的。岩画中骑行形象先以精细的线条勾勒出形象轮廓，再对内部进行细致磨刻。马的造型已从粗陋的自然模拟演进为精美的意象表现，马的头部造型简约且较小，细尾，颈部粗壮，身躯刻意夸大与头部形成鲜明的对比，营造出视觉上的对比，体现出马的强壮。马的四肢呈奔跑状，肌肉线条坚实有力，以曲线勾勒出马臀部圆润的体感。人物形象直接叠加在马背上，人物简洁、概括，但在细节上表明了人物身份。前一组马和人的组合细节刻画甚是精细，马背有马鞍和织物覆盖，骑马人的头部有角状饰物，手持器物，这一形象是典型的巫士造型，从马背繁复的装饰和巫士形象可以看出，具有鲜明的仪式特征。后一组人骑马的形象，无特殊的饰物，姿态呈疾驰状，人物形象简约，应为骑士。这幅岩画中马和人的组合表现出神圣的崇仰仪式，意欲祈

求神灵对族群丰产、战士勇猛、征战胜利的护佑。岩画整体造型精美，雕刻手法娴熟，形象具有意向性特征。对比、夸张、秩序等形式美规则的应用使图像趋于装饰意味，特别是线条变化的丰富性，使造型富有律动美感。岩画体现出纯熟的造型能力，金属工具的出现是岩画雕刻水平发生质的飞跃的重要因素。此时的岩画不再延续以往简单自然的模拟，而是加入了更多的主观性再创作。岩画风格改变的原因可能在于：一是生产力发展与人的认知意识相互作用下的社会进步；二是受外来文化的影响，岩画产生了风格改变。原始游牧族群在模拟自然物象的过程中，依据自身特殊的心理需要对自然表象进行主观加工，并将那些令人愉悦的美感形式注入其中。这一过程中，人的自我意识觉醒和发展，促进了原始审美意识的生发。

### 3. 马与车的组合

马的驯化和利用标志着游牧民族进入了新的历史阶段，马的速度和力量扩大了游牧族群的活动范围，形成了游牧民族特殊的马背生活方式，也产生了游牧民族特有的文化内容和民族性格。从大量的墓葬发掘中出现的殉马可以看出，马在游牧文化和原始宗教中有着重要意义。马的利用为人类的经济生活和社会发展带来了巨大的变化和方便，特别是马车的出现，是推动游牧社会生产力发展极为关键的一步。公元前3000年左右在欧亚草原就出现了马车、牛车，这是将马、牛等家畜和车结合的产物，大大提高了游牧民族的生产能力和效率。

岩画中的马车多为双轮、单辕、有舆、驾双马的车，牵引动物除了马以外，还有牛等。马车是草原游牧民族日常生活使用的交通运输工具，也是草原游牧文化的产物。图2-28是阿勒泰地区哈巴河县发现的新疆岩画中少见的四马牵引的马车，马车为双轮、单辕、有舆、套四马的造型。整幅图像以车辕为中心轴呈对称形式，车辆以两个正面圆形体现双轮结构，用线条示意出车架，图像以平面化方式展示出马车的结构。这种无透视、无空间的平面展开表现方式，说明原始游牧部族在处理自我认知与客观现实之间产生矛盾时，已经懂得有意识地、能动地做出协调和改造，造像时不受现实约束，只关注主观语意的表达。马车为四辐条的双轮车，两轮中间有网格状车架及单辕，四马驾车。四马都为侧面剪影体现，两两一组以对称形式分布在车辕两侧。四马基本相同，双耳、窄脸，身形轮廓呈流畅的曲线，表现出马的宽背窄腰的俊美体形特征，腿部的转折变化显示出马的健壮有力，马尾以线表现。对称具有对偶、衍生的意义，其秩序化的结构形式给人以图案化的美感体验，用以表达丰产、繁衍等崇仰意义。岩画中马的形象以夸张、概括的手法进行表现，通过各种美化手段强调着原型的典型特征，这些特征是人最为关注的具有神性力量的特征。原始游牧部族根据生存实践的体验以及与动物的亲密关系，从崇仰功利和感情诉求出发，调动自己的想象力将动物构想为有灵性的神。他们在不断模仿原型过程中，以感性思维进行想象、取舍、提炼、重构，并将各种

图 2-28
阿勒泰地区哈巴河县萨尔塔木岩画

图 2-29
阿勒泰地区吉木乃县克孜勒阔拉岩画

美感形式运用到原型改造中，极力创造出满足心理需求和令人愉悦的理想形象。模仿行为的不断重复激活了人类的审美意识，也激发着人的审美能力和创造能力。

（三）岩画中的牛

在距今 6000 年左右，人类开始驯化了比羊更强大的牲畜——野牛。牛体形较大，强壮有力，牛为人类提供更多的肉作为食物，所产出的奶也是游牧族群的主要食物，同时牛皮、牛角都可成为生活材料。牛因为力气和耐力都十分强大，成为用于运输、牵引的重要劳动工具。游牧族群将牛作为重要的财富和生活伙伴，特别是牛那种强劲的力量被原始牧民视为神力的存在，于是产生了对牛的敬重、崇拜、仰慕的心理，有些原始部族还把牛视为族群的图腾或祖先。在新疆地区一些史前墓葬中，发现有用牛随葬的现象，如罗布泊小河墓地有随葬牛头、牛皮以及立有捆绑着牛角的图腾柱，洋海墓地中有牛头和牛角随葬，和静县察吾乎沟一、二、四号墓地里也都有牛随葬的情况。由此可见，牛在当时人们生活中扮演着重要的角色，成为神圣的象征而被崇拜。新疆地区阿尔泰语系各民族的原始信仰中，就有许多关于牛的神话，分布极广并流传至今。神话中将牛视为上天创造出的驮负大地的神灵："大地才被创造出来的时候总是摇摆不定，上天就创造了巨大的神牛，把地安放在牛角上支撑着。有时，大地的分量在一只牛角上的时间太长了点儿，在它快要滑落下去的时候，牛就要动动头，把它搞平稳，地震也就在这时候发生了。"[1] 游牧先民用"神牛支撑大地"

---

[1] 满都呼. 中国阿尔泰语系诸民族神话故事 [M]. 北京：民族出版社，1997：57.

来解释地震这一自然现象，可见牛在游牧先民认知中是大力神的象征。他们以臆想的思维方式，解释着那些所不解的自然现象，相信动物与人一样有思维、有灵魂，甚至与人有着某些亲缘和血脉联系，因而将动物作为祖先崇拜、生殖崇拜及神话角色的对象。马克思说："这些个人所产生的观念，或者是关于他们同自然界的关系的观念，或者是关于他们之间的关系的观念，或者是关于他们自己的状况的观念。显然，在这几种情况下，这些观念都是他们的现实关系和活动、他们的生产、他们的交往、他们的社会组织和政治组织有意识的表现，而不管这种表现是真实的还是虚幻的。"[1]

### 1. 牛的造型

壮硕的体形、尖锐的牛角以及强健的力量是牛最显著的特征。在"泛灵论"思维认知下，原始游牧部族会自发地、必然地将人与动物进行同形同性的类比，在他们眼中动物都有着与自身相像的意志和灵魂。被人格化的牛不仅有人的意志，还具有神授的力量，成为能够与人交流沟通、神力互渗的对象。牛的身躯、牛角被认为是牛蕴藏着生命原力的重要特征。在塑造牛形象时，人们就会本能地夸张、放大那些"力"的特征，岩画中的牛就是原始思维的表象改造的具体体现，期冀在这种改造中实现"力"的互渗与增值。

图2-30是阿勒泰地区阿勒泰市敦德布拉克彩绘岩画中一头牛的形象。敦德布拉克彩绘岩画为岩棚彩绘岩画，记录了原始游牧民滑雪狩

---

[1] [德] 马克思.马克思恩格斯全集：第1卷[M].中共中央马克思恩格斯列宁斯大林著作编译局，译.北京：人民出版社，1972：50.

猎的场景，反映着原始丰产、生殖崇拜的主题。据相关研究显示，敦德布拉克岩画绘制于距今约 1 万至 2 万年前的旧石器时代晚期。[1] 在岩画动物群中，一只写实却很夸张的牛形象十分吸引人，牛为侧面剪影式的形象，通体以矿物红色涂绘，从轮廓与中间填充色的深浅判断，绘画时先以线勾出牛的轮廓，再用色料涂抹和填充内部。牛的形象比较写实，但造型简约，以整体概括的方式将牛的隆背窄腰、长角、粗尾的基本特征表现出来。牛最重要的特征都被夸张放大，这些特征是原始游牧部族最为关注的、认为有生命原力的部分。用流畅的曲线将牛角延长、上扬，显示出牛角的巨大有力；硕大的牛头与隆起的背部连为一体，体现出牛的浑圆、壮硕感；牛眼处以留白表现，显示出有神的大眼；牛腿弯曲，说明牛正在奋力奔跑的姿态；尾部毛发被夸张地描绘出来，充满厚重之感。从夸张的表现手法上可以看出，牛形象是原始游牧部族对现实中牛的表象改造，他们将自身所关注的"力"的特征都加以夸张，这是原始思维下人对自然事物认知的心象外化。牛的形象虽然十分简练、概括，却十分生动富有变化，整体造型运用曲线塑造，体现出牛浑圆的体量感和强劲的运动感。从美学角度分析，曲线本身就具有优美、变化和运动等审美特征。虽然原始游牧部族还未形成明确的审美观念，但是在自然环境和生存实践中体验到的各种形式的快感，给他们留下了深刻印象，并积淀出美感的经验。在岩画造型时，他们就会本能地运用那些令人愉悦的形式，创造出合目的性的形象。牛崇拜是原始牧民自然崇拜中的重要角色，体硕力强是其神

---

[1] 王博，郑颛 . 阿勒泰市敦德布拉克的旧石器时代晚期岩棚画 [J]. 吐鲁番学研究，2005（01）：12.

化色彩的核心特征，岩画中极力夸张了这一特质，使牛成为代表"力"的象征符号，成为满足原始游牧部族意愿的理想形象，更是巫术操作时实现"力"增值的结果（图 2-30、图 2-31、图 2-32）。

图 2-30
阿勒泰地区阿勒泰市敦德布拉克彩绘岩画
（局部）

图 2-31
阿勒泰地区吉木乃县塔特克什阔拉斯岩画

图 2-32
阿勒泰地区哈巴河县喀拉塔斯水库岩画

### 2. 牛与其他形象的组合

牛给人提供食物，为人负重载物，牛是财富与力量的象征，原始游牧民族在劳动实践中与牛建立起特殊的情感关系，因此对牛有着特别的心理关照和精神依赖。原始游牧部族认为自身和动物没有完全分离，在自然环境中有着同等地位，甚至某些方面还不及动物。他们在与动物的互动中，掌握了许多关于动物的认知经验，记忆里也积累了众多动物的表象印象。这些表象在思维活动作用下不再是视觉中的客观物象，而是融入了主观意识的心理形象，可以说，岩画中的动物是人按照自身需要创造出的心象产物。

牛作为"力"的象征对象，在与其他形象的组合关系中发挥着"生命原力"互渗的作用。牛与人的组合，其中牛形象极度夸张且富有意味，人物却十分渺小和简单，这是人力不自信的体现。游牧先民食牛肉、饮牛酪、衣牛皮，极度依赖牛带给人的一切产品，祈佑牛的丰产是游牧先民生存必需且必要的精神诉求，出于生存的需要，人们供奉、崇仰、爱护着牛。岩画中以夸张的方式表现牛，就是试图通过巫术操作，以求获得丰产的目的，反映出原始牧民因依赖动物而产生的虔诚态度。他们努力模仿牛的真实性，但在神秘观念的影响下，本能地将主观幻象融入其中，使形象具有象征性意味。原始岩画的模仿写实是一种"意象"的写实，是在崇仰观念影响下的功利性幻象写实，是合目的性的心象外化。体态大的牛以及被视为"力"的角部位的形态特征，不仅是原始牧民对牛识别的经验印象，更是他们崇仰的特殊属性。牛形象在与其他形象组合时，牛的夸张重点也集中在硕大的躯干、弯曲延长的牛角以及公牛生殖器上，原始游牧部族相信巫术操作可以使牛与人、牛和其他动物之间发生能力互渗，由此获得与牛一样强大的"力"，即丰产力、生殖力（图2-33、图2-34、图2-35、图2-36）。当代文艺理论家朱狄对此做出解释："原始艺术家出于巫术目的创造出来的动物形象，它引起的心理幻觉使它的创造者深信对远距离之外的狩猎对象具有遥控能力，而这种遥控是可以超越时间或空间概念的。这样，在艺术的最初发展阶段上，巫术的艺术就成为最早的文化模式之一。"[1]

---

[1] 朱狄 . 艺术的起源 [M]. 武汉：武汉大学出版社，2007：146-147.

图 2-33
阿勒泰地区阿勒泰岩画

图 2-34
塔城地区裕民县巴尔达库尔岩画

图 2-35
阿勒泰地区阿勒泰岩画

图 2-36
阿勒泰地区哈巴河县喀拉塔斯水库岩画

### （四）其他驯化动物

人类驯化各种动物并与它们形成共生关系，保护、喂养、繁衍那些已驯化的动物，动物给人反馈肉食、毛皮、乳品以及乘行、载重的便利，二者相互依存，彼此依赖。与此同时，人类的生产方式也从掠夺性的狩猎变成保护性的驯养。驯化动物是人类的一种文明进步行为，也是人类在历史发展进程中自觉进行自然改造的结果，不仅为人类社会的生存和繁衍创造了丰富的物质基础，还是人类文明史上一次巨大而深刻的革命。

骆驼的驯化晚于山羊和牛，骆驼不如羊可以为人提供食物，也不如马可以风驰奔跑。但是骆驼耐旱和有耐力的特性适合在干旱地区生存，同时骆驼的负载能力超过了其他动物，尤其是长途运输中显示出骆驼的优势，这是驯化骆驼的主要原因。学界一般认为，单峰骆驼在距今 6000 年就已被人类驯化，而双峰骆驼则在距今 4500 年驯化。[1] 在新疆岩画中就有许多骆驼形象，与人组合的骆驼、与家畜同群的骆驼形象可判断为用于生产生活的驯化骆驼，其他的骆驼形象难以判断是驯化的家驼还是野生的骆驼。至今新疆还存在着被列为国家一级保护动物的野骆驼（双峰驼），而野单峰骆驼早已在数百年前灭绝。

骆驼，古称橐，在《逸周书 . 卷七 . 王会解》中记载"伊殷受命，于是为四方令曰：……正北空同、大夏、莎车、姑他、旦略、豹胡、代翟、匈奴、楼烦、月氏、（女截）犁、其龙、东胡，请令以橐驼、白玉、野马、駒騥、駃騠、良弓为献。"说明新疆古代盛有骆驼被游牧族群驯化和利用，它们被广泛应用于生产生活与贸易运输中。新疆岩画中多为牧驼、牵驼、骑驼、迁徙以及群驼的画面，说明骆驼在游牧生产生活中发挥着重要作用（图 2-37、图 2-38、图 2-39）。新疆岩画中的骆驼形象多为高大、威武的双峰骆驼，值得一提的是新疆岩画还出现了单峰骆驼，表明远古时期新疆地区曾有单峰骆驼这一物种。

图 2-37
阿勒泰地区福海县江格孜塔勒岩画

图 2-38
塔城地区托里县唐巴勒岩画

---

[1] 张小云，罗运兵 . 中国骆驼驯化起源的考古学观察 [J]. 古今农业，2014（01）：47-55.

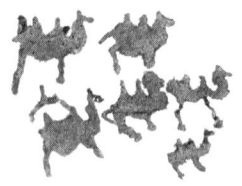

图 2-39 　　　　　　　　　　　　　　图 2-40

哈密市巴里坤哈萨克自治县乌图其岩画　　阿勒泰地区吉木乃县克孜勒阔拉岩画

　　岩画中的驯养动物还有犬。犬是人类最早驯养的动物之一，至少在 1.5 万年前就已被人驯化。有证据表明直到 4000 年前，家犬同其野生祖先灰狼仍具有相似的外形。[1] 犬的驯化是人类早期狩猎采集劳动中的成果，驯化的用途是充当人类狩猎的助手或护卫，在长期的共生关系中，犬因勇猛、忠诚的特点，与人建立起了相互信赖、相互协作的伙伴关系（图 2-41、图 2-42）。

图 2-41 　　　　　　　　　　　　　　图 2-42

伊犁哈萨克自治州新源县塔特然岩画　　阿勒泰地区阿勒泰市沙尔乔克岩画

　　岩画中的犬多出现在牧放、狩猎的场景中，表明远古时期犬就已经服务于人类的牧猎生产，成为原始牧猎民族的亲密伙伴。图 2-42 中牧民骑着马，赶着羊群，一只犬跟随在羊群后面，这是牧人放牧羊群

---

[1] 李晶，张亚平 . 家养动物的起源与驯化研究进展 [J]. 生物性，2009（04）：319-329.

的场景。牧民骑马形象比较小，四只不同姿态的羊代表着羊群，羊的形象都被放大、夸张，可见羊对游牧先民的重要性。在羊群后跟随着牧羊犬，犬的造型十分简单，竖立的耳朵和上翘的尾巴表现出犬的特征。犬的形象多在牧猎场景中出现，很少有单独形象。在漫长的历史长河中，犬始终伴随在游牧族群的左右，帮助看护羊群，避免畜群走散、逃跑或遗失，还承担着驻地的警卫和守护工作，保护人和家畜免受野兽的侵袭。家犬一般都比较警觉、机智，充满活力，对饲主十分忠诚，人们常把犬视作伙伴、家人，认为犬与人一样有智慧、有人性。在许多古墓葬发掘中，除了有大量的牛、马、羊家畜的陪葬，也发现一些犬骨，体现出犬在游牧生活中的地位。

原始时代人与动物之间建立起的密切关系远远超出了现代人，这种关系贯穿了人类的进化史。特别是工具的出现，促使人类从自然中的孱弱猎物成长为主动出击的猎手。不仅凭借自身力量获得猎物，还随着人力发展驯化动物，把自然之物己所用。动物的驯化使原始游牧民族的生产方式发生了革命性变化。

## 二、野生物种的画语

新疆岩画中最多的是狩猎和牧放题材，这些是原始游牧社会生产的主要内容。狩猎是早期原始游牧部族获取食物的重要方式，野生动物则是猎杀的对象。原始猎人选择那些性情相对温和、攻击力不大的食草类动物为目标，取其骨肉为食，用其皮毛蔽体。但不是每次狩猎都能成功，人们既要面对自然的残酷，还要面临猛兽的威胁。于是，原始游牧部族一边为期待猎物丰产、人丁兴旺而祈神诉愿，一边在生存实践中不断积累经验和改进工具。随着生产力的进步，人类有了驯化动物的能力，畜牧经济也就由此形成。而狩猎作为畜牧经济的补充内容，在游牧社会生产中一直保留至今。

　　新疆的阿尔泰山、天山、昆仑山由古至今都广泛分布着森林、草原、湖泊、河流，为动植物生长提供了良好的生态环境。历史上这些地区更是水草丰茂、绿荫绵延，活跃着众多野生动物。如野生羊类有盘羊、北山羊、岩羊、羚羊、藏羚羊等；鹿科动物有梅花鹿、马鹿、麋鹿、驼鹿、驯鹿等；食肉类动物有狼、豹、新疆虎、狐、野猪等。此外，还有野双峰驼、野马、野驴等，以及各种禽类动物，甚至还有过亚洲象。虽然有些物种早已灭绝，但在岩画中依旧能寻迹到它们的面貌。新疆多为山地草原，既有丰富的野生动物资源，也有繁茂的草原草场，这也是新疆岩画中狩猎、牧放内容比较丰富的原因，尤其是牧猎混合场景的岩画十分普遍。


（一）鹿图腾的造型

　　鹿与原始游牧族群的生活息息相关，并以特定的身份进入到人类文化的视域中。一是鹿的肉骨、皮毛、茸角为人类的生存提供了价值极高的生活资源；二是鹿的某些形态特征被视为神奇的化身，寄寓着人类对神灵崇仰的美好意愿。鹿美观而硕大的犄角、强盛的繁殖力以及敏捷善跑，这些特质被原始游牧部族认为是神秘力的物化体现，符合人类对生命感知和精神意愿的诉求。原始游牧部族认为崇仰和供奉鹿就能获得神明的关照与庇护，同时能得到神秘的生命力量。因此，人们在物质和精神层面都与鹿保持着最为密切的关系。

1. 鹿的造型

鹿形象在欧亚大陆许多地区的岩画中都有频繁地出现，说明鹿形象在众多游牧族群中都有着重要地位。在新疆，阿尔泰山、天山、昆仑山以及准噶尔西部山区的岩画上都有鹿形象出现，尤其是阿勒泰地区甚多。鹿形象多出现在表现狩猎、畜牧以及仪式化场景的画面中。由此证明在远古时代，新疆地区的山间林地中生活着各种各样的鹿，或野生，或驯养。它们与人类建立起和谐互惠的关系。鹿既是人类的物质资料，也是图腾象征。在阿勒泰地区发现的众多鹿石，进一步印证了草原游牧先民对鹿的格外崇拜与敬仰。

单独的鹿。在岩画中，鹿的形象一般很少以单个形式出现。因此，独立的鹿形象岩画数量较少，即便为数不多但也各具特点。在图 2-43 中，左边的鹿形象整体造型简练、概括，鹿呈侧面线条勾勒，以昂首仰视的姿态站立。富有变化的线条勾勒出鹿的体态，鹿身用松散的点状凿痕表现出皮毛的质感，四肢以简略的线条表现。鹿角呈枝杈状，鹿嘴夸张延长似鸟喙，这让鹿形象多了一些神秘色彩。游牧先民认为鹿具有可"通天通神"的灵性，他们以臆念、幻想将飞翔的鸟与鹿的灵性类比同构，重新构造出神性化的鹿形象，这一观点在现有研究中已达成共识。这种"大角、鸟喙嘴、驼峰背"特征的鹿形象在新疆岩画中普遍存在，与鹿石中那些面朝太阳飞翔的鹿图腾风格一致，研究也认为这种程式化特征是原始鹿崇拜的典型造型。中间的鹿，以侧面剪影形式呈现，鹿身先以线条凿刻出轮廓，再以研磨的方式进行填充。鹿形体饱满壮硕，夸张的鹿角与喙状鹿嘴，凸起的驼峰状鹿背，呈典型的鹿图腾造型。从一前一后迈动的鹿腿可以看出，鹿呈现雄壮有力的走动姿态。右边是单独刻画在一块石头上的鹿，以凿刻的线条勾勒出自然形态的鹿。鹿形象只有一只左右分叉状的鹿角，以及前后两条腿，平面化的侧像反映出远古刻画者对立体物象的认知与表现尚不成熟。同时，鹿的造型自然、写实，肢体结构也较准确，由此可见，人们在与鹿的朝夕相处中，对鹿有着深刻的了解与认知。

图 2-43
阿勒泰地区岩画中的鹿

　　图 2-44 为阿勒泰地区富蕴县徐永恰勒岩画中不同造型的鹿。徐永恰勒岩画位于阿勒泰地区富蕴县杜热乡胡基尔特村的徐永恰勒沟内山坡上，这里共有岩画 44 幅，其中有大量的鹿岩画。徐永恰勒岩画的鹿形象数量较多，表现形式呈现多样化。但从凿刻工艺及造型样式上看，应属于不同时期的制作，有较大的时间跨度。左边的鹿形象采用线面结合的方式塑造了一头健壮的雄性鹿形象，造型具象写实。图中鹿头较小，但精确地刻画出鹿面部、鹿耳的特征，两只巨大鹿角呈放射状，头与颈部以凿刻填充方式绘制。鹿身则以粗线勾勒，线条转折体现出鹿身、鹿腿等结构的变化，其中鹿的雄性生殖特征又采用填充方式表现。在整体造型中，身体线条的虚与鹿主要特征的实形成鲜明的对比，表达了远始先民崇尚雄健、力量的审美观，反映出此时期的岩画刻绘者已具有高度提炼、概括的能力，并能运用线条、对比等审美思维塑造形象。右边的鹿形象岩画单独刻绘在一块岩石侧面，大小约 15 厘

米 ×6 厘米，表现的是一只跪卧的鹿。鹿造型在图式上已经呈现出图案化特征，鹿体态优美，鹿角呈梳状，以波浪线夸张、延长，并与躯干曲线形成呼应。鹿腿弯曲呈跪卧状，整个造型形成半封闭的狭长椭圆，这种形制规整的构成样式具有鲜明的装饰性特点。鸟喙嘴、梳状角以及驼峰状背脊的造型特点与鹿石中的鹿造型基本一致，这种造型的鹿形象不是单纯为审美而创作的装饰纹样，而是被赋予神性力量的意象化形象。对客观物象的神化改造，体现出远古游牧人对自然的敬畏，更是原始崇仰信念的载体。卧鹿形象是欧亚草原早期游牧民族岩画艺术中分布最为广泛、最具草原文化特征的艺术形象。

图 2-44

阿勒泰地区富蕴县徐永恰勒岩画中的鹿

　　鹿群岩画。新疆岩画中有大量的鹿形象，特别是天山以北阿尔泰山以南的广袤区域鹿形象岩画的分布更为密集。鹿形象大多与其他形象共同出现在牧猎场景中，鹿群形象的岩画数量相对较少。图 2-45 是阿勒泰地区乔尔海岩画中的鹿群图。乔尔海岩画位于阿勒泰市汗德尕特乡乔尔海村西北面的一块岩石上，岩面高 2.3 米、宽 3.3 米。其中一幅鹿群图刻在一块较平整呈倒三角状的岩面上，画面应势而为刻着七只奔跑的鹿。鹿形象以剪影式造型，形象简约、概括，只强调了鹿角与肢体奔跑的特征。鹿角都呈枝杈状，其中一只鹿角为"V"形双角，应是头鹿，其他都为单角。鹿的前后两条腿跨幅较大，可以感受到鹿群疾速奔跑的状态。原始岩画在群体动物的表现上，多以无秩序的构图方式呈现，形象排列不规则，随意性大。

图2-46为阿勒泰地区阿克巴斯套岩画中的鹿群图。阿克巴斯套岩画地处布尔津县冲乎尔乡阿克阿依勒克村东高山近顶部。该幅岩画相对独立，画面中三只鹿对视而立，旁边还有两只羊和一个躺着的人。鹿形象为写实性表现，造型简拙，仅以夸张的鹿角表明了鹿的特征，画面中鹿、羊及人的姿态平静、安详，构成一幅悠闲的牧放图，充满生活情趣。原始游牧部族在对世界的探索中，细致观察周边事物，在造型上努力模拟现实，体现出原始自然主义的特点。

图2-45
阿勒泰地区阿勒泰市乔尔海岩画

图2-46
阿勒泰地区布尔津县阿克巴斯套岩画

2. 鹿与其他形象的组合

游牧民族逐水草而居，动物的豢养与获取成为他们生存与延续的重要途径。动物崇拜是原始游牧族群对自然充满敬畏与崇拜的重要表达形式，在岩画中最显著的特征就是对动物某些属性加以夸张，并置于构图的主体位置，人的形象则处于从属位置且渺小。鹿作为动物崇拜的神灵象征和人类精神诉求的寄主，在岩画中常常被刻意放大，成为庇佑人类与畜群生存的神灵，也是人类获取生命力量的精神源泉。

图2-47的库勒舒美克岩画位于阿勒泰地区青河县查干郭勒乡江布

塔斯村冬窝子库勒舒美克沟内。其中一幅牧放图中有山羊、盘羊、牛、骆驼，还有 4 只鹿，动物种类较多，动物群中还有两个拿着工具的牧人。鹿的形象最为显著，比人、骆驼和其他动物都要大，在画面中起着主导作用。鹿角十分夸张，凸显出鹿雄壮的气势、代表神力的象征，寓意为在神鹿的护佑下，人们能收获更多猎物，畜群也更加强壮。鹿形象在动物群体中总是被放置在显著位置，体现出鹿至高无上的神性地位，凸显出鲜明的丰产崇拜意义。

图 2-47

阿勒泰地区青河县库勒舒美克岩画

岩画是游牧先民通过图像进行叙事达意的表达方式，要达到一目了然、通俗易懂的目的，就需要尽力再现和模拟出自然物象的主要特征。由于原始游牧部族受认知能力和技术能力的限制，岩画形象塑造呈现出简约、概括、质朴的特点，但简明、可辨识的形式却能凸显出事物的本质样貌。图 2-48，刻绘着一只鹿与一只羊，造型采用剪影式表现，平面化处理突出了物象的轮廓特点。鹿强化了梳状的鹿角、鸟喙状的嘴以及驼脊的特征；羊以概括的剪影形式表现，且形象比例较小。这种以大小对比组合出的鹿与羊的造型，在牧放岩画中十分普遍，代表着丰产崇拜，意为鹿的神圣力量可以护佑家畜的丰产。图 2-49 中的鹿形象，通过凿刻的方式以点成线勾勒出鹿的体态轮廓，线条有明确的粗细变化。鹿角的线条较为细致，呈对称状伸展。

鹿身的线条略粗并有曲直转折的变化，构成圆润有力的躯体部分，中间空白处用凿痕点做出富有质感的装饰。四条鹿腿以较粗的直线条塑造，表现出强健有力的腿部特征，尾部则以短线概括。由此可见，岩画刻绘者对点、线、面等造型因素有着娴熟的运用能力。

图 2-48
阿勒泰地区阿勒泰市谢天尔德洞穴岩画

图 2-49
阿勒泰地区富蕴县徐永恰勒岩画

### （二）野生羊的形式特征

新疆岩画中除了大量作为家畜的山羊形象外，还有许多野生羊的形象。新疆野生羊种类有盘羊、北山羊、岩羊、羚羊等，这些物种至今还生活在天山南北的高山丛林中。野生羊是狩猎活动中主要的猎取对象，猎人们对各种羊的形体特征、活动习性、生活轨迹都有着细致入微的观察，他们关注那些最鲜明的特征，记忆、积累成为狩猎经验，世世代代以口口相传，或刻绘标记，或以图画方式将这些经验记录下来，并在族群中或群体间相互传播、分享。岩画中的动物是牧猎人对所在地域的动物种类、特征、习性、数量、行迹的写实，这些形象对原始族群的牧猎生产具有技术指导与认知教育的作用。动物岩画除了有记录现实狩猎场景的作用外，更重要的作用是作为丰产仪式中用以实施巫术的对象。原始猎人将狩猎对象刻绘在岩画中，模拟各种狩猎行为对岩画进行巫术操作，喻示猎人获得了神灵的庇护和力量的互渗，狩猎活动就会大获成功。

### 1.盘羊的造型

盘羊是典型的山地动物，躯体强壮，头大颈粗，尾短小，四肢粗短。雌雄均有角，但形状和大小明显不同。特别是雄性盘羊的犄角特别大，角外侧有明显而狭窄的环棱，雄羊角自头顶长出后，两角略微向外侧后上方延伸，随即再向后下方及前方弯转，角尖最后又微微往外上方卷曲，故形成明显的螺旋状角形（图2-50）。

盘羊最为显著的特点就是螺旋状角。雄性盘羊在交配期都会以角抵力争斗。强壮的雄羊获得优先交配权，成为头羊。夸张的盘角、雄健的力量和生殖能力，这些属性必然会引起猎人的关注，他们将这些属性与生殖繁衍、丰产繁衍关联起来，并归结于神秘力的控制。原始人对未知的自然万物充满畏惧和好奇，动物的特殊能力和形体特征都会被视为奇特的功能，他们把生存希望寄托在有神性功能的动物身上，赋予其崇拜意义。此外，自然中的形式美对人类有一种天然的吸引力，秩序、节奏、韵律等形式感给人带来愉悦的快感体验，这种快感对人的情绪激活产生了一定的心理诱发和暗示作用。原始游牧部族本能地关注事物的典型特征和形式，在"万物有灵论"观念的影响下，他们将这些特征和形式视为神秘力的所在。如盘羊螺旋状角的秩序化、节律感的形式，对原始游牧部族而言就是力量与生命循环往复的神性象征（图2-51、图2-52、图2-53）。从心理学角度分析："造型艺术的审美心理是按一定的认知结构来完成的。这个认知结构表现为'欲望—知觉—满足'。人的需求和欲望是审美的心理动因，如果没有这种审美欲望，人们将不会去进行审美活动。知觉是审美的运动过程，在这个运动过程中知觉始终受着欲望的支配，通过知觉的运动获得审美信息而使人的心理在审美活动中得到一定的满足。"[1]原始审美意识的生发源于自然环境的滋养，原始游牧部族在与环境的物我交流的生存实践中，将那些从自然中获得的感官快感与主观欲求相联系，通过再创作升华为精神愉悦，以此满足自身的生存实用与精神欲求，从而形成服务于原始崇仰文化的审美意识与审美观念。欲望是人类主动认知自然的动因，认知活动受到欲望的支配，原始审美就是生存欲望和需求的转化形式。岩画的形式美感以服务"悦神娱己"为原则，这实则是人类对自身的关注和喜好的取悦。

图 2-50
盘羊

图 2-51
阿勒泰地区吉木乃县塔特克什阔拉斯岩画

---

[1] 高庆年 . 造型艺术心理学 [M]. 北京：知识出版社，1988：46.

图 2-52

伊犁哈萨克自治州新源县塔特然岩画

图 2-53

伊犁哈萨克自治州特克斯县铁热克提萨依
岩画

图 2-54 中的盘羊、山羊形象均为侧面剪影式，以不同的线条表现出羊的身躯、四肢和角的特征。从羊角的形制可以明确区分出羊的种类，山羊以弧线表现上扬的双角；盘羊则以螺旋线表现出盘角的特征，尤其是盘羊角被刻意放大、夸张。螺旋线的强化使旋转、循环、秩序感更为强烈，这是对"力"施以增值、增效的表现方式。山羊与盘羊的组合，意味着盘羊的"力"可以护佑、传导给家畜，以此获得畜群的丰产。图 2-55 为群牧图，画面有 9 个牧人在合作牧放一群牲畜。畜群里有山羊、骆驼等，其中还有四只醒目的盘羊形象。人物形象以单线勾勒，比例小，其中三个人物配有尾饰，这是牧猎人的伪装和装饰。盘羊在畜群里体形最大，螺旋状羊角极为夸张，寓意盘羊是丰产崇拜中的神性象征，它们把强健的力量互渗给人和牲畜，以保障畜群的丰产。

图 2-54

阿勒泰地区阿勒泰岩画

图 2-55

哈密市伊吾县约勒颇克昆多岩画

2. 岩羊的造型

岩羊的形态为头部长而狭窄，耳朵短小。雌雄都有角，但雌羊的角很短，雄羊的角特别粗大，有褶皱且有横棱，向两侧分开外展（图2-56）。岩羊栖息在海拔 2100 ~ 6300 米之间的高山裸岩地带，擅长在山崖峦壁上攀登、跳跃，性喜群居，群体依恋性很强。岩羊繁殖力强，每年冬季 12 月至翌年 1 月发情交配，雄性之间的争偶形式与其他羊相似，幼仔出生 10 天后就能在岩石上攀登。岩羊神奇的攀岩能力成为人类羡慕的特殊技能，因而被视为崇拜、敬仰的对象。

岩画始作者们在长期实践中对各种动物有着深刻的认知，能运用不同的表现形式准确把握和描绘出不同动物最典型的特征。刻绘岩羊形象时，着重强化了弯曲的羊角上有环棱这一特点。图 2-57 中的岩羊以侧面剪影式造型和写实性手法表现出岩羊的体态特征。以简单的块面体现出躯体，以短粗线条表现四肢，刻画重点集中在夸张的羊角上。羊角以曲线表现出上扬之势，饰以间距均匀的短直线表现出羊角的环棱状，短直线的有序排列呈现出节奏感。长曲线与秩序化的短直线使整体造型富有美感意味。自然环境中"圆""曲线"是普遍存在的有规制感的形式，原始游牧部族喜于接受这种令人愉悦的形式，在岩画中就会自觉或不自觉地就会将圆形、曲线运用在形象塑造中，以此达成与自然实物的一致性或相似性。

图 2-58 为阿勒泰地区阿勒泰市杜腊特岩画中的岩羊形象，以侧面剪影式造型。形象采用夸张的手法强化了岩羊的体量感，显示出羊的丰硕与强壮，羊角以内卷式曲线表现，羊角上以等间距的短线形成有序排列，呈现出均衡的节奏形式。岩羊形象不再是单纯的模拟写实，

图 2-56
岩羊

图 2-57
阿勒泰地区阿勒泰市杜腊特岩画

图 2-58
阿勒泰地区阿勒泰市杜腊特岩画

图 2-59
昌吉回族自治州奇台县艾尔提沟岩画

而是在丰产崇拜意识的基础上对表象进行了变形，使形象具有了意象性和象征性，这是丰产崇拜的功利需要。岩羊形象多出现在动物群、牧放狩猎等场景中，充当着守护羊群丰产的神性象征，被刻意夸张、放大。图 2-60 中的岩羊作为丰产图腾成为游牧先民的崇拜对象。巨大的岩羊形象赫然伫立在羊群中，发挥着神灵力量庇护着畜群的丰产、安全。形象以线条勾勒的方式塑造出岩羊的形体特征，简化的羊头低垂，有短小的双耳。两条流畅的长曲线表现出夸张的羊角，羊角上以短线刻出棱状凸起。头部、颈部的中空处以长短线的变化加以装饰。整体造型运用了夸张手法将客观对

图 2-60
哈密市水亭岩画

象神灵化，这是原始崇拜观念的特殊情感及心理需要。把主观的想象、情感、意志等因素融入对象之中，试图通过夸大、强化的手段使崇拜欲求得以增值、增效，以实现人力的强大和畜群的丰产。

### 3. 其他野生羊的造型

岩画中羊的造型可谓是丰富多彩，对各种羊的大量反复刻画，其根源在于羊是原始游牧民的重要生活资料，由此产生对羊的崇拜文化。基于生存目的，原始游牧部族对羊类动物尽其所能地加以表现，以此作为巫术操作手段，渴求达到狩猎丰产和畜群繁衍的目的。他们以敬畏的心态努力"再现"动物的真实性，因此岩画动物基本以现实主义为主。由于岩画创作受神灵观念的支配，塑造形象时就会无意或有意地发生着合目的性的形式变化，成为符合原始游牧部族崇拜思想和情感需要的象征载体。

原始游牧部族凭借对动物的直观感悟，以轮廓剪影来概括动物的形态，强调动物最基本、典型的特征，以质朴的手法将他们认为的"真实"形象刻凿在岩画上，传递出对不同动物的认知和感受，其中更包含着崇仰情感。他们格外关注动物特有的局部特征，也就是"力"的部位，这些部位或是人类所期望拥有的，或许是对人能造成威胁的，由此人们对拥有这些"力"的动物产生崇拜和敬畏心理，岩画中就会着意强调这些特征，以夸张、放大、变形等手段突出崇拜对象的神圣性。同时，原始游牧部族把从自然中感受到的和劳动生产中获得的那些能满足人的实用目的与精神意愿的美感形式，如对称、节奏、比例等形式运用到岩画造型中，使形象不再拘泥于自然模仿，而是趋向理想化的主观意象的表现。他们通过想象、联想和寄情，以各种表现方式对崇拜对象付诸更多的象征意义，期冀从中得到更多的护佑。岩画是原始游牧部族在生存诉求与崇仰精神驱动下，激发出的人类主观能动的创造性成果。在不断刻画、塑造的实践过程中，岩画也由写实的具象形态向意象化的再造形象演变，制作工艺也从简拙、粗陋逐渐向精致、美化发展。

图 2-61 为阿勒泰地区富蕴县阿热可拜岩画中的一组北山羊形象。两只北山羊以侧面展现出形体特征，运用各种富有变化的曲线刻画出羊的整体形象。羊的头部十分简化，而羊角则以优美的弧线加以夸张，短线装饰的羊角棱环形成节奏感。流畅的曲线勾勒出羊丰满的体态，尤其突出了浑圆的尾部，四肢以短直线概括。尤其是在羊躯干上，刻意用螺旋线、短曲线勾绘出类似云纹的纹饰，使羊造型呈现出图案化的意味，装饰性、审美性特点更加鲜明。人们为获得更多的欲望满足，主动对崇仰对象做出理想化的创造，这是人类基于生存欲求对自然的主观能动性的改造。

图 2-62 为阿勒泰地区富蕴县徐永恰勒岩画中野生动物群里的一只北山羊形象。从羊的优美姿态可以看出，岩画作者已具有极高的造型表现能力。羊的形体比例和结构十分写实，特别是细节的刻画精准到位，如腿部关节、羊蹄的转折特征等，这表明原始牧民对北山羊有着

图 2-61
阿勒泰地区富蕴县阿热可拜岩画

图 2-62
阿勒泰地区富蕴县徐永恰勒岩画

细致入微的观察和认知。形象为侧面剪影式造型，头部较小，羊角高耸弯曲，颈部和腿部俊美修长，身形雄健、优美，整体形象以流畅的曲线呈现。线条变化急缓有度，精准地表现出北山羊的形体特点。完美的图案化、装饰性的图式，反映出岩画作者高超的造型表现力和独特的审美认知。原始游牧部族在岩画创作时，尽可能地写实、再现动物的真实性，但在崇仰观念支配下的思维模式和心理状态，使他们更希望创造出与原型相似但更趋向理想的形象。在反反复复程式化的岩画刻绘过程中，图像愈发呈现出"有意味的形式"。这种"有意味的形式"是在长期实践中形成的对自然的主观改造，蕴含着人类的崇仰思想感情以及合目的性的美感意趣。

## （三）对草原猛兽的敬畏

原始游牧部族对动物的依赖源自对食物的需求，但自然界中一些凶猛的野兽给人类的生产生活带来了极大的威胁。人类自身无法对抗这些猛兽，只有害怕和恐惧，面对如此困境，人们只有选择妥协。他们相信猛兽是由主宰它们的神灵控制的，只要敬畏、崇拜和取悦这些神灵，猛兽就不会再伤害人类，甚至可以成为护佑人类的力量。动物崇拜是人在与自然抗争中，激励自我意志而寻求心理平衡的一种方式，换言之，也是人自我超越的精神抚慰和人性观照。

### 1.狼的造型

狼是草原动物中具有攻击性的肉食性动物，给畜牧业和人的生存带来极大威胁，草原牧民与狼的斗争持续至今。狼是凶猛却又神奇的动物，它在原始游牧信仰体系中占有一定的分量。关于狼的各种神话、故事盛传于广袤的草原，形成别具意味的狼崇拜文化，狼也被许多游牧族群奉为部落图腾或族群象征。

狼是畜牧生产生活中接触最频繁的凶猛动物，原始游牧族群对狼的认知具有复杂的心理情绪。首先，狼是极度危险的猛兽，人在面对狼时只有畏惧和惊恐，知觉和心理上都充满了恐惧感；其次，狼的力量、勇猛和坚韧的品性又令人崇尚，从而对其产生敬畏之意；再者，狼是有着严格等级制度和领地意识的群居性动物，有着群体协作猎物的行为特征，这一特征与原始部族的社会结构及氏族观念有着相似之处。远古游牧民族从狼的习性中学习着生存法则，模仿着狼的围猎方法，狼的习性与游牧民族的认知观念有很多契合，狼崇拜是草原游牧民族"集体表象"的结果。狼崇拜源于对原型的敬畏，人类不会因为畏惧而消沉和妥协，他们以想象、幻想将自身意志附加在敬畏对象上，使野性动物具有人性化特征，以神话、巫术的方式消除内心恐惧，将自然之力转化为自我激励的精神内容，这是人类生存欲求下的自我观照。

岩画中狼多以捕食动物的形象呈现，这是游牧生产活动中最常见的场景，原始游牧先民以岩画方式将狼猎捕的场景进行了写实性记录。图2-63、图2-64为狼猎捕羊的场景，狼的造型极为概括、简约，多以侧面剪影或单线的方式刻绘，基本是自然主义的写实表现。原始游牧部族为表现出狼的特点，抓住了狼耳短小竖立、尾长而下垂的主要特征，总是以动态方式呈现狼的扑、咬等状态，突出了狼性的特点。被猎捕的动物则呈现惊慌、逃跑的样子，生动表现出狼猎捕时的瞬间场景。狼总是以群体协作的方式进行群猎，图2-65、图2-66为群狼猎捕图，表现出狼群围堵猎物的场景。两图中的狼都呈纵向排列，集体

协作形成了围堵队形，对猎物展开围攻。狼群则以奔跑、前扑的姿态凶猛地追赶着猎物，表现出狼群围追猎物时的激烈场景。

图 2-63

阿勒泰地区哈巴河县喀拉塔斯水库岩画

图 2-64

塔城地区托里县司马依勒克斯陶岩画

图 2-65

阿勒泰地区哈巴河县多尕特岩画

图 2-66

伊犁哈萨克自治州新源县克孜勒塔斯岩画

　　狼作为游牧文化中的图腾象征，在许多民族的神话和传说中都被描述成神灵形象。但岩画中的狼却基本是写实性的表现，不像其他动物形象有那么多的变化形式，既没有局部特征的夸张，也没有明显的意象化变形。但狼捕食动物的场景也不是简单的现实再现和模拟，其中必然蕴含着某种崇仰意识。狼的习性与猎捕时的协作智慧，以及积极奋斗的禀性特征都是游牧族群崇尚的精神品质，狼成为人类期冀获得勇敢、坚韧及力量的崇拜对象。

2. 虎的造型

史前岩画和历史文献记录表明，新疆很多地区都有虎曾经生息活动的迹象。在历代文献著述和近代西域探险家的著述中有许多关于新疆虎的记载，在许多的历史文献、地方志、游记等古籍中对新疆虎也有所记载。1979 年 2 月，在印度新德里召开的第一届国际老虎保护会议上，国际老虎保护组织正式宣布："在世界上，老虎共有 11 个亚种，目前已有三种绝灭，另有三种濒临灭绝。"已经灭绝的三种老虎中，分布在塔里木盆地的新疆虎就是其中之一。[1]

新疆虎虽然已经灭绝，但新疆虎的形象还能在众多历史遗迹中看得到。从各地发掘的文物中，可以看到新疆虎的形象曾经深入在社会生活各方面，如昭苏出土的镶嵌红玛瑙的虎柄杯，吐鲁番出土的虎噬羊铜牌、虎纹锦等。在遍布新疆三大山系的岩画中，也有许多虎的形象。岩画中的虎形象，为考证新疆虎的历史提供了有力的佐证材料。说明在文字记载之前，新疆地区就存在着虎。岩画作为刻绘在岩石上的"图像化的史书"，为新疆虎的研究补充了文献资料记录上的不足。

岩画中的虎基本为写实性表现，通过体态、尾部、横纹来凸显虎的基本特征。图 2-67 为哈密市白山岩画中的虎形象，据记载，新疆虎体形较大，威猛。岩画中的虎以富有变化的线条勾勒出雄壮的体态特征，头圆短耳，身躯以参差的线条和凿刻点刻绘出虎特有的斑纹，四肢健壮有力，虎尾粗长且尾端上卷。虎形象多出现在猎捕、扑食等场

---

[1] 袁国映 . 追忆新疆虎 [J]. 新疆环境保护，2010（03）：14-17.

景中，说明虎在远古时代经常出现在游牧先民的视野中，因而岩画始作者才能够熟练、准确地勾勒出虎的形态特征。

虎凶猛、威严的性情，金色皮毛和黑色条纹形成的强烈视觉感，都给原始游牧部族带来了敬畏之感。虎的勇猛彪悍、雄健威武等特征符合原始游牧民族尚勇、尚力的崇拜心理，因而虎被视为象征雄壮、威严和力量的崇仰对象。图2-68为呼图壁县康家石门子岩画中的虎形象，康家石门子岩画表现的是大型的生殖崇拜仪式场景。岩画中有一大一小两只特征鲜明的虎形象穿插在舞蹈人群中，在生殖仪式中虎是生殖力的象征。两只虎造型基本相似，都以均匀、流畅的线条勾勒出猛虎的造型。生殖崇拜是原始游牧部族社会文化中至圣至神的核心内容，他们满怀着神圣情感表达着渴望生命延续的诉求，以精神化的方式再现和践行着人类的生命意志。岩画中对虎添加赋意是为实现生育增殖最大化而采用的表达方式，由此可见，原始游牧部族在强烈的生命精神激进下迸发出的无限创造力。

图 2-67
哈密市白山岩画

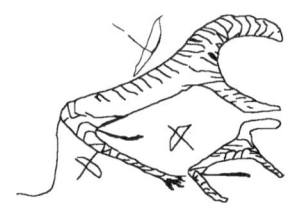

图 2-68
昌吉回族自治州呼图壁县康家石门子岩画
（局部）

3. 其他野生动物

新疆多样性的地理地貌，孕育了广袤的森林和草原，为各种动物提供了良好的生息环境。新疆岩画以各种动物、狩猎、畜牧等内容为题材，再现了原始游牧文化的全貌。岩画中大量的野生动物，也反映出远古时期新疆地区的自然生态环境和物种分布特点。

图 2-69 为阿勒泰地区阿勒泰市敦德布拉克岩画中的狐狸形象。图 2-70 为阿勒泰市杜腊特岩画中各种鸟的形象。图 2-71 为杜腊特岩画中鹰的造型，夸张的鹰爪和钩状嘴凸显出鹰的体态特征，在一些游牧民族中也有驯养猛禽参与狩猎活动的习俗。图 2-72 为塔城地区额敏县哈拉乔克岩画中的动物群，动物群中有梅花鹿、盘羊、北山羊、狼等形象。图 2-73 为阿勒泰地区布尔津县阿克巴斯套岩画中的狩猎图，图中有北山羊、野猪，特别是在动物群里还有大象的形象。图 2-74 为哈

图 2-69

阿勒泰地区阿勒泰市敦德布拉克岩画

图 2-70

阿勒泰地区阿勒泰市杜腊特岩画

图 2-71

阿勒泰地区阿勒泰市杜腊特岩画

图 2-72

塔城地区额敏县哈拉乔克岩画

图 2-73
阿勒泰地区布尔津县阿克巴斯套岩画

图 2-74
哈密市霍吉格尔村东岩画

密市霍吉格尔村东岩画中的动物群，动物数量庞大，种类丰富，不由得让人联想到在草木丰茂的山林草原中，成群的动物在自然中悠然觅食、游走。人依赖于自然，不仅从中获取生存资源，还对自然怀揣着敬畏之心。他们与大自然和谐共生，遵循自然生存法则，在劳动实践中创造出物质财富，也创造出辉煌的人类文明。岩画不仅是游牧先民记录和再现现实生活的手段，还是为实现生命意愿而创造出的精神产物，更是具有独特审美价值的原始艺术。

# 第二节　以原始崇拜为中心的符号谱系

原始时代人类的生活材料来自自然的恩赐，但自然又常常不遂人愿，对人的生存带来各种威胁。人类因无法认识和理解这些异己之力从而产生恐惧，他们认为世间万物存在着一些超自然的神秘力量，这些力量控制着自然物质，也主宰着人类的命运。人类只有依顺、敬重这些神秘力，才能受之庇佑和保护。于是，在泛灵观念作用下，人对自然界中那些异己力量产生信仰和崇拜。原始崇仰文化是人类特定历史发展阶段思维活动的产物，也是人类对人与自然、人与人、人与社会之间关系的认知反映。恩格斯在《反杜林论》中指出："单是正确地反映自然界就已经极端困难，这是长期的历史经验的产物。在原始人看来，自然力是某种异己的、神秘的、超越一切的东西。在所有文明民族所经历的一定阶段上，他们用人格化的方法来同化自然力。正是这种人格化的欲望，到处创造了许多神。"恩格斯还指出："一切宗教都不过是支配着人们日常生活的外部力量在人们头脑中的幻想的反映，在这种反映中，人间的力量采取了超人间的力量的形式。"[1]

原始人的认知水平的局限性和认知意识的神秘观是原始崇拜产生的根源。意识是人类在自然生存实践过程中的认知反馈，人类最早觉

---

[1] [德]恩格斯.马克思恩格斯全集：第20卷[M].中共中央马克思恩格斯列宁斯大林著作编译局，译.北京：人民出版社，1972：540-541.

醒的意识就是生命意识，即生命存在意识和生命延续意识。原始游牧部族依赖自然而生存，虽人力薄弱，但在生命本能欲求的激发下对自然产生了敬畏感、神圣感和崇拜感，并创造出能庇护自身生存的神灵，这是人类为消除抗拒自然所带来的恐惧感而采取的自我慰藉与化解方式。人的情感因素在崇拜心理中起着非常重要的作用，他们以直观的形象思维和感性的观察视角，捕捉事物的主要特征，通过直觉、幻觉，甚至错觉将事物表象加以改造和再造，创造出符合精神意愿的形象，并视形象与客观对象为同一物。这是特定社会形态及原始思维方式下，人类以"泛生命意识"审度自身与他者关系的认知机制。在这种认知机制下，原始游牧部族用幻想和虚构来认识、解释和描述变幻莫测的大自然，为满足自身的生存欲望创造出自然崇拜、神灵崇拜等崇仰内容，这些内容投射在原始社会生产生活的方方面面，成为原始文化的主要内容与基本特征。岩画独特的图像形式与象征内涵，反映着人类自然本能的生命意识，映射出原始社会及原始意识的发展规律，体现出人类以功利为目的的审美意识与审美认知。

## 一、象征母系崇拜的画语

### （一）彩绘岩画中的母系崇拜

求生欲是所有生物体的本能，原始游牧部族在严酷的自然条件下，由生存本能激发出的精神力量，激励着人类不断通过劳动创造着生命奇迹。恩格斯以唯物主义观点指出"直接生活的生产和再生产"是人类历史发展中的决定性因素，"生产"包括生活资料及为此所必需的工具的生产和人类自身繁衍的生产。洪荒时代的原始游牧部族面对残酷的自然环境，强烈的生存欲求促使他们必须通过劳动生产和自身繁殖，才能使自己和族群的生存得以延续。人的自身生产是人类社会发展的根本，原始懵懂的认知意识面对生命与生殖现象无法做出科学、客观的理解，在神秘互渗意识的指导下，原始人对"种"的繁衍问题给予了符合原始思维逻辑的解释。他们认为一切关乎生命的问题都源于自然中的神秘力量，这种力量赋予人和自然万物生存延续、生命循环的能力，由此激发出原始生殖崇拜观念。岩画承担着记录叙事、传达意愿（象征）的功能，更是巫术仪式的伴生产物。在生殖崇拜岩画中，无论是题材还是表现形式，都强烈地传达出人类对生命与生存的渴望意愿和崇仰情感。

原始人相信从生命的孕育诞生到生死轮回都是由神灵控制的，为实现生存繁衍、种族兴旺，他们崇拜所有关乎生殖的事物，因为相信那些事物中都存在控制着生殖繁衍的神圣力量。正如詹姆斯·乔治·弗雷泽曾指出的那样："活着并引出新的生命，吃饭和生儿育女，这是过去人类的基本要求，只要世界还存在，也将是今后人类的基本需求……因此，食物和孩子这两种东西乃人们用巫术仪式来表演季节运行所追求的最主要的东西。"[1]

原始族群的生产力量和生存能力都是由族群成员的数量所决定，人的生殖繁衍是保证族群、氏族生存的关键，生殖崇拜是人类在探索生命意义过程中最原始的冲动和本能的表现。人类社会之初以母权为主导的母系氏族社会，生活资源的大部分来自女性的生产活动，劳动分工使女性在社会经济中发挥着重要作用，特别是女性对氏族人口的

---

[1] 叶舒宪 . 神话———原型批评 [M]. 西安：陕西师范大学出版社，1987：50.

孕育、生殖和哺育具有特殊意义。此时的人认为孕育生命的是女性，女性受神灵力量的感应才得以孕育，女性掌管着生殖权，族群才能繁衍后代、绵延子嗣。因而，女性崇拜成为母系社会最显著的特点。

新疆洞穴彩绘岩画多为旧石器时代晚期至新石器时代早期的母系社会产物，内容多为狩猎和生殖崇拜形象，呈现出以狩猎经济为主体与母系崇拜为特征的早期人类社会面貌。深入解读就会发现，无论是狩猎岩画还是生殖岩画，都与母系生殖崇拜有着深层关联。

新疆已在 6 个县市发现了 13 处洞窟彩绘岩画，大多分布在阿勒泰地区。彩绘岩画有阿勒泰市的巴尔也恩巴斯陶洞穴彩绘岩画、敦德布拉克洞穴彩绘岩画、阿克塔斯彩绘岩画；福海县的长而阿赫特一号洞窟；富蕴县的唐巴勒塔斯洞窟岩画、乌勒肯库斯洞穴彩绘岩画；青河县的塔斯拜特洞穴彩绘岩画、瑙干彩绘岩画；哈巴河县的多尕特洞穴彩绘岩画、霍特拉克洞穴彩绘岩画、博海塔勒德洞穴彩绘岩画、解特布拉克洞穴彩绘岩画。还有伊犁哈萨克自治州特克斯县的阿克塔什彩绘岩画，在喀什地区叶城县棋盘乡阿孜干沙勒村还有崖壁彩绘岩画，帕米尔高原及昆仑山北麓等地也有类似的彩绘岩画。

彩绘岩画多以赭红色矿物料彩绘而成，其中也掺杂有白色和黑色的彩绘图形。岩画以狩猎场景和醒目的女性生殖器官为主要内容，反映出早期母系社会的女阴崇拜和狩猎生产的特点。母系氏族社会的先民认为氏族是在女性在神灵、图腾等神秘力量护佑、感应下繁衍而成的，女性生殖器是生殖繁衍的门户，人们摹绘女阴外形，将其视为神圣物加以崇拜，由此产生对女性生殖器官的崇拜心理。原始游牧部族崇拜女性，实则是崇拜其具有的生育能力，他们把崇拜重点放在那些关乎生育、哺育的女性生理特征上，通过描摹、绘制女性生殖器官等巫术行为进行祭拜，祈求在神灵庇佑下实现族群兴旺、人丁繁衍。母系生殖崇拜是人类早期生存本能的欲求体现，也是对生命起源的求索方式。

母系生殖崇拜将女性生殖器作为崇拜象征物，这是母系氏族社会时期重要的文化特征，也是世界性的原始文化现象。图形均以模仿女性生殖器官为主，如女阴、孕育的腹部、乳房等，反映出原始游牧部族质朴的生命认知方式。彩绘岩画多使用红色表现，这是原始游牧部族对生殖现象做出的直觉反应，认为看到女人有经血就意味生育力的成熟，方能怀胎生育。红色象征着血液和生死，于是将血红色视作人的生命、生殖的本源，"尚红"是母系氏族社会对女性生殖崇拜的心理写照。

（二）母性生殖符号

岩画中生殖崇拜形象多为女性生殖器官外形特征的模拟，在此基础上又衍生出与之相似的几何形，如倒三角形、椭圆形、菱形等，都具有女性生殖的象征意义。这些纹饰不仅在岩画中频繁出现，彩陶上也多有这样的装饰纹样。远古人类对生殖之事难以正确理解，也无法对其做出精确的表述。他们以生命一体化的原始思维模式，以"此物状彼物"的方式，把认为与生殖相关联的事物都归类在一起，红色、生殖器官、动植物繁殖等都是关系着人类繁衍的重要因素。他们不断描摹那些形象，以巫术与生殖神灵交感互渗，从中获取族群繁衍的力量。他们用模糊的认知方式描摹生殖器官的轮廓特征，利用物象的模糊性和客观实物之间的相似性，创造出具有象征性的图形符号，以此作为表达生殖崇拜的语意符号。

同心圆是较为典型的女阴图像形式。同心圆图式是模拟女性阴户的外形特点，代表生命诞生的门户（图 2-75、图 2-76）。同心圆图形的圆心被视为"力"的聚焦之处，圆心通常有红色涂实的点状，或圆圈状，或曲线状，说明原始人关注的重点是图形中的生殖力。由同心圆衍生出一系列的同心椭圆、同心菱形等形式，也是典型的女阴崇拜图像形式。同心圆不仅作为女阴崇拜形象，也与日月等联系在一起。原始游牧部族认为人的生殖繁衍受天地之力的影响，在众多原始神话中人类始祖也多是天地化作而成的父母神。同心圆图形在反复描绘过程中，被不断附加各种装饰方法和象征意义，形成丰富多样的图像形式和指意含义，但生殖丰产是最为核心的内容。

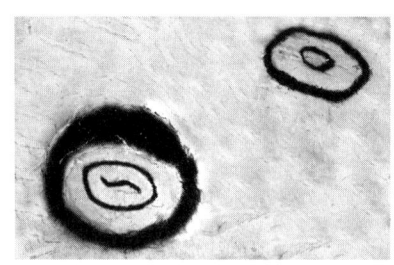

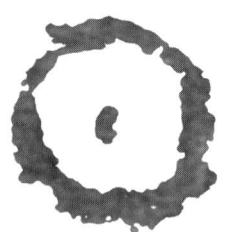

图 2-75

阿勒泰地区富蕴县唐巴勒塔斯洞窟彩绘岩画

图 2-76

阿勒泰地区富蕴县布腊特岩画

在新疆彩绘岩画中还发现将女性性器官简化为带有一条裂缝的三角形的图形（图 2-77），反映出原始游牧部族对女性生殖"力"的关注。岩画作为原始游牧部族表达诉求和巫术行为的方式，他们只关注事物那些重要的、具有"力"的属性和特征，而忽略其他，这是原始岩画功利性、合目的性特征的体现。安德烈斯·洛海尔的萨满信仰论和勒鲁伊—古朗的性符号论都提示出，史前艺术中出现的椭圆形、三角形和长方形的符号实际上"都是女性生殖器或多或少的抽象化变体形式"。[1] 考古研究已确证，许多原始雕塑和彩陶中的类似纹样都与生殖巫术和生殖崇拜有关，卫聚贤先生在 20 世纪 30 年代就明确地判断："在新石器时代的彩陶上多有三角形如▽的花纹，即是崇拜女子生殖器的象征。"[2] 原始游牧部族从生殖崇拜中认识人，并以生殖器官来辨别人，对生殖形象的崇拜是生存本能下人类的自我认知和自我完善。

彩绘岩画中常见有许多手印图形，手印具有某种主权、占有、操控的象征意义。在动物、生殖符号等形象周边分布着手印，代表对这些生存资源的占有和所属权。图 2-78 中为阿勒泰地区福海县长而阿赫特一号洞窟的手印图形，手印旁有半封闭三角形符号，为女阴符号。三角形中间有点状，代表女阴生殖"力"的核心。手印与女阴形象的组合是生殖崇拜的巫术实施，代表对生殖力的占有和拥有，以求族群的繁衍昌盛。

图 2-77
阿勒泰地区福海县长而阿赫特洞窟

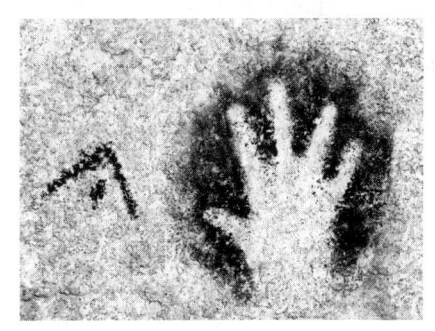

图 2-78
阿勒泰地区福海县长而阿赫特一号洞窟

原始游牧部族从女阴崇拜，发展出生殖丰产崇拜，崇拜对象也从

[1] 朱狄 . 原始文化研究 [M]. 北京：三联书店，1988：282，370.

[2] 赵国华 . 生殖崇拜文化论 [M]. 北京：中国社会科学出版社，1990：166.

女性器官延伸至世间万物，这是人类在生育和繁殖过程中对生殖认知不断深化的演进。彩绘岩画的巫术仪式中，人物群体联手舞蹈，或模拟交合行为，或祈求人丁兴旺与收获丰产（图2-79、图2-80）。人物形象呈蛙形姿态，这既是生殖行为的模仿，也是巫术仪式中的舞蹈动作。蛙具有强盛的生殖力，繁殖能力很强，产子繁多，蛙的表象体态也类似人类孕育那样浑圆、膨胀，因此，原始人将蛙的特征视为与女性生殖力有着密切关联的神秘属性。蛙纹造型具有生殖繁衍的意义，也表现了对女性生殖的强烈崇拜，蛙纹在彩陶装饰中使用十分频繁。直至今天，中医中仍然用"蛙口"或者"蛤蟆口"来称女性阴户部位，说明以蛙象征生殖繁衍在中华传统文化中有着悠久的历史。

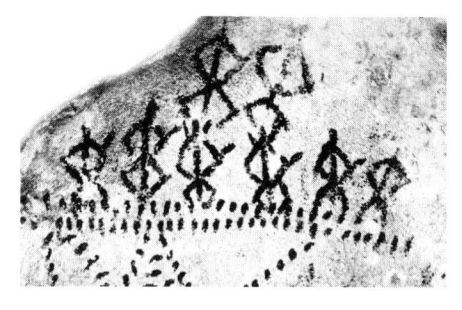

图2-79
阿勒泰地区哈巴河县多尕特彩绘岩画

图2-80
阿勒泰地区哈巴河县霍特拉克彩绘岩画

狩猎是原始母系氏族社会获取生存资源的重要生产方式，弓箭提高了狩猎的效率，工具的使用让人类获得了更多猎物，他们认为弓箭具备的威力也为神授，弓箭的形制和作用也被看作是与生殖"力"相关的神物。"弓箭"形象在彩绘岩画中频繁出现，它是原始狩猎时代的具象表现，也是控制与占有的符号，还是生殖崇拜的象征物。图2-81为唐巴勒塔斯洞窟彩绘岩画中的弓箭形象，弓箭为箭搭在弓上欲射出

状，箭似男根，直指代表象
征女阴的同心椭圆形，示意
着男女生殖交合，以此作为
生殖崇拜巫术操作的方式。
女阴形象与弓箭形象在箭的
延伸链接下，实现了两性结
合"力"的交感互渗，即人
对生殖力的控制。原始游牧

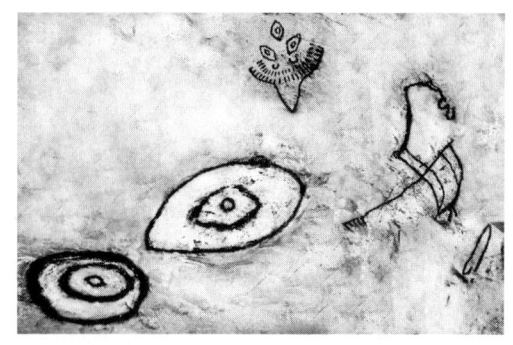

图 2-81
阿勒泰地区富蕴县唐巴勒塔斯洞窟彩绘岩画

部族相信所绘图像之间的关联与现实中的生殖交合具有同样的作用，
可以实现神灵与人的生殖力的互渗。生殖崇拜岩画是原始游牧部族为
实现族群繁衍进行巫术操作时，有意识的情境布局，他们从主观意志
出发，能动地模仿、改造、创造出获得神秘生殖力的形式与方法，以
此达成人丁兴旺、族群延续的心理欲求。

## 二、父系生殖崇拜的画语

### （一）岩画中的父系社会象征

随着工具的改进，狩猎效率得到大大的提高，原始游牧部族对动
物进行驯化和圈养，生产方式从游猎转变为游牧。随着生产方式的改
变，社会形态也发生了变化。氏族的畜群牧放和安全防御等主要劳动
内容都由男性承担，从而男性成为家庭、族群的重要劳动力。力量优
势使男性在社会生产生活中扮演着主要角色，逐渐取代了女性在氏族
中的地位。在两性生殖认识上，原始游牧部族开始意识到女性孕育是
在男性授受下得以实现的，男性在两性生殖关系中具有主导性。人类

社会进入父系社会后，对雄性和力量的崇拜成为岩画中的主要表现内容。岩画形象体现在对"力"与"雄性"等表象特征的强化，如对动物犄角、体形、雄性生殖器官的夸张。牧猎、仪式、战斗场景中，以男性牧猎者、骑行者、战斗者为主，特别是男性生殖器的强调，凸显出男性在生殖关系中的主导地位。许多与男性生殖器官形状相似的工具、武器、动物及符号图形，如箭、长矛，动物中的蛇、鸟等，符号中的"♂"等，都被赋予男性（雄性）"力"与"性"的含义，成为生殖崇拜的象征符号。

自然崇拜、生殖崇拜、祖先崇拜都是原始人期冀实现生存意愿与自我完善的具体践行手段。原始游牧部族利用自身创造的神灵，激励着个体与群体的生存意志，他们在与神秘性交感互动中获得生命鼓励与肯定。列维·布留尔在《原始思维》中分析，原始游牧部族的思维是一种非逻辑的表象思维活动，是知觉印象在大脑的记忆残留，附着更多想象、臆想等感性成分，是幻觉与现实、主观与客观交织互渗的混沌状态。在这个混沌的世界里，自然万物都具有人性与神性浑然一体的属性，再由岩画形式转化成可感知的具体形象，这些形象承载着群体的精神意识，也反作用支配着个体和群体的认知。

人类进入父系社会后，岩画中的动物形象都倾向于对雄性特征的表现，即对"力"的关注，如雄性动物犄角的夸张、放大，雄性器官的突出，身躯的庞大等特点。雄性动物通常在发情期为了争夺交配权而会发生争斗，硕大的犄角和性器官都与雄性动物的攻击力、生殖力有关，势必成为原始游牧部族最关心的内容。在对动物形体的主观改造中，关注重点就是那些雄性特征所具有的"力"。雄性特征的形状、性质与大小体现着"力"或"效力"，因此，表现动物形象时就刻意突出那些巨大的犄角和凸起的生殖器。原始人相信岩画动物是现实实体的同体，同时也负载着实体具有的神秘效力。人为强化这些雄性特征，可使控制能力或巫术互渗能力得到成倍的增效（图2-82）。

图 2-82
岩画中的动物形象

　　原始游牧部族的自我意识体现在对自己身心活动的察觉，对自身与他者关系（包括与其他成员、与集体、与自然的关系等）的感知。人是能将自我意识转化为行动的实践者，并能创造出符合自我意志的意识形态与文化内容。人类进入父系社会后，社会生产力水平有了较大的提高，社会关系发生巨大转变。社会形态决定着社会意识，其性质和变化决定社会意识的性质和变化。如果说母系时代对"人"的塑造体现在女性生殖器等局部认知上，进入父系社会后人类对自身的塑造体现出"人"的整体认知，即对人物特征、姿态、身份的整体表现，这是人类自我意识的觉醒，由此引发了对灵与肉、生与死的思考。这一时期岩画人物最显著的特征就是"人"的身份与行为的整体表现，岩画人物多为牧猎人、战士、舞蹈者、巫士等形象，以夸张男性生殖器、配弓箭或配尾饰表明雄性力量。通过驱赶、搭弓、射箭、骑行等不同姿态展现男性狩猎、牧放、战斗等不同姿态，显示出原始游牧社会以男性为主导的社会形态（图2-83、图2-84、图2-85、图2-86）。

图 2-83

哈密市伊吾县科托果勒沟岩画

图 2-84

阿勒泰地区青河县喇嘛布拉克岩画

图 2-85

巴音郭楞蒙古自治州且末县莫勒切河东岩画

图 2-86

哈密市巴里坤哈萨克自治县八墙子岩画

　　进入父系社会，人类意识到生命是来自两性交合的结果，男性在生殖关系中发挥着重要作用，生殖崇拜由女阴崇拜发展为男根崇拜，岩画形象更加突出男性生殖力的主导地位。男根崇拜是父系社会生殖崇拜的重要特征，在岩画中的表现就是男性生殖器会被夸张或增数。其因一是体现父系社会男性在两性生殖关系中的主导性；二是在原始认知中，生殖器的形状、数量、大小对生殖效力起着重要作用。图2-87为塔城地区裕民县巴尔达库尔岩画中的交媾图。岩画中的人物造型以象征性图式传达出男女交媾的生殖巫术。画面核心位置是一个高大健硕的男性形象，头部插有角状饰物，粗壮的上臂和肩部使身躯造型呈倒三角形，体现出男性的雄健感和力量感。男性双膝微屈，左手握拳，右手握着夸张延长的生殖器直指女性的阴部。男性臀部、膝部还添加有七根生殖器造型，身体其他部位添加生殖器造型就是增强生殖效力的体现。岩画中女性形象较为纤细，头部也有角状饰物，左手上举抚脸状，右手前伸触碰男子脸部，双膝微屈，呈迎合姿态。岩画四周还散刻着动物形象。整体造型以简拙的点、线、面表现出人物的性别特征，通过局部夸张突出了男性的力量感、生殖器官和交媾行为，鲜明地表达了以男性为中心的生殖崇拜主题。康家石门子岩画中男性器官的夸大、延长、重复是整幅岩画的鲜明特征（图2-88）。群像中还穿插有交媾、动物（马、虎）、弓箭等具有生殖意义的形象，"生殖"形象的反复呈现是原始生殖意念的强化方式，也是生殖行为臆想的结果。生殖崇拜岩画渗透着人类能动的生命意志，代表着原始集体共识的生命指向。

图2-87
塔城地区裕民县巴尔达库尔岩画

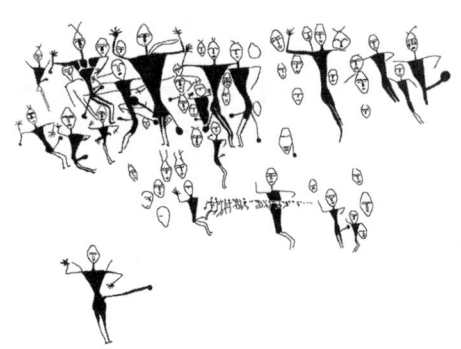

图2-88
昌吉回族自治州呼图壁县康家石门子岩画
（局部）

### （二）生殖崇拜的"雄性"符号

男根崇拜是人类进入父系社会后的普遍文化现象。新疆墓葬考古中发掘出许多陶、石、木制成的"人祖"器物，都是模拟的男性生殖器。"人祖"无论什么材质，都以夸张的方式凸显着男性生殖器的特征。小河墓地发掘的随葬品里发现有木祖，墓地周边还竖立着许多象征男根的木柱，佐证了男根崇拜在原始崇拜中的地位。父系社会的男性主导地位使人们对男根崇拜倾注了极大的热情，认为族群的生存、发展与男性的生殖力有着密切关联。1907年春，法国人伯希和在新疆库车地区的吐勒都尔—阿库尔遗址进行发掘时，找到两块刻有符号的土坯，一块上刻着男根，阴茎和睾丸毕现，一块上刻"卍"符号（图2-89）。由此可见，男根崇拜是古代先民生殖崇拜文化中的重要内容，可以说这是世界性的文化现象。

图 2-89
新疆吐勒都尔—阿库尔遗址的男根纹和"卍"符号[1]

原始游牧部族为实现族群兴旺、人丁繁衍，他们竭尽全力，觅求各种可以帮助实现绵延子嗣的途径。原始游牧部族认为岩画中的生殖形象是实现生殖巫术的操作载体，它是帮助实现人与神明之间进行生

---

[1] 赵国华.生殖崇拜文化论[M].北京：中国社会科学出版社，1996：198.

命力交互的重要介质。原始人为了获得生殖巫术的效力，将生殖形象刻绘在岩壁上，以夸张的方式表现出生殖器官、男女（雌雄）交合等与生殖相关的形象与符号，在巫术作用下促使族群与神力之间形成生殖繁衍的交感互渗。在岩画中经常可以看到男性生殖特征被夸张或反复描摹的痕迹，说明重复刻绘是让巫术意志得以反复实施和发挥效力的作用过程。原始游牧部族坚信生殖能力源自某种神秘力的作用，他们从主观意愿出发，以刻意强调、夸大、增数等方式塑造男根形象，并在雕琢刻绘巫术过程中实现人、图像、神灵之间的生殖力量传递，共同构成一个完整的生殖事件。生殖形象是原始游牧部族将生命意念落实到实践行为的文化产物，是原始社会集体生命意识的表达。生殖造型的反复出现与夸大不仅体现在人物身上，也表现在动物造型上。去繁就简着重强调"雄性"生殖特征，这是原始生殖崇拜心理的认知反映，也是生殖崇拜行为的外化结果，即"心象"转化为图像（神像），传达出原始游牧部族渴望部族群体繁衍、壮大的精神意愿。

"弓箭"作为性与生殖交感巫术的象征物，在许多研究资料与文化现象中得以证实，"狩猎岩画具有生殖巫术意义"这一观点也被众多岩画学者所认可。岩画中弓箭象征两性交合，弓箭与不同物象组合就有了与"性""繁殖"相关的意义，在巫术操作下弓箭图像具有传导互渗生殖力的效能。正因如此，狩猎图中的弓箭不再是单纯的工具，而是人与动物进行双向交互的连接通道，在弓箭引导下动物与人之间产生"力"的传达与转移，箭的造型往往被刻绘成男性生殖器的样子。弓箭作为性巫术符号，在岩画中的意义远远超过它的现实意义。将弓箭视为生殖象征在世界文化中具有普遍性。O．A．魏勒在《性崇拜》中就指出："男性生殖器还被象征为箭，箭的两羽意味着睾丸""爱神丘比特通

常被表现为拿着一张弓和一支箭或一盒箭，这些都是在合法的夫妻生活中激发的关于男性生殖器的象征"。[1] 还有印度神话中爱神迦摩手中的箭，如此等都是男根的象征物。岩画学家陈兆复对岩画中的"弓箭"也提出："它们经常出现在狩猎和战争的岩画中。但人们往往忽略了弓箭作用的另外一层寓意，即生殖崇拜的意义。弓箭作为生殖崇拜的符号出现时，弓与箭各自扮演不同的角色，弓象征女阴，箭象征男根。执弓搭箭就意味着两性交媾。如果施加巫术的魔力，弓箭图像就有了增强生殖力的作用。"[2] 弓箭被视为两性象征物具有强烈的生殖意义，在狩猎图中的弓箭基本都有明确的指向性，原始思维认为刻绘弓箭并指射猎物或人的生殖器，或指射具有生殖意味的部位，就是在模拟生殖交合（人与人，动物之间）的过程，以此实现生殖"力"的双向交互，人也能从中获得同样强大的生殖能力。

图 2-90 为哈密市乌兰布拉克西岩画中的狩猎场景。岩画中猎人手持弓箭，人物与弓箭均以简单的线条塑造，动物为侧面剪影式。画面中上下两组都是猎人手持弓箭，弓上搭着箭，箭被延长直指猎物的尾部。延长的箭表示箭射出后的轨迹，箭最终射中猎物，两组狩猎形象的表现方式相似。从画面表面看是日常的狩猎场景，但实则是蕴含着生殖崇拜的巫术操作。"弓"为女性生殖象征，"箭"为男性生殖象征，箭即为延长的男性生殖器，指射到动物尾部具有生殖力的部位。画面中弓箭（男性与女性生殖器）与动物生殖部位的接触，即人的生殖力与动物的生殖力的接触，在巫术作用下动物的"力"与人发生互渗、

---

[1] [美] O . A . 魏勒 . 性崇拜 [M]. 史频，译 . 北京：中国文联出版公司，1988：211.

[2] 陈兆复 . 古代岩画 [M]. 北京：文物出版社，2002：183.

感应，原始游牧部族相信这些"力"能促使男性生殖力旺盛，猎人更为勇猛，狩猎牧放可以丰收。主题形象周围还有大动物腹下有小动物的形象，以及若干羊的形象，这些形象与两组射猎形象共同构成了生殖丰产崇拜的意义。试想在生殖崇拜仪式中，巫士一边刻绘图像一边施法，刻绘即是与神灵发生接触感应的途径。在巫术仪式过程中，所有人的精神意志随着画面的呈现发生共鸣，人们坚信已经实现了对现实动物的控制和猎获，同时也从动物身上获得了"力"的传感，人们为之感到振奋和欣喜。

图 2-90
哈密市乌兰布拉克西岩画

　　原始社会生产力低下，人类的生存始终被各种不可控制的因素所威胁。人口出生率和存活率始终不及自然灾难、病痛衰老、争斗伤亡、野兽侵袭等带来的人口损耗，人口成为族群生存兴衰的决定性因素。因而，在物质生产和人自身生产中，人丁的延续和繁衍的意义远比获取食物更为重要。人口繁育和发展对原始游牧部族而言更加迫切，这是促使原始游牧部族费尽心力从事生殖岩画创作的主要动力。原始游牧部族在质朴、本能的生存意识指导下，以图像形式将现实万物赋予抽象的生命意义，以极具概括力的表现方式表达着耐人寻味的生命精神诉求。正是人类在漫长的历史发展中，为争取生存和再生产而做出

不懈的努力，才创造出辉煌的人类文明，生殖崇拜正是人类文明特有的文化形态之一。

### 三、人神交互的巫术画语

在原始游牧部族眼里世界就是充满神灵的世界，他们所理解的每一种力量都会被视为值得敬慕的对象，人的意志的冲动也都成了神性的一种具体表现。为了满足人的意愿诉求，他们尽其所能地和这些力量实现交流。自然万物中那些人所不及的特征都被认为是"力"的属性和源泉，其形状、大小、数量都体现着不同性质的"力"。原始游牧部族摹绘物象时，就会格外关注物象特征所具有的"力"。列维·布留尔在《原始思维》中提出："原始人知觉趋向首先关心的并非存在物的现象特征和外貌特征，而是它的神秘力量和神秘性质，也就是它的'力'或'效力'的所在，这种'力'或'效力'能够根据环境而变成看得见的或者看不见的，因此，原始人对万物的观察，首先是对各种具体的'力'的辨认……"[1] 在图像与实体同一的观念下，原始游牧部族着重描绘事物那些具有"力"属性的特征，或主观地将这些特征凸显、夸大，使"力"得到增效或增值，相信在巫术操作下人能够获得与实体同样的强大力量。

（一）神秘力量的传达互渗

原始狩猎生产多以野生的草食性动物为对象，草食性动物对人的

---

[1] [法] 列维·布留尔. 原始思维 [M]. 丁由，译. 北京：商务印书馆，2009：46–50.

攻击性小、体大、肉多，皮毛可再利用，为人类生存提供了丰富的生活资源，成为人类主要的猎取对象，也是之后被驯化的主要动物。而凶猛的食肉动物对人具有攻击性，充满危险，令人畏惧，唯恐避之不及，所以人们不会主动攻击那些具有伤害性的凶猛动物。从岩画中可以看到，牛、马、羊、鹿等大型食草动物是岩画的主要内容，而凶猛、危险的食肉动物比较少。生存是原始游牧部族的第一要务，他们关心一切和生存相关的问题。岩画中大量刻绘那些被当作食物来源的动物，其目的是解决生存所需的食物。马林诺夫斯基曾多次指出，"原始民族即使在顺利的条件下也避免不了食物缺乏的威胁。所以他们的所有重要的原始宗教信仰几乎都是围绕着保证食物来旋转的"。[1]原始游牧部族在与自然抗争中，面临着食物匮乏、生命遭受威胁等巨大困难，这些困难迫使他们幻想着以巫术方式对各种难题进行化解。他们认为那些被当作食物的动物和有攻击性的猛兽都是神灵掌控的，通过娱神敬神的巫术方式可以与之沟通、交流、和解，驱使自然万物能遵从人的意愿，从而获得狩猎丰产和避免伤害。动物崇拜就是原始游牧部族试图以自身力量去影响和控制自然的方式，他们相信每种动物都有各自的神魂，以巫术与动物进行神魂交互、交感，有助于猎获和控制动物，规避危险。同时，人也可以从动物那里获得自我成长的力量。原始游牧部族将动物视作神明并顶礼膜拜，刻绘在岩画中，在巫术与仪式行为中博取动物的庇佑，达到丰产的功利目的。

　　岩画是原始崇仰信念的现实化载体，将精神幻象描绘为具体图像，以此达成"力"的互感。原始游牧部族刻绘出具有神秘"力"的事物，

---

[1] 朱狄 . 原始文化研究 [M]. 北京：三联书店，1988：405.

从中获得对现实物同一的感知。他们把记忆中的表象赋予主观意志加以具象，并描绘出可视觉感知的外化图像，凭着直观知觉在图像、人与事物之间建立起巫术联系，在这一过程中达成特定的因果联系。岩画刻绘就是巫术操作的过程，凿刻的每一个动作都是对图像进行施法，也是对实体的施法。岩画是人的物象记忆与理想心象的投射，反映出的是原始认知意识里的事物，或者说是原始游牧部族对外在事物的感知概念，即以"力"的观念为核心的感知印象。因此，岩画图像与现实物象的同一性实际上是"力"或"效力"的同一性。

原始游牧部族执着地从事巫术行为，目的在于满足生存的本能需求，即物质生产和自身生产。描绘动物是因为要捕获野兽作食物，这是生存必需的事情。于是，他们就会将关于动物的认知都保存在记忆中，以便随时取用，而记忆的核心内容集中在动物那些对人类有意义的形态特征上。那些存储在记忆中的形态，是被原始游牧部族选择的特定形态和最能体现对象本质的形态，如凝聚着神秘"力"的动物犄角、身躯、生殖器等。记忆里存储的表象特征，在原始思维的加工、改造下注入了人的主观意识，成为能够给人带来福利的神性形象。岩画作为人类生命感情与崇仰信念的投注对象，人们认为对其施以特定的巫术行为，就能将主观情感施加到现实物上，同时也实现了人的自我完善。巫术就是人与自然交流的黏合剂，原始游牧部族在巫术的暗示与引导下，产生出自我强化的幻象意识，他们相信在超自然力量的协助下，可以对所有事物施加影响或给予控制，人们在巫术创造的虚幻意识中获得了生命力的鼓舞和心愿达成的满足。

图2-91为狩猎场景，画面中羊作为原始游牧族群动物崇拜的神化形象，身形硕大，人在其面前显得十分渺小，可见动物崇拜在原始游

牧先民心目中有着至高至圣的地位。羊形象在写实基础上进行了变形，羊角以夸张的螺旋状形式表现，秩序化的螺旋形给人以力量循环往复的神性感受，代表生殖效力的增值。羊角中心嵌合着一只相似造型的小羊，大、小两只羊构成一个相对封闭的图式，大小动物嵌合而成的形象代表着生殖与丰产。猎手以弓箭指射巨羊的头部，弓箭成为人与羊接触、传导的介质。在巫术作用下，巨羊的"力"与人、家畜都发生着交互感应。原始游牧部族为达到畜牧丰产、繁衍昌盛的目的，创造性地构建出具有象征意义的嵌合式图像，使叙事空间得以延展，这是原始游牧部族在长期自然感知与岩画实践中积累的美感经验的应用与反馈。图2-92为巴音郭楞蒙古自治州且末县莫勒切河东岩画的动物图，图像中有两只大的羊，其中一只夸张的羊角中包含着小羊，这一组合是典型的生殖丰产的图式。在两只羊右上方有一只手印图像，象征着对畜群丰产力的控制与占有。原始游牧部族认为对图像施加手印，既是对现实中的猎物和畜群实施了占有巫术，同时人也通过手印触摸动物形象而获得神秘的"力"的传导。

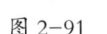

图 2-91

博尔塔拉蒙古自治州温泉县本布图岩画

图 2-92

巴音郭楞蒙古自治州且末县莫勒切河东岩画

图2-93为阿勒泰地区富蕴县布腊特岩画中的牧猎图。岩画中有两个人物，一人牵骆驼，一人牵马，牵马之人手持弓箭，弓箭指向一只

鹿的角部。鹿在原始游牧崇拜中被视为神圣之物，形象以线条勾勒的方式表现，鹿角极为夸张，左右对称，以短线排列出有序的分叉，使鹿的形象充满装饰感和神秘性。牧猎人用弓箭直指鹿具有"力"或"效力"的鹿角

图 2-93
阿勒泰地区富蕴县布腊特岩画

部位，弓箭指射就是实现人与神"力"互渗的操作。画面周围还分布着几只以山羊为代表的家畜以及以盘羊为代表的猎物，所有形象构成求丰产、求生殖的原始崇仰主题。

岩画刻绘本身就是与巫术施法同步的行为，也就是"巫绘（刻）合一"。原始游牧部族虔诚地刻下每一笔线条，刻绘中不断将主观情绪附加在图像上，生存需求的迫切性使他们更加注重对物象"力"部位的描摹，形象的夸张、变形、美化是在崇仰情感驱使下的主观意象的具体表现，形象地体现出强烈的丰产巫术的功利性特征。岩画中无论是自然崇拜、动物崇拜，还是图腾崇拜、祖先崇拜、生殖崇拜，其核心意旨都指向基于生存本能需求的"丰产""生殖"两大主题。

岩画是现实物与精神物的投影，对岩画施以巫术行为，就是对各种"力"进行控制、交流、互感的途径，以此满足人们所期望的生存所需。他们不仅以刻绘作为施法的方式，还会反复描摹或叠加，或用工具、武器对岩画图像进行刺、戳、杀、涂、擦等动作，这些操作就是实现对实体物的猎获、占有和杀伤，以及实现"力"互渗的巫术行为。巫术操作过程就是让人的意志、实体、图像三者之间进行对应交

感的过程。如"刺""涂""擦"动物图像，就意味着猎杀和消灭了动物实体；"触""摸""刻""绘"那些具有生殖象征的图像，就可以获得生殖力。通过动作或图像的模仿（接触）行为可以把自然力和生殖力传递给人自身，或以同样的巫术行为促进畜群的增殖。岩画创作本身就是施法的完整行为，这是原始游牧部族为实现精神意愿与崇仰意识进行的具体践行方式。

（二）生殖力的交感传递

原始游牧部族将自身繁衍的原因归结为一种神奇的外力支配，生殖器、交合行为便成为这种神奇外力的载体，生殖岩画是生殖崇拜文化的外化形式与具体体现。在生殖巫术行为中，人们相信刻绘岩画可达到控制、感应神秘生殖力的传递的目的。原始认知中生殖图像并非现实的生殖器官，而是超自然的生殖力载体，它与人类自身的繁衍、家畜的丰产、猎物的富足以及族群的兴盛等都存在着某种神秘联系。族群成员共同信仰和参与到生殖崇仰文化中，使浸润其中的集体成员对这一信仰达成高度的文化认同，成为激励人们孜孜不倦追求生存延续、丰产繁荣的精神动力。正是这种强烈的生命意愿，促使原始游牧先民相信以生殖崇仰仪式取悦神灵，能够获得神灵对生殖力的增值与护佑，以确保族群的物质丰产与人丁兴旺。

原始游牧部族认为一切与生殖器官、生殖行为有关联或相似的自然事物，都蕴藏着神秘的生殖力。从原始母系社会的女阴崇拜，到父系社会的男根崇拜，以及由各种象征生殖的动物、符号等图像，共同构建出人用于表达生殖繁衍夙愿的生殖崇拜语汇。原始游牧部族使用这种独特的语言方式，实施着情感表达和自我完善的践行。他们刻绘

图 2-94
阿勒泰地区阿勒泰市骆驼峰岩画

各种象征生殖的岩画图像，以此实现人自身的繁衍强大、族群兴旺、绵延子嗣。图 2-94 为阿勒泰地区阿勒泰市骆驼峰岩画中的鹳鸟啄鱼图。鹳鸟为侧面剪影造型，以写实性的手法表现出鹳鸟尖嘴、曲颈、长腿的特征，鸟嘴衔着鱼的侧鳍。鱼以线条勾勒，呈现对称的图案化形式，鱼的各部位细节刻画到位，鱼身也以对称的线条示意出鱼鳞状。鱼体形硕大，比例大于鹳鸟。鹳鸟啄鱼的上方还刻绘着一匹健硕的马。岩画整体以线面结合的方式塑造，线条的流畅、精美、对称、秩序与节奏等美感形式使形象具有装饰意味。可以看出，此时的岩画刻绘技艺、表现手段都有了很大的提升。

鹳鸟啄鱼图不是单纯地对动物的行为进行描述，而是将动物的属性特征与生殖观念相互比照，产生某种相似性的对应，构成"以彼物比此物"的隐喻式形象，以此达成生殖力转移至人自身的效应。在原始崇仰文化中，鱼产子多，繁殖力强且形似女阴，因而鱼被视为女性生殖崇拜的象征。赵国华先生在《生殖崇拜文化论》中提出："原始人类混沌初开，人兽之间尚无严格的分野，由鱼及女阴的相类联想，引发出他们的一种模拟心理。经过与鱼生殖能力的比照，远古先民尤其是女性，渴望对鱼的崇拜能起到生殖功能的转移作用或者加强作用，即能将鱼旺盛的生殖能力转移给自身，或者能加强自身的生殖能力。用今天的语言来说，先民是渴望通过对鱼的生殖能力的崇拜，产生一种功能的转化效应。为此，远古人类遂以鱼象征女性生殖器，并且应运而生了一种祭祀礼仪——鱼祭,用以祈求人口繁盛。"[1] 以鱼象征生殖在中国文化中极为普遍,喻示着人丁兴旺,至今人们的生活中依然延续着关于鱼的各种美好寓意。鸟是男性生殖力的象征,原始人关注那些与男性生殖器官相似的事物,并将其作为生殖力的象征物。鹳鸟啄鱼图是以比拟的方式,将鸟和鱼作为男女交合的象征,通过刻绘施法使生殖力互渗、传感到人自身,以实现生殖旺盛和绵延子嗣的目的。

　　图 2-95 为阿勒泰地区哈巴河县唐巴勒塔斯萨依岩画中的交媾图。画面由三个人物和一大一小两只羊组成。画面上方刻绘一只体形巨大的羊,为侧面剪影图式。羊的下方为一组男女交媾形象,人物为正面剪影,交合动作造型夸张。左下侧人物为侧面剪影图式,手持巨大弓箭,呈拉弓射箭状,搭在弓上的箭延长至交媾的人物处,箭前端刺射在交合的男根上。持弓箭人与交媾人物之间有一只小羊,画面左侧还有一个象征男根的"+"纹样。岩画中的大羊和小羊、射箭的人、弓箭以及男女交媾形象,每个形象都蕴含着神秘的生殖力。生殖力在各形象之间相互流转、影响,再通过刻绘过程和巫术施法,将这些生殖力传导给人,最终实现生殖力的互渗。画面中的形象作为传达生殖巫术意图的符号,承载着原始游牧部族生殖崇拜的心愿。羊形象指生活物资丰产繁荣,男女交媾指人丁繁衍兴旺,而弓箭作为生殖力传递的

图 2-95
阿勒泰地区哈巴河县唐巴勒塔斯萨依岩画

[1] 赵国华.生殖崇拜文化论 [M].北京:中国社会科学出版社,1990:169.

导体，发挥着将神秘生殖力在人与图像、动物之间进行传递的作用。在原始游牧部族的思维认知中，人的生殖力与动物的繁衍力可以相互影响与作用，彼此传递且相互促进，人的交媾行为可刺激动物的繁殖，而动物具有的"力"可强健人的生殖能力。

岩画作为原始崇仰巫术的施法载体，人们相信岩画形象与实体一样拥有生命性，它们是实现神秘力与人进行互渗、转移、感应的媒介。由于注入了更多人类能动的生命意志，从而使岩画形象更加具有生命感染力，成为人类追求生命意义与自身发展的推动力。

# 第三节　以场景叙事为对象的符号谱系

## 一、牧猎场景的叙事结构

原始游牧部族面对未知的世界以神秘性的互渗思维解释一切，由此化解自我认知与现实的矛盾。他们从观照自身意愿出发，以符合主体认知的方式去反映世界。岩画则是原始游牧部族反映世界、表达认知、传达情感的直接方式，他们用简拙、单纯的造型模拟现实，塑造出不同的物象，这些物象被赋予特殊的价值与意义，成为载意寄情的语言符号。各种图像符号在不断相互组合、关联、呼应中形成特定的表意体系，构成了能够叙事喻义的图像语句，成为原始游牧部族记录、叙事、表意的语言方式。

### （一）岩画的叙事形象

#### 1. 动物形象

在原始游牧社会，人与动物的关系是双向性的，动物是被人猎杀的对象和食物，但人们又敬畏和崇拜动物，将它们视为神圣供奉起来。在集体表象互渗思维的作用下，人对这种矛盾关系做出了合目的性的协调。他们认为，猎杀和食用动物只是取其肉骨，但灵魂不散，这些灵魂与人结合，人就有了动物的能量，这也是动物生命轮回的过程。

在许多原始民族的传统里，人们在分食动物前都会进行感恩或祈福的仪式，以表示对动物的尊崇。在岩画中刻绘动物形象，既是为猎获动物或祈愿动物丰产的巫术行为，也是人表达对动物的感恩、敬仰的崇拜方式。（图2-96）

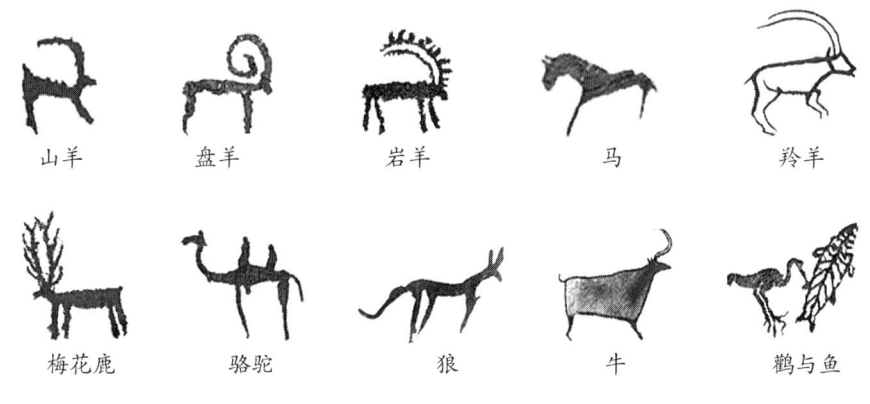

| 山羊 | 盘羊 | 岩羊 | 马 | 羚羊 |

| 梅花鹿 | 骆驼 | 狼 | 牛 | 鹳与鱼 |

图 2-96
岩画中的动物形象

动物形象在人的主观改造后成为具有特定意义的象征符号，并参与到岩画的图像叙事中，发挥着传情达意的"画语"作用。原始游牧部族刻绘动物时并不是写生式的照实表现，他们只关注动物那些有着"力"或"效力"的独特属性。原始人坚定地认为那些特征是神灵控制的灵力，这些"力"是人所不及但又极度渴望拥有的。他们相信将这些动物形象刻绘下来并施以法术，就能实现对实体动物的控制和占有，同时也就拥有了动物的"力"。原始游牧部族将崇拜的热情注入动物形象上，刻意强调和夸张那些"力"的部位，以主观情感需要创造出各种具有神灵意义的动物形象，人对动物的塑造实际是对自身的塑造，并成为人类实现自我力量强化的增效介质。

岩画中独体动物形象较少，多是群体组合或多物种组合，以及与人、与事或与物组合的形式，构成具有特定内涵意义的叙事画面。独体形象作为基础元素，以"词"的方式与其他形象进行结合，建构出有意义的语句关系共同参与到图像叙事中。以动物为核心的不同组合形式呈现出不同的关于"丰产"的叙事语句关系，而每个物象则是语句中具有特定崇仰意义与巫术价值的"词"符号，物象之间相互关联组合成造句关系，共同完成主题内容的表述与表达。例如，岩画中最多的形象是羊，原始游牧部族认为羊角造型、体形大小、数量多少是体现"效力"属性的重要特征，这些特征只有被不断强调、夸张，才能使丰产巫术的互渗效力得以增强。羊多以群体方式出现，或参与到其他动物群体中，羊的数量多少以及羊与其他动物的接触都是畜牧丰产巫术的表现形式，也是促使丰产、实现"力"的巫术操作方式。动物岩画还是仪式中巫术操作的对象，一是图像中的人物以驱赶、刺杀、射猎等方式，对动物形象施以特定动作，完成"力"的传导巫术；二是岩画刻绘者或巫士对动物形象进行刻绘、涂抹、刺杀、击打等巫术操作，这些行为和方式都是实现人与动物以及家畜与野生动物之间的效力或能量的传递、交流、互渗的巫术行为。

原始游牧先民相信人与动物同源，他们视某些动物为神圣、祖先或英雄的化身，并将其作为图腾崇拜、祖先崇拜的原型。在岩画刻绘过程中，他们体验着物我交流、人神交互，以及祖先回归所带来的精神满足与情绪愉悦，情绪满足的愉悦快感是审美意识产生的基础。原始审美就是在现实需求与崇仰精神等因素的作用下产生并迁移到动物形象的塑造中，形成程式化、图案化、象征化的图像样式。动物形象作为岩画的主要表现对象，反映着原始游牧社会生活的现实，也折射出人对自然和生命的认知方式与意识观念。它们是人类对自然加以主

观改造的初步尝试，也是在人类实现自我改造过程中迈出的重要一步。

2. 人物形象

变幻莫测的大自然在原始人眼里，充满着难以抗拒和掌控的恐惧力量。他们认为自然中那些异己的力量是主宰万物与人类命运的神圣灵力，人类在自然面前倍感屏弱和渺小，只有敬畏和取悦那些神圣所在，人类才能得到庇护，这是原始崇拜文化产生的客观心理因素。原始游牧部族以神秘互渗思维与自然万物进行交往与沟通，对各种不可理解的事物和现象做出迷幻的解释。崇仰观念是原始游牧部族与自然进行顺应、同化的意识体现，更是人主动将自我认知转化为生存实践的方式。在生存实践中人类自我意识觉醒，自我意识萌生首先体现在人对自己的察觉，对自身与他者关系的感知，由此产生了"我"的认知。在原始环境下由于人力的微弱，人类只能选择屈从和敬畏自然，这是人对自然中本我地位的认同。于是"我"被放置在自然界的底层，甚至动物的地位也远远高于"我"。岩画中的人物形象多以单线条或线面组合的方式塑造，形式简单、稚拙，以四肢线条的变化呈现人的各种动态。虽然人物造型极为简化，但对人的生殖特征、配饰却有刻意的表现，如将男性生殖器官夸张，或刻绘出头饰、尾饰，或配有弓箭、工具之类，以此表明人的社会性身份。原始游牧部族在刻绘岩画时不遗余力地塑造、夸大动物形象，而刻绘人物时却十分概括、微小。说明人们更加关注那些作为食物和生存资源的动物，而对"人"自身的自然地位做出了妥协，只强化了"人"那些关乎生殖繁衍、力量强盛的内容。原始游牧部族以简拙、意象的方式描绘出人在自然中的生存活动，在主观意识中构建着人对自然支配、占有和控制的精神世界。

他们通过岩画刻绘和巫术活动欲求掌控自身以外的客体世界，从中获得某种生命激励，在欲望补偿中得到精神满足，以达到生存力量的自我完善与超越，这是人类自我意识觉醒的表现。

岩画中的人物形象大体可以分为四种类型：一是日常人物；二是人与武器或与工具组合的牧猎人、战士等；三是人与动物组合的骑者等；四是仪式中的舞蹈者、巫士、男女交合等形象。日常人物以简单的线条表现出直立、行走、驱赶等动态，这类人物常常出现在牧放场景中。在狩猎场景中，人物形象配以弓箭表明是猎人，以上臂的曲折方式或弓箭与人的交叉关系表现出搭弓、射箭等狩猎姿态，有些人物形象的两腿间还刻绘有象征猎人身份的尾饰。

人与动物的组合是游牧岩画中主要的造型内容，反映出原始游牧生产生活的现实景象。如人与动物之间用短线连接，表现人牵引着动物。把人叠加在马、骆驼、羊的背部，表现出人骑行的状态。骑行人物有的是四肢可见的正面，有的是侧面，但人与动物都是直接叠加，没有透视和遮挡关系。骑行人物或手持弓箭，或持武器，或持缰绳，或套马等，人与动物的多种组合方式是原始游牧社会生产的真实展示。（图 2-97、图 2-98、图 2-99）

图 2-97
岩画中不同姿态的人物形象

图 2-98
岩画中射箭人物形象

图 2-99
岩画中骑行、骑射人物形象

　　岩画中生殖崇拜与仪式场景中的人物形象，要么是巫术的操控者，要么是仪式现场的参与者。舞蹈人物是仪式中巫术行为的投影，"舞"与"巫"相通，是原始崇仰仪式中"以舞通神"的重要内容与形式。舞蹈人物多以群舞方式呈现，再现了集体化的仪式场景。人物以简约的点、线、面组合，通过四肢线条的变化展现舞蹈动作。人物上肢相互连接表明是手牵手的群舞，以体现相互依存、族群团结的群体意识。新疆岩画中巫舞常有的动作就是一臂屈肘，手向上，一臂屈肘，手向下，身体直立而舞。这种舞蹈在巫舞中有着明确的指意性，手臂上扬指阳，代表获得光明、希望；手臂下垂指阴，代表驱邪、逐恶。男女集体上下摆动手臂，群而舞之，共同完成实现祈福驱恶的仪式。康家石门子岩画是表现原始仪式中人物群舞状态的最典型形象，人物的舞蹈动态、体态特征都具有"指意性"，这种崇天敬地的体态符号是原始崇拜仪式中精神"心象"的外化体现，表达出原始游牧族群集体的生命意愿与信仰。（图 2-100）

图 2-100
岩画中舞蹈人物形象

巫士是实现神与人沟通的"通灵"中介者，在部族群体中起着祈福消灾、协调社会矛盾、加强群体认同的掌控作用。岩画中巫士形象是人形的神化创造，负载着原始信仰的全部臆想内容，目的是让巫术仪式的操作效力能够持续作用。母系社会的生殖崇拜以巫士人面形象为代表，形象头戴巫士尖顶帽，五官以同心椭圆或菱形表现，体现出女阴崇拜特征。图 2-101 中两个形象则是父系崇拜的巫士形象，人物宽肩窄胯体现出男性形体特点，头部有象征巫士的角状饰物。左边为巫士直立像，头部有角状饰物，躯干部分以上宽下窄的几何形组合出男性体形特征，手持弓与箭肃穆直立，表现出巫士的威严与庄重。弓箭具有生殖意义，是巫士进行施法的道具。右边是穿长袍的巫士，做着左右手臂上下交替的巫舞动作，臀部添加了三根男根造型。男根崇拜是父系社会生殖崇拜的典型特征，原始游牧部族认为生殖繁衍来自男人对女人的精津授受，男人在两性中具有主导地位。对男性生殖器形状、数量、大小的着重刻绘，可以实现对生殖效力的增值和强化。原始生殖崇拜始终聚焦在那些与人的生殖相关的神秘性特征上，他们模仿男女生殖器官和男女交媾行为，认为这些形象是实现神秘力与生殖力互渗的媒介，对人的两性生殖产生着重要影响。因而，岩画始作者为表达强烈的生殖欲求，采用夸张的方式突出生殖特征与交合行为，这是原始人对两性生殖现象的认知映射，更是生殖崇拜意识的传达方式。（图2-101、图2-102）

图2-101
岩画中巫士人物形象

图2-102
阿勒泰地区哈巴河县唐巴勒塔斯萨依岩画

### （二）岩画的叙事场景

岩画以图画方式展现出原始社会人类的现实生活，也反映出原始游牧部族的认知意识、精神信仰与文化内涵。原始游牧部族在岩画塑造中，有意或无意地附加了许多符合自身认知和需求的内容，让岩画既有写实象形的功能，又有表意象征的作用。岩画的表征性与表意性相统一的特征，使其成为类似语言文字的叙事承载物，承担起部分记录、传达、象征及传承的叙事功能。

### 1.牧猎图

原始游牧社会以狩猎、畜牧为主要的生产生活方式，人们与动物相依相伴，休戚与共。牧猎动物是游牧先民获取食物的重要途径，成为原始游牧社会生活、文化的主要内容。他们相信动物与人之间存在着相互依存的神秘关联，于是将人自身的生命、情感、意愿全部寄予动物。他们把动物刻绘在岩画上，认同图像和原型具有一样的真实性，相信动物、图像与人之间可以产生神秘互渗，人就能从中获得与动物的交感与沟通。他们以岩画刻绘的方式讲述着人与动物共生的现实场景，表达着人对动物的特殊认知心理和崇仰情感。

岩画以特有的图式特征、结构方式，将原始社会物质实践与精神实践的现实面貌呈现出来。原始游牧部族将现实事物转换为物象图形，不同的物象图形在同一画面中以一定的结构关系共同完成对情节、事件的描述。岩画场景叙事中，不同姿态的"人"与"动物"作为独立语素参与到叙事语句中，并以特定组合方式构成有意义的"句式"关系，共同完成对某种主题的叙事表达。

以游牧岩画中最普遍的"人"与"羊"的形象为例，在场景叙事中二者的组合关系衍生出多种语意画面，如"牧放""动物群""狩猎""图腾"等。当基础形象具有某种能指与指意特征后，经过组合、关联、结构，就不再是简单的表象描述，而是有内涵的意象表达。图2-103为阿勒泰地区哈巴河县多尕特岩画中的牧猎场景，羊的形象呈单线的剪影式造型，并以重复方式表现出羊群数量之多。群羊皆向右呈先后有序的排列，似乎在前行，形成统一的秩序感。岩画的核心意义体现在群羊中的鹿，它是力量与神性的象征物，羊与鹿的组合满足了神明护佑、家畜丰产的功利目的。而人与羊的组合多体现在"牧放""狩猎"等场景中，此类场景中的人与动物形象呈现出不对等的比例，但二者的组合关系又体现出相辅相成的必然联系，映射出人与自然一体化且人从属自然的原始认知观念。图2-104为哈密市巴里坤哈萨克自治县八墙子岩画的牧猎场景，羊的造型呈剪影式，体形巨大。持弓箭与骑射的人物则以简单的线条表现，比例较小。羊是画面的视觉主导，不同姿态的人物以围猎方式布局在羊的周围。人与羊通过弓箭的指射方向被关联在一起，形成有意义的牧猎叙事内容。弓箭作为武器，代表控制与占有，同时还是生殖象征，代表神圣力量的传导途径。猎人的弓箭都射向羊具有生殖意义的尾部或腹部。人与羊在弓箭的链接下实现"力"的交感互渗，即人对羊的控制与猎获；同时，羊也赋予人强大的生殖力、生命力。牧猎场景是原始游牧生产的现实再现，也是巫术操作中有意识的情境布局。原始游牧部族从主观意志出发，能动地模仿、改造和创造出获得神秘力量的形式与方法，来满足自身的物质需求与精神意愿。

图 2-103
阿勒泰地区哈巴河县多尕特岩画

图 2-104
哈密市巴里坤哈萨克自治县八墙子岩画

2. 图腾图

原始游牧部族认为自然万物包括人自身，都是由神灵创造而产生的，一切生命都来自神秘力的操控。他们按照自身的生存所需将动物类化，认为有些动物是他们的食物，有些动物是他们的伙伴，还有一些与自身有着同宗同源的血亲关系，每一种动物都由特定的神灵所掌控，由此激发了人们对动物的崇拜心理。人们把现实中的动物表象经过主观臆想的加工、改造、重构，创造出象征神灵的图腾形象，并取悦和供奉它们，期冀神灵对人的生存所需予以庇佑。

原始游牧部族认为那些有着特殊体态特征的动物更加具备强大的神秘力量，如草原动物中草食性动物的犄角。他们在崇拜心理和生存欲望的驱使下，将动物那些体现生命力量的局部特征进行主观夸张，以刻绘行为作为神秘力量互渗与传递的过程，形象的夸张代表着力量的倍增，在描刻图像的过程中就能与原型实现交互感应，从而使人类自身的力量获得超凡的升华。鹿、羊的形象是新疆岩画中普遍当作图腾的动物形象。鹿健硕的身躯、巨大的犄角以及善跑、生殖力强等特征被原始游牧部族所崇拜，视为神灵图腾加以供奉。羊是维系游牧部族生存和延续的重要食物来源，畜牧丰产是关系人类自身繁衍的关键，因此鹿与羊的形象在草原游牧岩画中占有很大比例，并作为岩画中的神灵图腾护佑着人与畜群。图 2-105 为新疆阿勒泰地区阿勒泰市玉勒肯卡拉苏沟岩画中的鹿与羊的形象，岩画以直观写实的剪影形式呈现出鹿、羊的外形特征，剪影式是原始岩画中最主要的表现方法，这与原始人的观察能力、认知能力和思维能力的发展水平有关。造型简化概括，夸张的鹿角与突出的雄性生殖器是图像的核心指意，鹿代表着神，鹿的生殖器指向下方的羊，指意鹿与羊之间的生殖力交互，繁衍与畜牧丰产的崇仰意愿在人们的造型行为中得到实现。生殖特征的夸张充分体现出原始游牧族群对生命力强健的动物的崇拜心理，这是原始思维下人类精神世界中的象征意象的外化，主观夸张也是原始审美的常用手法。

图 2-106 为新疆昌吉回族自治州昌吉市山羊圈岩画。羊形象均呈剪影式造型，排列相对随意，没有比例和空间概念。唯一以凿刻线条勾勒的羊形象被突出放大，腹部空白，其中刻绘了数只羊加以填充，这是岩画中表现雌性孕育的造型方式，说明这是一只孕育的母羊。母羊是生殖丰产的神灵，崇拜羊神就能得到神力护佑，畜群就能获得繁衍丰产。原始游牧经济背景下的人们需要更多的家畜才能维系族群的延续，他们在巫术仪式中，通过刻绘象征丰产增殖的图腾形象，再施以巫术表达自己对神的崇仰与膜拜，祈求神灵能够庇护自己的畜群。母羊腹部的图像是为实现丰产增殖而采用的添加手法，使简约的羊形象在添加赋意后成为具有装饰性和象征性的图腾形象，由此可见，人类在生命精神激励下迸发出的无限创造力。

图 2-105
阿勒泰地区阿勒泰市玉勒肯卡拉苏沟岩画

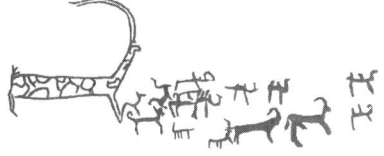

图 2-106
昌吉回族自治州昌吉市山羊圈岩画

### 3. 生殖图

人自身的生产是人类社会重要的生产内容，这关系到人类社会的延续与发展。人的繁衍在于两性的交合和孕育，正如《易经·系辞传下》中所说："天地絪缊，万物化醇。男女构精，万物化生。"但原始游牧族群对两性生殖不知其理，同时受自身或外在因素的影响，生殖孕育这一过程愈发显得复杂且困难。原始游牧部族对于未知事物用非逻辑的表象思维方式做出神秘化的解答，他们在实践知觉基础上加入想象、幻觉和感性因素，认为生殖力源于自然界中潜藏的各种神秘力的作用，这些神秘力控制着自然更替和动植物的生死轮回，人的生殖也受其掌控。在原始互渗思维下，人们关注模仿两性生殖器官、交媾行为以及与生殖相关的事物特征，认为两性生殖器官以及相似物都有神秘力与生殖力存在，生殖器的形状、大小与数量都会对生殖效力产生影响，因而岩画始作者将关乎生殖的形象刻绘在岩画中，以巫术仪式施加作用，祈愿能获得生殖力的增值。

在阿勒泰地区阿勒泰岩画中，有一幅岩画曾经被称为杂技图（图2-107），但仔细分析不难发现，画面充斥着生殖崇拜的意味。画面中的一人立于一只山羊的弧形角上，左右两臂呈弓形下垂，双手各提一个小孩，头上还有一人跨着。究竟是"杂技图"还是"生殖图"，这就要将岩画置于特定的历史文化背景中去分析。首先，岩画作为原始崇仰文化的伴生物，其创作目的具有强烈的目的性，多为巫术操作的载体。其次，原始游牧部族生存艰难，应该没有闲情逸致进行纯粹的娱乐活动。从分布在世界各地的原始岩画内容来看，基本都是围绕着"丰产""生殖"这两个主题进行创作的，说明物质生产与人自身的生产是原始游牧部族最根本的生存诉求。由此判断，这幅岩画是人与动物进行生殖力互渗的巫术操作，人立在夸张的山羊角上实现了"力"的接触，双臂牵着的小孩说明在巫术作用下实现人丁繁衍。岩画中人形象的上下叠加或人与动物组合的图式都具有生殖力互渗的意义，实则为交媾形式的异形同构。

图 2-108 为阿勒泰地区哈巴河县唐巴勒塔斯萨依岩画中的交媾图。画面由两组人物和羊群组成，其中一组人物为正在交媾状，人物为正面剪影图式，动作较为夸张。另一组人物相视而立，其中一人生殖器凸起，另一人一手叉腰一手抬起，两人头部都有角饰，应为巫士形象或是氏族中具有特殊身份的人。周围的羊群向人物聚拢，其中一只较大的羊生殖器勃起，人物与动物共同组合成一幅完整的生殖巫术崇拜图。原始游牧部族认为人类两性交合与动物繁衍之间存在某种神秘关联，在巫术作用下可彼此互渗影响和相互作用，人类交媾行为可以刺激畜牧丰产，动物生殖力同样也会激发人的生殖力，以此获得畜群繁衍与族群强盛。

图 2-107
阿勒泰地区阿勒泰岩画

图 2-108
阿勒泰地区哈巴河县唐巴勒塔斯萨依岩画

### 4. 争战图

远古的竞争体现在人与动物的搏斗中，猎人们为了猎获动物，合伙围攻野兽，通过搏击获取猎物。当人类能够进行驯养和种植后，人与动物的竞争开始转换为人与人的竞争。生产力与畜牧业的发展，使氏族部落的生产物品有了剩余，各氏族部落为了获得更多的物质材料，开始争夺有限的资源与土地。有人存在的地方就有竞争存在，人类战争的起因多源自对物质资源与权力利益的争夺。"占有是一切动物的生命本质属性。各方都要占有，彼此自然要发生利益冲突，解决冲突的手段，就是暴力，其主要形式是相扑、抱打、咬、顶、踢、抓。由于人的意识活动，暴力手段不止于依赖自身的生理器官，而且靠制造出的武器。"[1]原始游牧部族为了维持群体生活，就需要极力获取更多的物资，占有势必会引发各种各样的冲突。原始社会的战争多是由氏族部落之间或部落联盟之间因争夺赖以生存的自然资源而引发。随着生产力的发展，价值资源的内容和形式不断趋于多样化和复杂化，战争的起因也随之变得多样而复杂。人类初期在战争中使用的武器十分落后，只有木棍或石器。伴随工具的改造，战争中出现了弓箭、枪、矛等杀伤力大的武器，这为史前的战争带来了新革命。

图 2-109 为昌吉回族自治州阜康市三工河岩画中的争战图。岩画位于阜康市三工河哈萨克族乡四工村东南四工河谷内北侧山体崖壁下的卵石上。岩画以凿刻与磨刻相结合的方式，构成线条式或剪影式的形象。画面中有各种动物和混战的人群，人物中有的两两相对，手持武器进行面对面的搏击；有的是相互追打，一人持武器追击另一个欲逃跑的人；有的持弓箭准备射击对手，对方则持武器阻挡；还有骑马者手持武器与弓箭手相互对峙。人物混战在一起，场面十分混乱，表

---

[1] 孟驰北. 草原文化与人类历史（上）[M]. 北京：国际文化出版公司，1999：74.

现出激烈的战斗场面。激战的人群周围还散落着各种动物，特别是几只巨大的羊显得尤其突出。战斗的人们所用的武器除了弓箭，大多手持较短小的武器，可以判断这个时期的武器还比较落后。战争的原因可能是部落之间为争夺自然资源，而引发的群体冲突。原始族群在每次争战前，都会以仪式的方式祈佑自己的族群能够获得胜利，他们为战士做各种祈福仪式以保佑其凯旋。岩画中的动物是争夺的对象，同时也是神力的象征。争战图中的战士们在动物神灵的庇护与传渗下，战斗力会变得更加勇猛，不仅能取得争斗的胜利，还能确保族群获得更多的资源。岩画中的争战场景，既是对原始现实生活中发生的重大事件的记录，也是祈福族群强大和争战胜利的巫术崇拜方式。

图 2-109
昌吉回族自治州阜康市三工河岩画

5. 迁徙图

原始游牧族群以不断迁徙转场的方式在草原上生生不息，他们居无定所，依水草而居。在长期的游牧生存实践中，形成了独特的、适应自然生态系统的生活方式和文化模式。游牧民族崇拜自然，懂得顺应自然而为。他们敬畏自然万物，认为人与一切自然事物是一体而生的关系，从而形成以自然为原型的崇拜文化。随着游牧族群迁徙的步伐，崇拜文化也被不断地继承与传播，并以岩画的形式镌刻在迁徙的轨迹上，成为记载游牧民族社会生活的"图画式"史书。

图2-110为昌吉回族自治州阜康市三工河岩画，画面表现出原始游牧民族迁徙的现实场景。骑牛人是场景中的主角，牛的形体比例最大，以简约的几何形概括出剪影式造型，粗壮的尾巴和弯曲的犄角突出了牛的特征。人物以线条勾勒的方式造型，并直接叠加在牛的身上。主体形象前面有毡房、骆驼、羊、狗等形象。骑牛人后面有一只正在追赶的狼，下方也有一顶毡房，两只羊拉着一辆车。主体形象占据画面的正上方，形象夸张，而其他形象则以散点形式平铺在周边。画面中的形象虽然布局较为随意，但每个形象都有特定含义。巨大的牛代表神灵与神性，各种家畜以及毡房和车辆代表着族群或家庭的财产，狼则表示危险与困难。所有形象以特定的"词意"，共同构成了一个完整的叙事内容，即祈求神灵护佑，消灾避祸，保护迁徙顺利。这幅岩画刻绘的是原始游牧族群为了迁徙顺利，而进行的巫术活动。从形象的主次关系可以看出，原始游牧部族已经能够有意识地进行画面主次、大小等形式布局。每个独立物象虽然在外显形式上较为散乱，没有呼应，但内在的"词意"之间已形成了有意义的"句式"关系，生动地展现出原始游牧族群的现实生活。

图2-111为阿勒泰地区吉木乃县塔特克什阔拉斯岩画中的迁徙图。车的发明为原始游牧族群迁徙带来了极大的便利，他们利用动物牵引高车，载着全部家当和财产迁徙在不同的牧场之间。岩画中的车辆多

以侧面平面化表现，无透视，车轮以线条勾勒出圆环形，圆环内刻有多条辐条，再用直线连接车轮，表示有车轴相连。塔特克什阔拉斯岩画中的车辆为四轮马车，其中三个轮以直线连接成为三角形结构。三角形中部有一人站立，表示人在驾车。车的周围有若干只羊，下方还有一个较小的车轮。画面表现着人驾着车辆，赶着羊群转场、迁徙的现实场景。在草原岩画中，车辆、人物、动物组合的题材，多是反映原始游牧部族"乘高车，逐水草，畜牧蕃息"的游牧生活。高车作为原始游牧民族日常生活必备的运输工具，使他们在畜牧转场、迁徙中更加快捷，也让游牧民族有了更为宽阔的生存空间，同时也为南北文化交流、草原之路的开辟做出了巨大的贡献。

图 2-110            图 2-111

昌吉回族自治州阜康市三工河岩画      阿勒泰地区吉木乃县塔特克什阔拉斯岩画

## 二、仪式化的性灵互动

### （一）岩画中的崇仰仪式

人类在自我意识的萌醒和发展中，逐渐认识到自身与动物的不同。原始崇仰文化就是早期人类试图通过自身可认知、可掌握的有形事物和手段，与未知的、不可控的、无形的"神秘力量"进行交流与沟通，他们相信这样的交流和沟通能够达成自身诉求与情感需要的满足，也可以消除现实带来的压力和恐惧。原始思维下的崇仰文化不仅成为集体共识的经验，也成为集体内聚的精神纽带。仪式是集体崇仰文化的演绎场，沉浸其中的人们在信仰践行中，体验到精神得到满足后的情绪快感，更加肯定了崇仰文化的确实性。"仪式是用以表达、实践，以至于肯定信仰的行动。但是信仰又反过来加强仪式，使行动更有意义。所以信仰与仪式是宗教的一事两面性表现。"[1]

岩画是原始崇仰文化的外化形式之一，也是巫术仪式中的组成部分。岩画刻绘对原始游牧部族而言是神圣的事情，他们会慎重地择时、择地进行崇仰仪式和岩画刻绘活动。岩画刻绘的地方，往往被称为神圣之地，游牧部族认为岩画只有刻绘在充满灵性的地方才能发挥出神圣性作用。所以岩画常常被刻绘在水草丰茂的高山崖壁或河谷巨石上，视野开阔，且有足够的空间可容纳群体的聚集，这种充满生命活力的环境是祭祀仪式或巫术活动的理想场所。自然景观、仪式与岩画共构的崇仰空间，更容易引发仪式参与者深刻的精神体验和情感共鸣。仪式活动所营造出的神秘的、幻觉的神圣情境，更加坚定了人们的崇仰信念，他们相信通过巫术与岩画刻绘这些自身可操控的形式，可以与那些不可控制的"神秘力量"进行交流、交互，使那些神秘力量朝着有利于人类利益的方向发展。仪式是原始崇仰文化表达自身的外化形式，体现着原始部族的思维特性。它在人类意图控制自然并希望保持自身文化的行为中占据重要地位，在规范原始部族精神文化和社会生活方面发挥着重要作用。詹姆斯·乔治·弗雷泽曾提出："社会控制的

---

[1] 李亦园.宗教与神话[M].桂林：广西师范大学出版社，2004：47.

起源就是巫术，因为巫术将传统、氏族和社会权利相联系，给社会提供一种秩序线索。"[1]

图2-112为阿勒泰地区青河县巴润萨依岩画，位于青河县查干郭勒乡沙尔布拉克村冬牧场的巴润萨依沟两旁山坡上，沟内水草丰茂。在巴润萨依沟内有三组相邻的数座石堆墓葬，考古确定属于青铜时代——早期铁器时代的墓葬。自然环境依山临水，视野开阔，这一自然环境特点在原始宇宙观中具有神圣意义。岩画刻绘在山坡的岩石上，其中一幅为图腾崇拜，画面中巨大的羊是神性化的图腾象征，以单线刻绘的方式勾勒出羊的外形轮廓，身形夸张，羊角上扬并延长，整个形象贯穿在岩壁上。巨羊的羊角处还有一只较大的羊形象，周边刻绘着众多小的羊形象，岩画表达着祈求畜群丰产的主题意义。可以想象在蓝天碧草的环境中，原始游牧族群聚集于此，面对山坡上的岩壁，在巫士主持下共同进行着庄严的崇拜仪式，巫士将集体的"丰产"精神意念凝聚在岩画刻绘上，实施着对神力的掌控与传递的巫术行为。人、景观、岩画以及巫术行为构建出充满神秘性的神圣场域，使身在其中的集体成员共同感应着来自神的互渗。在原始神灵思维作用下，人们相信仪式是建立人神合一关系的渠道，他们以刻绘"羊神"践行着对畜群丰产增殖的控制，这种操作是集体本能需求的心灵共情。仪式是原始崇仰文化的传播过程，包括操作的行为与叙事的话语，即象征物或符号的制作和传递，以及共同社会心理下文化意义的重复肯定或创造性表达。群体成员以平等身份参与到集体文化的表达过程中，

---

[1] [英]马林诺夫斯基.巫术、科学、宗教与神话[M]，李安宅，译.北京：中国民间文艺出版社，1986：123-125.

共同对族群崇仰文化的构建做出自己的贡献。

　　图 2-113 为阿勒泰地区富蕴县徐永恰勒岩画群中的一幅狩猎图。画面主体为一只巨大的雄鹿，周边有鹿、羊、犬等动物。两个猎人手拿弓箭，图上部的猎人似乎已经射中动物，箭指向鹿的臀部；鹿下方的猎人正拿弓箭直指巨鹿腿部。鹿形象巨大、壮硕，枝杈状的鹿角呈秩序化的表现，鹿身有驼峰状背脊，雄性生殖特征都被突出强调。在原始游牧社会生活中，鹿被供奉为崇拜神灵或部族的图腾，具有超凡的灵力。岩画中实现人与神鹿的互渗方式，关键在于刻绘过程以及画面中象征生殖的弓箭指射。人们认为在岩画中刻绘出猎获动物，就能够实现对现实猎物的控制。因此，岩画中将鹿形象刻意夸张放大，并刻绘出猎人和弓箭，这是祈愿猎获与控制猎物及获得力量的巫术意志的外化表现。

图 2-112
阿勒泰地区青河县巴润萨依岩画

图 2-113
阿勒泰地区富蕴县徐永恰勒岩画

　　仪式是原始游牧部族实现"人神共感"的重要行为方式，岩画则是仪式中具体行为的表现形式。它不只是人与神实现沟通互渗的巫术介质，还是集体崇仰文化进行传播的可视化载体。岩画在仪式活动中

作为承载原始崇拜精神与生命精神的象征符号，成为原始社会人类意识形态中的重要组成内容。

### （二）再创造的神圣形象

原始认知的世界是到处都充满了神灵的世界，认为人与万物同样都受神灵的支配，人并无特殊性。正如德国哲学家卡西尔所说："对于神话和宗教感情来说，自然成了一个巨大的社会——生命的社会。人在这个社会并没有赋予突出的地位，他是这个社会的一部分，但他在任何方面都不比其他成员更高。生命在其最低级的形式和最高级的形式中都具有同样的宗教尊严，人与动物，动物与植物全部处在同一层次上。"[1] 在这个万物有灵的世界里，人们认为只有与各种事物建立起可交流、可沟通的和谐关系，才能争取到更多的生存利益。他们需要取悦和顺应那些神秘力量，期冀得到神灵的庇佑和鼓励，然而虚幻的神秘力量必须要有一个现实载体。于是，原始游牧部族将记忆里的各种表象作为造神原型，以主观意志为原则对表象进行类化和改造，通过加工、整合、异化出具有"人、神、物"共通性的形象，即原始游牧部族自我认知的神性形象。神灵形象是原始游牧部族实现与神交往的链接物，它在人与人、人与物、人与自然之间建立起可互渗的神秘联系，同时相互影响、作用。岩画中最有代表性的"鹿"形象，就是原始游牧民族以自然为原型创造出的神性形象。鹿因其特殊的外形特征和习性，被人们认为是神秘力量的承载物，同时它与人的牧猎生活有着极

---

[1] [德]恩斯特·卡西尔.国家的神话[M].范进，杨君游，柯锦华，译.北京：华夏出版社，1999：106.

为紧密的联系，所以成为原始游牧族群表现"神性"的重要视觉元素之一。鹿形象在岩画刻绘活动中，不断被重复、改造甚至异化，作为神性力量的化身出现在各种放牧、狩猎的画面中，发挥着护佑人类、祈福丰产的作用。鹿善跑、鹿角春生秋落、繁殖力强等现象都被当作神力而发挥的作用。游牧先民崇尚鹿，认为鹿角就是"灵力"的基源，那是鹿最核心的力量特征。然而，鹿的现实形象局限了原始游牧部族精神意志的表达，在反复记忆、模拟、联想与幻想的加工过程中，鹿的形象被不断赋予更多形式化或象征化内容，从而使鹿形象由自然的写实物象转换为意象的神化象征（图 2-114、图 2-115）。

图 2-114
鹿的不同表现形态

图 2-115
阿勒泰鹿石

　　鹿形象从写实、夸张向象征性演化的过程中，鹿角、鹿嘴是鹿形象变化的核心部位。鹿角变化样式繁多，造型多以规律性线条呈现有节奏的样式，但始终遵循以"大"为美这一基本理念。"大即是美"与原始人追求"丰实"与"收获"的理念高度契合，被作为原始审美的重要原则。在岩画中许多鹿形象都是尖嘴，尖嘴被认为是鸟喙的特征，鸟善飞，翱翔于天际；鹿善跑，奔驰于原野，原始游牧部族把这些人力范围之外的特征都视为超凡力量。于是，将鸟喙与鹿相结合，使鹿更加接近人们想象中的通天通灵的神。鸟喙、大角的鹿超越了现实物，成为内涵深远的精神化象征。图腾化的鹿成为原始游牧部族精神夙愿象征的神化符号，并在岩画中充当着人类庇护神的角色。在群体形象的画幅中，鹿形象总是比其他物象大出许多，人在其面前也十分渺小。原始游牧部族认为鹿具有神性的力量，可以庇佑全部社会生活。牛羊群中有鹿可丰产，狩猎中有鹿可收获，战争中有鹿可胜利，仪式中有鹿可祭神。"大角""鸟喙""驼背"这一特征成为岩画中鹿形象典型的程式化造型形式，这是原始图腾崇拜从实物向抽象化、概念化发展的演化结果。鹿形象岩画不仅是一种独特的造型样式，更是一种原始文化符号。岩画中的造神思维还体现在其他形象上，使各种事物都有可能成为神的化身，这一特点正是原始"万物有灵"观念的具体表现。

图 2-116 为昌吉回族自治州呼图壁县尖夹沟岩画中的一组羊的造型。画面中以线条为造型元素，塑造出大小三只羊的组合。主体形象为一只大羊，画面运用线条概括出羊的体态特征，后肢弯曲，前肢向前呈倾斜的半卧状。形象的重点集中在羊角上，并以夸张的曲线延伸为弯曲螺旋状，说明羊角是岩画始作者最为关注的有神力的聚焦点。大羊的羊角中包围着一只小山羊，背部还有一只稍大的山羊，三只羊都凸显出羊角特征，而躯体则以简练、概括的方式表现，并以紧密嵌合的组合关系构成封闭或半封闭的图式，大小形象嵌合式的构图代表着生殖丰产意义，这是丰产巫术操作中最常见的构图形式。原始游牧部族认为岩画中特定的物象组合关系是有效实现神秘互渗和提升巫术

效力的形式，可以达到护佑畜群丰产、生殖增效的目的。原始游牧部族为满足精神诉求，创造性地构建出嵌合式组合关系，使图像具有了形式美感，也使岩画的表意内涵更加丰富。

图 2-117 为哈密市阿格孜岩画中的羊形象。形象采用富有韵律感的线条形式夸张了力的特征，表达着丰产生殖崇拜的意义。画面中大小两只羊均以线条表现，直线、曲线交错运用，使形象富于变化。大羊角包围着小羊形成嵌合图式，寓意畜群的生殖丰产。大羊的身躯、四肢都以直线概括，呈走动的姿态。角以四条夸张的曲线表现，突出了羊角的力量，以重复方式增加角状线条的数量是巫术操作中主观增效的手段，同时也使形象具有了秩序化、韵律化的美感。原始认知中动物那些"力"部位的形状、数量、大小对巫术效力的实现和强化起着助力作用。原始游牧部族为使"效力"最大化，忽略了物象自然面貌的真实性，只在意与自身利益相契合的"力"的属性与形式。他们主观地将点、线、面等造型因素按照自身意愿组合出特定的象征形式，对物象进行强调、夸张、增减和改造，使再造形象趋向于人类意识中的"真实感"。图像改造本身就是巫术效应产生的过程，而均衡、重复、节奏等变化形式的运用是为物象添加赋意与效力增值的手段。

图 2-116

昌吉回族自治州呼图壁县尖夹沟岩画

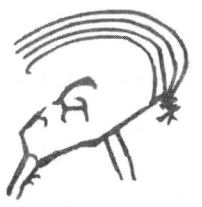

图 2-117

哈密市阿格孜岩画

岩画中人物形象普遍比较弱小且简略，但在个别岩画中出现了别有意味的"大手人物"。图 2-118、图 2-119 中的人物形象为牧放人物，这种大手人物在新疆哈密、阿勒泰及且末地区岩画中有所发现。人物形象虽然造型简单，但画面中人物的体形较大，打破了众多岩画中人物比例小的常态。这种大手人物多呈现双臂展开状，两只大手五指充分张开，手部显得格外突兀。大手人物形象不仅出现在新疆岩画中，在宁夏贺兰山、内蒙古阴山岩画中也有类似的人物造型，众多研究认同这种将手刻意夸张的人物造型应该是某种具有神授能力的"巫"或"神"的形象。手是人身体的一部分，人类运用双手制造各种工具和生活所需的衣食用品，灵活的双手推动着人在不断地自然改造和自我完善中发展前行，因此手对人类社会发展有着重要意义。手在原始游牧部族的认识中，不仅是人身体的一部分，更是人对自我身份认同的象征。岩画中手的形象，有着丰富的语意内容，具有标识、占有、获得、拥有等意义。在彩绘岩画和刻绘岩画中都有大量的手印图像，代表着人对资源、生殖与神力的占有及控制。原始游牧部族以手作为表明"本我"的身份符号，以此表明人对自己所属物或所属力的占有。大手人物是原始"手"崇拜的衍生，使人物形象有了特殊的神性身份与象征意义，张开的大手也许是与神灵沟通的巫术手势或动作，对占有力起着增效作用。总之，对人物局部进行夸张必定是为了满足某种崇仰功利的需要，这是人类对自身再塑造的手段，也是为实现自我完善而做出的合目的性的表现方式。

"万物有灵"的原始思维以集体表象为形式，构成社会性的认知意识、精神信仰、道德规范及审美原则。随着人类认知能力的发展，岩画就愈发强调主观意识的表达，从写实到象征，从具象到抽象，逐步演进出原始崇拜信仰中的神性象征。造神过程始终与人类个体和族群

图 2-118
阿勒泰地区吉木乃县托海阔拉斯岩画

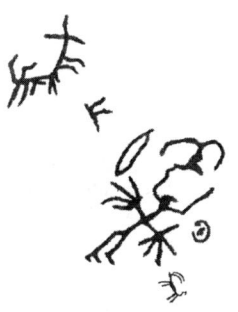

图 2-119
哈密市西山阔克亚尔岩画

的生存延续息息相关，他们将生存实践中感知到的那些强大的、美的、有灵性的对象与主观情感相联系，以想象的方式加工、拆解、重构，制造出符合自身愿望的新形象——神的形象。他们把主观的"生命意识"移情到神的创造中，通过自我激励的方式，生生不息地践行着人类自身繁衍和种属存续的生命活动。"生命意识"是人类社会的集体意识，虽然不同时代的表现形式不同，但生命母题始终是人类发展历史进程中的核心内容。

# 第三章　新疆原始岩画的技艺与图式规律

原始时代，人类的全部活动都与人的生命状态有着直接联系，岩画也不例外，其创作的动机和目的都服从于人的生存需要，是配合崇仰活动而形成的"巫绘合一"的结果。

从岩画的表现形式及内容可窥见人类早期的思维模式与行为方式，究其根源都与人的生命活动有着紧密关联，体现出强烈的合目的性特征。岩画的形式既有原始游牧部族生命本能的无意识表现，也有神性思维下表达主观意愿的有意识创造。原始游牧部族按照自身本能的认知和需求，以直觉模拟自然物象，对那些利己的内容进行夸张、放大，这是人类生命欲求的本能反应。同时，为了获取利益的最大化，自觉地把神圣感、神秘性，以及对自我生存的观照投入岩画中，运用各种形式和手段对自然物象进行主观改造和加工，使岩画成为充满生命力的情感承载物，体现出人类生命意识的能动性。岩画的题材、构形要素、空间布局等形式都服务于人的生存欲求，都是为了更好地传达出岩画制作者所要表达的意旨。然而，形式的意义与内蕴又取决于人的情感意志，无论是题材选择、造型方式，还是画面布局都大量渗透着原始游牧部族的主观意志与情感喜好。就岩画创作目的而言，它并非今天所理解的纯粹的绘画艺术，岩画不在意对视觉所见真实性的精确再现，也不按照绘画规则进行创作。但岩画又是原始艺术形式，它具有大多数艺术形式的共性特征，即表现形式的自律性和独立性，以造型基本要素（点、线、面）随物赋形，运用对称、均衡、重复等形式构建出图式秩序与规律，这些表现形式将实用的功利性与艺术的表现性紧密融合为一体。形式不仅强化了岩画内容的功利意义，还赋予了岩画审美特征，使之成为指征性与指意性统一的审美对象。

# 第一节　制作技术与形制

　　岩画作为一种人工产品，是古代原始游牧族群经过长期实践、创作而成的。岩画的艺术特征体现在表现形式上，形式由创作目的决定，实现创作目的必定要运用一定的物质材料和手段。因此，岩画的艺术性由质料（手段）、形式、目的和结果共同体现。朱狄先生在《艺术的起源》中提道："工具的制造培养了人的一种新的心理能力，即预先在心里形成加工对象形式的模式，以它指导加工的方向，使自然物发生形式的变化……岩画作为最早的造型艺术，这种综合绘画与雕刻一体的艺术形式是与这种心理能力的形式有着极大的关系……正是万年积累起来的技巧，才使得某些艺术，尤其是造型艺术及其形式风格的产生成为可能。"[1]因此，岩画独特的艺术形式与其使用的材料和工具有着密不可分的关系。新疆岩画大多刻绘在高山崖壁和山石的岩面上，或山谷石滩的大石上，彩绘岩画多涂绘在山间岩棚和洞穴中。岩画制作一般有两种方法：一种是涂绘法，一种是刻绘法。无论哪种方法都是以坚硬、粗糙的岩面为载体，运用原始工具进行涂、绘或凿、刻、磨等，留下斑斑驳驳的画迹或密密匝匝的凿点，由材质形成的绘画迹象也是造成岩画艺术形式特殊性的重要因素。

---

[1] 朱狄 . 艺术的起源 [M]. 武汉：武汉大学出版社，2007：187.

## 一、岩画中的涂绘技术

新疆的彩绘岩画多以涂绘方法制作，大多属于旧石器时代晚期的作品。新疆彩绘岩画主要分布在阿勒泰地区、伊犁哈萨克自治州，帕米尔高原及昆仑山北麓等地也有类似的彩绘岩画。

### （一）涂绘的材料

新疆彩绘岩画大都以红色为主，也有白色和黑色，这一特点在国内外彩绘岩画中十分普遍。原始绘画中红色的显色材料多是赤铁矿赭石，在自然环境中随处可见。赭石呈红棕色，比较松软，质地多为土状，经过碾磨可制作成粉状。古代人类使用赭石可以追溯到旧石器时代，在荷兰马斯特—里赫特贝尔维德雷早期尼安德特人遗址中，发现了大约 25 万年前的人类使用赭石的遗迹。在更多早期遗址研究中，发现赭石绘画极其广泛，可以说世界各国都有使用。原始游牧部族喜欢使用赭石作画的原因有很多，首先，多数研究认为赭石产生的红色与血液的颜色相同，特别是与女性经血的深红色更接近，是生命的象征，许多原始文化都把红色与丰产、生育联系在一起。其次，红色具有鲜艳、夺目、刺激的特点，十分引人注目，特别是在光线昏暗的洞穴中更容易辨析。

将赭石加工成颜料的过程较为简易，可随时随地进行。使用粗糙的石头或石具将矿料敲凿、碾磨，变成粉末。然后，将赭石粉末与水、唾液、血液或动植物胶等液体混合，制成颜料。新疆阿勒泰地区的墩德布拉克彩绘岩画，从彩绘材料以及岩画周边出土的石器情况推断，岩画为旧石器时代晚期绘制，岩画的主要显色材料正是赭石，正因矿物质的色泽独特且保存时间久，远古时代的彩绘岩画才能被完整地保留下来。从墩德布拉克彩绘岩画的观察中发现，颜色涂绘均匀细腻，具有一定的遮盖力且黏附力强，由此推断颜料的制作工艺不是简单用水调和制成，应该是加入了胶类或其他物质，才能保证颜料的黏附力和覆盖力。在工具不发达的远古时代通常使用石器进行碾磨。一般采用一大一小两块石器作为工具，以小块石头或石杵做磨石，大块石头或石窝做磨盘。从墩德布拉克彩绘岩画的细腻程度推测，提取的方法可能有三种：一是直接选用赭石作为磨石，在较为平整的磨盘上进行研磨，这种方法费时费力，并且采集到的分量较少；二是用赭石代替磨石和磨盘，两者经不断研磨来采集矿物材料；三是将赭石砸碎，再选用硬度较大的磨盘和磨石进行研磨，这种方法最为便捷，颜料产出量也较高。将碾磨好的粉末加入动物血液、蛋白液、胶等材料进行配比调和，同时加入适量的水，使颜料在使用时更为均匀、顺畅，且保存持久。用这种特制的颜料进行绘画，线条流畅，色彩鲜艳，通过喷溅、描绘、涂抹以及皴、擦、点、染产生丰富的画面效果。

目前，在原始彩绘岩画中没有发现使用画笔的遗迹，但人们会利用身边唾手可得的材料作为绘画工具。从原始生存环境及生产生活方式推测，可用做画笔的材料一般有动物的骨管、皮毛或禽类羽毛，以及植物的枝干、茎叶，还有人类的双手等。由于旧石器时代生产力低下，获得物质资料的方式以采集、狩猎为主，劳动工具也以粗陋的原始石器为主，所以旧石器时代的岩画主要为彩绘形式。不同材料的"画笔"所呈现的画面效果也大有不同，以羽毛、枝叶或毛皮作为画笔，出现的笔触面积较大且松散，适合大面积涂抹和块面填充。在植物的枝干或在枝干上捆扎少许毛皮，可绘出较细致、流畅的笔触，适于勾勒线条。人们还常常把自己的双手作为重要的绘画工具，进行涂绘、描摹、拓印，或利用骨管、植物秆进行喷绘制作出手掌印等图形。

（二）涂绘的方式

彩绘岩画的绘画方式基本分为三类：涂绘、描绘、喷绘。大面积的色彩绘制和填充多采用涂绘的方式进行，小面积的细节或形象的勾勒则使用描绘方式进行，彩绘岩画中还有许多以喷涂方式制作出的手印图形。在绘制岩画时，人们会根据所描绘形象的需要，综合运用各种方式，使画面呈现出形式各异的形象印记，凸显出彩绘岩画独特的艺术表现力。

1.涂抹法

涂抹方式通常是用毛皮、枝叶或手指、手掌等代笔，进行反复涂绘、抹擦等，所绘的效果多为平涂状。图3-1为阿勒泰地区墩德布拉克洞穴彩绘岩画，从画面中的人物和动物的形象分析，先采用单线勾勒轮廓，再以涂绘方式进行内部填充。形象轮廓线条流畅、细致，内部涂绘也较为均匀、平整，推测应该是使用特制的枝干或动物皮毛制作的画笔勾勒出轮廓，再以手指或动物皮毛进行内部色彩填充，色彩厚薄适度且工整。图3-2为阿勒泰地区富蕴县唐巴勒塔斯洞窟彩绘岩画中的一组女阴图像，图像绘制在洞穴底部的岩面上，其中一个同心椭圆形用红色颜料画在涂有白底色的岩面上，另一个以红色直接涂绘在岩石表面。绘画较为粗放，线条有断续且边沿松散、粗糙，特别是大面积的白底色涂绘，颜色分布不均匀且随性，这些迹象说明是借助特制工具或手指、手掌蘸取颜料直接涂绘而成。岩画绘制过程本身就是巫术的操作过程，以手代笔可理解为最直接的接触巫术的实施方式。

图 3-1
阿勒泰地区阿勒泰市墩德布拉克彩绘岩画

图 3-2
阿勒泰地区富蕴县唐巴勒塔斯彩绘岩画

图 3-3 为阿勒泰地区哈巴河县解特布拉克洞穴彩绘岩画，表现的是人物、动物群体场景，画面主要内容有骆驼、狼、野猪等动物以及骑马、骑骆驼的人和一些点状纹饰，画面形象众多，紧凑饱满。形象大多以剪影式造型，个别细微的形象则以线条式塑造。剪影式形象以涂绘方式绘制，线条式以描绘手法表现。图中左右两侧的人物和动物群呈相向而行的状态，左侧有狼、野猪、骑马驰骋的人等，右侧有骆驼和骑骆驼的人等，双方似乎正在进行争斗。图中众多点状纹饰均匀分布在画面右上方和左侧中间位置，点的重复多有数量增值或密集的意义。画面中狗的形体较为扁长，脖颈、腿以及卷曲上扬的尾部描绘得较为纤细，突出了狗精悍、敏捷的特点。左下方的野猪形体较为宽厚，嘴呈分叉样式，四肢短小，但身体躯干十分强壮，生动地描绘出野猪的体态特征，野猪前方还有一只狐狸。骆驼的形象所占画面比例最大，同样是以剪影式的手法进行描绘表现。人物形象较为丰富，手持武器、骑马奔跑，形体线条曲折变化。从岩画中可以看出，形象均以平涂表现，颜色较为鲜艳且均匀，轮廓较平整规则，综合运用了涂

绘、描绘及点绘等方式，产生了点、线、面错综交替的效果，画面灵动，充满活力。

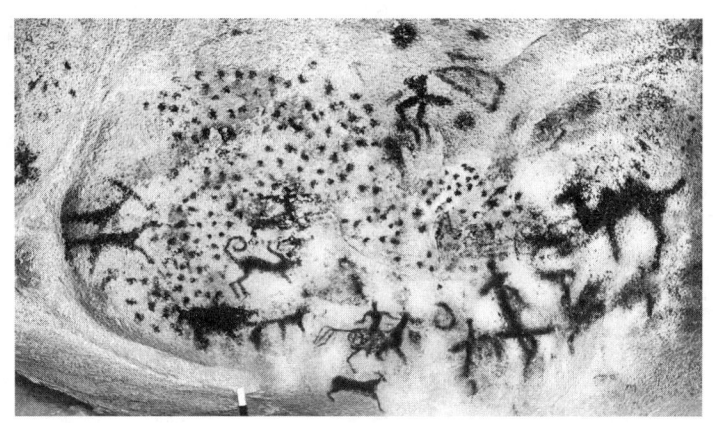

图 3-3
阿勒泰地区哈巴河县解特布拉克洞穴彩绘岩画

## 2. 描绘法

描绘法大多都是以线条勾勒的方式描绘事物形象的轮廓，然后再对内部进行填充。图 3-4 为阿勒泰地区阿勒泰市阿克塔斯洞穴中羊的彩绘岩画，形象以红色描绘，因年代久远色彩较为浅淡。羊的造型简约生动，运用勾线式表现方法概括出动物的侧面轮廓。羊角弯曲，类似半圆形，身体所占比例较大，凸显出肥壮之美，腿以直线表示。羊整体形象比例和谐，造型十分写实。同时，岩画线条粗细均匀，线条流畅，用笔也较干脆利落，少有反复修改的痕迹，说明岩画作者有着娴熟的绘画技巧。从色彩的均匀度和线条的流畅性推测，可能是用了特制的绘画工具。

图 3-5 为阿勒泰地区富蕴县唐巴勒塔斯洞穴彩绘岩画中一幅类似符号的抽象岩画，图像由圆圈、半弧线以及不同倾斜程度的直线构成。

这种特殊性符号可能代表某个游牧部落的族群标记，也可能是巫术中的象征符号。从岩面上的描绘印记看，线条较为随性且有不均匀的粗细变化，以及边沿不工整，笔势变化上不仅充满力度且有急缓转折的变化，这种绘画迹象只有灵活自如的工具才能表现出来。由此判断这个符号图像可能是游牧先民以手代笔或树枝上绑着皮毛等进行描绘的。利用此类工具进行描绘是最为便利的方式，描绘出的线条表现力也最为丰富，既可粗细、虚实，也可顿挫、皴擦、晕染，造型变化多样，灵活生动。

图 3-4
阿勒泰地区阿勒泰市阿克塔斯洞穴
彩绘岩画

图 3-5
阿勒泰地区富蕴县唐巴勒塔斯彩绘岩画

图 3-6 为阿勒泰地区阿勒泰市墩德布拉克洞穴中表现滑雪狩猎的岩画，画面中有生殖符号、野牛和野马动物群像，排列整齐的滑雪捕猎人、持弓射箭人、跳舞人以及手掌样的图案等等。画面中的动物、滑雪人物形象以描绘法勾勒出形象轮廓，再以平涂方式进行填充，而生殖图形、象征符号、射箭和舞蹈人物则采用均匀的线条式进行描绘。画面形象都以红色颜料描绘，由于时间久远，有的颜色呈现深赭色，有的已经浅淡模糊不清。画面中人物的动态形象共三种，分别是持弓

射箭的人、双臂弯曲作跳舞状的人、滑雪狩猎的人。其中持弓射箭和跳舞的人以点、线概括，形象简约。滑雪人物以侧影表现，人物面朝右，手持滑雪棍，双腿弯曲，整体形象体现出以静制动的形态特点。动物形象先以线条描绘外形，概括出动物的侧影特征，动物都呈奔跑状，似乎在狂奔逃跑。从岩面的绘画迹象上看，滑雪人物整体色彩均匀，推测可能是原始游牧部族利用同一工具以及同一浓度颜料，先以线确定形体，再向内部填充颜色。而动物群体的形象轮廓与内部颜色明显深浅不一，轮廓颜色较深，且线条浑厚有力，而内部颜色明显较浅，推测是先用较浓重的红色颜料描绘出轮廓，再以稀释后的颜料填充内部，因而呈现出轮廓鲜明，内部平涂均匀的效果。

图 3-6
阿勒泰地区阿勒泰市墩德布拉克彩绘岩画

阿勒泰地区哈巴河县多尕特洞穴彩绘岩画中有一处表现生殖崇拜的场景图，被命名为交媾山形图，图 3-7 为该图的局部。主要内容有：由色点构成的抽象几何图像，类似于半圆、直线、弧线等几何形状。由直线构成的三角形几何图像，内部装饰了多条线段，形成像山的形象。三角形下有三个人物形象，中间人物呈蛙状，代表生殖交媾姿态，两边各有一个头戴巫帽的人物，人物双臂朝下似舞蹈状。画面使用了

图 3-7
阿勒泰地区哈巴河县多尕特洞穴彩绘岩画

点、线、面等造型元素，点的制作方式可能是用手指、树枝或植物枝干代笔，蘸取颜料摁压在岩壁上。三角形和交媾图像则以勾线的方式描绘，线条均匀流畅，边缘部分有些粗糙，与植物枝干所画的效果吻合。画面中戴巫帽的两人采用较为复杂的描绘方法，先勾线再填色，融合了点线面元素的创作技法，填色面积主要在人物头部、臂膀、胯部等部位。画面中描绘的巫帽、交媾姿态等形象反映出原始游牧部族的生殖崇拜意愿，色点以及线条构成的几何图像都与生殖崇拜有关。岩画图像作为原始时期人类的特殊记忆，表达出原始游牧部族祈愿生殖丰产的诉求。

3. 喷绘法

喷绘法表现方式常用来表现手印形象，喷绘时先将手放置在岩壁上，再把颜料喷洒在上面，将手挪开后，岩壁上就会留下剪影式的手印图案。图 3-8 为阿勒泰地区福海县长而阿赫特一号洞窟中的手掌印，手掌印在原始游牧部族意识中代表着控制和占有、获得的含义。哈巴河县解特布拉克洞穴彩绘岩画、多尕特洞穴彩绘岩画，富蕴县乌勒肯库斯彩绘岩画中的众多手印形象都使用了同样的喷绘方法（图 3-9、图 3-10、图 3-11）。有喷绘手印的岩画，多由动物形象、生殖形象以及各种符号组合而成，手掌印数量的多少，表示控制力的大小，也代表着氏族群体的力量，这类岩画多是崇拜仪式所为。原始游牧部族认为岩画中的手印与动物或生殖符号组合在一起，就能实现对猎物和生殖力的控制，这是巫术崇拜的施法行为。

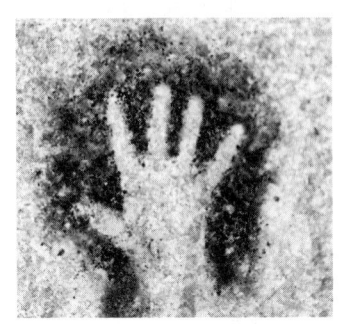

图 3-8

阿勒泰地区福海县长而阿赫特一号洞窟
彩绘岩画

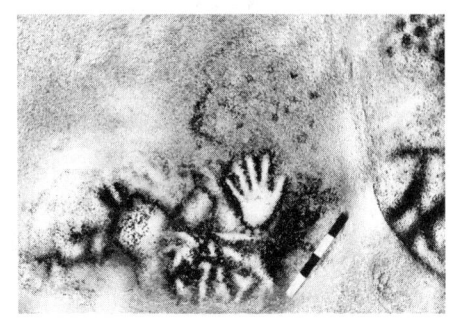

图 3-9

阿勒泰地区哈巴河县解特布拉克洞穴
彩绘岩画

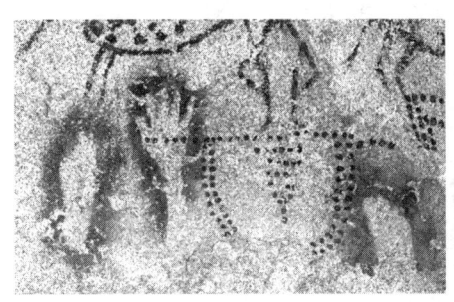

图 3-10

阿勒泰地区哈巴河县多尕特洞穴彩绘岩画

图 3-11

阿勒泰地区富蕴县乌勒肯库斯彩绘岩画

## 二、岩画中的凿刻技艺

岩画中材料和工具的使用，是人类生存实践的结晶，也是原始审美意志的物质体现。使用不同的工具和材料制作的岩画，具有效果各异、形式多样的质感。当坚硬的石头被打制成可用作生产劳动的工具时，人们就开始使用这些硬质工具进行岩画制作。凿刻出的岩画不惧风吹日晒雨淋，比彩绘岩画保留得更加持久，因而原始游牧部族更加热衷于岩画的创作。在漫长的原始社会，从旧石器时代到新石器时代，再从金石并用时期过渡到金属时代，工具的改进成为社会发展的重大推动力，岩画的艺术形式与审美特征也随着工具的改进发生着变化。

## （一）凿刻工具的演进

石器时代打制与磨制的石器是原始游牧部族的主要劳动工具，他们通过石头间的相互敲凿打制，制作出可投掷、敲击、砍削的工具进行狩猎和防卫；以磨制方式将石器打磨成锋利的石刃，用来切割动物皮肉和作为打猎的箭镞。石质工具多样化的形制与用途，提高了原始游牧部族的生产效率。凿刻岩画使用的石器工具，一般选用硬度较大、较为尖锐的石头，然后在岩壁上进行敲砸。用石质工具敲凿出的凿痕较浅，凿点大小不一且松散。连续的凿点形成线或以密集的凿点构成面，以此塑造出各种岩画图像。因石质工具的硬度和形制的局限性，岩画形象较为粗拙、简约，表现形式也以写实性为主。随着人类劳动经验的积累，生产工具得以改进。当人掌握了冶金技术后，人类社会进入金石并用时代，直至金属时代。金属工具的使用，使岩画制作技术和表现能力得到很大的提升。尖锐的金属工具可以雕琢出细致入微的形象，制作技巧更加灵活多变，岩画也从简拙、粗陋逐步向精细化、装饰化演进。金属工具可以凿刻出粗细各异且流畅的线条，以及均匀密集的凿点和工整的平面，从而使岩画形象更加精致、清晰。特别是金石结合的岩刻方式，使岩画既有金属雕琢的细致，又有石质打磨后的光洁，画面呈现平整、细腻且富有装饰意味的效果。在反复的岩画刻绘实践中，人们的雕琢技术与表现技巧得到很大提高，甚至出现了类似浅浮雕的岩画形式。工具的改进不仅丰富了岩画的表现力，还拓宽了岩画意蕴的表达空间。

1. 石质工具

图 3-12 为阿勒泰地区福海县江格孜塔勒岩画中的北山羊形象。阿尔泰山的山体岩石 40% 为花岗岩，石质较为坚硬，长期日晒使岩面呈深褐色。用同质地的石器进行敲打，岩面可留下敲凿凹痕，凿点十分明显。石器工具一般都不尖锐，敲凿痕迹多为圆钝状，且大小、深浅不一。图中的北山羊形象主要以粗线条概括出整体特征。从岩画刻绘的凿点可以看出，这是使用硬质石器敲凿而成。由于石器形制的特殊性，无法进行精细刻画，线条边缘较为粗糙，有溢出的松散凿点，形象古朴、稚拙，充满原始的野性美感。图 3-13 为阿勒泰地区布尔津县阿克巴斯套岩画中牛和羊的形象，制作方式也是利用石器凿刻而成。牛的形象以线条勾勒轮廓的方式造型，体现出牛壮硕的特征，羊以剪影式塑造。岩画中的线条是由连续的凿点形成，但线条粗细不一，且不流畅。从线条边缘溢出的凿点和崩裂的痕迹判断，这是敲砸出的印迹。斑斑驳驳的凿点为动物形象增添了粗重的质感，但也显示出原始游牧部族造型表现力的幼稚感。

图 3-14 为阿勒泰地区布尔津县阿克巴斯套岩画中的狐狸形象。狐狸面朝左侧，运用剪影形式表现出狐狸的尖嘴、尖耳和粗尾等主要特征。身体躯干所占面积最大，表现出狐狸的肥硕。深浅不一的凿点以及较为凌乱的边缘轮廓，可推断此处岩画是原始游牧部族利用石器砸凿而成，体现了质朴古拙的画面质感。图 3-15 为阿勒泰地区富蕴县布拉特岩画中的骑马人物，形象以线条式表现。马形象的线条较粗，是由石器反复敲凿出密集的点构成。人物线条较细，以连续的点形成，

缰绳的细线条则用石器划刻出较浅的印记。线条边缘较为粗糙，凿点
呈不规则的深浅变化，可以看出明显的敲凿痕迹。

图 3-12
阿勒泰地区福海县江格孜塔勒岩画

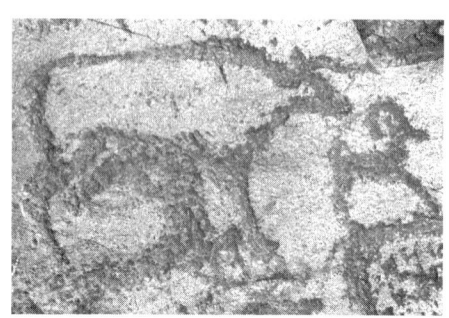

图 3-13
阿勒泰地区布尔津县阿克巴斯套岩画

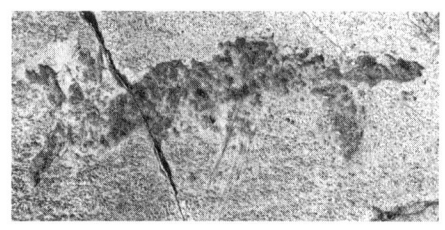

图 3-14
阿勒泰地区布尔津县阿克巴斯套岩画

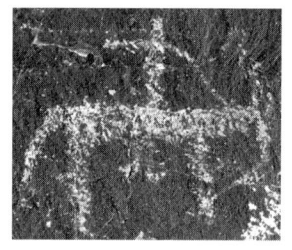

图 3-15
阿勒泰地区富蕴县布拉特岩画

原始游牧部族使用石质工具砸凿出不同的印迹，运用凿点形成点、
线、面，塑造出各种形象。同时还利用石器在敲凿的基础上对岩面进
行打磨，由此产生不同的效果。图 3-16 为伊犁哈萨克自治州巩留县布
库尔萨依岩画中的山羊。大小两只羊均以剪影式塑造，大羊夸张的羊
角，丰硕的身躯，以及凸显的生殖器，说明这是一只健壮的雄羊，小
羊较为写实。从岩面的刻绘痕迹可以看出，先用石器敲凿出羊的轮廓，
再通过打磨对形象进行填充。轮廓边缘有明显的深浅凿点，而中间部
分较为平整光滑，磨、刻结合使形象更加饱满。大小两只羊的羊角和

生殖器都十分夸张，这些明确的生殖语意元素组合在一起，是典型的丰产巫术崇拜岩画。图3-17为巴音郭楞蒙古自治州和静县金矿沟岩画中的山羊形象，山羊形象为剪影式，以线、面结合的方式表现，夸张的弧线体现出羊角的俊美、挺拔，身躯丰硕。岩画刻绘在较为平整的岩面上，岩画表面无明显凿点，应该是先用石器在岩面上画出轮廓，再用石器反复摩擦进行填充，经过打磨的形象表面光洁、顺滑，填充饱满。这种用磨制方式制作的岩画，常常出现在表面平整光滑的岩石上。

 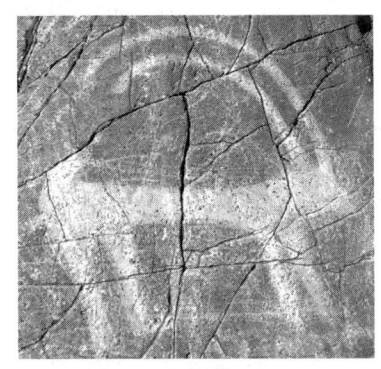

图 3-16 　　　　　　　　　　　　　 图 3-17
伊犁哈萨克自治州巩留县布库尔萨依岩画　巴音郭楞蒙古自治州和静县金矿沟岩画

2. 金属工具

金属工具的出现，使岩画制作变得更加省力和便捷，坚硬、锐利的金属工具在任何质地的岩面上都可以进行刻绘。使用金属工具能够凿刻出细密均匀的点和纤细流畅的线条，塑造出的形象更为细致、工整。工具的改进使岩画的表现力更加丰富，审美性也得到提升。

图3-18为阿勒泰地区富蕴县徐永恰勒岩画中鹿与羊的形象，且均以线条塑造。岩画中的线条粗细均匀且流畅，特别是细节的表现十分

工整、清晰。岩画中鹿角呈对称的"V"形结构，鹿角两侧刻绘出细密的梳齿状短线，使鹿角产生了对称、均衡、节奏的美感形式，盘羊与岩羊的角部细节刻画也使形象具有了装饰意味。使用金属工具刻绘出的工整线条，增加了岩画的形式感，形象更为精致美观。图3-19为阿勒泰地区吉木乃县塔特克什阔拉斯岩画中的牛形象。岩画刻绘在较为坚硬的花岗岩岩面上，形象以线面结合方式塑造。刻绘时先凿刻出牛的轮廓，再以凿刻方式填充。从凿刻的轮廓边缘可以看出，刻痕较深且平整、流畅，特别是牛角的线条极为细致。填充部分的刻痕有冲、铲、凿的迹象，刻痕果断、硬挺，显示了金属工具制造出的刚硬质感。岩画充满浑厚、坚实的美感，这一形式感满足了人们祈望猎物丰硕、体壮的意愿诉求。岩画的形式服务于原始崇仰意识的实用目的，工具的改进促使岩画形式趋向理想化，形象也更加符合原始游牧部族的精神夙愿。

图3-18
阿勒泰地区富蕴县徐永恰勒岩画

图3-19
阿勒泰地区吉木乃县塔特克什阔拉斯岩画

　　金属工具的使用使原始游牧部族的刻绘技艺日臻成熟，岩画的表现力也更加丰富。坚硬的金属工具可以在岩面上凿刻出较深的刻痕，深的痕迹产生出立体的、有层次的视觉效果。岩画作者将这种刻绘技巧运用到岩画中，刻绘出具有浅浮雕效果的画面。浅浮雕式的岩画通常以线和面结合的方式表现，形成图与底的对比，使画面形成立体的、层次化的空间效果。

图 3-20 是昌吉回族自治州玛纳斯县苏鲁萨依岩画中的山羊形象，以点线凿刻加以磨刻技术构成剪影式形象。刻绘采用了阴刻的方式，表现出羊的体态特征，刻痕较深，深凹部分产生边缘的厚度质感，浅浮雕刻绘法使岩画具有了层次感和立体感，丰

图 3-20
昌吉回族自治州玛纳斯县苏鲁萨依岩画

富了画面的视觉空间。在光线下还会形成一定的光影变化，为岩画增添了神秘之感。岩画刻绘在砂岩上，砂岩质地较硬实，需要坚硬的工具进行刻绘，从形象光滑工整的雕刻痕迹可以看出，刻绘使用了金属工具。

（二）凿刻的工艺技巧

不同的工具在刻绘岩画时，凿刻的工艺技巧和肌理效果均不相同。以石质工具进行刻绘时，人们会选用硬度较大且尖锐的石块，石器敲凿出的凿点痕迹粗大，边缘较凌乱。金属工具的出现使岩画工艺有了很大进步，刻绘工艺多为凿刻与磨制相结合的方式，画面效果更加细致，轮廓边缘工整、流畅，内部填充也较为平整。随着时代的发展，金属刻绘工具逐渐完善，出现了浅浮雕、阴刻、阳刻等形式的雕刻岩画。

1. 凿刻法

凿刻法是指用坚硬的石器或金属工具，通过砸、敲、凿、刻等手段，在岩面留下凸凹不平的凿点或凿痕进行刻绘的方法。不同的工具在岩面留下不同的凿痕，在画面上产生形式各异的质感。图 3-21 为阿克苏地区库车市克孜利亚岩画中的射猎图。射箭人物和羊的形象以线条式造型，密集连续的敲凿点形成粗细不一的线条，凿刻痕迹有深浅变化，且凿点为钝圆形，推断岩画是用粗陋的工具凿刻而成。人物形象手持弓箭，直指山羊巨大的羊角，这是实施生殖力互渗的巫术崇拜岩画。图 3-22 为阿勒泰地区富蕴县阿热可拜岩画中的山羊形象。山羊形象以线条式造型，线条细致、流畅，曲线的运用使形象富有律动感。画面中的线条粗细均匀流畅，边缘整齐平滑，说明岩画刻绘使用了金属工具。一般敲凿出的形象给人以古拙、质朴的感觉，而刻绘出的形象则精细、工整，更具装饰性。

图 3-21
阿克苏地区库车市克孜利亚岩画

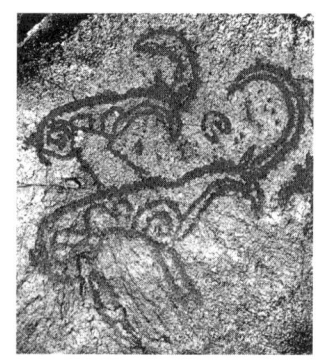

图 3-22
阿勒泰地区富蕴县阿热可拜岩画

图 3-23 为阿勒泰地区哈巴河县喀拉塔斯水电站岩画中的三只山羊

形象。羊的形象均为剪影式造型，以写实的手法表现出羊跑和跳的动态。三只羊身体舒展，羊的腿部曲折且前后摆动，似乎在草原上欢快地奔跑。从岩面上的钝形凿点和粗糙的边缘可以判断，岩画是由敲凿的方式制作而成。凿点痕迹清晰，深浅不一，斑斑驳驳的凿点集合出羊的剪影，使羊的形象呈现出粗拙、错杂的质感，画面充满了古朴的原生态气息。图3-24为巴音郭楞蒙古自治州和静县夏格提岩画中的牧放图。画面中有一个骑马人，一匹马和一只羊，形象都以纤细、工整的线条勾勒出了轮廓特征。骑马人物尤为精细，特别是对人物面部的细微刻画，表现出骑马人物回眸一望的神情。马形象的线条流畅、匀称，马头部和腿部都有细节的刻画。从线条的深度与刻痕可辨析，岩画是用尖锐的金属工具刻绘而成。

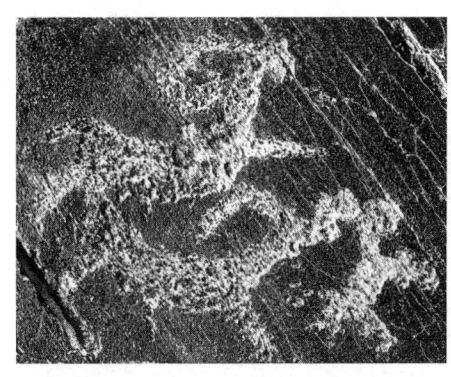 

图3-23             图3-24

阿勒泰地区哈巴河县喀拉塔斯水电站岩画    巴音郭楞蒙古自治州和静县夏格提岩画

2. 磨刻法

磨刻法是指刻绘与磨制相结合的岩画制作方法，一般先以刻绘方式勾勒出形象轮廓，再以磨制方式对轮廓内部进行填充。磨刻法制作的岩画，轮廓刻痕清晰，内部填充均匀、平整，形象呈平面剪影式。
图 3-25 为阿勒泰地区布尔津县阿克巴斯套岩画中的盘羊形象，造型
以线面结合的方式塑造出盘羊的剪影。岩画先以凿刻的方式刻绘出羊
的轮廓，以纤细流畅的卷曲线条表现出夸张的羊角，硬挺的直线体现
出羊的腿部和生殖特征，腹部填充平滑、工整，造型呈图案化的效果，
特别是腿部线条的转折，表现出正在奔跑的姿态，形象灵动、优美。
岩画刻绘精细，轮廓边缘与线条整洁利落，刻痕有明显的刚毅感，内
部打磨细致平整，由此推测刻绘方式为凿刻与磨制相结合的方法。图
3-26 为阿勒泰地区富蕴县徐永恰勒岩画中的鹿形象，造型为剪影式表
现手法，形态饱满，凸显出鹿浑厚的体态特征。刻绘技巧主要采用磨
刻的方式，形象的轮廓边缘工整，但鹿角较为模糊，躯干部分打磨得
较为平滑。岩画刻绘在光洁的岩面上，凿刻与打磨的痕迹较浅，形象
与岩面形成鲜明的对比，使鹿形象极为突出醒目。

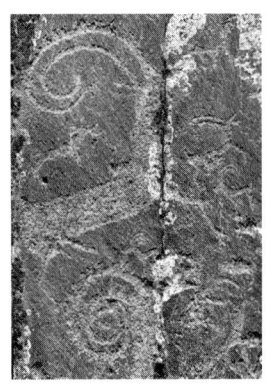

图 3-25
阿勒泰地区布尔津县阿克巴斯套岩画

图 3-26
阿勒泰地区富蕴县徐永恰勒岩画

图 3-27 是伊犁哈萨克自治州特克斯县铁热克提萨依岩画中的盘羊
形象。岩画刻绘在一块巨大的岩石上，一大一小两只造型相似的盘羊

充满整幅岩面。形象以剪影式造型，大小羊的组合是生殖丰产巫术崇拜中最常见的图像形式。身形巨大的盘羊显得壮硕、丰满，夸张的螺旋形羊角使羊的形象充满了神性意味。原始游牧部族认为羊角是动物最有力量的部位，也是神秘力聚集的地方，夸张角部特征可实现效力的增值，岩画刻绘过程也是巫术施法和力量互渗的过程。盘羊形象采用磨刻法制作，先以浅显的刻绘线条勾勒出整体轮廓，再通过打磨进行填充，打磨面光滑、平整、深浅均匀，边缘工整、流畅。整体形象浑厚、丰满，满足了原始游牧部族渴望家畜丰产的意愿，也符合"以大为美"的审美理想。图 3-28 为阿勒泰地区富蕴县布拉特岩画中两只野牛的形象。两只野牛同样采用剪影式的表现手法，形体以面概括，牛角、牛腿、牛尾及生殖器以线条表现，形象躯干所占面积较大，突出了野牛体大强壮的特点，反映出原始游牧部族在渴望物质丰产的生存诉求下，衍生出"大即美"的审美意识。画面主体轮廓刻痕清晰，内部磨制十分平滑，形象生动写实，制作工艺平整细腻。

图 3-27
伊犁哈萨克自治州特克斯县铁热克提萨依
岩画

图 3-28
阿勒泰地区富蕴县布拉特岩画

3. 浅浮雕法

浅浮雕法是指使用坚硬的工具在岩面上刻绘出有深度、有层次的形象，一般以阴刻方式凿出凹陷的形象，或以减底阳刻让形象凸显，使画面形成一定的起伏感和层次感，新疆岩画中多以阴刻的方式塑造形象。图 3-29 为阿克苏地区温宿县小库孜巴依岩画中的一只羊形象。岩画刻绘在一块浅灰色的石英岩的岩面上，石质坚硬。羊形象以阴刻线条表现，刻痕较深，线条光顺平整，推断是用金属工具刻绘而成。整幅岩面刻有数只羊，还有人的形象，均采用阴刻法绘制，画面深凹的痕迹与底的对比形成高低起伏感，在光影作用下，形象呈现出浅显的立体效果。

昌吉回族自治州呼图壁县的康家石门子岩画是运用浅浮雕法刻绘的典型代表，岩画采用阴刻与阳刻结合的方式，刻绘出大型的生殖崇拜仪式场景。图 3-30 为昌吉回族自治州呼图壁县康家石门子岩画中的局部。岩画刻绘在粉砂岩壁上，岩壁质地虽硬实坚固，但使用金属工具就很易于凿刻。岩画采用浅浮雕形式进行表现，运用线、面结合的方式塑造出形态各异的形象。岩画主要以阴刻的方式刻绘出不同的线和面，并以此表现出人物的四肢与躯体，而人物面部通过减底阳刻方式将五官凸显出来，使人物面部呈现立体效果，体现出高鼻、深目、窄脸的塞人形象特征。康家石门子岩画为史前青铜时代的作品，从刻绘形式可以看出，此时人们的岩画制作技巧已经十分娴熟，画面中多达数百个大小不等的形象，大的形象达两米之多，小的形象仅数厘米，所有形象都十分精细工整、生动鲜活。正是由于金属工具的使用，人们才能够制作出如此规模浩大的作品。特别是在光线照射下，气势恢宏的浅浮雕画面形成层次丰富的光影变化，产生出立体的空间质感，人物似乎能呼之欲出，浅浮雕的效果为岩画增添了炫目的神秘色彩。

图 3-29
阿克苏地区温宿县小库孜巴依岩画

图 3-30
昌吉回族自治州呼图壁县康家石门子岩画

　　岩画艺术的产生受原始崇仰观念与巫术意识的影响，先民们将自身的生存意志与夙愿，以刻绘的方式外化为岩画图像，通过刻绘物象实现对原型的控制与占有，以此获得神圣力的庇佑，"巫绘合一"的创作过程就是实现巫术效应的过程。原始游牧部族反复摹绘自然物象，为了达到与原型的相似性，或是理想化的相似性，他们掌握了各种造型技术和表现形式。这些技术与形式就是实施巫术效应的方式，刻绘的每一笔实际都是巫术的行为结果。因此，岩画创作的初衷并不是以审美为目的，各种造型的形式与原则都服务于实用功能。在崇仰观念与巫术意识支配下，人们特定的心理情绪与刻绘行为，都影响着物象造型的构建方式，如点、线、面的组合关系，刻痕的深浅，线条的粗细长短，以及形象的大小、夸张、秩序等，这些形式都是为了满足原始崇仰意志的功利性目的。岩画创作不仅是原始巫术活动，也是原始游牧部族的生存实践活动。岩画创作服从生存的需要，制作者全身心地表达着对自然万物的崇仰之情和对生命力的渴望之意。

## 第二节　岩画图像的空间表现

作为存在于人类历史长河中的古代遗存，岩画无疑是一种特别的艺术形式。就岩画本身而言，好像没有寻常画面外框的约束，但岩壁或岩石的自然边界无疑会使得岩画具有相对独立、完整的视觉形式，即视觉空间。在漫长的岁月中，随着对自然事物认知的深入，原始游牧部族改造自然的能力也逐步提高，自我认知和意识、智力得到发展，岩画图式也在不断由本能的无意识秩序演变到能动的有意识秩序，创造出多样化有意味的画面形式。

在原始时代由信仰文化形成的某种集体化的、共同遵循的秩序制度，成为联结群体社会关系的规则与象征。岩画则是规则与象征体系的外化符号，在"悦神娱己"的同时发挥传承教化功能，起到保持社会群体稳定和平衡的作用。岩画空间秩序则是生命意识驱动下形成的特定视觉表达形式，映射出原始游牧群体共同的心理意识与情感精神。

岩画叙事的图式空间布局有源自本能意愿的无序性空间，也有基于功利目的的有序性空间，它们体现着原始游牧部族对事物或事件的认知结构，蕴含着叙述者营造的特有的、"自我"的神圣精神空间。图式秩序为叙事表达注入了神圣化的、审美性的精神因素。有意识的、合目的性的岩画图式空间秩序的构建行为，反映着早期人类正视自然物象、物象与人之间关系的思维方式、视觉角度和审美意识。

## 一、源自本能意愿的无序性空间的表达

岩画无序性空间的出现有其必然性。首先，原始岩画刻绘并不是实物的对照摹写，而是依据观察经验和记忆进行默写，属于延迟模仿，物象表现会与实际状况有所偏差。此外，原始游牧部族还没有形成明确的空间透视意识，图像对他们而言就是指向实物的语意符号，因而岩画忽略真实视觉所见的空间、大小、比例等因素，将不同视域、视角的物象任意组合，以此表达更多的叙事信息与崇仰意愿。

无序性空间的主要表达形式为散点式构图和求全图式。散点式构图是指物象以散落、随意的方式摆放于画面上，给人以丰富、灵活的视觉感。而求全图式则呈现出多和满的特点。

### （一）散点式构图

散点式构图是无序性空间的主要表现形式。散点式构图主要体现在画面形象呈平铺式、散漫化的构图方式，所有物象任意排布、堆砌，无规律可循，呈现不规则、无秩序松散状的空间布局。无序性空间的物象不分大小、比例，方向任意，各物象之间没有明确的关联。岩画是依附于巫术与崇仰活动的合目的性的图像化表达方式，还不能称之为完全的审美艺术活动，物象选择都与生存的实用目的相联系。原始岩画构图上的自由、随性，使岩画图式呈现出稚拙、恣意、率真的特征，满足自我取悦的原初性美感认知，成为原始审美意识与审美秩序逐步建立的基础。形象虽以散点的方式随意罗列、摆放，但物象语指意向或物象间语意交互都一致指向共同的崇仰主题，即人的生命诉求。

岩画是仪式或巫术中叙物、叙事的话语符号，原始游牧部族关注图像功利性的意象表达，并不在乎求真求精的具象再现。散点式画面给人以充实、饱满之感，物象布局随心随性、纷乱错落，呈现出原始、天真、稚拙、朴实的自然美。

图3-31为阿勒泰地区富蕴县徐永恰勒岩画中的一幅牧猎图。岩画采取凿刻和磨刻的方式，以线面结合的方式造型，姿态生动的人物与动物形象呈现出原始游牧先民牧猎的场景，展示出游牧族群在辽阔草原上四处游走、机动灵活的生存状态。所有形象的朝向各异，随意摆放，且大小比例不一，布局没有近大远小的空间意识。画面左下角有一个比例很小的射猎人，手持弓箭，对着一只硕大健壮、奋力向前奔跑的山羊进行射猎。立射人物形象与四周散落的动物形象，共同构建出"祈求狩猎丰产"的巫术崇拜主题。由于原始认知还没建立起空间与透视的观念，刻画岩画时自然不受视觉所见的限制，完全按照自身意志随势而为。画面构成较为随性，缺少布局和章法，形象之间似乎没有直接的联系，但内蕴意义却有着明确的指向。原始游牧部族在刻绘岩画时并不追求视觉上的真实，而是在意岩画物象所具有的内在生命力，尤其关注岩画的实用功能，这些都表明了原始认知下的表象、意识、情感是相互交织的、混沌的状态，正因如此，岩画的构图空间是时空交织的、叠加的整体时空。

图3-32为乌鲁木齐市红沙滩岩画。位于红岩水库西北山坳西侧山坡上，岩画刻绘在砂岩石上，岩画内容丰富，形象各异。画面中有射猎人物、山羊、鹿、狗，其中还有一组用蒙古文刻写的"六字真言"（为后期添刻）。岩画中的形象均以线条形式塑造，姿态各异。形象四处散落，布局较为随意，没有规律可循，呈现出随性、恣意、率真的

特点。画面最上方的鹿形象比例最大，造型精细，显得尤为瞩目。岩画形象的比例并不是以客观为依据，而是以人的自身需求的重要性为参照，那些被视为对生存有利的重要物象都会被刻意放大。画面中有两个由圆圈围起的持弓射箭的人物，这种圈画重点的图式是对人物射猎行为的刻意强调，也是强化狩猎巫术效果的方式。岩画中的物象摆放散乱，但每个形象的语意都朝向一个共同的主题——狩猎丰产。原始时代人类的所有注意力都集中在生存这一问题上，一切实践活动都服务于生存需要。他们只关注与生存有关的事物的内在相似性，忽略外在客观的真实性，以懵懂的认知方式将自然现实与主观意志联系起来，借助原始巫术与原始崇拜实现人与自然的精神交流和沟通，祈求自己的美好愿望得以实现。原始游牧部族在岩画创作时最关心的是巫术行为的结果，而不是形式的艺术性和美观性。

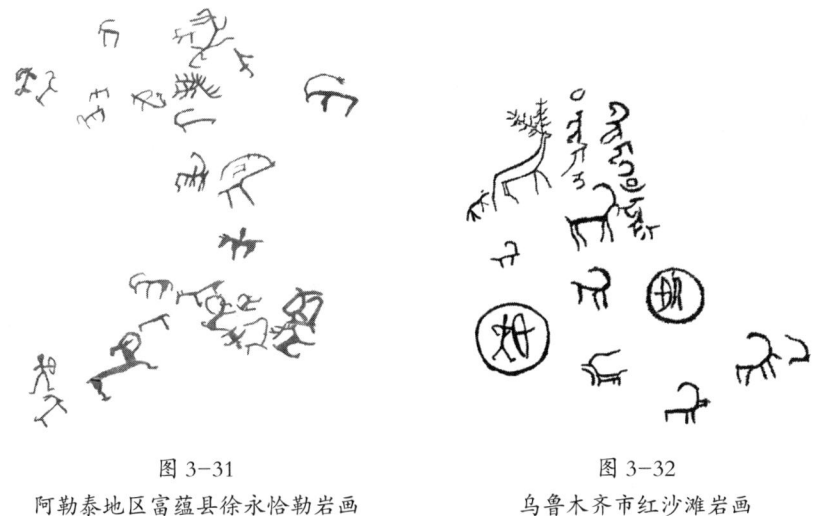

图 3-31
阿勒泰地区富蕴县徐永恰勒岩画

图 3-32
乌鲁木齐市红沙滩岩画

图 3-33 为喀什地区塔什库尔干塔吉克自治县阿勒库尧勒岩画。位于达布达尔乡阿孜尕拉自然村南的山崖上，岩画内容主要有人、羊、

手掌、几何图案等。形象均以线条式造型，刻画技法稚拙。岩画的构图布局较为随意，所有形象随意地摆放，散落在画面中，无比例和空间的对比关系。同时，所有形象在行为或姿态上没有明显联系，但每个形象都代表着特定的含意，骑马、牧放是人自身生存实践的行为方式，也是巫术活动的具体操作。羊形象代表生存所需的物质资源；"田"形符号是农耕土地的象形符号；手印形象象征"占有、获得"，是岩画中最核心的内容，代表着巫术活动的结果。每个独立形象虽然布局松散，但语指意向却十分明确，表达出丰产、巫术崇拜的主题意义。在强烈的生存欲望驱使下，原始游牧部族企图以精神力量去改造大自然，同时在模仿自然的基础上加入了自身的理解和臆造，不受客观现实的约束，更愿意随心所欲地表达自身的生存欲求。无序性是生存本能冲动下的情感宣泄形式，这种随性创造出的画面，透射出自由、率真、朴实的本真美。

图 3-33
喀什地区塔什库尔干塔吉克自治县阿勒库尧勒岩画

图 3-34 为阿勒泰地区哈巴河县加尔塔斯阔拉岩画。位于萨尔布拉
克镇加朗阿什村东毕列孜克河西岸的山顶岩石上，地表有低矮的耐旱
植被，此处岩画保存较好。岩画中描绘着各种动物，有羊、马、狼等，
以线条式和剪影式造型。动物姿态朝向各异，既没有形成统一的方向，
也没有空间的前后关系。画面以散点式构图，但有明显的向心趋势，
动物的形象大都集中在一起，形成一个聚集的场面。动物群体中重要
的形象被夸张放大，脚下还绘有一条横线，这种脚下画横线的形式，
一般与大地神灵崇拜相关。形象的大小之别构成主次关系，这种关系
以生存需求的重要性为标准，这是人类为达成主观意志对自然做出的
能动改造。

图 3-34
阿勒泰地区哈巴河县加尔塔斯阔拉岩画

## （二）求全图式

在生存实践过程中，原始游牧部族以混沌的认知方式努力与自然
现实达成和谐平衡的互生关系，以原始思维方式创造出泛灵的意象世
界，试图通过精神力量实现对自然的改造，以此强化自身的力量。岩

画作为传达人类生命精神意向与诉求的语言载体，刻绘行为则是实现与神灵对话的过程，也是功利目的实现的过程。人们在造图时希望能够将精神诉求表达得足够全面和完善，就会竭尽全力地把所求、所愿详尽地表达出来，求全性成为原始岩画图式布局的另一个重要特点。首先，求全性源自原始认知意识的不完整性，以及对自然物象的时空、比例等诸多因素缺乏客观理解。其次，人对大自然心怀朴素的敬畏心和完全出自本真的生命感受，促使他们渴望通过岩画传达内心强烈的生命欲求与探知求真的信念。求全心理下人们将所有代表生命意愿的物象都展示在画面中，形象不受视角、时空、比例等现实因素制约，充分地布满整个画面，众多具有特定指意性的形象符号构建出全面、完整的语意内容，即人类的生命欲求与生命意愿。求全性画面整体布局饱满、充盈，部分重复形象使图式富有装饰意味，各形象间看似互不关联，或矛盾，但指意核心的生命内涵却使画面统一、和谐。

图3-35为阿勒泰地区青河县拉斯特岩画，位于阿热勒镇拉斯特村北面的岩石上，周围水草丰茂。岩画中刻绘了大量的动物形象，有山羊、盘羊、鹿、马、狼等，可谓种类多样，数量众多。形象均以剪影式造型，从动物的侧影表现出不同物种的特征。画面以散点式构图，动物形象无秩序地布满整个画面。动物群中鹿的形象比例较大，特别是夸张的鹿角尤为突出，说明鹿作为神性象征在原始游牧部族心目中有着极为重要的地位。他们在岩画构图中随意布局，不受客观比例和现实时空的限制，依据主观诉求把所有愿望都充分地表达出来。画面中罗列了现实生活中所见的各种动物，并且尽可能地刻绘出数量和种类的众多，以此祈愿狩猎、牧放获得丰产。他们相信"巫绘合一"的行为，可以实现对相似原型的控制或猎取，最大化的刻绘行为即是获

取丰产结果的直接对应。

图 3-35
阿勒泰地区青河县拉斯特岩画

　　图 3-36 为阿勒泰地区青河县塔斯特萨依岩画。位于阿热勒托别镇巴斯克阿克哈仁村北面的山坡上。塔斯特萨依岩画形象众多，以动物为主，主要有北山羊、盘羊、岩羊、鹿以及狼，其中还有一个猎人。画面呈现四周密集、中间疏松的特点。画面中的猎人手持弓箭指射着动物，人物与动物的组合，表达出"狩猎丰产"的巫术主题。种类丰富的动物形象是游牧先民现实生活中的主要狩猎对象，获得足够多的猎物是生存的必需。游牧先民出于巫术目的进行岩画创作，他们深信岩画对现实猎物具有操控能力，而这种操控不受时间和空间的制约，完全可以受制于人。处于生存本能，他们极力刻绘出动物的数量和种类，并充斥整个画面，期冀获得同样物产丰收的结果。岩画的求全图式具有双重意义，既是增加巫术效果的手段，又能从形式创造中获得自我取悦的情绪满足，这种情绪快感逐渐形成一种审美快感，并成为原始审美意识的表达形式。求全图式饱满、丰富，无意识的疏密变化、大小错综，使画面充满了原始、本真的生命活力。

图 3-36
阿勒泰地区青河县塔斯特萨依岩画

　　图 3-37 为阿勒泰地区阿勒泰市奶牛场岩画，位于红墩镇阔克萨孜村奶牛场北面的山顶上，以点线凿刻的技法绘制于黑色的岩石表面，主要有北山羊、盘羊、鹿等动物。岩画中的动物种类丰富，以各种羊为主，还有若干鹿及人物形象。各种动物形象大小错综，布满整个岩面，人物形象藏匿于动物群体之中，表明此时原始认知处于混沌初开时期，人将自身与动物的地位保持一致。种类繁多的动物形象顺岩面之势随意摆放，物象之间貌似没有联系，但又有意识地集中在

图 3-37
阿勒泰地区阿勒泰市奶牛场岩画

一起，体现出原始游牧部族对于生存物质资源的迫切需求。岩画作者将所见动物铺满整个岩面，尽可能多地表达出"求丰产"的夙愿，以期实现对众多猎物的占有，这是丰产巫术的操作行为。求全图式给人以充盈、饱满的视觉感，反映出原始游牧部族由生存本能形成的追求"大而全"的审美心理。

## 二、基于功利目的的有序性空间的建立

原始岩画为迎合巫术仪式与崇仰活动的需要而创作，其核心在于祈愿人类生存的丰产与繁衍。随着人类自我认知意识的觉醒与发展，开始有意识、有目的地营造出具有特定意义、秩序化的图式形式，期冀更加有效地实现或增强巫术与神圣性的效力。人们在反复的岩画刻绘活动中，逐渐掌握了一些形式技巧与表现手法，他们从形式玩味中获得精神满足与快感体验。那些使人愉悦又能达到巫术目的的表现样式，成为原始岩画创作的形式规则，由此构建出符合原始审美意识的美感法则。图式的秩序性体现在岩画创作时有意识为之的造型规律中，这些规律或规则的建立都基于生存实用的功利性需要，其动机是为了满足人的生存欲求和巫术崇仰的效力增值。岩画的有序性体现在造型的程式化规则、比例的主大次小规则、布局的排列秩序规则等方面。

（一）造型的程式化秩序

由于原始人在观察事物的时候，还不具备空间透视的认知能力。他们以轮廓投影方式认知物象的整体特点，选择对象特征最鲜明的角度来辨析物象，这一视角就是对象体态轮廓面积最大的一面。岩画取

象遵循着最大轮廓化原则，体现在动物形象上就是以侧面取象，侧面是动物体态轮廓面积最大的视角，也是最能体现其主要特征的角度，在岩画中几乎所有的动物形象都是侧面像。原始游牧部族以本能的直觉察看动物，把自然环境当背景，以平视方式观察动物的侧影轮廓，并把这些表象记忆投射在岩壁上，因此岩画中的动物形象都是侧面像。而人物的最大化轮廓体现在正面体态上，正面形象能够充分展示出人的躯干与四肢以及动态特点，岩画中的人物形象基本都以正面表现，即便是运动的人物，也是以四肢线条的变化表示动态趋向，但躯干依旧保持正面。车、弓箭等形象，同样以轮廓最大化为原则，车轮与车身平铺并置，以正圆表现轮子，弓箭始终以侧面表现。最大轮廓化取象原则是原始游牧部族掌握的最基本的图像实践规律，说明其取象方式不受客观视觉局囿，他们以直觉认知选择自身所关注的物象角度进行作图。最大化轮廓的取象方式是岩画造型的程式化原则，这一原则在世界岩画中也普遍存在。

原始游牧部族对自然物象特征的认知来自实践过程中的直觉、记忆与经验的积累。原始观物取象的认知方式，决定了岩画刻绘以剪影或轮廓来表现不同物象。新疆岩画中的动物造型基本为侧面像，是以凿刻或磨刻相结合的方式，表现出物象的剪影或轮廓特征，形象有着简约、天真、质朴、古拙的审美意味。岩画极具概括性的简洁图像，使其平面化、程式化特征更为鲜明，强化了岩画的符号性特点，形象看似简单却是原始社会特有的表意符号。

平视视角取象是岩画平面化空间构成的主要原因。原始游牧部族使用垂直投影的平视方式观察物象，他们记忆物象的轮廓特征，以此区别不同事物的特点。这些表象记忆不仅成为生存活动中的经验知识，也是岩画创作的参照素材。岩画刻绘时这些表象记忆就会直接投影到画面中，不囿于客观现实空间的限制，以简单、自由的方式发挥着岩画实用性、表意性作用。在新疆岩画中可以看到许多四蹄动物形象只画出两条腿，双犄角也只画出一只犄角。这种独犄角、两条腿的动物形象是原始刻绘者为了表示物象某些部位因遮挡而看不见的透视现象。但被遮挡物象消失不见这个透视现象，在岩画中并不是被始终贯彻，还是有许多如实刻画动物两角、四腿的形象，说明原始游牧部族对遮挡透视现象还存在着模糊认识。原始游牧部族虽已发现自然空间关系中存在着遮挡、透视，却无法真正理解和表现出这种视觉原理。于是，他们创造出各种造型规则以表示对空间的理解，如动物以侧面表现方式突出特征，而人物要以正面表现，以省略和消灭不见的方式表现遮挡，以叠加表达空间维度的存在等等。例如，岩画中的大多数人物造型是正面角度，无论是站立、舞蹈、行走或骑射，其头部、身躯都呈现正面状态，行为方式则是通过四肢的位置或方向体现。这种空间表现方式，说明原始游牧部族在处理自身认知与现实之间的矛盾时，已有意识地、能动地做出协调和改造，以更为主观的方式强调自身诉求的语意表达。

图 3-38 为阿勒泰地区布尔津县阿克巴斯套岩画。位于冲乎尔镇阿克阿依勒克村东一座高山靠近顶部的黑色岩石表面上。岩画采用点线凿刻的技法绘制，是阿克巴斯套岩画中的一幅牧放图，主要有牧人、北山羊、盘羊、马等。整幅画面表现出牧民放牧的场景，牧人张开双臂驱赶着羊群，羊群以整齐的队列朝着一个方向前行。所有的动物都以侧面剪影表现，以夸张的方式突出了羊角特征，腿部只刻画出两条腿，但犄角有的是两只，有的是一只。人物虽也在前行，但截取了对

象四肢充分展开的正面轮廓,这一姿态是最能体现人物特征的最大化轮廓。画面中的形象都以最大化轮廓取象,透视遮挡原则并不统一,形象不受现实空间的大小、远近等因素影响,平铺直叙地摆放在画面上。岩画创作不是对现实的真实性写生,而是情感表达与实现愿望的工具,原始游牧部族只关注物象与语意表达的清晰度与明确性,充分体现出岩画创作的功利性特征。

图 3-38
阿勒泰地区布尔津县阿克巴斯套岩画

图 3-39 为哈密市霍吉格尔岩画中的狩猎图。画面展示出两个骑马奔跑的人和两只羊。动物形象均为侧面剪影造型,只刻画出两条腿的姿态,表现出动物奔跑的状态,一只羊刻画了一只角,另一羊则刻画了两只角。而人物骑在马背上,人的腿部与马身重叠,只露出一条腿,说明是有意识地表现出遮挡关系,但人物的躯干和上肢呈正面表现。这种表现方式反

图 3-39
哈密市霍吉格尔岩画

映出原始游牧部族空间意识认知的局限性，但他们以叠加方式巧妙地弥补了这一缺失，构建出平面化、符号化、图案化的图像形式，以最简单明了、最直接的图式表达出自身的精神诉求，从而使岩画充满了单纯、自由、随性的本真之美。

### （二）主大次小的秩序

岩画图式秩序基于原始崇仰意识与巫术活动的实用需要，其根本是满足人类的生存欲。岩画是原始游牧部族在与自然的斗争中，企图运用精神力量进行自然改造和自我完善的能动行为的结果，反映着人类的精神意愿与理想追求。岩画的图式秩序源于对自然秩序的模仿，人们在实践活动中发现，大的动物可以带来食物的丰足，小的动物孱弱、纤瘦；顺序化的排列给人以整齐划一的感觉，主要的事物在群体中体现出主导性作用，次要的则呈现出服从性。在模仿自然的过程中，人们体验到形式所带来的感官与心理的愉悦，从而形成对形式美的认知意识。原始审美意识发生于自然体验与劳动实践中，由此生发出大小、顺序、主次，以及秩序、节奏、韵律、对比等美感认知与审美意识。图式的秩序化是原始游牧部族有意识地构建叙事空间的行为，是服务于人的精神诉求。有序性的空间秩序主要体现在画面布局的主次、大小、有序等形式上。

主大次小规则是岩画中最普遍的图式特征，"以大为美""以大为尊"是强调主观意愿的典型图式。大且饱满的东西意味着丰产、繁荣，这是生存的基础保障，"大"是重要的，"大即美"是人类最初始的审美标准。岩画中物象的大小关系不是以现实体量为参照，而是以人自身需要为标准。那些与人类生存紧密关联和重要的，体现在岩画中就是巨大的、尊崇的形象。动物是人类生存的重要物质资源，也是崇仰对象的原型，所以动物形象都是巨大的、主要的内容，而人物形象都是渺小的、次要的。岩画作为原始游牧部族表情达意的图像语言，表达生存意志始终是岩画的核心内容，"以大为美"强调事物的重要性是其最为突出的图式特征。原始游牧部族在严酷的自然环境中艰难地生存，迫切需要获得更多的生存资源与生存能力。他们臆想出神幻的泛灵世界，这个世界成为化解和慰藉现实困境的缓冲地带，崇仰活动与巫术行为即是现实世界与泛灵世界互通的联系，岩画则是这一联系的话语方式。将动物形象刻绘成大的，说明原型本身对人类而言具有特别的重要性，一些具有象征性的形象不仅大而且被放置到主要位置，与其他形象构成某种关联，以此传达特定的崇仰主题。例如，在体大动物的犄角、腹部，或躯干周边有体形较小的动物，大小形象紧密嵌合在一起，形成封闭或半封闭的样式，这是祈愿丰产繁衍巫术的常见图式。

原始游牧部族为了表达更为复杂的语意，在简约的二维空间中有意识地制造出符合主观意愿的秩序性空间，使图像意义更为开放、丰富和耐人寻味。他们认为岩画中特定的物象组合关系是有效实现巫术效果，或提升神秘力的重要途径，可达成猎物收获、牧群丰产与生殖繁衍的目的。岩画始作者打破平面二维空间的桎梏，构画出各种超越现实的组合图式，使岩画的语意空间与实用功能得以延展。同时，原始游牧部族把那些从自然中获得的各种美感体悟，也有意识地应用到岩画中，使图式结构有了一定的审美性规律。原始审美活动的发生表明人类审美认知意识已从本能快感需求向主观意志与社会意志发展，逐渐形成与之相适应的审美思维、审美逻辑与审美规则。

图3-40为阿勒泰地区富蕴县徐永恰勒岩画中的一幅狩猎图。画

面中主要有人物、鹿、北山羊以及
符号。画面中心有一只被强烈夸张
化的鹿形象，鹿的身形巨大，尤其
是腿部极长，鹿的脚似鸟爪。鹿作
为游牧先民的崇拜图腾，其嘴部常
被刻画为鸟喙，象征具有通天的能
力。此幅岩画中，不仅将鹿嘴刻画
为鸟喙，还直接将修长的鸟腿和鸟
爪嫁接到鹿身上，以此强化其通神
通天的力量。原始游牧部族以泛灵

图 3-40
阿勒泰地区富蕴县徐永恰勒岩画

思维理解自然世界，并以现实物为原型创作出自己的崇拜对象。当一
些精神物超出原型后，他们便依据自身需要将不同原型的局部进行重
组，创造出与精神物相似的新形象。原始游牧部族创造性的重构行为
出于生存的功利目的，通过形式的改造和夸张，强化鹿的神圣性，并
在"悦神娱己"的形式变化中，获得生命鼓励和审美快感。那些被刻
意夸大的物象或局部，意味着在原始游牧部族心中具有极其重要的地
位。画面中的其他动物以及人物都围绕着巨大的鹿，指意在鹿神的神
性庇护下，万物皆繁荣。由此可见，岩画图式的秩序性建立在人自身
需求的基础上，以巫术的实用性为目的，以人认知的重要性为依据，
主观地构建出主大次小的比例关系，这种比例关系并非客观的比例，
而是人类在生存欲下形成的主次观念。

　　图 3-41 为阿勒泰地区哈巴河县的加尔塔斯阔拉岩画。岩画以凿刻
加磨刻的方式制作，运用点线面相结合的方式，塑造出各种剪影式的
形象，主要内容有牛、马、羊以及人物等。在画面右侧的两匹马、一

只羊以及中间一头牛的形象极为夸大，其他形象则大小不一，人物形象较小。在原始游牧族群的生产生活中，牛、马、羊是重要的生活资料，它们的生息繁衍关系着族群的兴衰。牛体形壮硕，生命力顽强，马则健步如飞，一骑千里，相较之下，人类显得渺小与脆弱，这种自视弱小的意识在岩画中表现得更加明显。

图 3-41
阿勒泰地区哈巴河县加尔塔斯阔拉岩画

（三）布局排列的秩序

原始游牧部族在岩画造像时不拘泥于客观视像的约束，以物取象，他们认为视觉感知的物象、岩画中的表象与实际物是一致的。为了在巫术与崇仰仪式中更加全面、完整地表达和叙述自身诉求，原始游牧部族有意识地对岩画物象进行布局、组合，使之与自身需求更为接近。岩画图式的秩序性还体现在物象的有序排列，有序排列方式常见三种形式：一是依据岩面走势进行画面布局，岩画刻绘时充分利用岩面形制，随着岩壁结构或纵向，或横向对物象进行有序排列。二是由物象的姿态方向构建出秩序感。画面中所有物象姿态都朝向同一方向或向同一方向聚拢，形成聚散或疏密的有序组合，产生向前行进的动态效果。三是以视线引导为依据进行排列布局。以视线移动轨迹为基线，将众多物象有序排列成线形组合，或由大小对比形成视向引导，形成主次、前后或远近的关系，使岩画产生层次感和空间感。

　　岩画以岩面为载体，而岩面的大小、形制都不规则，原始游牧部族常依据岩面之势进行刻绘制作。高大岩壁上的岩画，刻绘时形象通常从下至上依次叠摞至高处，或由上至下排列，呈现纵向化的秩序感，突出了岩画高耸的神圣感。宽阔的岩壁则是依据岩面横向走势，顺势而为，画面向左右延续，直至填满整个岩壁，呈饱满、宽阔之感。原始审美是合目的性的秩序创造，服务于严肃、神圣的崇仰精神，但根本动机与动力来自人类源源不竭的生存本能和生命精神。

　　图 3-42 为玛依玛托别岩画，位于阿勒泰地区哈巴河县萨尔布拉克乡的多尕特沟南面的高山上。岩画刻绘在一块竖立的纵向岩面上，形象依岩面的纵势依次叠摞在一起，呈现有序的纵向排列。原始游牧部族在进行生产实践的过程中，审美意识开始逐步建立，他们认为整齐排列的形式不仅能带来视觉上的享受，也能增加巫术力，井然有序的

排列或是组成有意味的形式能够带来更多神秘的力量，以助人们获得更多的物质材料。画面由三列形象组成，互为呼应的关系。中间一列是岩画的主要部分，这列形象以羊为主，其中夹着两匹马的形象，从下往上形象依次整齐排列，且逐渐变大。这列形象被一条竖线连接在一起，形成一个半封闭的空间。这条线似乎是促使动物整齐划一而做

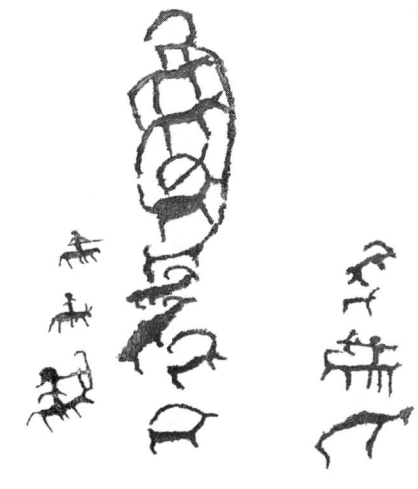

图 3-42
阿勒泰地区哈巴河县玛依玛托别岩画

的辅助线，也可能是猎人为阻断羊群逃跑而做出的拦截。总之，体现出对狩猎成功的渴望。画面左边有一列排列整齐的骑马猎人，他们手持弓箭，对准前方的猎物。而在画面的右边也有一列整齐排序的形象，其中一个骑马的猎人，与对面的猎人遥相呼应，猎人的上下还有反向逃跑的羊。从三列形象的排列方式与呼应关系可以看出，此幅岩画充满了故事性与情节性。特别是动物、人物姿态朝向的细节刻画，打破了有序排列的单一格局，使画面有了动感变化，由此可见，画面布局是由岩画作者精心设计而成的，充满了强烈的自主意识。

图 3-43 多尕特岩画刻绘在陡坡上的一个狭长岩壁上，受狭长岩壁的约束呈现纵向秩序排列。站在坡下需仰视才能观其全貌，在特定情境下岩画颇有威严感。岩画以凿刻加磨刻的方式绘制，内容丰富，主要以鹿的形象为主，中间穿插着羊的形象，还有狼的形象。鹿形象依岩面之势从下至上依次叠摞，呈纵列排序。整齐有序的排列方式，产生节奏、秩序、韵律的形式美感。羊形象较小，填充在队列的间隙之中，使画面更加饱满、丰富，代表着羊群在鹿的庇护下可躲避狼的袭击而丰产的意义。画面左侧有一列狼的形象，这组形象刻绘在主体岩面旁一个独立狭长的岩面上，但与主体画面相呼应。狼群以纵向整齐排列，呈围猎状态。这既是狼群的狩猎方式，也与岩画主题形成对

图 3-43
阿勒泰地区哈巴河县多尕特岩画

应的构图形式。岩画空间的秩序创造以功利性为目的，它是人主动的、有意识的能动和改造，意欲满足自身欲求，但形式化的创造又使岩画具有了一定的审美属性，反映着人的情感意志与审美意识。

利用形象姿态的一致性构建图式的秩序感，使画面产生整齐、统一的美感形式，这种图式常出现在以群体动物为主的岩画中。动物群以同样姿态或方向整齐排列，产生向前行进的趋势，有的是野生动物在迁徙，有的是被追击时的奔跑，更多的是牧放的羊群，重现了动物群在草原上集体活动的场景。岩画作者将自然中散乱的动物群，有意识地整齐排序，构建出有节律的、秩序化的美感形式。自然环境的恶劣，使人深刻感受到自然的威力和对生命的不安全感，生存的安全性和稳定性是原始游牧部族的最基本的物质需求，也是最大的精神诉求。人们从自然事物的某些形式中感受到平和、稳定的情绪暗示，就会不自觉地将这些形式运用到岩画中，如有序的、平稳的、圆满的等等，从中获得统一、和谐的感官慰藉，这是人类出自生命本能的自我观照，也是原始审美认知的特征。

图3-44为阿勒泰地区布尔津县的喀拉塔斯水电站水库岩画，表现的是牧放丰产的主题内容。岩画中有人物以及羊、骆驼、马、狗等家畜形象，还有一只较大的鹿图腾形象。动物以剪影方式突出了不同物种的主要特征，极具辨识度，而人则以简单的线条表现出行走的动态，还有一个骑马人物。画面中所有的家畜形象呈水平状整齐排列为两行，都朝着画面的右边行走，鹿和人则以反方向迎向家畜群，有序的排列将所有物象都规整在同一水平线上，使整幅画面产生统一、和谐的秩序美感。排列有序的水平线图式给人以安宁、舒适、稳定的感觉，随着动物姿态的走势，画面还有了空间延展的效果。

图 3-44

阿勒泰地区布尔津县喀拉塔斯水电站水库岩画

图 3-45 为伊犁哈萨克自治州特克斯县鄂勒格代萨依西岩画中的群羊形象。羊以线面结合的方式塑造，呈剪影式。五只羊的大小一致，除第一只羊为单角外，其他四只均有夸张的双角，羊的造型基本一致，且全都朝向同一个方向。五只羊依次排列在同一水平线上，形成前后有序的队列组合，同一朝向的姿态产生了向前行进的动态效果。五只造型相同或近似的羊形象，以不间断的连续排列方式，使画面形成一种整齐的、规律化的秩序美感。这种组合在视觉经验中，容易形成相对完整的、彼此联系的群化结构，虽然只有五只羊，但依旧有群羊的感觉。可见，人们对岩画物象进行有意识的布局、组合，使之与现实更为接近、相似，呈现出有目的、有秩序的空间构图。整幅岩画透露出宁静和谐的氛围，体现了原始单纯而又质朴的美。

图 3-45

伊犁哈萨克自治州特克斯县鄂勒格代萨依西岩画

岩画的秩序性更多产生于无意识的构建，是岩画图式中的潜在秩序。这种秩序性建立在视觉心理以及由视觉重心引发的视觉流向，以视线的移动轨迹为基线，根据形象的重要性，将众多物象按照从大至小、由主至次进行组合、聚集，使岩画产生层次感和空间感。由视线引导形成的秩序性控制着人们的视线，也控制着岩画的布局形式。在视觉力的作用下，人们从图式中感受到错落有致、疏密变幻、主次分明的形式美感，从而激发出与生存欲求相呼应的心理感悟，如饱满、繁盛、稳定、轻松等等。

图 3-46 为阿勒泰地区吉木乃县塔特克什阔拉斯岩画中的牧猎图。画面中有人物、羊、牛等，以线面结合的方式，刻绘出剪影式造型。画面为散点式构图，形象散落在四处，自由摆放。体大的动物集中在画面中心，在视觉上占有主导地位，成为视觉焦点。其他形象环绕在四周，围绕着视觉焦点散布，在视觉中心引导下，形象呈向心聚拢、密集的趋势。由大小对比形成的视觉聚焦力，像磁铁一样吸引着众多形象趋向中心，产生出疏密、虚实、松紧、节奏的对比效果。图式中虽没有明显的秩序基线，但隐匿其中的视觉力发挥着秩序规范的作用，使散乱的形象在视觉导向下形成充满张力和动感的秩序形式，让人产生张弛有度的舒适和稳定的美感体验。原始游牧部族在岩画刻绘时，受生存欲求的支配和功利性的驱使，本能地把重要的物象夸大并放置在视觉中心，其他形象则围绕着中心逐步添加。这种本能的、无意识的图式构建，实则是由生存意志构成的心理秩序的外化形式。

图 3-46
阿勒泰地区吉木乃县塔特克什阔拉斯岩画

图 3-47 为阿勒泰地区吉木乃县托海阔拉斯岩画中的牧放图。画面中有人物、牛、羊、鹿等，均以线面结合的方式塑造出剪影式形象。画面中八个牧民围绕着畜群，以张着双臂的姿态驱赶着动物，防止家畜离群跑散，生动地再现出原始游牧先民进行集体群牧的现实生活场景。岩画中一只巨大的牛占据画面中心，形象以剪影式塑造，夸张的身躯、犄角、生殖器凸显出雄牛的强健和壮硕。其他动物则排列在巨牛之后，画面下方只有一只羊。人物比例较小，以环绕方式散落在动物群中，均展开双臂呈驱赶状。最大的牛形象是画面的视觉焦点，其后的动物由大至小依次排列，形象

图 3-47
阿勒泰地区吉木乃县托海阔拉斯岩画

的大小渐变产生的视觉导向，使人有种由近至远的空间感。虽然原始游牧部族在构图上还未形成完善的"近大远小"的透视意识，但凭借直觉感知模仿着自然空间，他们已认知前后左右的空间方位，意识到遮挡不见的视觉现象。同时，在实用性、功利性目的的驱使下，岩画作者本能地将主要物象放置在画面中心或前端，并夸张放大，凸显其重要性。从而形象的大小对比形成了前后远近的视觉效果，产生了类似于"近大远小"的透视感，使画面具有了延伸、拓展的空间效果。

原始游牧部族在认知与客观现实之间发生矛盾时，始终以生命的本能观照着自身生存欲求，他们以幻想、臆想的方式能动地创造出符合主观意愿的秩序规则。岩画的图式秩序是在生命意识驱动下，创造出的特定视觉表达形式法则，映射出原始游牧部族共同的心理意识与情感精神，也反映出原始社会集体审美意识的发展与审美心理常态。这是人类在自我意识发展中，主动的、有意识的自然改造与自我理想的生产践行，体现出人类在历史发展进程中不懈地追求生命精神的自我完善与超越。

## 第三节　岩画图式语意构建思维

### 一、以画代言叙事的写实性

叙事是人类交流沟通的本能，也是人类文明传承的重要途径。岩画具有叙事的功能，但最擅长叙事的工具是语言，叙事是讲述过去、当下和未来的故事，叙事本身也需要过程，具有时间性。抽象而不好把握的时间，正是通过叙事才变得形象和具体可感的，正是叙事让我们真正找回了失去的时间。[1] 岩画以静态图形通过整体空间形式呈现内容，但是并不妨碍其对于时间的表达。在文字尚未出现之时，如何将叙事的内容固化呈现，岩画便成为自然且唯一的选择。

约翰·伯格在谈到欣赏过去的艺术品时说："我们今天是以一种前人没用过的方式去看过去的艺术品。实际上，我们是以一种不同的方式来欣赏过去的艺术品。"历史上某个艺术品本身没有发生变化，由于时代的发展，我们在欣赏和解读过去的艺术品时，在方式和观念上都发生了变化，这必然导致对过去的艺术品理解上的历史差异。[2] 岩画亦是如此，原始游牧部族制作岩画并不是用来欣赏的，现代人只有把岩画置于原始生活和原始思维的形式下去理解，才能在想象中无限接近

---

[1] 龙迪勇. 寻找失去的时间——试论叙事的本质 [J]. 江西社会科学，2000（09）.

[2] 周宪. 视觉文化的转向 [M]. 北京：北京大学出版社，2008：41.

岩画发生作用的场域与情景，才能正确领悟岩画图形对于原始游牧部族的重大意义以及岩画所承载的丰富精神内涵。

（一）现实生活的记录

在文字出现之前，原始游牧部族使用口传相授、结绳计数、物象记事、以图叙事等方法记录着劳动实践中获得的认知、经验、意识、情感及精神意愿。岩画以图画方式描绘出人物、动植物、场景事件、原始崇拜、自然形象与抽象符号等等，将原始社会的现实生活记录、展示出来。由此反映出原始游牧部族的生活方式、思维意识、精神信仰，以及原始认知下的自然观、宇宙观，折射出原始文化的内涵与意义，成为原始文明得以延续的独特方式。同时，也促使人类自身的认知能力、思维意识、实践能力，以及指事象征能力与表达能力不断成熟与发展。

岩画是人类文明足迹的印证，记载着史前时期人类走过的漫长历史。从艺术视角来看岩画，自然的环境、天然的材料、简单的工具、质朴的心境、炽热的情感是岩画产生美的原生动力。岩画以近乎极端的单纯形象承载着远古人类的思想情感，尽管岩画的独特魅力引发了人们无限的遐想，但是它的初衷并不是为了"美"而是"用"。岩画中无论表现个体动物、动物群体、狩猎与放牧场景都与人们的现实生活有着紧密的联系，原始游牧部族在岩画造型上努力实现物象与其突出特征的"再现"，基本采用写实的方法表现对象，图形简洁概括，特征鲜明，有的基于现实，有的采取了简化、夸张和变形的手法，岩画制作者的目的是将图像所承载的信息有效、迅速、准确地传递给观者并产生情感共鸣。岩画最初的实用性功能就是记录，在文字尚未出现之

时，岩画以图示和图解的方式起到记录生活、引导人们产生预期行为和思维的功能，最终目的是为了更好地生产和生活。

在牧猎过程中，人们通过观察各种动物的特征与习性来识别不同类种。但受视域范围与空间认知能力的制约，只能选择侧影视角观察动物最具特点的一面，以物象外形轮廓来辨析、区分动物不同类种的特征。侧影观物、取象的方式，决定了岩画中的动物形象都是以侧面轮廓形式进行表现的。刻绘岩画时动物那些主要特征或体现"力"的部位，成为重要的摹绘和表现内容，不仅真实地标识出不同的动物，而且还是实现动物"力"互渗巫术的操作途径。原始游牧部族凭借视知觉、经验、记忆，摹绘动物以及他们最关注的动物那些显著的特征，或者说动物那些具有神秘"力"属性的特征。正如列维·布留尔在《原始思维》中所说："原始人首先关心的并非存在物的现象特征和外貌特征，而是首先对各种具体的'力'的辨认。"[1]原始崇仰观念与巫术意识是岩画写实性生成的重要因素，也是岩画创作的动机及诱因。原始游牧部族认为对客观事物的真切模仿可以准确、完全地实现对现实物和神秘力的获得与控制，因而在岩画刻绘中他们尽可能真实地模仿和再现动物与现实生活。

原始思维的表象性、幻想性、互渗性促使原始游牧部族建立起现实与精神混沌交织的泛灵世界，在这个世界上人们在"悦神娱己"中获取精神鼓励与精神满足，弥补了现实世界中人自身的不足。原始游牧部族在岩画塑造中有意或无意地附加了符合自身认知和需求的改造或再造，使岩画物象既能写实象形，又能表意象征，成为类似语言文

---

[1] [法] 列维·布留尔. 原始思维 [M]. 丁由（译）. 北京：商务印书馆，2009：46–50.

字的叙事载体。

　　图 3-48 为阿勒泰岩画中的牧猎图，记录了游牧先民放牧的日常生活场景。画面中很多种被驯化的动物混杂在一起，大都保持低头吃草的状态，总体呈现出一定的秩序感；骑马的牧人有的手持弓箭，有的挥舞着长鞭；体形较大的动物被特意安排在外围，并突出了尖锐的牛角和巨大的鹿角，这样有利于防御猛兽捕食牧群中体形较小的动物；牧群前方的牧羊犬可以针对随时可能出没的猛兽向放牧者提前发出预警。岩画中的动物形象，不仅是对自然界动物的鲜明写照，同时也是对占有动物的美好幻想。在自然条件极为恶劣、生产技术极为落后的原始时期，获取猎物意味着生命的延续，在原始游牧部族的意识中，图像中藏匿着动物的灵魂。通过岩画记录日常放牧的生活场景，体现了原始游牧部族对能经常获取猎物避免饥饿与寒冷的深切渴望。

图 3-48
阿勒泰地区阿勒泰岩画

　　图 3-49 为塔城地区托里县奥凯库思曼岩画，记录了牧群遭受狼袭击的画面。整个岩画形象以剪影和线条的方式造型。岩画上方的一只狼正在与一头体形健硕的雄鹿紧张对峙，鹿的体形被刻意放大，鹿角和生殖器也被强调刻画，以突出其雄性特征。另一只狼正在寻找弱小的攻击目标，几只小羊由于受到惊吓开始逃离牧群。画面右下角的

两个牧人张开双臂试图把羊群聚拢起来，极力保护自己的畜群。画面充满紧张感，似乎可以听到羊在叫、狼在嘶吼、人在呐喊的声音混淆在一起。岩画中的物象比例有明显的大小差异，这种物象大小的处理，虽然使岩画呈现出一种有秩序感的空间效果，却不能以近大远小的透视规律简单地理解这种图形处理方式。从获取食物的角度来说，狼与人构成了竞争的关系，在岩画上通常处理得较小，含有弱化和远离这些动物的心理活动；而鹿与羊在原始游牧部族生活中有着重要意义，刻意放大、夸张，指意有神灵庇护家畜的安全。

图 3-50 为阿勒泰地区富蕴县徐永恰勒岩画中的骑牧人物。形象以剪影和线条的形式塑造，刻画了一个骑马的牧人挥动手臂放牧的画面，牧人拉紧了缰绳的同时还在驱赶羊群，人和马的重心前移，马低垂着头正在逆风艰难前行，牧人也迎风紧握缰绳，同时马的腹下还护佑着两只羊。在画面中似乎可以感受到大风掠过草原的呼啸声和牧人试图驱赶羊群的急切心情。岩画整体极富动感，人物、动物姿态鲜活，尤其是马前倾的动势体态与风向巧妙地达到了视觉上的平衡。原始游牧部族在岩画中记录生活状态时并不是呆板机械地模仿现实，而是将自身的情感、期待和寄托融入其中，使自然物象富有意义，渴望由此得到自然的护佑。

图 3-49
塔城地区托里县奥凯库思曼岩画

图 3-50
阿勒泰地区富蕴县徐永恰勒岩画

　　图 3-51 为哈密市小堡尖山子岩画中的群体牧放场景。画面中有三个人物，动物群以山羊为主，说明这是家畜群。原始游牧族群从事牧放生产时，会根据畜群规模的大小，以不同的方式进行牧放。家畜数量少，则以单人、双人或家庭方式进行放牧；当畜群规模大，家畜数量多时，就会采用集体群牧的方式进行。牧人们会分散在畜群的四周，随时将家畜聚拢在一起，防止家畜跑散或遗失，集体生产是原始游牧族群畜牧经济的主要方式。画面中的人们伸展双臂驱赶着畜群，生动地再现了现实牧放生产的场景。畜群中比例最大的羊形象，脚下刻画一条横线，形象具有强烈的象征意味。特别是对羊壮硕的身躯、犄角的夸张与凸显，反映出祈愿畜群丰产繁衍的巫术崇拜。

图 3-51
哈密市小堡尖山子岩画

　　图 3-52 为阿勒泰地区布尔津县塔合图别克岩画。记录着原始滑雪牧猎的场景，它不仅是原始生产方式的真实反映，也为后世研究人类滑雪起源提供了实证。此地原始游牧部族自古就有用马皮毛做滑雪板、滑雪狩猎的习俗。在《文献通考》（卷三百四十七·四裔考二十四）中

记载："田多雪，恒以木为马，雪上逐鹿，其状似盾而头高，其下以马皮顺毛衣之，令毛着雪而滑，如着履屐，若下坂走过奔鹿，若平地履雪，即以木刺而走，如船焉，上坂即手持而登。"[1]岩画以剪影方式刻绘出背负箭囊、双手持棍、脚踩滑雪板的猎人，正腾跃而起追赶着猎物，动物拼命奔跑逃窜，场面激烈，生动地表现出游牧先民滑雪逐猎的场景。岩画描绘的场景与文献记载，同留存至今的阿勒泰传统民俗文化马皮板滑雪活动基本一致，岩画以图像叙事方式将原始生产实践、文化面貌真实地记录、描述并传承下来，再现了游牧民族世代沿袭的生产方式和生活习俗。

图 3-52
阿勒泰地区布尔津县塔合图别克岩画

岩画的记录功能不仅体现在记录自然物象，还反映着原始游牧部族的精神意愿。原始游牧部族认为岩画在巫术作用下，能将现实所见与精神思想交织并存，是实现人与自然、神灵沟通交流、互感互渗的途径，也是表达精神夙愿的话语方式。原始游牧部族们将原始思维下

---

[1] [元] 马端临. 文献通考（卷三百四十七·四裔考二十四）[M]. 北京：中华书局，1986
（9）.

的感知、意念、情感、意愿投射在岩画中，使之具有神秘化、精神化的意义，借此传达出对丰产繁衍、祈神护佑的愿望。岩画既起到了写真纪实的功能，也发挥着巫术介质的作用，同时记录下早期人类对生存、信仰的精神诉求。

### （二）认知经验的传达

原始思维是以集体表象为形式、以互渗为规律的前逻辑思维，相信人本身与他物之间是共生关系，二者之间以神秘的方式彼此关联且相互交感呼应。这种思维方式的特殊性就是以直觉和简单的联想，以泛灵观念为主导描述那些认知模糊的自然众象，从而形成社会性的信仰、道德以及审美的思维方式。其根本始终与人类个体和族群的生存延续息息相关，并由此积累出群体化的文化内容和生存经验。岩画艺术的图像图式与语意内涵的精神核心源于人自然本能的生命意识，映射着原始游牧部族的思维与认知经验的发展规律。

人类学家赫尔梅斯通过大量考察后得出了这样的结论："人类在运用词来记录其思想和经验之前，是用图画来行使这种功能的……"[1] 岩画始于史前，以直观的图形和图画形式反映了人类物质文明和精神文明的活动，是人类最重要的创造性自我表达形式。岩画中的每个造型形态都传递着原始游牧部族的生活情境与意识形态的不断成熟，在社会、历史、精神、文化情境的不断变化过程中，岩画作为一种视觉传达方式，将人与人、人与动物、人与自然之间的关系生动地展现在岩石上。

---

[1] 俞建章，叶舒宪.符号：语言与艺术 [M].上海：上海人民出版社，1988：491.

　　马林诺夫斯基认为，文化由"习得性的人工制品、物产、技术、思想、习惯和价值观"组成，他的创新之处在于，他认为文化是由不可分割的具有内在联系的各个部分组成的，整体的每个部分都具有双重的功能，既要维持文化的整体存在，又要满足社会或者个人生存的基本欲求。[1]岩画作为人类最初的文化载体，同样是为人的生存服务的。原始游牧部族的主要食物是通过狩猎获得，食物决定了生命的延续和群体的繁衍，恶劣的自然环境迫使先民们必须想尽一切办法获得尽可能稳定和足够的食物，从而维持自身和整个族群的生存与繁衍。原始游牧部族在长期的生产生活中积累了狩猎、驯养、繁殖、牧放的经验，在文字没有产生时，岩画自然成为记录生产经验的方式。

　　原始游牧部族以观物取象方式创造出的岩画图式，通过剪影或轮廓表现出可见的、客观的、自然状态的物象信息。岩画虽然不能像文字那样表达出复杂的逻辑、概念、命题、推理等，但它为人们提供了一种直接的、普遍的、无须中介就能够准确再现事物与交流传播信息的方式。如动物形象以侧影方式抓住物种最基本的特征，塑造出可明确辨析的动物形象，这些形象作为以图识物的参照，都是年轻猎人必须掌握的识别猎物与获得战斗力的知识与经验。牧放、狩猎场景是新疆岩画中表现最多的主题，牧放图中表现出不同的牧放方式，家畜数量少，活动范围小时，则以单人或双人进行牧放；畜群庞大或游牧范围大时，则以三人或多人进行群体牧放，其中配合着骑马牧放和犬的协助，不同条件下采用不同的牧放方式是游牧先民在长期生产中总结出的经验。岩画将这些牧放生产场景生动地记录下来，成为游牧经验

[1] 刘瑛. 内蒙古区域岩画的图像造型及文化寓意 [D]. 复旦大学，2012.

交流、传达的重要方式。狩猎图中可以看到单人狩猎、双人狩猎、多人狩猎的场面，特别是在群猎图中常常可以看到，人物布局在动物群周围，以围猎方式对猎物展开围追堵截，表明游牧先民的狩猎方式是有组织地、有策略地进行，他们依靠集体力量团结协作共同从事狩猎，反映了原始生产中以家庭、族群为主体的组织形态。狩猎岩画中人们使用的狩猎工具各种各样，还有立射、骑射等多种姿态和射猎技术。岩画反映出游牧先民现实的游牧生产实践方式，是游牧先民传达、传授和交流生产技术与经验的生动"图解教材"，也成为族群集体的崇仰精神与文化传承的重要载体。

图 3-53 为哈密市上马崖岩画，形象以剪影式塑造。岩画中装饰着尾饰的猎人，以身体稍后倾的姿态站立，一手持弓，一手搭箭，一腿跨前，一腿后蹬，呈用力状，弓已经拉到满弓状态，可见猎人在奋力拉弓瞄准猎物，把狩猎者瞬间专注、用力的神情状态表现得惟妙惟肖。猎人的猎取对象有山羊、盘羊，体形被刻意放大，寓意为猎取肥硕、强健的猎物。此幅岩画反映了祈愿收获与丰产的巫术操作，游牧先民相信通过巫术在岩画中刻绘出猎获体形壮硕的猎物，在现实的狩猎活动中也能获得同样的猎物。

图 3-54 为伊犁哈萨克自治州昭苏县乔什喀萨依岩画，刻画了双人牧放的场景。画面中间一个人牵着鹿，鹿突出的鹿角和生殖器，说明是一只强健的雄鹿。鹿身后一只狼正试图从后方偷袭雄鹿，上方的牧人张开双臂，手持木棍似乎在驱赶羊并躲避狼的袭击。雄鹿的尾巴向后抬起，说明鹿对后方的狼保持警惕。鹿身后的狼刻画得尤其生动，其匍匐蹲踞的姿势富有弹性，似乎随时会跃起对鹿发起攻击。画面右下角有一只夸张的山羊，象征着家畜的繁衍丰产。鹿在原始岩画中是

被神化的形象，原始游牧部族通过在岩画上刻画自己与雄鹿的画面，
是祈求雄鹿能为族群的繁衍生息提供护佑。

图 3-53
哈密市上马崖岩画

图 3-54
伊犁哈萨克自治州昭苏县乔什喀萨依岩画

　　图 3-55 为哈密市伊吾县北山岩画，刻画了猎人策马疾驰，张弓
射猎的场景，画面形象以剪影式塑造。画中猎人骑在马上正在奋力追
赶一只山羊，猎人手持弓箭瞄准猎物。马的形态以线面结合方式表现，
刻画得挺拔健壮，马背上的猎人以单线表现，比例较小，马的流畅体
态和奔跑的步态体现出轻盈迅捷的姿态。山羊体形较大，可见羊的重
要性，画面中的羊作为射猎的对象比例被放大，并突出了羊角弯曲的
弧度。很多岩画中的动物形象并不遵从现实生活中的比例关系，岩画
制作者认为，大的物象表示其更具重要性，岩画中羊、鹿、牛、骆驼
的形象往往比例更大，是因为羊、鹿、牛、骆驼对于原始游牧部族而
言，肉可以果腹，皮可以御寒，对于生命的延续意义重大。游牧先民
相信事物可以通过交感相互作用，而岩画以相似的图形暗示某种深层
次的相似或对应，由此引发交感作用，因此在岩画中刻画射猎体形大

的羊与实际狩猎实体获得丰产是同一性的。把狩猎的激烈场景和被弓箭射中的动物在岩石上刻绘记录下来，创造了一种神灵在场的氛围，游牧先民相信会有一种神秘的支配力量能为以后的狩猎复制同样的结果。

图 3-56 为阿勒泰地区阿勒泰市谢天尔德洞穴岩画。画面中鹿的形象被夸张放大，为典型的鹿崇拜图腾形象。鹿身后一只凶残的狼吐着舌头垂涎羊群，羊群则分布在神鹿的腹下和背部，这一组合方式寓指羊群在神鹿庇护下，可抵御狼的袭击，确保畜群的安全和丰产。岩画中人的形象较小，显示出原始游牧部族在面对凶残猛兽时的软弱无力和脆弱渺小，他们将渴望安全和丰产的希望都寄托在神灵庇护上。原始游牧部族按照万物有灵的朴素认知神化鹿的形象，期待族群能得到神灵的护佑，趋利避害而免于食物的匮乏。人类社会的发展同时包含物质追求与精神进步，原始游牧部族对各种自然现象与事物的理解和认识尚停留在表象与感性认知层面，他们无法区分幻想与现实、主观与客观。这种认知通过岩画中被神化的动物、紧张激烈的狩猎场景、狩猎成功后手舞足蹈的场景以及祭祀与祈祷等场景记录下来，在原始

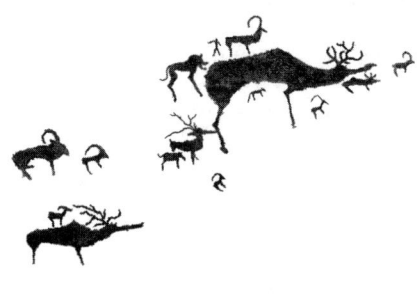

图 3-55　　　　　　　　　　　图 3-56
哈密市伊吾县北山岩画　　　阿勒泰地区阿勒泰市谢天尔德洞穴岩画

游牧部族看来，这些经验的记录和传递与直接生产经验的记录和传递同等重要。

原始游牧部族生存欲望主要体现在"食"与"性"的满足，这是生物性本能的需要，也是产生精神愉悦的前提。从生存意愿出发，渴望生活资源的"丰产"，"丰"即数量多、硕大、饱满；"产"即产出、繁衍、延续，在实践活动中原始游牧部族将此作为甄别物种、环境属性的规则。例如猎获那些体大、健壮、肥美、繁殖力强的动物；种植那些颗粒饱满、味美、繁茂的植物；选择能抵御恶劣环境与猛兽的宽敞场所，这些经验留给原始游牧部族以美好的形式印象。生存满足而带来的情绪快感是激发原始审美意识发生的基础，并在经验积累过程中逐步形成特定的审美观。如"羊大为美"即是原始游牧部族审美观的具体表现，在满足果腹、好吃等生理快感基础上，演变出"大即美"的审美标准。"性"所带来的生理快感与族群繁荣的获得感，使人在情绪上得以满足和宣泄，因而模仿男女生殖器官或以男女（雌雄）交媾形象，祈愿万物丰产、人丁兴旺。岩画就是原始审美意识的物化体现，例如新疆岩画中多以动物为主体的放牧图、狩猎图等，图式常以动物的群体形象呈现，造型上强化对动物的夸张，构图追求饱满、充盈，体现出丰产巫术的功利性和审美性的统一，以满足生存为目的的造型形式，成为群体共同遵循的审美法则。功利性表达成为原始岩画创作时的集体审美经验，这一经验在不断的实践与传承中成为原始文化的一部分。

原始游牧部族在艰难而火热的生产与生活中积累了丰富的实践经验，这些经验的获得可能是经历了很多次的失败以后的总结，或许是以部族成员的生命为代价。原始游牧部族认为这些经验的获得是神秘而强大的自然对部族的护佑，所以必须把这些经验记录下来告诉群体成员并传承给下一代。岩画图形在表现方法上展现出程式化特点，比如在岩画中表现鹿、羊、牛、马、骆驼等动物的形象，以动物实形并且突出强调生殖器来表示雄性动物，以躯干、腹部镂空来表示雌性动物，在动物的腹部刻画出小动物的形象来表示动物正在孕育期。以奔跑的形态来表示野生动物，而驯养的动物则以静态伫立的方式来表现。在原始游牧部族看来，在岩画中使用族群成员能够看得懂的方式，真实而直观地记录下生产生活中的一些重要信息，有助于族群在生产实践中获得直接的借鉴，也使生产生活经验得以传承和延续。

## 二、以原始崇拜为主题的象征性

### （一）神圣崇仰的象征

原始游牧部族的一切活动都以满足生存需求为根本，他们运用"泛生命意识"解释着人与自然的关系，建立起较为明确的"生命意识"认知规则，创造神灵，敬畏万物及生命的自我敬重。岩画是原始游牧部族自然、素朴的生命观的图像化反馈。原始游牧部族将岩画作为反映现实生活、精神信仰的叙事载体，虽然题材与表现形式各有所侧重，但都不是简单的现实再现，也非纯粹的审美意趣下的艺术活动，而是基于生存需求的意愿，以不同形式表达着生命母题精神。

原始游牧部族的认知意识尚不成熟，本能地将朴素的生存意愿与自然环境对应出内心视像，以造图的形式表达出来，而动物作为游牧先民的生存基础，必然成为原始生命意愿诉求的对应物和精神载体。新疆岩画中的动物形象占大多数，这些动物是游牧生活中的重要物质基础。岩画以动物或动物与人物的组合，表现出以牧猎为生存手段的现实生活中人与动物的亲密关系。以新疆岩画中的牧猎图为例，其共同的结构规律是人物与动物共同组合的射猎、牧放场景，人物以射猎或驱逐动作表现出牧猎行为，动物大多是游牧先民牧猎的对象，物象造型简单、稚拙，以剪影或线条突出不同形象的直觉特征。但从图式结构可以看出，场景非现实再现，那些视为神灵的形象会被刻意巨大化，夸张的动物基本都是牧猎对象，却没有凶猛动物，人物形象则表现得渺小孱弱，可见生存的迫切性才是原始游牧部族关切的首要，这让他们本能地忽略了自身价值以及对凶猛动物的恐惧，极力表达着对动物的大而肥美、多而丰产的需求欲望。

新疆岩画中出现最多的神圣形象就是鹿与羊，鹿善于奔跑且繁殖力强，鹿角强壮优美且能够再生，这些特征被游牧先民看作是超自然力，鹿则被视为神灵。鹿在原始图腾信仰中具有通天通灵的神力，它是护佑万物长生和无所不能的神的象征。在岩画中绘制鹿纹不仅是记录现实生活，更重要的是绘制过程被视为是与神灵的沟通。为了准确地传达精神意愿，原始游牧部族不断对鹿纹图腾进行完善、美化和理想化，并在叙事体系中构建出相应的"大角、鸟喙、驼背的鹿"的视觉图像特征，并赋予图像特定的内涵意义。鹿形象从现实自然物象转换到象征性符号图像的过程，也是人类认知思维与文化建构的过程。在众多动物形象中，鹿的形象作为特殊的图像符号不断呈现在岩画中，既体现出原始生活的现实性，也反映出原始崇仰的精神内涵，并成为自古至今草原文化的重要内容。鹿作为原始草原文化中神灵的象征图腾，祈拜神灵护佑是原始游牧部族追求超越本我的体现，反映出岩画作者渴望族群生存繁盛的精神诉求。

　　羊在牧猎生活中与人的关系极为紧密，成为早期人类视觉表达的重要元素。羊为游牧民族提供食物来源和生活物资，它的繁衍衰亡关乎着人类生存，原始游牧民族崇仰羊，视其为"神灵"和"亲缘"，相信对羊的祭拜是获得丰产的有力保障。而羊的现实形象束缚了精神层面的表达和传播，原始游牧部族在记忆、模拟与幻想的实践过程中，对羊形象不断赋予人的意识，使羊的形象超越现实成为神性化的象征。原始游牧部族把刻绘羊的形象作为与神力互渗的手段，他们调动记忆里关于羊的表象特征，并本能地把"求丰产、兴生殖"的意愿投射其中，刻意夸张羊角的形状、大小，或把公羊生殖器凸显出来。他们相信对羊角和生殖器进行夸张，可以使神秘力增值。岩画中的羊是牧民内心的理想形象，是具有精神指意的象征符号，它参与到复杂的岩画叙事、情感表达及仪式行为的主题里，表述出原始游牧族群祈求畜牧兴盛的精神理想。动物特征的形式感给人带来了视觉和心理的愉悦体验，原始游牧部族就会直接模仿和记录这种典型的形式化特征，在自然秩序的感悟和审美本能的驱使下，刻绘岩画时就会自觉利用这一形式。在不断模仿刻画中，形式快感与精神需求相关联，从现实的功利目的出发对形象进行夸张，强化了形式感具有的象征意义。

　　图 3-57 为阿勒泰地区富蕴县徐永恰勒岩画。画面中刻画了长着鸟喙、体形健硕、长着巨大鹿角的两只神鹿，且都有"大角、鸟喙、驼背"的典型神化特征。一只鹿身形庞大、壮硕，有隆起的驼背，鹿嘴呈鸟喙形状，鹿角梳状上扬，腹

图 3-57
阿勒泰地区富蕴县徐永恰勒岩画

下庇护着几只羊。另一只鹿身形修长也有峰状驼背，鹿嘴延长为尖尖的鸟喙，鹿角形似跳动的火焰。与画面中其他动物相比，鹿的形象被刻意放大，这意味着鹿在游牧先民生活中占据着重要的地位。鹿因雄壮、强健、敏捷以及华丽的鹿角，被游牧先民视为有神力的动物，他们以鹿为主体，根据集体表象需求将飞鸟的嘴部与鹿重新组合，创造出具有神性意义的象征形象。在原始思维认知中，局部与整体有着一致性，鹿与鸟喙的结合即是鹿和鸟所拥有的"力"的叠加，这样，鹿不仅有了雄壮的力量，也有了飞升的能力，从而使鹿成为人们膜拜、崇仰的可飞升通天的神灵。原始集体表象互渗思维下的造物活动，使自然物象有了人格意义，他们从自然物中选取自身需要的那些相似或相近的事物特征，以互渗思维加以重构、组合，融合主观的现实目的、理想意愿、意志情感塑造出超越原型的象征物。

人物形象在岩画中常常表现得简略、微小、卑微，只有"巫"形象较为突出。"巫"形象常出现在生殖崇拜与仪式场景中，这类图像既是仪式现场的再现，也是"人神共生"的巫术产物。现实中的"巫"是原始崇拜活动中进行巫术操作的实施者，在群体中有着至高的地位。岩画中的"巫"在形象上超出了现实中的"巫"，更接近"神"。岩画中母系崇拜的"巫"，以象征身份的尖帽、女阴符号组合为"人神合一"的象征形象。父系崇拜的"巫"则以强调象征身份的角状、尾饰、夸大或增数的男根、巫术道具与巫舞姿态等特征体现神性

图 3-58
塔城地区托里县努勒思拉克斯陶岩画

力量。图3-58中是塔城地区托里县努勒思拉克斯陶岩画中的"巫"形象，在剪影式造型中角饰、尾饰以及突出的男根和膝部增加的男根，体现出生殖崇拜特征。"巫"是实现人与神沟通的"通灵"中介者，在部族群体中起着祈福消灾、化解社会矛盾、加强群体认同的掌控作用。岩画中的"巫"形象是人形的神化创造，目的在于让巫术仪式的操作效力能够持续作用。"巫"是人神一体的象征，实质是人对现实自我的理想化完善，即人性的神化，是人类自我超越欲求下的自身改造。

原始游牧部族面对无法抗争的自然事物与现象时心怀恐惧、敬畏，他们运用集体表象共感互渗的思维方式，在自然中选择自身所需的相似性，以无限的关联、联想赋予客观世界强烈的、主观的神秘色彩，在精神上对自然万物实施操控、互渗，相信自然的力量可通过神秘化方式赋予人自身的强大。人充满激情地造神并崇信神，以此弥补认识的虚空和物质的贫乏，从而调整人与现实关系的实际不平衡，借此达到心理上的平衡，使欲望借助神力得以达成。[1]

岩画是原始游牧部族对生命现象理解的外化图释，那些刻绘在岩石上的图像是有生命的，图像与现实中的实体有着共通性，刻绘就是人与现实物沟通交流的方式。岩画创作行为是人类主观意识能动性的体现，从模仿"所见物"发展到创造"所指物"，在不断的"认知—实践—再认知"过程中，人类认知意识也逐步发展到更高层次。原始人以自身创造的"神"维系着群体生存的稳固与发展，获得意志上的生命自由与精神解放。现实环境是驱动人自身不断改进的外力，而人类意识所创造的信仰精神则是原始游牧部族不断追求自身生存发展的内

---

[1] 于乃昌，夏敏．初民的宗教与审美迷狂 [M]．西宁：青海人民出版社，1992：11．

驱力。外力不断为生命发展的精神内驱力提供潜能，内驱力则借助于外部条件推动着生命精神的内涵不断延展，两者的相互作用构成了原始岩画中生命精神产生的内外机制。这一机制始终鼓舞着人类社会不断向前发展，无终无息地探寻生命精神的真谛。原始岩画是先民不断探寻"生命"或"存在"意义的外化形式，是实现自我生命精神超越的载体，也是自我生命观照的对象。原始游牧部族基于生存的功利需求创造了岩画，岩画作用于人类激励自身生存能力和生命活力的提升。

### （二）群体文化的传承

图像是一个民族在长期的生产实践、社会实践和精神实践中所创造出来的文化形态，是一种社会性的文化符码，建构着一个民族文明的精神框架，形塑着一种视觉文明形态。[1]

人类本能维系自身生存和群体延续的生命自觉意识，与集体表象神秘互渗观相结合，构成原始社会形态、原始文化与原始信仰的重要内容。原始游牧社会特定的生产生活方式，让他们高度关注自然环境、动物、牧猎及繁衍等相关事物，并把这些事物与自身紧密联系起来，作为集体成员的崇仰文化共识与凝聚群体相互依存的精神纽带。由崇仰文化形成的某种集体化的、共同遵循的秩序制度，成为联结群体社会关系的规则与象征。岩画则是这一规则与象征体系的外化符号，在"悦神娱己"的同时发挥着传承教化意义，起着规范、维系社会结构稳定与平衡的作用。岩画的选址、造型及图像组合的程式化与秩序性特

---

[1] 朱永明.视觉语言探析：符号化的图像形态与意义 [M].南京：南京大学出版社，2011：03.

点，反映出原始游牧社会集体审美意识的发展，成为相对封闭的社会系统和社会仪式关系中的审美心理定式，体现出集体认知意识的规律性、稳定性与传承性。岩画图式秩序是生命意识驱动下形成的特定视觉表达形式，映射出原始游牧群体成员共同的心理意识与情感精神。

原始游牧部族迫切地关心生存资源的"丰产"，即猎获体大、健壮、繁殖旺盛的动物，同时期冀自身能拥有强大的体能力量、族群人口能不断增加。生存意识的自觉性促成了原始游牧族群动物崇拜、图腾崇拜、生殖崇拜观念的形成，并成为集体的信仰共识与文化象征。例如，鹿、羊等不仅为生存提供了物质资源，还是寄寓着人类精神意愿的神化对象。张扬、强劲的犄角，超凡的力量，以及超强的繁殖与生存力等优势，使鹿、羊成为牧猎民族重要的动物崇拜象征，其形象被不断赋予人为意识或象征的内容，形成"体大、壮硕"的程式化形象，由"自然"物象转换为"神化"图腾，成为同一游牧文化背景中的集体共识，鹿、羊等图腾在欧亚大陆许多原始游牧岩画中都频繁出现。人类通过身体在场的感知，在无数可能的现象世界中选择了对自己的生存有意义的不同事物或意象的富余价值，从而赋予了无意义的世界以井然有序的结构。[1] 原始人将这些有意义的事物或精神意念幻化为理想的崇仰对象，以岩画形式将虚幻的、臆想的精神幻象转换成为可看见、可触摸、可作用的视觉形式。岩画既满足了人类改造自然、完善自我、实现意愿的现实目的，又在崇神敬圣中构建起原始崇仰文化体系。崇仰文化不仅激励着人自身的发展，也成为凝聚社会结构的

---

[1] 王安 .W．J．T．米切尔论语言与意象 [J]. 西南民族大学学报（人文社科版），2019，40（12）：161-169.

有效机制。

不同族群部落都有专属的集体成员共同认可的崇仰文化，他们以此作为族群象征和知识经验，从而标识成员身份、界定领地范围，同时规范成员行为、伦理规则、社会秩序，形成族群世代沿袭的文化内容和生活习俗。岩画是游牧先民崇仰知识体系中的图像形式，反映着游牧族群的集体意识与情感精神，是维系群体关系的内聚力与社会象征，是稳定族群社会秩序与结构的重要关联要素。游牧先民以集体意识创造出具有崇仰属性与功能的岩画，在仪式语境中共同完成神圣性的集体互动活动。游牧族群四季转场，流动分散在各地，只有在特定的仪式和节日里他们才能聚集在一起。仪式活动是族群持续贯彻的行为模式，也是个体寻求文化归属与身份认同，接受族群文化教化、技艺传授、信仰强化的具体实施活动，成为族群文化、历史与知识传达、传播、传授的重要途径。岩画将游牧社会的现实生活、知识经验、精神崇仰，以易辨析、易识读的方式展现出来。在仪式与巫术作用下披上了神秘色彩。集体成员在神圣场域的共感中获得知识的授受、意愿的满足与信仰的强化。岩画虽以再现方式表现现实世界，实则是原始游牧部族的精神世界象征，在这一象征体系的内聚下，社会成员遵循由此形成的社会规范和意识伦理，共同维护着群体的社会结构与秩序。岩画的刻绘行为或仪式活动，既是与神灵的精神沟通，也是将共同遵循的精神旨意以可视化的形象进行叙事记载、教化传播，为族群稳固与生存延续这一共同利益服务。

图 3-59 为喀什地区叶城县阳阿克艾必西尔岩画。岩壁石质为红色砂岩，岩画以深红色矿物颜料绘制而成，为彩绘岩画。画面中描绘了人物、手印、山羊、几何纹以及符号等形象，形象均以剪影式和线条

式表现。从岩画的内容与形式可以看出，反映着丰产巫术的原始祭祀礼仪活动。人与动物的组合表现出现实的牧放生活，而手印则体现对牧放生产资源的占有和权利。群体成员在祭祀仪式中，将动物形象与手印绘制、拓印在岩画上，实施对畜群占有的巫术行为，祈拜神灵能护佑族群的物质资源丰产富足。原始祭祀仪式是族群集体信仰的外化形式，集体成员在神灵崇拜心理的作用下，自觉地沉浸到仪式的神圣氛围中，在潜移默化中接受着族群文化、精神信仰的教化。祭祀仪式不仅是原始崇拜礼仪与祈福求愿的操作方式，也是人们获得知识经验、崇仰意识、伦理规范的教化活动。在祭祀礼仪活动中，集体成员接受共同的信仰观念和知识经验的教化，以此增进个人对集体的归属与认同，使宗族精神得以凝聚，亲族关系更加稳固。仪式活动发挥着对群体社会的秩序和权利予以规范、维护、制约的作用，协调着人与自然、人与人、个体与群体之间的关系，建构出族群自身特有的文化知识体系与社会习俗规范，以稳定、持久的文化形式世代传承，成为原始族群社会生活中文化传统、伦理规范和生活习俗的重要内容。

图 3-59
喀什地区叶城县阳阿克艾必西尔岩画

　　"一切为了生存"是人类早期社会实践的首要目的，他们的行为、意识与情感的种种态势也由此生发。原始游牧部族在生存所需不能通过直接行为获取时，创造出"自然的人格化"和"人格化的自然"的精神世界。原始游牧部族主观地、创造性地把主体与客体的对立性在精神空间秩序中转化为协调的、可感知的、符合自我意识需求的状态。通过巫术等活动实现与自然的和谐共生，践行着符合自我理想的生产，这是原始游牧部族的自我认知意识在发展进程中自我超越的表现。

此外，岩画刻在岩石崖壁上，岩壁与石头是不可移动、相对稳定的载体，原始游牧族群用图画将实践经验与精神信仰刻绘、记录并保留下来，随着游牧群体不断迁徙、互动，岩画刻绘也随时随地进行。群体性移动过程使那些岩画图式、形象被不断重复刻绘，久而久之对岩画内容的认知与理解就会在一定范围的游牧生活圈中形成共识，构成共同的或相似的认知体系，这种认知体系会在同一文化圈中交流传播，并代代传承下去。英国人类学者罗伯特·莱顿指出，"岩画图样和岩画地点的相关信息在代际间传播的程度取决于艺术嵌入知识体系中的方式及知识的使用方式。为了实现有效的沟通，对于彼此的意图每位参与者必须共享一套认知，这套认知即便不完全一致，也要十分相似。"[1] 岩画的具象性、程式化、易辨别等特征，以及随移动而为的操作行为使信息传播更为直接，影响力更大，成为同一文化圈中各部族群体之间公认的交流沟通的语言形式。

原始岩画的创作动机源于满足生存需求为基础的精神需求，是人类本能的"生命意识"的自觉认知行为。知识经验与崇仰文化通过

---

[1] [英]罗伯特·莱顿，关祎.岩画、身份认同与原住民性[J].贵州大学学报：艺术版，2019，33（06）：1–12.

岩画记事进行传播与交流，并在部族群体中或部族之间世代传承，成为原始游牧部族获取知识经验的重要途径。自然事物在原始游牧部族"集体表象"使然下被赋予灵魂使命，刻绘成图像作为群体意识的社会化象征，并以此主导和支配着个体精神意识，促使个体必须依赖群体，群体因个体生命强大得以延续繁荣，这种"悦神娱己"的外化形象在传承教化中达成集体共识、共知，成为人类保障自身和群体生存繁衍的社会精神力量。岩画是原始游牧部族为了生存不断努力实践、创造出的群体文化记忆，是对自身生命价值与努力的现实反馈，体现出原始社会集体实践的智慧凝结。

# 第四节　岩画图像的图式规律

## 一、"像"到"象"的衍生

原始时代自然环境的恶劣与动物的生猛，使人类在自然中获取生存资源变得极为困难和充满危险。为了自身与族群的存续，原始游牧部族渴望能够拥有战胜外界各种威胁的力量，以保证获得充足的食物和族群繁衍。但幼年时期的人类还不具有完善的认知和应对世界的能力，只能凭借本能和想象将各种事物与自身生存需求关联起来，以万物皆神灵的观念解释和化解那些自然带给人类的威胁与恐惧。他们构建出现实与幻想错混交织的崇仰世界，在这个世界实现着自我的精神满足，并从中得到生命鼓励。原始崇仰文化的产生，就是人类在早期生命活动中所做出的主观、能动的自我创造与改变。先民们在实践中不断确证着自我主体与对象客体之间的关系，努力创造着各种方式，试图获得让自然万物为己服务的能力。

原始游牧部族在主观意志驱使下创造出"神"，使自身心怀敬畏、崇仰，寻找到精神归属感。把自然事物视作神性存在，虔诚地摹绘在岩壁、岩石之上，并将自身臆想与幻想融入其中，重构出迎合生存诉求的图画形式。岩画作为原始游牧部族在现实与幻想世界之间进行交流互渗的承载物，原型源自现实生活，但又附加了人类主观意识。因而，岩画图像成为表征性与表意性统一的原始叙事语言，传达出原始游牧部族顽强地追求生命意义的不懈精神，这种精神正是人类历史源源不绝、绵延亘远的根本力量。

（一）原始表象改造的叙事形象

1. 写实性

岩画原型是人在生存环境中朝夕相处的自然事物和生活内容，但在原始思维"泛灵论"的视角中，这些事物都充满了神秘性。他们关注事物所具有的异己的表象特征，以"主客体不分"的思维方式将这些表象特征与自身生存联系在一起，并在主观意志作用下，凭直觉、想象对表象进行再加工，塑造出具有利己意义的形象。原始游牧部族创作岩画不是单纯地对自然物象的模拟，更不是闲暇的娱乐，而是作为重要的社会生活内容，是与神灵交流沟通的方式及巫术行为的载体。在原始思维认知的视角中，岩画形象是鲜活的生命物，是人与自然以特定行为方式发生"力"交感、互渗的介质。

原始游牧部族在观察自然事物时，凭直觉、感性认知观察事物表象所具有的特征，如动物中，那些有犄角的食草动物，有尖利爪牙的猛兽，有翅膀的飞鸟等等；天象中，日月星辰，雷电风雨，以及自然界中的生命循环、朝夕更迭。他们对那些异己现象还没有能力做出解释，认为万物都是由神秘性所控制的，只有敬畏、取悦这些神灵才能获得生存保障和庇护。在长期生存实践中，原始游牧部族将观察、记忆、积累的各种事物特征、习性规律，以集体表象的原始思维构建起认知世界的经验与知识体系。

早期岩画以模仿自然客观物象为手段，这是由人类初期混沌的认知能力所决定的。这时生产力极为低下，注意力全部都聚焦在那些赖以生存的动物以及与人类生存紧密关联的事物上。动物是人类视域中的主要内容，不仅因为动物是食物来源，更是人们崇拜、敬畏的对象。在与动物朝夕相处的过程中，人们细致入微地观察、探索、分辨着各种动物的习性特征和活动轨迹。原始游牧部族将动物那些人所不及的力量、特征或行为视为神秘的、神圣的，把这些神秘性的属性与自身的生存需求类比、联系在一起，形成与生存环境相适应的认知、辨识的方式、经验与知识，形成记忆积累在头脑中，并在生存实践中尽力模仿。人们关注这些异己特征，实际更是关注它们具有的"力"，认为模仿、夸张这些特征就能够拥有动物的"力"或"力"的增效，如在身上涂绘动物斑纹，装扮尾饰、角饰，模仿动物体态行为，岩画中刻绘动物更是实现"力"互渗的具体巫术方式。在早期原始岩画中写实性是最为普遍的造型特点，形象多以简单的点、线、面的形式模仿自然原型，并以夸张的方式，强调、突出物象那些有"力"属性的典型特征。

原始游牧部族刻绘岩画凭借表象记忆而非实物写生，即原型不在场时对现实物象的延迟模仿或重现。错综复杂的集体表象构成了原始游牧部族的认知经验，使他们拥有超强的表象记忆力，表象在思维内化过程中受到功利意图的影响，成为趋于精神需求的心理表象，即先民们关注的那些有"力"或"效力"属性的表象特征。岩画是心理表象的外化和复现形式，一方面他们极力模仿现实物象，另一方面又在物象复现过程中沉浸于精神诉求和功利目的的情感满足。在双重知觉作用下，岩画写实性不再是单纯的、完全的自然模仿，他们将主观感情融入其中，试图从物象的相似中获得相似的"力"，成为崇仰功利目的的实现方式。艺术家刘青砚、刘宏在《阿勒泰岩画艺术》中关于新疆岩画写实性风格提道:"就其岩画的功能性而言,那个时期的岩画作者和狩猎人在意识上是把岩画图像的本身看作是巫术效应的一次实现,通过对动物形象的模仿达到巫术的目的——即在岩画图像中,真实地对某一动物刻画,意味着在现实中真实地获得'相似产生相似',或者说'结果相似其原因',这种'相似律'观念的实质就是一种功利性的观念,岩画图像中的造型须尽可能地模仿写实动物和狩猎活动的情境,以希望模仿原型的图像及造型产生他们其相似的结果来。"[1] 自然主义的写实性风格是新疆岩画的主要艺术特征,真切地再现了原始游牧族群的现实生活,充满着浓郁、生动的生活气息,反映着原始游牧族群在与自然共处过程中质朴、率真的自然观、生命观、信仰观与审美观。

图 3-60 为阿勒泰地区吉木乃县塔特克什阔拉斯岩画中的动物群。岩画以剪影式造型,画面中有山羊、盘羊、马等形象。画面以侧影视角勾画出各种动物的主要特征,羊的特征体现在犄角的形制,马则突出了躯干与尾的特点。形象真实再现了不同动物的主要特点,可明确辨析出不同的物种,造型准确、写实,说明岩画作者对动物有着细致认知且经验丰富、有较强的写实能力。动物在原始游牧先民心目中是猎物、食物,也是充满力量的崇拜对象。在"物"与"像"生命同一的观念驱使下,他们极力模仿动物形象,并刻意将那些关乎"力"的部位放大,期冀在形象与原型之间建立起巫术交感作用,以满足获得或猎取的心理需求。图 3-61 为哈密市伊吾县托克塔斯岩画,是一幅生动的牧放图。画面中一个牧人张开双臂驱赶着畜群,畜群主要是山羊,

---

[1] 刘青砚,刘宏.阿尔泰岩画艺术 [M].济南:山东美术出版社,1998:37.

夸张的羊角凸显出山羊的特征，家畜中还有狗和骆驼。畜群在草场上悠然吃草，牧人不停地驱赶家畜使之聚拢。动物、人物形象均以单线式造型，以简约、概括的方式摹绘出不同形象的特点。岩画形象简洁、稚拙，主体特征鲜明了然，以浓郁的自然主义写实手法再现了原始游牧先民的现实生活，也反映出游牧先民祈愿畜群丰产的精神诉求。

图 3-60
阿勒泰地区吉木乃县塔特克什阔拉斯岩画

图 3-61
哈密市伊吾县托克塔斯岩画

## 2. 象征性

随着原始认知意识的不断完善，强烈的占有意识让他们不再满足于简单的具象描摹，而渴望获取更加强大的生存能力与占有力，以提升人类自身在自然环境中的地位。先民们在自然内容的具象描摹中，不断附加着主观意识，体味着形式变化所带来的精神满足。岩画形象也从写实性的表象再现逐步向写意性的象征表意演变，虽没有明显的时空界限，但意味着人类在长期的生存劳动过程中，自我认知意识从低级向高级发展是必然的历史进程。

人们认为自然界中那些人所不及的属性就是神秘力的凝结所在。他们视自然物为神圣、祖先或英雄，信仰、膜拜它们所具有的神力，期冀通过取悦神灵获得生存庇佑。人们在刻绘岩画时着意摹绘那些认为存在着"力"的内容，那些"力"的特征可能是先民们羡慕的，也可能是对人构成威胁的。这些部位既是人们用以识别物象的视觉经验，也是崇拜、敬畏的内容。他们在模仿自然的同时注入了主观意识，刻意对那些"力"的部位加以主观强调，使形象具有了特定涵义。岩画的象征性表现是原始游牧部族在感知自然原型时一种主导性视觉印象的体现，它始终都围绕着对原型那些具有"力"的特征的表象进行强调和强化。象征性表现虽已有别于客观物象的真实性、准确性，但在原始认知中这些形象依旧是最真实的、有生命力的现实物。原始审美意识生发于环境浸润、生存实践与精神需求等众多因素的作用下，服务于生存诉求与精神满足的功利目的，也丰富着岩画的象征意义。程式化的夸张、变形、对称、节奏等美感形式的应用，使岩画具有了图案化、装饰感和审美性的特征，而美感形式最根本的作用是强化"力"的象征性。自然物象经过人主观意志的表象改造后，构成具有特定内涵意义的象征符号，成为原始游牧部族记载现实生活、交流认知经验、表达崇仰精神的叙事方式。

图 3-62 为哈密市乌兰布拉克岩画中的牧猎图，画面中有一只巨大的山羊，周围散落着羊群，还有驮物奔跑的马以及三个人物。其中一人手持长杆骑马飞奔，一人直立伸着手臂，画面右上还有一人似乎在驱赶羊群。作为主体形象的巨大山羊，以线条勾勒的方式表现出基本特征，山羊角极为夸大，凸显出神圣地位。山羊左侧有两个人，骑马的人手持长杆直奔向羊而去，长杆指向山羊的角部。山羊头部前方的人似乎在拦截，人的手臂被延长至触及山羊角。原始游牧部族认为动物犄角是汇聚神秘力的部位，夸大犄角就是对"力"的强调和增效，人在画里或画外与动物犄角发生接触，就能够与山羊实体的"力"建

立起交感关系，以此实现对实体猎物的控制或猎取。

图 3-62
哈密市乌兰布拉克岩画

图 3-63 为阿勒泰地区哈巴河县加尔塔斯阔拉岩画中的牧猎场景。画面中有马、山羊、狗等动物，还有骑行、骑射及狩猎的人物形象。三个人物，其中一个骑马人手持弓箭进行射猎，一人骑行，还有一人奔跑着追赶猎物。从形象比例可以看出，马是主体形象，特别是两匹较大的马格外突出。两匹马均为剪影式造型，突出了马丰硕的身躯、长尾和矫健的马腿，马的脚下刻绘有一条横线。刻绘这种有着神性意义的形象，即是人与神之间发生"力"传导的过程。从符号学视角分析，岩画中每个形象的造型形式与组合方式都是有意义的，它们共同构成了具有象征性的语意关联，表达着游牧先民强烈的生存意志。

图 3-63
阿勒泰地区哈巴河县加尔塔斯阔拉岩画

岩画中大多数形象都是以客观物为原型，通过对物象特征的强化，使之成为具有神性象征的崇拜对象。当一些崇仰观念在现实生活与自然物象中无法找到对应的原型时，先民们则以神秘互渗的原始思维模式，将某些物象特征进行叠加、混合、重组，重构出符合自身需求的超越现实的新形象，再为这些新形象赋予特定的内涵，以表达更为复杂、深刻的精神意愿与崇仰情感。原始信仰与巫术是岩画产生的基源，先民们将生存本能的精神诉求以共感互渗的方式迁移至物象上，经过模仿、改造、重构，创造出神化形象，并将其内化为精神动力，实现着人对自我的改造和对环境的征服。

（二）情节化的叙事表现

新疆岩画多是与动物有关的叙事场景，画面常以不同的动物组合以及人与动物的组合方式呈现，营造出各种生动、鲜活的场景，表现出原始游牧族群以狩猎、牧放为主要社会内容的现实生活与精神生活。岩画以特有的图式特征、结构方式，将游牧先民的物质实践与精神实践充分展现出来。他们将现实物转换为物象图形，不同形象在同一画面中以特定的结构关系共同完成对情节、事件的描述。

1. 即时性情节

原始游牧部族将亲历的现实行为与事件，包括情感诉求与精神意愿，以岩画形式直观地展现出来，虽然图像是静止的，但传达出的内容却是动态的。岩画叙事的表现特征体现在叙事情节的完整性、行为发生的即时性、场景布局的空间性上。

岩画中"牧放""狩猎""战斗"等场景就是以即时性情节为主的

画面。即时性情节的叙事方式，在于关注描述事件发生的情节过程。这类岩画通常着重表现人物、动物的行为姿态，再根据功利性的需求，将形象组合成有意味的形式，以此表示已发生或正在发生的事件过程。物象的行为姿态体现出情节发生的瞬间，不同动态与组合方式代表着不同的作用与语义。完整的叙事则需要多个形象共同完成，并以排列、平铺的方式展现出整个事件。

图 3-64 为阿勒泰地区布尔津县阿克巴斯套加勒岩画中的动物场景，岩画生动地表现了狼猎捕羊的过程。画面主体为一只狼凶恶地扑向一只羊，旁边一只鹿仰头嚎叫，似乎在预警、驱赶。岩画截取了狼腾跃而起扑咬猎物的瞬间，将狼猎捕羊的激烈、紧张场面体现了出来。岩画以狼腾跃、扑咬以及鹿仰头的瞬间动态作为事件发生的叙事截面，将"瞬间"事态固化为静态的图像。图像本身不呈现线性的时间概念，但"瞬间"具有的时间性与图像空间交互作用而引发出想象，使人以画外联想的方式将猎捕的全过程补充完整。画面通过动物扑咬的姿态来表现"瞬间"的概念，说明原始岩画作者对动物习性的敏锐观察力和表现力。画面最右边还有一只野猪的形象，主体形象周围还分布着若干只山羊。以动物形象为主的岩画多体现动物崇拜的主题，每个动物形象都被赋予特定的象征性。动物作为场景叙事的语意元素，经过刻意地组合形成有意味的图式，以此完成事件的叙事并传达出人的崇仰诉求。作为主体形象的狼、羊和鹿都是剪影式造型，每种动物既是现实物也是象征物，都暗含着具体的语意。弯曲的羊角体现了山羊的特征，山羊是人驯养的家畜，代表着生存资料与物质财富。狼则以强壮的身躯、四肢及短耳和尖长的嘴体现出其特有的形态，代表着危险和凶猛。鹿形象则是典型的"鸟喙、驼背、梳角"图腾造型，这一形

象在原始游牧先民的认知中是神灵与力量的象征。画面中的鹿仰天长啸，似乎在嘶鸣，驱赶着狼对羊的袭击。狼对畜群的袭击是游牧先民生产生活中最大的威胁，他们以写实的手法表现狼袭击羊的场景，同时将象征神圣的鹿图腾刻绘其中，以祈求羊群不再受猛兽的伤害。原始游牧先民相信神灵的庇护"力"可以在人与各形象间发生互渗关系，以此实现神灵对人与畜群的护佑。由此可见，岩画即时性情节在叙事内容的传递与交流的同时，更注重叙事主题的意味传达。

图 3-64
阿勒泰地区布尔津县阿克巴斯套加勒岩画

图 3-65 为阿勒泰地区哈巴河县阿依托汗岩画中的狩猎场景。岩画中刻绘了四个佩有尾饰的猎人，三只山羊，一只鹿，一只狗，表现了人们正在进行群猎活动的场景。画面自下而上，一人直立于鹿的旁边，人物比例大于鹿。中间有两人伸展双臂似乎在驱赶动物。上方散落着三只山羊，一人正手持弓箭指射最上方一只体形较大的羊，羊挺起身躯试图跃起。"即时性"情节着重体现在射出的箭以及跃起的羊的动态上，从人物持弓箭的动态上可以看出，弓箭已呈射出状，表示已经对猎物实施了"占有"。人持弓箭射击动物在狩猎场景中是最多的形象，为表现出射击猎物的过程和结果，就以箭的延长线表示射出

并射中猎物；或是人保持着拉弓姿态，但只有弓而没有箭，表现弓箭刚刚射出并击中猎物。这些表现方式都是对过程的叙事方式，更是对"获得""占有"猎物这一结果的强调。人物动作与动物姿态之间的相互照应，形成了符合主题所需的内在关联性，即对获得与占有猎物的"力"的传感联系，说明岩画作者有意识、有选择地对画面进行了结构布局。主观营造的形式感和表现性不仅充实、完善了岩画叙事的内容，也使人的心理需要与叙事意愿得到满足。

图 3-65
阿勒泰地区哈巴河县阿依托汉岩画

　　为了表达完整的事件情节，原始游牧部族有意识地将物象根据需要加以情节设计，使各种物象之间形成某种联系，将事件过程全面地展现出来。他们以动物、人物形象的不同组合方式，呈现出不同的叙事场景，场景中每个形象都是参与在叙事中的具有特定崇仰意义与巫术价值的"词"符号，物象之间相互关联、组合成为造句关系，共同完成叙事内容的陈述与表达。岩画中的动物形象是仪式或巫术操作的对象，人物形象则以驱赶状、刺杀状、持弓状、骑射状等动态对动物施力。以图像来描述狩猎、牧放场景，既是实现人与动物之间效力或能量传递、交流、互渗的方式，也是原始游牧先民描述现实生活和表达崇仰意愿的叙事方式。

2. 主题性情节

岩画以"图说"的形式展现叙事内容，但最终以表达"图语"的含义为目的，其核心是人对生命现象的认知、理解、追求与传达。仪式是有目的、有主题地践行"人神共感"的重要行为方式，岩画则是仪式中表达特定主题且群体公认的文化象征形式。

自然崇拜与丰产崇拜是人与自然互动过程中形成的精神产物，更是人类努力实现与自然相互契合的手段与精神动力。在人与自然同一性的思维作用下，人们将自然视为具有神秘力量的崇仰对象，并以主观想象的方式将其转化为可视觉感知的图像形式。在信仰精神与仪式行为的共同作用下，岩画形象与实体、与人之间发生着微妙的生命共感，"万物生命同一性"使岩画具有了神圣的生命意义。动物是人最为亲密的生存伙伴，成为对自然物崇拜的首选对象。动物崇拜源自原始牧猎生产生活方式，原始游牧部族不断地对动物形象进行理想化改造，并将虚拟的精神幻象转嫁其中，使自然形象化身为象征的、意象的、神化的图腾形象，成为岩画叙事体系中承载精神内涵的崇仰对象。新疆岩画中最多的形象是食草性动物，如鹿、羊、牛等。这些动物是原始游牧先民重要的食物来源，维系着族群的生存和延续。在岩画中反复描绘、表现这些动物，并刻意美化和神化，足以体现出原始游牧部族对它们的虔诚信仰。说明丰产巫术是原始崇仰文化的重要内容，广泛地存在于人类早期的社会生活与精神生活中。原始游牧部族竭尽全力表达着丰产的意愿，他们赋予自然物更多的象征手法，原始审美意识就是在不断的自然表象改造中产生的，使岩画在空间布局、图式秩序、图像装饰等方面具有了审美性特点，更加深化了岩画的功利性

作用。

生殖崇拜主题是原始游牧部族期冀实现生存意愿的精神意识反映，生殖意识渗透在原始社会意识形态的各个层面。岩画作为生殖崇拜互渗思维的物化表现形式，也是人们实现生殖效力的巫术操作手段。岩画始作者们从自然物象中抽取那些引发生殖幻想的特征，在主观欲求作用下以意念、夸张和象征等方式，再造出符合人类物质生产与自身生产需求的崇拜对象，并在仪式行为中实现生命力的互渗沟通。对"性"的强调是生殖崇拜图式的典型特征，运用夸张、重复、对称、耦合等审美形式对生殖符号、生殖器官、生殖行为等关乎"性"的内容进行强化，以此获得生理快感、族类繁荣和生殖力增值所带来的心理和情绪的满足感。生殖崇拜岩画是人类的生命意识力量最为直接、张扬的表达形式，体现出人类在强烈的生命意识激励下迸发出的无限创造力。

图 3-66 为阿勒泰地区吉木乃县塔特克什阔拉斯岩画中的丰产崇拜场景。画面中心以剪影形式塑造了两头身形巨大的牛，牛角以工整的弧形表现，呈半封闭或封闭状的椭圆形，极为夸张。牛的四肢、尾部则以简单的直线体现，特别是牛的嘴部呈鸟喙状，这一特征有着鲜明的主观象征性，成为具有神性意味的图腾。前面牛的大角旁有三个人，一人伸手触摸牛角，两人排列其后；牛前方有三个人，一人举起双臂触摸牛延长的喙状嘴，两人触摸牛嘴下的一只羊的腿部；牛腹下两人屈身触摸牛腿。第二头牛的尾部有一人正触摸牛臀，两牛之间有一只雄性动物，牛角上方还有三只动物。在画面左边，有一个巨大的人物形象，人物以剪影造型，身躯奇长，脚边两只动物，肩部有个较小的人物。在岩画中人物形象通常比例较小，而此幅岩画中这个人物比同

图 3-66
阿勒泰地区吉木乃县塔特克什阔拉斯岩画

一画面中的其他人物都大出许多，推测此人物形象并非对人自身的表现，而是有着某种特殊身份的神或巫的象征。画面中牛是自然崇拜的神灵象征，有着强大的力量，能护佑人们获得物质丰产和人丁兴旺，神或巫的形象则是控制神秘力量与人发生传感、互渗的操作者。岩画作者为了实现力量传导的巫术操作，将牛与巫进行格外夸张，使"力"得到最大化的增效，同时也有意识地对人物、动物做出布局和组合。画面中的人在神或巫的注视下紧密围绕着牛，并以触摸牛的角、嘴、臀、腿的动作进行"力"的交感巫术，岩画刻绘本身也是"力"传导的巫术过程。主体形象鲜明地突出了"力"的特征，而人物动态则体现出互渗观念的具体操作，画面明确表现出"求丰产、求繁衍"这一崇仰主题。原始时代人类将自身与自然客体混同为一体，认为人与自然万物具有生命同一性，都受着相同的力量支配。他们把自身的生死兴衰与自然物联系起来，相信以巫术方式作用于它们，就能够获得相似的能力或结果，达到人所期冀的家畜丰产、人丁兴旺的目的。"丰产"和"生殖"主题是岩画反复表达的内容，形象塑造也形成了程式化的特征，如对"力"特征的夸张和突出，对人物射击、触摸、刺杀等动态的强调，形式与主题互为照应，使画面形成明确的崇拜主题。岩画形式是原始审美意识的外化体现，它与社会形态、文化形态的功利性相对应。

3. 多维性情节

岩画图式的空间构成不受现实空间与认知视域的制约，它是原始游牧部族随性地构画出的现实与精神同一的理想世界。许多叙事场景是以多个单元场景，或不同视角、不同维度的场景共同组合而成的，当然其中也有因不同时期、不同人群的后期叠加植入而构成的。岩画中多维性情节叙事的表现形式，一是由若干独立情节或连续情节中的若干片段同置于一个画面，以平铺直叙的方式表达共同的主题；二是各情节或物象不受时空、透视、比例的约束，以创作者的主观意愿或叙事目的被一一罗列、堆砌在画面中。

在许多场面较大的岩画中，会看到多个场景置于同一画面空间中。场景之间或有联系，或是不同时期的添加，但主题却是一致的。在多场景空间中，每个场景或是独立成幅，或是多幅并存，或是连续情节的不同阶段，而众多事物与情节共同融合于一个画面空间中，形象之间互不干扰，平铺直叙，但表达的主题却有着内在的联系。原始思维是在集体表象互渗观念作用下的非逻辑思维，原始游牧部族相信自己的认知空间与现实空间的一致性，岩画所描述的就是自身所理解、感知和描述的现实空间。多场景空间并不是单纯的情节罗列，场景之间总是存在着某种主次与串联关系，即便是后人填入的形象也是与前者有着某种关联。图 3-67 为阿勒泰地区阿勒泰市墩德布拉克彩绘岩画，画面就是由三个主要场景组成。一是"符号与狩猎",绘有女性生殖器官,持弓射箭的人,一头野牛,以及一些小短线;二是"符号与手印",绘有代表生殖崇拜的圆形图案,包括条纹状线条及手掌印记;三是"滑雪与狩猎",此场景形象众多,内容最为丰富,包括众多滑雪、狩猎的人物,成群奔跑的动物,都是整幅岩画的核心内容。结合各场景的情节不难看出,岩画所反映的是原始牧猎人群为祈佑狩猎丰产与生殖繁衍而实施的巫术仪式。场景中的形象有不同时期添加的迹象,但共同传达着以巫术实现繁衍丰产的意图。原始游牧部族在巫术行为中通过不断充实岩画内容,以此帮助自身实现更多的意愿,从而获得强有力的生存能力。岩画中各物象没有透视和比例概念,但形象的主从关系说明原始游牧部族已经能够有意识地进行形式构建。虽然画面中每个独立物象在外显形式上没有联系,但物象内含的"语意"则以"造句"的方式,共同构架出对现实生活场景、丰产崇拜主题的传达"文本"。多维性叙事图式打破了客观的、具象的视域藩篱,使岩画的语意空间得到纵深延展,给人以更为宽广的想象空间,成为传情达意、祈愿诉求特有的叙事表达形式。

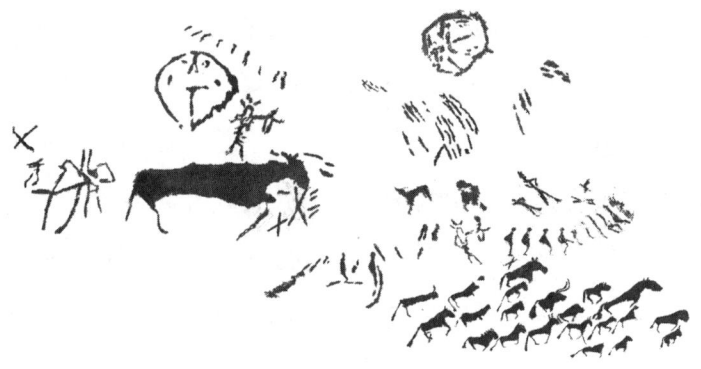

图 3-67

阿勒泰地区阿勒泰市墩德布拉克彩绘岩画

（三）叙事空间的主观营造

1. 神圣空间的选择

原始游牧部族认为大自然是产生那些神秘力量的根源，因而自然环境对岩画、人、物之间交互关系的形成有着重要的作用。他们在自身所处的生存空间中，选择适合从事巫术仪式和进行岩画刻绘的自然环境。这些特定的自然环境被视为是有灵性的"圣地"，岩画刻绘在此处，与周围的生态环境构建起充满神圣意境的视知觉场。在神圣境域中，集体成员聚集于此，依势作画，从事祭祀或巫术仪式，以此传达对神灵的崇仰情感与精神诉求。岩画与环境相互联系、作用并融为一体，使祭祀与巫术活动更加具有仪式感、神秘性和神圣性，让置身其中的人们在神圣氛围的浸润下产生强烈的情绪共鸣。"神圣空间是世俗世界与神圣世界交互共融的场域，也是一种象征性的视知觉场，而岩画是这一场域中世俗世界与神圣世界进行交流沟通的图像语言，二者可谓异体同构。"[1] 在神圣场域的语境空间中，岩画与其所处的空间相互作用、彼此强化，使崇仰仪式或巫术活动更具有权威性与神圣性，与此同时岩画自身的意义也在其中被不断地深化、再塑和拓展。

新疆岩画基本分布在阿尔泰山、天山、昆仑山的高山草甸、牧场等地。在对岩画实地调查中发现，岩画选址往往是原始游牧部族常年生产生活、狩猎牧放的地方。刻绘岩画的地点通常是依山傍水，向阳，四周草木茂盛，有较为空旷的场地，生态环境充满了生机活力，许多

---

[1] 张嘉馨. 岩画的空间环境及其神圣性研究 [J]. 民族论坛，2019（04）：98-104,

岩画的周围还会有墓地或遗址。岩画刻绘首先要选择适合的岩石，岩石在游牧先民心目中是坚硬、永恒的象征，岩石不会因时间、空间的变化而发生改变，是不可摧毁的事物，代表着恒久与坚固。另外，早期人类的生产工具就源自岩石，石头在人类生存实践活动中发挥着重要作用，这些特殊属性使岩石有了特定的神圣内涵和意义。岩石还是山的一部分，原始自然崇拜认为山是生命之源，也是上升通天，不可超越的象征。山以其强大的力量承载着各种生灵，许多游牧族群常常把高山视为"父亲"。"山""石"的位置、方向及周围环境都与人的精神世界有着某种神秘的联系，将岩画刻绘在有神圣意义的山石上，就是实现与神灵沟通、交互的途径。此外，岩画选址还要具备的条件是水草丰茂，适宜驻牧生息，山壁或岩石坚固且易于刻绘，地势较好，视野开阔，便于从事祭祀或巫术活动。因此，岩画常被刻绘在较高的崖壁或视野宽阔的巨石上，周围有足以聚集人群的空地，苍穹、群山环绕下的神圣肃穆的氛围，是祭祀仪式或巫术活动的理想场所。

图 3-68、图 3-69 中的环境是刻绘岩画最为普遍的自然景观，这种环境特征在新疆岩画调研过程中，也成为寻找岩画点的依据和经验。图 3-70 为哈密市巴里坤哈萨克自治县东黑沟（石人子沟）岩画，岩画地处巴里坤哈萨克自治县石人子乡石人子村南，此处虽不在高山上，但地势开阔，牧草茂盛，水源充沛。东、西两侧为山谷，谷中有河流，南为天山松林带，北为河流冲积扇。岩画散落于石人子沟北部、直沟中部、北部以及石人子沟河滩中，岩画区域周边还有遗址墓葬、居址等遗迹。岩画刻绘在黑色或黑褐色岩石上，多采用点线凿刻与磨刻技术相结合的方法，图案为勾线式或剪影式。以动物与人物为主，表现出原始游牧民族的牧猎生活。其中动物形象以山羊数量最多，还有鹿、

马、盘羊、牛等。人物为骑射、牧猎等形态，还有牧放生活场景。岩画刻绘在苍穹与大地环抱的岩石上，旷野辽远的空间制造出神圣、肃穆的氛围，人置身于浩瀚自然中显得十分渺小，不由心生敬畏。岩画、环境以及仪式中的人形成天地物我一体的心灵碰撞，精神与自然的混沌融合。在情境混融的神秘场中人们沉浸在与神灵交互的情感共鸣中，这种情绪被无限放大，延展至整个空间，从而形成神秘、壮美的场域气氛，由此更加强化了原始崇仰信念的感召力。

图 3-68
喀什地区塔什库尔干塔吉克自治县
喀拉塔西岩画

图 3-69
阿勒泰地区哈巴河县多尕特岩画

图 3-70
哈密市巴里坤哈萨克自治县东黑沟（石人子沟）岩画

岩画选址反映出岩画制作群体的自然观、宇宙观，以及对环境空间的象征性意识，体现出这一群体的共同文化记忆与社会认同。当代西方著名学者 W.J.T.切尔在《风景与权力》一书中提出："自然景观通过岩画创作、祭祀仪式等一系列复杂和重复性的社会实践而被结构化和概念化，从而加强了社会认同，形成人与景的双重互构，进而成为整合社会力量的文化资本和象征资本。"[1]岩画与自然环境之间的相互作用，构建出浓厚的原始崇仰文化语境空间，岩画则是神圣空间与原始崇仰仪式的纽带与产物，深刻地强化了原始部族群体的文化认同与社会凝聚力。

### 2. 叙事空间的经营

在原始认知中自然万物皆为生命，但受自身能力与现实空间的限制，视觉所及的外部感知不足以反映人类需求的内在精神。面对自我认知与现实之间的矛盾时，原始游牧部族更加关照自身的精神诉求，以能动的方式创造出符合精神意愿的秩序规则。他们把岩画作为与自然、神灵对话、沟通的方式，在岩画空间中可以不受外在视觉空间的制约，自由、自主地构画出符合自身需求的外部感知与内在感受相统一的视觉空间。岩画叙事的图式体现着原始游牧部族对事物或事件的认知结构，反映出叙述主体特有的、"自我"的精神空间。图像叙事的秩序规则从无意识秩序发展到有意识秩序，表明原始游牧部族已经主动地、有目的地对世界做出了认知与改造，在叙事表达中他们注入了

---

[1] [美]W.J.T.米切尔.风景与权力[M].杨丽，万信琼，译.南京：译林出版社，2014：284.

更多主观的、审美的情感因素。

　　岩画叙事的无序性空间呈平面化、平铺式的布局方式，画面中各物象以不规则、无秩序的散点方式随意罗列、摆放，但物象的语指意向，或物象间的语意交互都一致指向共同的崇仰主题，即人类本能的生命诉求。原始游牧部族虽对空间、透视还未形成明确的认知，但求全心理使他们总想把看到的、想到的、要说的都堆砌、累述到画面中。岩画是仪式或巫术中叙物、叙事的话语符号，人们关注图像的合目的性的意象表达，并不在乎求真求精的具象再现。无序性空间的画面有着充实、饱满之感，物象的布局随心随性、纷乱错落，呈现出原始的、天真的、朴实的本真之美，反映出人类自我取悦的原初性美感认知。

　　图 3-71 为哈密市乌鲁江岩画的牧猎图。岩画以动物形象为主体，有山羊、骆驼、鹿、马等动物，动物数量较多。画面中有两个人物形象，其中一人骑马，一人叉腰站立，人物形象较小。岩画中动物大小不一，主要以剪影式和单线式造型，形体比例都比人物大，显得尤为突出。从动物犄角的形状可以辨识出不同物种的特征，并且犄角都以夸张的手法表现，说明游牧先民对动物犄角的格外关注，也是对"力"的关注。画面呈散点式构图，各形象以无序的状态布满整个岩面。这是游牧先民祈佑猎物、家畜获得丰产的求全心理表现，认为岩画中动物数量多，现实就能获得同样的丰产。因此，岩画中他们尽可能多地刻画出众多动物，期冀实现丰产。动物是游牧先民主要的食物与生活资料的来源，因而游牧先民的注意力都集中在动物身上，并将动物视为神灵与崇拜对象。他们热衷于反复刻画各种动物，以此作为获得丰产的手段。新疆岩画大多以动物形象为主体且形象突出、夸张，人物形象简单且微小，这一特征说明"丰产"是原始游牧崇仰文化的核心

内容，反映出原始游牧部族为了生存延续而不懈努力的主观意愿和精神追求。

图 3-71
哈密市乌鲁江岩画

岩画图式中秩序化的叙事空间，反映出原始游牧部族能动的、合目的性的秩序构建行为。随着人类认知能力与审美意识的逐步发展，立足主体需求，原始游牧部族有意识地营造规则化的图式形式，以达到强化巫术作用和神秘力增效的作用。图式的秩序性服务于原始崇仰领域，人们以自身需要为标准，有意识地安排图像之间的主次、大小、呼应、秩序等关系，表达出自己最关心的事物或最需要的结果。"大为美"是强调主观意愿的典型图式特征，也是岩画构图的基本布局原则。岩画物象的大小、主次关系不以客观比例为参考，而是以人认知的重要性为依据。那些关乎生存的或神圣的物象都是体形"大"的，"大"的形象通常是散发"力"的核心，也是巫术崇拜的主角，其他形象环绕周边，彼此关联或呼应，烘托和强化出主体形象的神圣感。

岩画叙事空间的秩序营造还体现在物象的有序排列上，如整齐划一的排列，动态走向的一致，或依岩石之势的有序累叠等，画面呈现统一性和节奏感，如图 3-72 中的动物群正是秩序化图式的典型表现。原始审美是合目的性的秩序创造，服务于严肃、神圣的崇仰精神，但根本动机与动力来自人类源源不竭的生存本能和生命精神。岩画反映着原始游牧部族对自然现象与生命现象的认知意识，岩画叙事则是这一认知意识的外化图式、情感表达与话语方式，更是人能动地通过岩画实现人与自然之间的交流与和解的途径。岩画作为原始游牧部族在漫长的生存实践中积淀出的文化形式，承载着原始崇仰精神与生命精神的全部内涵，成为人类生命意志不断强化、升华的动力。

图 3-72
阿勒泰地区阿勒泰市玉依塔斯岩画

## 二、源自崇仰的图式秩序

### （一）原始视域中的审美认知

原始艺术的发生、发展及其呈现的内容与形式，取决于原始时代特定的社会形态、意识观念和思维方式，并由此产生与这个时代相应的审美意识与观念。原始社会意识形态的核心是以"生""存"需求为目的，其审美意识必会依据这一朴素意义构建出相对应的审美对象与审美原则。

　　蒙昧时期的人类对自然与自身关系的认知混沌、错综，认为人只是自然环境中微小的一部分，与自然环境、动植物及各种自然现象同生共存，而这种共生感源自一种神秘的灵性力量。一方面人类用简陋的生产方式不断从自然中获得物质材料，以确保个体与部族的生存、繁衍；另一方面自然环境的风云变幻、凶险莫测也让人倍感恐慌与敬畏。原始游牧部族有限的认知力和控制力使他们无法解释自然中那些异于自身的力量何去何从，因而深信万事万物都具备某种普遍存在的神秘性，而这种神秘性控制着一切事物的生死、繁衍。"泛灵论"是人类早期认知自身、他者与外界的方法论，为了满足强烈的生存欲望，他们关注一切与自身生存紧密联系的环境因素，以神秘化的视界审视自身与他者的关系。这种思维和认知机制是人类在特定历史时期的思维形式，它对原始审美意识和审美观念的产生有着重要的影响，由此形成原始艺术的表达方式和表现形式。

　　原始思维对岩画的创作观念和表现方式起着重要作用，这使岩画图式既有环境制约下的独特性，也有生命精神的共性特征。新疆岩画是原始游牧族群的作品，动物是狩猎与牧放生产的主要对象，因而游牧先民把注意力都集中在动物上，以自知的理解方式极力刻画表现着各种动物。他们将主观意愿和美好寄寓都附加到动物形象上，在形象的再现与改造过程中，乐此不疲地夸张、美化、规范着动物的外显形式，以此强调动物的神圣感与象征意义。原始游牧部族对美的初步认知源自个体和族群"生存"延续的本能需求，具有实用性与功利性。美感是人类社会实践的产物，是人在生存活动中特有的精神活动，超越了动物本能，体现出人类自知、自觉、能动性的精神意识。美感是人在社会实践经验、认知的积累调动下，产生的创造性的情绪活动和

情感体验，而这种情绪活动让人的生理和心理产生愉悦和舒适。美感心理过程是具象感知与心理感受、知觉、情感、联想等诸多因素有机融合的过程。

在物象的不断重复模仿中，人们逐渐掌握了一些具有形式感的表现手段和方法，这些形式感使人能将更多的主观因素融入到岩画创作中。于是把从自然观察与物质生产中所获得的那些令人愉悦且最能满足自身意愿的特征、形式（如对称、夸张、秩序、对比）或造型元素（点、线、面）等，运用到岩画形象的塑造与改造中，创造出精神化的、美感的神圣物，如将山羊、羚羊的角，以优美的弧线延长、伸展，使形象充满灵动；以重复数圈的螺旋线表现出盘羊的犄角，让形象更具神秘性；鹿角有的呈现规则波浪线或梳齿状，有的以对称的枝杈状表现，使鹿形象产生富有节奏、律动的装饰意味，加深其神性化特征。

原始审美就是在现实需求、精神信仰、功利目的等因素共同作用下发生的，并迁移至形象的塑造中。在原始认知中，程式化、夸张、变形、对称等美感形式，可使岩画中的"力"或"效力"得以增值，同时岩画也具有了装饰性和审美性，形式化后的形象不仅满足了人的精神诉求，也使人获得了愉悦体验。人们以主观意志赋予自然物更多的形式化或象征化的内容，使之成为符合生存功利需求的理想形式。由此可见，原始审美形式首先是满足功利需求的手段，其次才是"悦神娱己"的表现形式。

图3-73为昌吉回族自治州呼图壁县阔克霍拉岩画。岩画以点线凿刻加以磨刻技术构成线条式或剪影式造型，画面中有四个骑马人，一个射箭人，两匹单独的马，两只羊，一只鹿。从大小比例可看出形象的主次关系，最大的是两只羊，其他的形象次之，而人物形象最

小，所有形象都方向一致地向前行进。两只巨大的羊以线面结合的形式塑造，其中一只羊为线条勾勒轮廓，头部采用磨刻填充，以流畅的曲线勾画出羊角的特征，整体造型简约，线条舒缓、顺畅；第二只羊为剪影式塑造，羊角与腿部以线条

图 3-73
昌吉回族自治州呼图壁县阔克霍拉岩画

概括，羊角呈夸张的卷曲状。平面化的线面结合形式，使羊的造型有了黑白、虚实的变化，造型富有图案化与装饰性意味。羊的夸张体形与形式化的造型，说明羊不是狩猎对象或家畜，而是具有神性力量的崇拜象征物。马以丰满的身躯突出了壮硕感，从凿刻痕迹可看出，先凿点呈线勾勒轮廓，再磨刻填充，都为剪影式造型。四个骑行人物都手持武器，动态不一，骑马人与射箭人造型简练、单薄，均以线条概括出人物的动态。从人的动态可以看出，人们正雄心勃勃地向前行进，似乎是出征或群猎，两只神羊器宇轩昂的坐镇其后。"丰产、胜利、收获"是这幅岩画所要传达的主题含义，原始游牧部族期冀在神灵的强大力量护佑下，出征或群猎都能够大获全胜，人也在与神性力量的互渗中得以强壮、精进、勇敢。羊崇拜源自游牧社会的生产生活方式，人们以主观意志对客观物象进行改造、夸张、美化，使其成为象征着力量和丰产的神性化身，美感形式则是强化神性作用的增效手段。

人类为生命延续而不懈努力，原始审美意识的主观能动性也在实用性、功利性的基础上得以体现，某些符合主观意愿（生命意愿）的对象成为审美心理与行为的外化符号。早期人类虽然认知与思维能力不足，但有完善、精细的表象记忆力和联想力。在前逻辑和互渗律的

思维方式指导下，他们将记忆中感知过的那些认为是美的、有灵的对象，运用幻想、想象加以拆解、重构，创造出符合自身愿望的新形象。他们创造出图腾、神灵，并把"生命意识"移情其中，以此祈求、激励和护佑人类自身的繁衍和种属的存续，并作为人与人、人与物之间进行维系、交流、沟通的介质。由满足"食"与"性"的动物性快感而演化出的原始审美意识，激励着人为追求生命力量去发现、认知和创造世界，并从中获取生命精神的自我超越。人在生产实践的经验积累中，建立起以满足生存为功利目的的审美标准，并通过较长时间的实践检验，逐渐成为一个部族或族群约定俗成的审美范式，为原始审美意识、审美观念、审美逻辑的形成奠定基础。

新疆岩画是游牧先民认知思维的外化形式，在懵懂意识下他们试图通过岩画与万物的灵性力量进行沟通，凭借直觉记忆刻绘出与自身生存相关的所见物，将外部世界的表象感受加以联想，期望以此达到与世间万物互渗交流的目的。在这种意识观念下，原始游牧部族执着地从事着以内容占有为目的的岩画活动，这是原始艺术产生的初衷。由内容占有演化出的形式再造，既是人类主观意识与自我存在意识的觉醒，也是原始审美意识的发展规律，标志着人类审美活动从生物性的本能快感进入到社会性的文化层面，成为原始文化、意识形态、社会伦理、精神信仰的重要内容。

（二）原始审美秩序与图式特征

岩画不仅是记录现实生活和表达崇仰精神的叙事载体，还是审美认知与审美意识的外化形式。岩画的造型方式与图式特征，透射出早期人类在形象创造过程中的审美心理的活动规律。原始游牧部族在与百兽相居的自然环境中，以幼稚懵懂的思维方式探索、感知自然，众多无法理解的事物与现象在他们的认知里产生了极大的神秘感。原始游牧部族把自身的生存希望寄托在那些被认为有神奇力量的事物上，从而以敬畏之心审度自然万物。同时，自然中的形式美及其背后潜在的神秘力量和生命形式，以潜移默化的方式影响着人类对美的体验与认知，促使人的审美心理生成。人类审美心理也在长期物化劳动和自然美浸润中得以滋养，体验着形式带来的快感和欣喜。他们在工具制作、狩猎畜牧的生产过程中，尽力模仿、再现自然物的质地、色彩、形式，由此培养起人们对各种审美形式的认知能力和表现能力，并通过族群传承和集体无意识的积淀，形成与自身生存环境和文化形态相适应的审美法则与审美秩序。原始审美意识产生于自然环境的审美体验和生存劳动的审美实践，同时还与原始崇仰文化相混融。因此，原始游牧部族审美心理的产生与原始思维、认知意识、文化形态有着密不可分的联系。

## 1.点、线、面的应用

原始审美心理与其文化表现形态呈对应同构关系，即原始审美形式始终与原始认知意识和思维方式下产生的文化形态相对应，究其原因都是为了满足人类自身的生存需要与情感需求。在"泛灵论"与"巫术观"的作用下，原始游牧部族在摹绘那些客观物象时，将臆想化的主观情感注入对象，进行各种塑造、加工使其人格化、神性化，将臆想中的虚幻物通过物象塑造转化为视觉化的具体物。岩画的制作与表现方式决定了图像的形式、意义、结果，以及在崇仰巫术中可能发挥的作用。点、线、面是所有造型艺术的构形要素，以点成线、从线到面是造型艺术建构的基本规律。点、线、面不仅构画客观事物的表征，还因其形式的偏重形成某种特定的风格。

点是造型之始，点的运动轨迹形成不同形式的线，由线的集合而构成面。因而，点的应用在造型中有着重要作用。岩画最普遍的制作方式就是敲凿，原始游牧部族使用简陋钝尖的石器或金属器，在岩面上反复敲凿落下凿点，密集的凿点或连接成线，或集结成面，以此塑造成各种形象。点具有形状与大小的形式特征，依据点所在的空间位置与比例，在岩画中以各种方式与意义参与到塑形造像中，可见原始游牧部族在岩画制作时对点的运用有着一定的自觉性。岩画中点的形状各异，以点的不同形式表现不同内容。单独点以圆形、三角形等形式出现时，因其与某些物象局部有着形式上的相似性，因此被作为具有象征或比拟意义的符号，如女阴、日月、果实等等（图3-74、图3-75）。点的形状有的是由工具凿痕造成的随意性的痕迹，有的是大小均等的有序的制作，这些形式各异的点或随意散落，或有序排列，使画面形成虚实、主次、远近、秩序等对比变化，丰富了岩画的表现性。可见岩画始作者已经有意识地根据所绘对象与指意内容，有选择地使

图3-74
阿勒泰地区富蕴县布拉特岩画

图3-75
乌鲁木齐市霍加穆岩画

用点的表现手法，透露出一定的规律性。

　　岩画中点的应用丰富了画面的空间表现形式，同时也为岩画赋予了象征性的内涵。平面、静止的点元素，具有凝聚、集中、张弛自如的特点，决定了点的自我为中心的自足性特征，使其成为最具代表性和包容力的象征符号。同时，点可聚可散的布局排列所产生的虚实变化，满足了岩画始作者对那些自认为存在但又不可见的神性世界的表现欲。点的聚散虚实在岩画中发挥着超越表象的作用，构成介于客观感知的"有"与精神感受的"无"之间的现实与精神共融的"虚"空间。岩画大多直接以岩面为底，制造出贴近客观物象的实像，但有些岩画则以点凿方式在物象周围布满或松散、或密集的点，营造出人为的"虚"背景，"虚"背景为平面化二维空间平添了时空延展的可能，使静止画面产生波动感和神秘性。点的布局排列、间隔变化让形象发生虚实变化，从而形象也形成可虚可实的效果，虚像与实像交相呼应，形成不可言说的象征意味，折射出人对世界所持有的迷惘、困惑、幻想、揣测、神秘等复杂的情绪变化与心理波动。图 3-76 为阿勒泰地区青河县鹿石，鹿石上端以点排列出虚线，分割出天与地的界线，"圆"象征太阳，"鸟喙、驼背、梳角"的神鹿则仰头逐日向天。由点形成的虚线界定出真实世界与幻境之间的边界，但"虚"又为人们提供了可逾越、交流、沟通的精神缓冲带。图 3-77 为喀什地区叶城县托格拉尔革勒岩画的局部，岩画中红色手印和条状面上都装饰了白色的点，重复的圆点形成令人眩目的迷幻感，使手印形象脱离了客观的具象特征，成为充满神秘性的象征符号。点是体现生命的最基本的元素，其丰富且内蕴深厚的表现力，使岩画在表情达意的同时也富有装饰性特征，与线、面有机结合后成为岩画造型的重要审美要素，塑造出形式多样的有意味的画面。

图 3-76
阿勒泰地区青河县鹿石

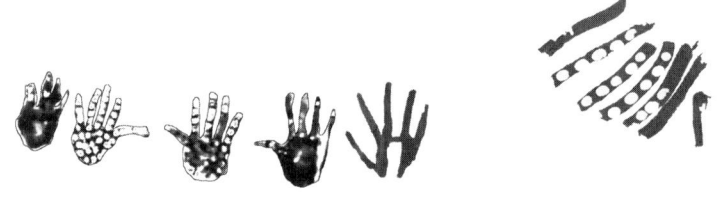

图 3-77
喀什地区叶城县托格拉尔革勒岩画

图 3-78 为阿勒泰地区哈巴河县多尕特洞穴彩绘岩画。岩画以动物为主体，画面中心有一个人和两只巨大的动物。动物颈部长，身躯有斑点状，类似长颈鹿。还有牛、马等动物，以及许多手印和符号。人、动物与手印等象征符号的组合，说明这是以丰产巫术为内容的画面。岩画中部为动物、人物、符号和手印，以线条或剪影的方式表现出清晰明确的"实像"，但有些形象或符号则是以断断续续的点表现出若隐若现的"虚像"，虚实变化使二维空间产生时空维度的跨越。以点造型改变了客观物象的形式感，制造出现实与精神相混融的"虚像"，使物象之间产生有意味的虚实呼应关系，营造出无限延展的叙事空间。点作为重要的造型元素，是所有物象建构的原点，点的重复、连续本身就具有生命性。点的应用使人类将虚幻的意识渐显为可视觉感知的形象，让神性世界与现实生活得以共存。原始游牧部族以点的聚散方式，

创造出自认为的世界层次，不断编织着理想化的、神秘性的崇仰世界，以此摆脱现实生存困境的束缚，达成人类族群繁衍、丰产收获的生存意愿。

图 3-78
阿勒泰地区哈巴河县多尕特洞穴彩绘岩画

线是极具表现力的造型元素。线条的曲直、长短、粗细等变化，可塑造出形式多样的形象：直线的理性、冷静，曲线的感性、活跃；粗线的厚重、坚实，细线的纤弱、细腻；长线的延展和短线的果断等等。线条丰富的情感色彩为各种形象赋予了有意味的内涵，使造型充满了生命活力。

点的移动轨迹即为线。线具有运动、活跃的生命感。原始游牧部族们对物象的形状、轮廓具有极为敏感的感知力，运用线对物象的外形轮廓进行概括提炼是岩画中最重要的表现方法。岩画中的线条是以涂绘或凿刻方式形成的，由于受原始工具的制约，线条也发生着质感上的变化。绘制的线条显得较为灵活，会有粗细、虚实、皴擦、顿挫等走势变化。凿刻的线条是采用石质或金属工具不断在岩面上以凿点成线的方式呈现，因而刻绘出的线条有凸凹、深浅的变化。凿刻线条虽不如手绘流畅，但金石雕刻出的线条有着简拙、质朴、强硬之感，不同的线条使岩画具有了绘画与雕刻兼容的艺术面貌。岩画中人物多以短直线构成，概括出人的基本结构和动态，简约的人物形象暗示着人对自我认知的卑微态度。新疆岩画以动物为主，造型时线条随物赋形，以概括、简化的方式强调动物的表象特征与运动体态。随着人类的认知意识与表达能力的提升，线的表现形式也日益丰富多样，形象也由具象再现向意象表现演变，使岩画具有了图案化、装饰化的特点，反映出先民们在生存本能下形成的具有功利性的原始审美意识。

图 3-79 为乌鲁木齐市阴沟岩画中的牧猎图。人与羊的形象均为线条式造型。人物比例十分渺小，以短线概括出人物基本体态，持弓射箭的动态十分明确生动。三只羊以单线方式勾勒出主要的特征，线条准确地在动物体态结构处自然转折，表现出奔跑的姿态，可见岩画作者熟练的表现力。羊角以夸张、流畅的长弧线表现，充分体现出对神性力量的崇拜，弧线的使用使形象有了优美、强健的美感特征。图 3-80 为阿勒泰地区阿勒泰岩画中的鹿形象。画面以较粗的线条勾勒出身躯轮廓，中空的身躯上刻绘着间隔均等的短线，使鹿形象产生了装饰性的美感。鹿角则以细直线刻画出对称的枝杈状，表现出鹿角强

图 3-79
乌鲁木齐市阴沟岩画

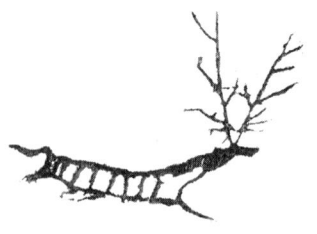

图 3-80
阿勒泰地区阿勒泰岩画

大、硬挺的质感。鹿形象中线条的粗细变化和节奏秩序，使鹿超越了客观实物的真实性，成为有意味的象征物。

曲线具有流动、起伏的运动感，是充满活力的优美线条，为简约、质朴的岩画形象赋予了鲜活的生命力。图 3-81 为阿勒泰地区哈巴河县多尕特岩画中的鹿形象。鹿角以有序的波浪线表现出高耸挺拔的特征，波浪线的运动感令鹿角产生了有节奏的无限延展的感觉，凝聚了人们对神秘力的想象和期许，使鹿角更具美感和吸引力。图 3-82 为昌吉回族自治州木垒县冬窝子旧圈岩画中的盘羊形象，卷曲的羊角是盘羊最主要的特征。岩画始作者认为盘羊的角聚集着某种神秘性的、可护佑人们丰产和生殖的"力"，在巫术思维驱使下他们势必会强化这一特征，以期许获得更多的力量互渗。螺旋线的旋转运动所产生的视幻感，更容易引发人的幻想与臆想，因此人们尽力对盘羊的卷曲角部进行循环、重复，形成令人炫目的多重螺旋形。螺旋线以其旋转、运动的规律性产生接近圆的完美形式，使盘羊形象趋于装饰化的美感，这一美感形式并非单纯追求美的意味，而是强化巫术功利性的手段。新疆岩画中的线条整体呈现粗犷、稚拙、刚劲有力之感，既有随性的天真稚拙，也有整齐化的秩序规律，还有曲回波动的优美流畅。丰富多样的

图 3-81
阿勒泰地区哈巴河县多尕特岩画

图 3-82
昌吉回族自治州木垒县冬窝子旧圈岩画

线条形式，使新疆岩画具有自然质朴、简约率真、直抒达意的艺术特征，透射出原始游牧族群在长期与自然相融互生的生产方式下，形成的集体审美取向和审美方式。

图3-83为阿勒泰地区富蕴县徐永恰勒岩画中的动物形象。动物形象运用线条造型，有鹿、盘羊、岩羊和山羊。其中鹿形象比例较大，以粗线条概括出强壮的身躯，腿部则用略细的直线体现出挺拔、灵巧的姿态。鹿角以直线呈对称的"V"形，枝杈两边以间隔均等的短直线构成梳齿状形式，秩序化的短直线形成了富有规律性的整齐美。岩羊的角部同样以有序的短线刻绘为齿状形式的单角，盘羊则以螺旋线夸张，而山羊以弧线表现。所有的动物表现重点都放置在犄角部位，说明原始思维下人们对"力"特征的格外关注。岩画中反复、有序的线条排列产生的节奏感，使画面具有了图案化、装饰性的特点，重复、秩序等形式的运用与原始生存繁衍观念之间有着某种联系和契合，更加强化了形象的象征意义和主观意愿的情感表达。

图3-83
阿勒泰地区富蕴县徐永恰勒岩画

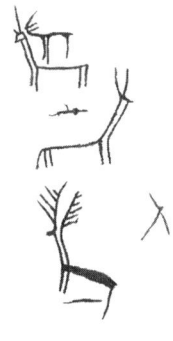

图3-84
伊犁哈萨克自治州特克斯县塔勒拜岩画

剪影式造型是体现块面这一造型要素的具体表现方式，岩画中的块面形式是通过凿刻密集的点或以磨制方式形成的。剪影式造型以概括的方式表现出物象的侧影特征，使形象形成浑然一体的单纯简约、厚实、质朴之感。块面形式不拘一格，以物赋形，忽略细节，直白地展示出物象的平面形态，产生醒目、鲜明的视觉效果。岩画中那些被重点关注的或具有象征性的物象大都使用剪影式塑造，以突出形象的重要性。图3-85中为阿勒泰地区阿勒泰市泉沟岩画中的羊形象。画面以线面结合的方式进行剪影式塑造。身躯部分以磨刻方式制作出物象形体的块面感，中间有镂空方形，表示这是母羊的腹部，意味着孕育繁殖。羊角则以螺旋曲线表现，给人以灵动感。身躯块面产生的静态与羊角螺旋线的动感形成鲜明的对比，方与圆、静与动的有机组合，使羊的形象具有了生命力。图3-86为伊犁哈萨克自治州巩留县布库尔萨依岩画中的羊，大小两只羊均以剪影式塑造，以块面方式表现出羊的侧影特点。特别是大羊突出了羊角、羊耳及生殖器等雄性特征，身躯以平面化概括出羊壮硕的体态，夸张的羊角与生殖器是人最关注的生殖力部位，这些特征与小羊共同指向人们对生殖丰产的崇仰诉求。

图 3-85
阿勒泰地区阿勒泰市泉沟岩画

图 3-86
伊犁哈萨克自治州巩留县布库尔萨依岩画

　　点、线、面结合的造型方法是岩画创作的主要表现方式，点的凝

聚，线的灵动，面的厚重，共同
塑造出造型多样、形态各异的形
象，丰富了岩画记物叙事、传情
达意的表现力和表达力。图 3-87
为巴音郭楞蒙古自治州和静县赛
尔哈德岩画中的动物图，有鹿、
马、人物等形象，形象以剪影式
和线条式表现。图中两只鹿和一

图 3-87

巴音郭楞蒙古自治州和静县赛尔哈德岩画

匹马采用剪影式塑造，在画面中显得最为突出。领头的鹿以写实性表
现手法再现出鹿的主要体态特征，从刻绘痕迹上可以看出，先以线条
勾勒出动物的轮廓，再以密集的凿点填充，表现出鹿雄壮的身躯以及
皮毛的质感。鹿的头部刻意留白并琢刻出眼睛的细节，生动地表现出
鹿回眸一瞥的神态。四肢的结构和动态把握精准，可见岩画始作者具
有很强的表现技巧和表现能力。鹿角以对称方式表现出"V"形结构，
再以整齐有序的短线排列出梳齿状，造型夸张，呈现出秩序化的美感。
另一只鹿也以剪影塑造，但无细节刻画，躯干部分以磨刻方式填充，
身形流畅、俊美。鹿角以夸张的"V"形塑造，运用有序的短线形式刻
绘出梳齿状，使鹿角优美、挺拔。剪影式的马造型简约概括，特征突
出鲜明。岩画中其他形象则以线条勾勒轮廓的方式表现，刻绘出的线
条纤细、流畅，说明工具的进步提升了岩画的表现力，使岩画更加精
致、细腻。特别是左上角的人牵马这组形象表现得尤为精细，不仅运
用流畅的线条勾画出马的体态特征，还细致地刻画出马鞍、马镫及缰
绳等配饰细节。人物形象以简单的线条概括，且比例较小。整幅岩画
中剪影式形象显得极为突出、鲜明，因而鹿形象成为画面的主角。这

也是岩画要重点表现的崇仰象征物。以线条勾勒出的形象则是现实物的再现，线条式与剪影式形象的并置产生出明确的主次之别。点、线、面的综合运用使画面呈现出虚实、黑白、主次的对比，增添了画面的层次感和律动感，产生出富有变化和充满意味的美感形式。岩画作者运用点、线、面将自然物象进行概括、简化，并以特定的形式加以规范和美化，使形象具有了抽象化、符号化的特征倾向。这说明人类开始有意识地、主动地从感性出发，对自然施以改造和占有，人类的审美意识也是在这一过程中逐步成熟。

### 2. 原始的形式美感

"图像本体是图像形式与图像语义的综合体，形式为意义的传播与沟通服务。形式即内容，它不仅包括物质形态的组织，还包括形象塑造中各种关键语素，如形状、色彩、明暗、空间位置、肌理等语境中的组织结构关系。它们一方面以符合视觉愉悦的方式组织在一起，建构了形式的组织法则、审美法则和经验联想法则，同时也建构了意义的构成语法。"[1]

原始审美心理源于自然环境的滋养以及生产劳动过程中物我交流的体验，人类本能地被自然的形式美感所吸引，从中获得感官愉悦并升华为精神愉悦，这些令人愉悦的形式体验逐渐内化为心理图式，建构出符合原始认知意识与精神诉求的审美形式，这些审美形式迎合了人类与自然力相融合的精神需求与快感。岩画的形式服务于人类生存

---

[1] 朱永明.视觉语言探析：符号化的图像形态与意义[M].南京：南京大学出版社，2011
（12）：146.

本能下的崇仰意识，体现着主体与客体相互作用下的人类认知与思维方式。人类在与自然互动过程中，接受、整合着源于自然的那些利己的形式感，构成符合主观心理需求的图形样式。与此同时，原始游牧部族也会随着外在变化与主观意愿的要求，不断对心理图式进行强化、修正、重构，努力使主客体之间的联系保持在相对稳定和均衡的情境状态。原始游牧部族以想象、移情、人格化等方式赋予自然万物拥有人性的生命特征，由此内化出人对自然敬畏崇拜的心象，形式感为心象的外化增添了更多的理想因素。岩画即是心象的外化形式，虽然原型源于自然，但植入了更多的主观意识和美感移情，形式感使原型超越了自然物，趋向完美化的神性象征。原始游牧部族在对自然重塑、心象物化的过程中，运用各种形式技巧强化原始崇仰文化的功利性、实用性，不仅使自然物象成为崇仰祭拜的象征物，也充当着人类情感表达的叙事主角。在岩画形象的具体创造中，把一切从劳动实践中所获得的与人的生存目的相适应的形式感，如对称、均衡、节奏、秩序等形式法则，都运用到形象的构建、塑造中。使岩画逐步从简约、粗放向精致、繁复演变，由本能冲动的自然模仿向自觉创造的意象表达发展。在这一演变和发展过程中，岩画创作主体的审美心理与审美表现力也得以提升，人类审美能力的提升也促使岩画的审美价值得以提高。

图3-88为昌吉回族自治州阜康市三工河岩画中的盘羊形象。盘羊为剪影式造型，以线面相结合方式塑造出盘羊的整体特征。盘羊身躯由两个相对的三角形以对称形式组成，造型呈图案化的几何形式结构。羊的四肢以直线概括，直线与躯体的几何形相得益彰，形成工整、规矩的形式感。头部以螺旋曲线夸张地表现出盘羊角的卷曲特征，耳、

嘴以及尾部都以短小、简约的弧线示意。盘羊形象整体呈工整、精致的几何形造型，线面结合形成的厚重与纤巧、曲柔与直挺的对比，特别是对称形式使形象具有图案化、符号化的意味。岩画始作者以自然物为素材，从主观的崇仰意愿出发，以取舍、简化的方式突出了物象的主要特征，这些特征是人最关心的部位，即羊角的强健"力"和身躯的丰产"力"。对称本身具有复制和重复的含义，迎合了游牧先民对丰产巫术崇拜的心理诉求。主观改造后的物象已脱离了客观的自然形态，成为意象化的象征符号，线面结合、对称、对比等美感形式赋予了形象更深层的象征内涵。

图 3-89 为巴音郭楞蒙古自治州尉犁县兴地岩画中的牧放图。这是一幅充满田园意趣的牧放画面，由牛、马、羊组成的家畜群悠闲地漫步在草地上，一人骑马，一人站立，守护着畜群。远处有一圈篱笆围着畜群，可以看出游牧族群已采用圈养方式进行家畜饲养。篱笆外两棵挺拔的树静静伫立，树干直挺，主干两侧以对称形式排列着散开的枝杈，枝杈以有规律的直线排列出整齐、工整的造型，给人以秩序与节奏的美感。动物与人物形象以剪影式造型，篱笆与树木则以线条式表现。景物都以有序的直线制造出秩序美，且产生了宁静致远的空间

图 3-88
昌吉回族自治州阜康市三工河岩画

图 3-89
巴音郭楞蒙古自治州尉犁县兴地岩画

感。而近处的人与动物则以面的方式，凸显了形象的主体地位，特别是牛扬起的尾巴这一细节的表现，使画面充满了活力。虚与实、静与动、曲与直的对比，以及秩序化的节奏和韵律，使画面产生了丰富的层次感，主次鲜明。此幅岩画并不是单纯的风景写生，仅从景物的主次与大小比例就可以看出，岩画始作者对家畜和生存环境的格外关注，表达出游牧先民希望家畜兴旺、生活和谐的主观意愿。

图3-90是阿勒泰地区吉木乃县塔特克什阔拉斯岩画，画面以牧猎为内容。岩画中同样有持弓射箭的人物和夸张的雄性动物造型，鲜明地传达出生殖丰产的崇拜主题。造型上采用侧面剪影的方式塑造，侧面剪影造型是岩画中最为普遍的形式。整幅岩画刻绘雕琢得十分精细，线条流畅，造型优美，由此判断该阶段的刻绘工具有了很大的进步。画面中程式化的造型方式，使形象具有了图案式的装饰美感。对称、均衡、节奏等形式在图像中反复出现，显示出岩画作者已具备了较高的美感意识和表现技能。画面左边三只鹿形象，大小不一，但特征极为鲜明，主要体现在夸张的鹿角上，鹿角均以向上的直线呈对称形式表现，鹿角分支以等间距的短直线排列出富有节奏感的形式，凸显出鹿形象的造型张力。羊形象着重在羊角的塑造上，运用规则的曲线、弧线和螺旋线，通过粗细、旋转、方向、长短等形式的变化，表现出不同种类羊的形象特征。盘羊的角以螺旋线塑造出规则的同心圆形式，大角羊的角则以夸张的弧线表现，山羊的角则纤细流畅。马的形象圆润饱满，纤巧的双耳和腿部突出了马的特征。人物形象依旧简约，以持弓射箭和触摸的方式与动物发生着接触。所有形象均以轮廓剪影方式造型，突出局部特征、随物塑像，同时综合运用了对称、均衡、重复、节奏等形式与技巧，使画面呈现出工整、精美的图案效果。

形式运用的自律性说明原始审美意识已经初步建立，从而岩画也由粗陋写实向精细写意进步，美感形式进一步强化了岩画的表征和表意的功能，也折射出原始游牧部族在生命活动中自发性的情感喜好和美感认知。岩画作为原始艺术的一种形式，具有艺术创作的普遍规律，同样遵循着人类共同情感需求的美感法则。

图 3-90
阿勒泰地区吉木乃县塔特克什阔拉斯岩画

　　岩画不仅仅是记录和展现原始游牧社会的现实生活，更是在巫术意识下营造出的人与自然之间的生命"力场"。在这个"力场"中人与自然形成相互作用的双向关系，形式化改造是人主观施加巫术的一种操作方式，也是人接受自然效力的途径。原始游牧部族依照精神意愿和美感认知，通过各种美的形式和技巧创造出理想化的形象，并使其承载着更多人的主观意志。人运用美感形式渲染和强化了物象神秘性的效力和功能，也在"悦神娱己"中获得了心理满足与精神愉悦。形式化的物象已不是单纯的猎物或食物，而是具有神性力量的图腾。原始审美意识在生存需求、精神崇仰、神灵意识等后天因素的影响下，成为原始社会文化内容的一部分，并以特定方式将人的精神理想迁移为物化形象。神幻思维与造神活动，培养了原始游牧部族对形象进行取舍、重建、组织的能力，由此萌发出"悦神娱己"的审美意识和审美心理。他们将那些在生存实践中获得的美感体验和规律运用到形象创造中，使岩画的装饰性、审美性特点更加鲜明。张佐邦先生在对原始审美心理进行研究中提出："图腾思维全面营造了氏族的文化活动和审美心理，实现了多样统一的审美精神。正是这种神幻的思维方式，构成了原始人类的审美心理和原始文化得以产生和发展的整个心理基础的最初的也是最重要的一块基石。正是在这块基石上，原始人类逐步培养了对形象进行取舍、提炼、组织的能力，萌发了美感，并演化出'由幻赏神'这样一种审美心理结构。"[1]

岩画作为原始游牧部族生命精神的崇拜物，随着人类自我认知意识与社会生产力的发展，更多的生命意志被赋予到崇仰对象中。岩画体现出人类主观、能动的创造意志，人们有意识地运用各种美感形式强化出主观意愿，使自然物象从原生形态演化为承载情感意志的象征符号。社会形态和自然环境是原始审美意识产生的外因，而人类的思维方式、崇仰观念、生命意识则是审美精神产生的内因，外因给审美意识的生发提供了素材与基础，在外力滋养下的内驱力促使审美意识得以升华。原始游牧部族为了创造出更符合精神需求的外化形式与内涵意义，运用各种手段使岩画语意更加鲜明，形象更趋美化，建构与崇仰意志相得益彰的美感图式。人类自我意识的觉醒是原始审美意识发展的基础，美感形式则是原始审美心理的外化表现，它与原始社会的文化形态对应同构，体现出原始审美意识与审美形式的功利性特征。

---

[1] 张佐邦. 宗教观念对人类早期审美心理的模塑 [J]. 思想战线，2008（05）：30-34.

# 第四章　新疆典型原始岩画图像

人类早期在严酷的自然环境中为生存而努力抗争，并在不断的生存实践中，人的自我认知意识随之觉醒并发展。正如黑格尔说："由于他自知是一个动物，他就不再是动物，而是可以自知的心灵了。"[1]但这种自我认知能力还十分幼稚，对自身及外部事物尚未形成正确、清晰的判断和解释。同时，原始游牧部族自身的力量还很单薄、微弱，在自然关系中对自体处境也认同与其他事物一样，甚至地位不及某些动物。但强烈的求生欲促使人类为生命的生生不息而竭尽全力，满足生存本能的需求成为人类社会生产、生活的首要。"原始生命意识"是原始游牧部族在生存实践中关于生命问题的认知与理解，并形成特定的生命观、生死观、伦理观、崇拜观等意识形态。"原始生命意识"是原始社会的集体意识，并成为构成社会群体文化的重要内容。

岩画是反映原始社会形态及文明面貌的图式化载体，特定的社会背景确定了岩画艺术本身在图式与内涵上具有原始的、本能的、自发的属性，从而真实再现出原始艺术的核心精神内容，即"原始生命意识"。"生存"是人类最本能的生理要求，一切人类活动与精神追求都

---

[1] [德] 黑格尔. 美学（第一卷）[M]. 朱光潜，译. 北京：商务印书馆，1997：100.

必须建立在"生命存在"这一基础之上。原始社会人类意识的产生基于生存诉求，以"生存"为根本的"生命意识"作为母题场域的核心内容，并由此向外延伸、扩展，从而产生出不同的母题义项或者义项形式，但其核心是稳定、明确的。母题场域在溢出性与反哺性层面上，表现出互生共融的趋势，并彼此延展与内倾。随着人类自我认知意识的发展，不仅扩大了母题存在的场域，同时也反哺了母题。

"原始生命意识"主导着人在自然关系中的思维模式与行为方式，构成以"生存"为主导的原始认知、意识、愿望、方式、观念，并溢化出与之相适应的原始意识、原始崇拜、原始艺术、原始伦理以及语言、形式逻辑等社会意识形态的表现形式。岩画作为原始文化的一种形式，所表现的图腾、牧猎、生殖、战争、仪式等图式内容都诠释出原始游牧部族对生命意识的追求与崇敬。

"原始生命意识"自然而素朴，人类的一切实践活动都是为了生存。以"生存"为原点的生命意识，使早期人类的意识形态及行为都凸显出明确的生命主题。但童年时期的人类自我认知意识懵懂、模糊，在意识思维与现实经验中，人对于无法解释的现象更多的是通过想象构架起"自我"与"客体"的沟通路径，以此解答各种生命现象的缘由。原始游牧部族认为所有事物都有着与"人"相似的类同性，即万物有灵，并由此形成普遍的、共同的人类本能和经验积淀出的"集体意识"。这一集体意识认同了人与自然的生命共感，自然万物以人格化的方式与人同生同存。原始游牧部族会把已认知和理解的事物通过想象投射到所有物象上，自然的人化和人化的自然构成了"原始泛生命意识"的世界。原始游牧部族运用"泛生命意识"解释着自然万物与人的关系，建立起较为明确的生命认知规则。他们创造出各种神灵，敬畏万物，敬重生命，从而催生出自然崇仰、神灵崇拜。"生命意识"母题是人类在漫长发展进程中沉淀出的集体意识，并成为社会群体文化中的核心内容。

# 第一节　阿尔泰山的原始岩画

　　阿尔泰山是孕育中亚古代游牧文明的摇篮。在欧亚草原史前时期，阿尔泰山是各游牧族群频繁交流、汇聚的融合之地。这里丰沃的自然环境滋养着茂密的森林，优质的山地草原，多样性的物种，为原始游牧民族提供了良好的牧猎场所。历史上众多游牧族群先后游走于此，从事着狩猎、畜牧活动，创造出璀璨的古老草原文明。

　　阿勒泰地区是新疆岩画分布最广泛、数量最多、种类最丰富的地区，可谓是逢山必有岩画。考古研究认为阿尔泰山岩画最初的作者，当为塞人。后又有月氏、匈奴、突厥等游牧族群活动于此，从事着牧猎生产。世代游牧先民在此遗留下大量丰富多彩的阿尔泰岩画，最终形成了"阿勒泰岩画"这一独具匠心的原始艺术巨作。岩画多数刻绘在迁徙沿途的山谷河畔、草场驻地的岩石崖壁之上，也有绘制在岩棚洞窟的石壁上的，内容多为动物、牧猎、舞蹈、仪式等形象和场景。阿勒泰地区岩画题材丰富、形式多样、风格多元、生活气息浓郁，反映出游牧先民的现实生活与精神世界，体现出浓郁的山地草原文化特色。

## 一、富蕴洞窟彩绘岩画中的母系崇拜

　　富蕴县，隶属于新疆阿勒泰地区，地处新疆东北部、阿尔泰山南麓、准噶尔盆地北缘，县域内地势复杂，地貌兼有山区、盆地、河谷、戈壁、沙漠五大类。富蕴县属于典型的北温带大陆性气候，春季干燥多风、夏秋短促、冬季寒冷而漫长。区域内水系发源于北部的阿尔泰山山地，主要是额尔齐斯河和乌伦古河两大水系。全县森林资源丰富，天然草场面积广阔且多为优质草场，野生动物资源多样化。富蕴县岩画主要分布在山区的山地草原地带，岩画以狩猎放牧等内容为主，带有浓郁的原始山地草原文化气息。富蕴县是新疆岩画分布较多的地区，新疆仅在6个县市发现了洞窟彩绘岩画，富蕴县便是其中之一。这些洞窟岩画都是彩绘岩画，以红色矿料涂绘为主，还有少量的白色和黑色，凸显出女性生殖崇拜和早期狩猎社会的文化特点，是非常珍贵的反映新疆史前母系社会生活的文化遗产。从岩画内容及彩绘特点看，大致为旧石器时代晚期至新石器时代早期的艺术品，距今有一万多年之久。

（一）唐巴勒塔斯洞窟彩绘岩画

唐巴勒塔斯洞窟彩绘岩画位于富蕴县库尔特乡塔本勒切尔村西北部山区中一条东西向花岗岩的石梁上，此处为春秋牧场。石梁上有一些自然形成的洞窟，彩绘即位于两处洞窟的内壁上。洞窟坐北朝南，窟内较为宽敞，可容纳十多人。从洞窟中俯视，即见倾斜的山坡下有较宽阔的草坡，草坡可聚集众多人群进行仪式活动。从洞窟所在环境可以看出，洞窟居高临下，立于洞窟可俯视下方，有种至高无上的神秘气氛，这里应该是早期人类经常进行祭祀活动的神圣场所。一号洞窟位于石梁的中部，洞壁上有用红、白两种颜料绘制的图案，主要为手掌纹、符号、同心圆纹、倒置的人面像。二号洞窟位于一号洞窟东侧近 20 米处，距地面约 4 米，由成组或成排的人物组成，人物有角饰和尾饰，还有持弓人物及一些符号（图 4-1、图 4-2、图 4-3、图 4-4）。

图 4-1
阿勒泰地区富蕴县唐巴勒塔斯洞穴（环境）

图 4-2
唐巴勒塔斯岩画洞穴口

图 4-3
唐巴勒塔斯洞穴彩绘岩画

图 4-4
唐巴勒塔斯洞穴彩绘岩画（局部）

一号洞窟石壁上有用红、白两种颜料绘制出的同心圆纹、人面像、手形纹、符号等，洞窟部分内壁也涂满红色。窟壁右侧有两个倒置的戴尖帽的人面图形，人面像绘有眉、眼、嘴、胡须及呈辐射状的短线等。图 4-5 中的人面像为全轮廓的人面造型，人像头部有尖顶的饰物，应该是帽饰。额部绘有两排由短线组成的平行纹饰，似毛发，也似光芒。在两道纹饰组成的弧形下有一对眉形纹，两眼及嘴部呈三层套叠的同心椭圆纹形，两眼下饰有短线，似睫毛。下巴轮廓处有短线，似胡须。双眼、嘴部的同心椭圆与岩壁其他处绘制的同心椭圆相似。同心圆在原始纹饰中较为普遍，原始游牧部族以圆形重叠相套的形象模仿女阴特征，作为象征女阴生殖崇拜的符号。同心圆是对女阴特征的直接摹写，表示生儿育女的阴户，这类图形反映了母系氏族社会以女阴崇拜为主要标志的生殖崇拜。以女阴图式作为人的五官，说明人面像与女阴崇拜、生殖崇拜相关；尖帽应是某种身份象征的服饰，那么是否可判断戴尖帽人面像应该是象征女阴生殖崇拜的神灵形象或巫士形象，代表着能够在生殖巫术中实现通灵的神的化身。这种具有生殖崇拜象征的人面像在北方地区分布较多，如内蒙古阴山岩画、宁夏贺兰山岩画等都有类似的人面像。黑格尔在《美学》一书中说："东方所强调和崇敬的往往是自然界普遍的生命力，不是思想意识的精神性和威力而是生殖方面的创造力。……具体地说，对自然界普遍的生殖力的看法是用雌雄生殖器的形状来表现和崇拜的。"[1] 图 4-6 中的人面像为半轮廓型人像，头部也戴尖帽，额部绘有由短线组成的两道平行纹饰，其下有一对"n"形眉纹，两眼及嘴部呈两层套叠的同心菱形纹，这与同心圆一样是女阴象征，说明此人面像与原始生殖崇拜巫术有关。从人面像的表现特征可见原始游牧部族并不在意人面的写实性描绘，重点是将眼睛、嘴巴刻绘为圆形、椭圆形或菱形，并以特定的帽饰或装饰凸显出人面像的神秘色彩。人面像可以说是人、生殖力与神的结合体，是原始游牧部族生殖意愿的心象外化形式。

---

[1] [ 德 ] 黑格尔 . 美学（第三卷）[M]. 朱光潜 , 译 . 北京：商务印书馆，1997：40.

图 4-5
唐巴勒塔斯洞穴彩绘岩画人面像

图 4-6
唐巴勒塔斯洞穴彩绘岩画人面像

在洞穴中绘有四个同心椭圆形，其中一个椭圆形以红色绘在洞壁上，另一个绘制在崖壁凸出的岩石上，岩石面通体涂成红色，同心椭圆则以白色描绘。另外两个同心椭圆绘制在洞穴底部岩面上，一个为红色直接绘制，另一个以白色为底用红色绘制。洞口壁左右各绘有一个异形符号，右侧还绘有搭着箭的弓箭及若干圆圈等，这些图像都具有生殖崇拜涵义。洞穴中多处绘制的同心椭圆形均为女阴崇拜的典型图式，以及有生殖暗示的弓箭、符号等，充分显示出母系社会女阴生殖崇拜的文化特色。

二号洞窟位于一号洞窟东侧（图 4-7、图 4-8），洞窟里描绘着成组或成排的人物，形象以赭红色描绘。人物均分腿站立，有些人物头部有角饰或身下有尾饰，还有手持弓箭的人物及一些符号。戴角饰或尾饰一般代表着巫士或猎人，人物以手牵手的方式排列成队形，似乎人们正进行着某种仪式动作或巫术舞蹈。舞蹈人物均张开双手双脚，正在手舞足蹈。画面中人物排列有序，动作整齐一致，不像是一般的娱乐性舞蹈，应该是在进行某种集体仪式活动，如为成功的狩猎进行欢呼，或是祈求在狩猎活动中能够获得成功。[1]原始游牧部族在日常生产劳动与狩猎活动中逐渐领悟到肢体的扭动不仅能够有效地传递信息，互相交流，还能够表达自身的感情，达到情绪宣泄的目的。他们以特定的舞蹈动作来表达狩猎成功的喜悦，或在巫术活动中用舞蹈动作向神明传达自己的意愿，希望通过舞蹈动作达到某种崇仰目的。人物造型为线描式，线条粗犷稚拙，充满动感。舞蹈场景与其他生殖崇拜图像相结合，展现出原始族群为祈求生殖繁衍和狩猎丰产所进行的巫术仪式。

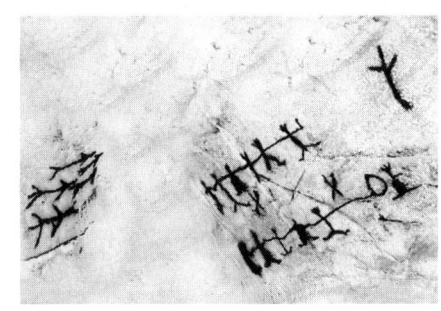

图 4-7
唐巴勒塔斯洞窟彩绘岩画

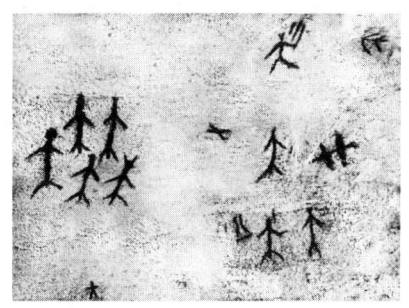

图 4-8
唐巴勒塔斯洞窟彩绘岩画

唐巴勒塔斯洞窟的彩绘岩画距今约 6000~10000 年或更早一些，洞窟彩绘岩画将女性生殖器绘在显著的位置，说明女性生殖崇拜在母系氏族社会具有极为神圣的地位。在阿勒泰地区阿勒泰市西北 22 公里的阿克塔斯洞窟、伊犁哈萨克自治州乌孙山下特克斯县的阿克塔什洞窟等彩绘岩画中，也都有类似女阴崇拜的图像。

---

[1] 马沛军，王恩春.新疆岩画中原始猎牧民族的舞蹈遗存[J].黑龙江史志，2009（14）: 74-79.

## （二）乌勒肯库斯洞穴彩绘岩画

乌勒肯库斯洞穴彩绘岩画位于富蕴县铁买克乡喀伊尔特村东北的乌勒肯库斯山谷北坡（图4-9、图4-10、图4-11）。岩画绘制在两个山洞里，都以手掌印为主。东侧山洞里除了绘有九个手掌印，还有一个类似"X"形的符号。从手掌印的组合方式分析，应该是某一族群在巫术仪式中的群体身份标记，表达族群的凝聚力，具有胜利、占有的象征意义。图4-10中一只手印为主导，其他手印都呈现出趋向于主体手印的态势，是否可以认为这只具有主导意义的手印是族长或巫士的手印，其他为族群成员的手印，这应该是族群成员表达对首领或神灵的忠诚和臣服的方式。族群成员通过共同进行某种巫术仪式，以表达对族群领袖的拥戴，或是表达对巫士或神的敬拜，使个体遵循集体规则，以此凝聚氏族群体，期待能通过神力授受促使族群繁荣壮大。总之，岩画所表现的内容与巫术神灵崇拜的祭祀相关。

图 4-9
阿勒泰地区富蕴县乌勒肯库斯洞穴彩绘岩画（环境）

图 4-10　　　　　　　　　　　　图 4-11
乌勒肯库斯洞穴彩绘岩画　　　　乌勒肯库斯洞穴彩绘岩画

## 二、阿克巴斯套岩画中的生灵崇拜

　　阿克巴斯套岩画群位于阿勒泰地区的布尔津县。岩画丰富多样，有代表性的岩画地点有 12 个，如吐峪克岩画、加尔布勒德岩画、库须根岩画、阿克巴斯套岩画、阿克巴斯套加勒岩画、乔拉克布拉克岩画、吐鲁克岩画、鸭泽湖岩画、托喀纳斯岩画、也可阿沙岩画、智勒布拉克岩画、吉别特岩画。岩画中最多的是动物形象，反映出原始社会牧猎生产方式下的自然崇拜、图腾崇拜的文化特色。

　　阿克巴斯套岩画处于布尔津县冲乎尔镇，冲乎尔镇多高山夏牧场，是典型的山地草原特征，错落有致的石山遍布高山绿野中，岩画就分布在这些石林沟壑中。

### （一）动物形象

　　阿克巴斯套岩画在冲乎尔乡阿克阿依勒克村东一处高山的山梁上，这里草木茂盛，是良好的畜牧草场。岩画分散刻绘于周边的岩石上，岩画中动物形象居多，以点线凿刻方式刻绘出各种线条式或剪影式的

形象，主要有鹿、麋鹿、马鹿、北山羊、羚羊、盘羊、马、骆驼、狼、狐狸、野猪以及人物和一些符号等。岩画体现出原始自然崇拜的文化特征，反映出游牧先民与动物朝夕相处、休戚与共的生活现实（图4-12）。

图 4-12
阿勒泰地区布尔津县阿克巴斯套岩画群（环境）

　　图4-13为阿克巴斯套岩画。岩画刻绘在一个狭长的岩面上，依岩面裂缝可分为上下两个部分，主体为各种羊的形象，形象基本为写实性表现。上半部分以两只硕大的羊为主导，从羊角的螺旋形状可识别为盘羊。两只羊的整体形态都被有意识地夸大，身躯极为粗大丰硕，呈剪影式造型。两只羊的羊角都以螺旋曲线加以夸张，且都突出了公羊的生殖器，尤其是下方羊的螺旋形羊角中还绘有一只小羊，在两只大羊周边散落着若干造型相似且比例较小的羊形象。盘羊螺旋形羊角与生殖器的夸张，体现了原始游牧部族对羊的力量和生殖力的崇拜。羊作为原始游牧部族主要的食物来源，他们的生活极度依赖这些自然

馈赠的生灵，所以游牧先民视这些动物为
衣食父母，将之作为敬慕、崇仰的神灵，
期冀在神力庇佑下能求丰产、求繁衍。夸
张的羊角、突出的生殖器、羊角中嵌合小
羊以及羊形象的重复等形式都是丰产巫术
常见的表现手法。岩画的下半部分主要表
现了一群北山羊，靠右的中间部分有一只
体形稍大的北山羊，在它的羊角处有一只
与之朝向相反且比例较小的北山羊，在主
体形象周围则分布着约九只北山羊，下半
部分的羊并未表现出明显的性别特征，但
羊的数量众多。岩画反映了原始游牧部族

图 4-13
阿克巴斯套岩画

们对羊的获得和丰产的祈求意愿，他们通过巫术刻绘活动，祈求在神
灵庇护下获得更多的食物保障。画面采用凿刻加磨刻的技法，以剪影
式塑造出主体羊形象的壮硕，而周边小的羊则以单线式塑造，形成强
烈的大小比例对比。岩画造型线条粗犷，特征鲜明，着重突出了羊被
原始游牧部族认为存在着"力"的特征，使自然中的动物具有神性的
意义。

　　图 4-14 为岩画中的动物崇拜形象。岩画中一共刻画了四只羊的
形象，着重刻画了一只体形较大的野生动物，从角的形态推测为羚羊。
羚羊体形俊美，行动敏捷，善于奔跑。羚羊性喜群居，有季节性迁徙
的习性，集群活动，常被誉为"草原上的精灵"。岩画中的羚羊以线条
勾勒的方式概括出形象的整体特征，羚羊体形被有意识地夸大，形态
呈奔跑跳跃状。角部夸张且向前上扬，充满冲击力。羚羊因敏捷善奔

图 4-14
阿克巴斯套岩画

跑和生殖力强盛博得原始游牧部族们的敬慕和崇拜，因此将羚羊视为精灵、神灵，并以主观夸张方式刻绘于岩石之上，同时在刻绘的过程中或在刻绘完成后进行某种巫术仪式，希望以巫术方式获得羚羊的神奇力量。羚羊周边的另外几只羊的形象则极为简化，整幅岩画体现出原始游牧部族们对羊神力的崇拜。画面采用凿刻的方式进行绘制，羚羊的形象采用双勾式造型，着重突出羊体形的强壮，身体空白处凿刻出一些点状痕迹，以体现羊的皮毛质感。羊角以波纹状曲线表现，使羚羊形象更多了一些灵动和灵性，造型稚拙又充满流动性，无意识的构图呈现出一个横向的三角形，体现出画面的稳定性。

图 4-15 为阿克巴斯套岩画中的一组动物群形象。岩画基本以岩面走向依势而刻，众多形象呈无序的散点排列，说明岩画始作者对空间布局、比例、透视等还未形成认知。原始游牧部族刻绘岩画是崇仰祭祀活动的重要内容，具有明确的功利目的。他们刻绘形象时只关注那些符合自身意愿需求的内容和特征，其他都可忽略，因此形象特征、大小比例都以主观意愿出发。画面中那些体现"力"的形象和特征都被刻意地夸大，如鹿与鹿角，牛与牛角，以及羊与羊角等，这些内容是人们最为重视的"力"的象征，也是实现"力"增值的有效手段。原始游牧部族相信刻绘这些承载着自然力的动物，就可以在巫术引导下拥有那些动物具备的异己力量，以此实现人类自身强大和获取猎物、畜群丰产的目的。阿克巴斯套岩画再现了原始游牧民族与动物之间密

切的生存关系，他们既狩猎、牧放动物，又崇拜、敬慕动物，这是生存本能下的泛生命意识的体现（图4-15、图4-16）。

图 4-15

阿克巴斯套岩画

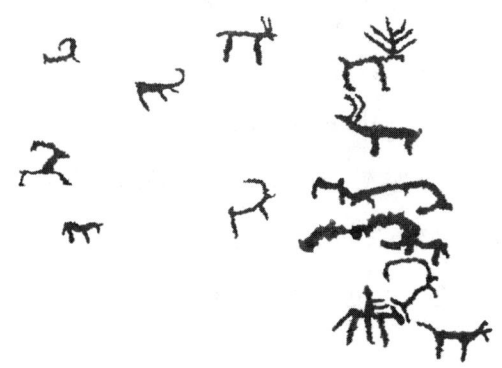

图 4-16

阿克巴斯套岩画

（二）崇拜仪式

崇仰文化是原始互渗思维下集体表象的精神产物，而仪式是文化的集体教化、传播的一种形式。在特定的时间与地点，游牧族群会以群体聚集的方式共同进行某些崇拜仪式。通过仪式将游牧四处的族群成员聚集起来，所有成员在头领或巫士的引导下进行巫术、祭拜等活动，为族群的共同利益进行祈福。仪式多选址在游牧先民认为"天地人和"的神圣环境中，特定的环境与肃穆的仪式场景，以及人对神灵的敬畏心理等众多因素构成充满神秘感的神圣场域。人们在神圣的场景、巫术行为制造出的神秘场域中产生人神交融的崇仰共情，更加坚定了对神灵的崇仰信念。仪式是集体文化的教化传承与深化巩固的方式，反之，集体崇仰情感也强化了仪式的神圣意义。岩画正是仪式过程中实现人与神交感互渗的载体与媒介，承载着原始游牧族群祈佑"丰产"的全部美好意愿。

图4-17、图4-18为阿克巴斯套岩画中最大的一幅"鹿图腾"崇拜，岩画刻绘在冲乎尔镇阿克阿依勒克村附近高山顶部山脊上的一块巨大岩石上。岩石在靠近山顶部的阳坡，是一块裸露于地表的横向黑色岩石，岩画就刻绘在面积相对较大且平整的岩面上。岩画所在位置地势较高，四周环山，南北两面为较深的沟壑，岩石正面有一片空地，立于此处可远眺群山。此处山区为典型的高山夏牧场，雨水较为充沛，水草丰茂，常年有牧民在此牧放生息。阿克巴斯套岩画约有大小49幅，为不同时期刻绘，可见此地是举行某种祭拜仪式的神圣之地，表

图4-17
阿克巴斯套岩画"鹿图腾"（环境）

图 4-18
阿克巴斯套岩画"鹿图腾"

明原始游牧部族对环境神圣性的认知具有稳定性和延续性。黑色巨石上的"鹿图腾"岩画，应该是原始族群在特定仪式活动中为"求丰产、求繁衍"而刻绘的崇拜仪式图。

　　岩画用凿刻法完成，表现的是原始图腾崇拜的仪式性场景。画面内容刻绘了一只巨大的鹿，约有十五只羊，三个人。首先，画面中的巨鹿形象特征鲜明，枝杈状鹿角，细长钩状的鸟喙形鹿嘴，以及隆起的鹿背，其他细节均被略去，造型概括简约、单纯稚拙，形象基本沿承了鹿图腾的程式化规律。其次，神鹿用线条勾勒出轮廓，鹿身被一条直线分割为头颈和身躯两部分，代表神力特征的部位（鹿角、鸟喙）都在鹿的前半部。鹿是神灵的象征，巨大的身形代表神所具有的力量与能力所及的范围。在鹿身的前、中、后分别画了三只羊，有序的填充既是图案化装饰，又是特定象征的暗示。从羊的前后关系上看，这种排列更像是时间概念的象征。"鹿"是神灵与力量的象征符号，"羊"是人类赖以生存的物质基础的象征符号，前后秩序则代表持续的时间（过去、现在、未来），这些符号元素共同构成了游牧先民对神灵崇仰的精神诉求，即永恒、丰实、收获。另外，在巨鹿下方有三个人物形象。人物造型十分简化，有尾饰特征，表明人的身份是猎人（男人），人物比例较小，体现出原始游牧部族对人在自然界位置的自我认知。人物都做着相同的动作，即上肢弯曲向下，应该是原始崇拜仪式中的特定动作，或是祈福舞蹈的动作，这种姿态在许多仪式性岩画上都能看到。这幅岩画所处的位置在靠近山顶的石壁上，石壁前有相对宽阔的空间，足够聚集很多人参与仪式活动。在岩画周边还有许多与牧猎生活相关的岩画，但画幅和形象都比"鹿图腾"岩画小很多。把岩画内容与周边环境结合起来分析，可以判断出这幅鹿岩画是原始游牧部族举行祭神祈福仪式的崇拜图腾。

图4-19为"鹿图腾"岩画的右侧延续部分，表现的是牧放内容。岩画刻绘均以点状凿刻与磨刻相结合的方式，造型呈剪影图式。图中有五个人物，三人有尾饰，其中一人骑马，一人成躺卧姿态。动物群里有两只似大象的动物，硕大的身躯，粗壮的腿，长尾长鼻，还有长牙，特别突出了生殖器。骑马人下方有一只壮硕的牛形象，旁边还有一只巨大的羊以及两只小的羊，同时还有犬和一些符号。画面中的人物以合围的方式驱赶、牧放羊群，其中神奇硕大的野生动物象征着自然神灵。这幅岩画是原始游牧部族祈愿自然之力能够互渗给家畜，以此祈求家畜兴旺的畜牧图。

图4-19
阿克巴斯套岩画中的牧猎图

## 三、杜拉特岩画中的牧猎生活

杜拉特岩画是阿勒泰地区岩画群中的典型作品之一，位于阿勒泰市切尔克齐乡的杜拉特沟内，地处阿尔泰山南侧、准噶尔盆地北侧。地势东高西低，由南向北呈山区、丘陵和山间冲积扇平原的地貌。岩画所在山体岩石高耸怪异、千姿百态，周围群山环抱，河谷中多山泉、溪谷。岩画分布在一座相对独立的山丘上，岩画主体雕刻于阳坡的山体岩面上，面积较大，形象繁多，造型多以点凿、剪影、线条等手法进行表现。整面岩壁刻满了各种动物，应为不同时期不同人群积累、叠加而成。岩壁面朝阳，威严耸立，充满神圣感，前方有较平坦的空地。岩画中的动物在原始游牧部族眼里都是神灵的化身，当所有集体成员头顶蓝天，面对刻满岩画的岩壁时，随着巫术行为的引导，形成强烈的人神共情的气氛，使崇拜仪式更加神秘、神圣，这是原始崇仰文化的外显行为表现，也是崇仰情感的内化（图4-20）。

图 4-20
阿勒泰地区阿勒泰市杜拉特岩画（环境）

该岩画群内容丰富，动物种类繁多，如大角羊、盘羊、牛、狼、马、鹿、骆驼，还有许多人物以及牧放、狩猎场景，杜拉特岩画充分展现出游牧先民生产生活的现实场景，以及充满自然崇拜的原始崇仰文化面貌。

（一）动物形象

杜拉特岩画中最多的形象是山羊，其次是岩羊和鹿的形象，还有马、牛、狼，以及鸟类等。众多的山羊形象，说明羊是游牧先民狩猎、牧放的主要猎物。岩画中大的动物造型多以剪影式概括表现，小的动物形象则以线条简化表现。山羊、岩羊、鹿等有犄角的动物，造型都是突出角部特征来区别动物种类，特别是山羊的造型基本为程式化的重复。岩画中所有动物以散点方式、大小错综地布满整个岩壁，这是原始游牧部族求全心理的表现。动物体态大多为直立、低头状，没有明显的动态趋势，造型简略、粗放，说明大部分形象是早期的创作，刻绘技能与工艺还处于较为低级的状态。但其中个别动物形象的雕刻却呈现出精致、美化的形态，这些图像应该为后期添加所为，从杜拉特岩画中可以看到不同时期原始游牧部族的岩画刻绘技术和表现形式的演变过程。

图4-21为岩画中羊和虎的造型。形象以凿刻和磨刻相结合的方式刻画了一只羊和一只老虎。羊的形象主要突出羊角的特征，羊的身体极为简化。虎的造型以剪影式塑造，突出了虎短而圆的头部特点，身形饱满，长尾下垂，四肢强健有力地向前迈动。羊和虎的形象都比较写实，说明原始游牧部族们在刻绘岩画时力求更加真实地记录下动物的体态特征。

图 4-22 为岩画中出现的一些飞禽，主要刻画了两只大鸟的形象，旁边一只小羊形象，对比出鸟的庞大。羊的形象小且简易，更凸显出鸟的庞大。其中一只鸟以粗线勾勒的方式表现，头部简略，颈部稍长，有稍长的尾，鸟的造型还细腻地刻画出分开的鸟爪。另一只鸟以剪影概括出整体形态，鸟的头部较大。从两只鸟的造型差异上看，应该是原始游牧部族有意识地为了识记或辨别鸟的种类而刻画的。

图 4-23 刻画的是一只鹰的形象，以点凿刻画的方式表现出鹰的剪影式体态，刻痕十分明显。鹰性情凶猛，属于猛禽类，岩画着重刻画了鹰的钩状喙和利爪，鹰喙被刻意夸张为粗而有力的钩状，鹰爪也以较粗的线条体现出尖利且有力的感觉。整个鹰形象生动写实，造型简约，完美地表现出了鹰的特征与神韵。

图 4-21　　　　　　图 4-22　　　　　　图 4-23
羊和虎　　　　　　　大鸟　　　　　　　　老鹰

图 4-24 刻画了三只鹿的形象。着重刻画了鹿角，三只鹿角皆呈枝杈状，向上蜿蜒延伸，而鹿的身躯则以简单的剪影化处理，鹿角夸张是原始游牧部族对鹿角力量的崇拜体现。画面采用凿刻的技法进行刻制，线条粗犷，充满流动性。

图 4-25 是鹿与马的形象。鹿以剪影式造型，体形较大，比例远远超出了马，由此可见鹿是主观夸张后的神性形象。鹿角十分夸张，呈向后倾斜的梳状，鹿头部有耳，眼部镂空，嘴部开张，似乎在长啸。鹿身简约概括，但突出了隆起的背部、圆润的臀部和强大的雄性生殖

器，长尾下垂，四肢粗壮。鹿的造型基本属于写实性表现，但从局部特征的夸张、变形，可看出原始游牧部族已经有意识地、主动地将人的主观意识融入形象中，刻意夸张的雄性特征使鹿具有了神性象征意义。鹿身下的马造型较为简单，竖立的双耳体现出马的基本特征。马是原始游牧民族迁徙生活中不可缺少的家畜，将鹿与马进行组合，暗示着希望通过刻绘岩画施以巫术，促使鹿的神力能互渗给马，使家畜丰产强壮。

图 4-24
鹿

图 4-25
鹿与马

　　图 4-26 主要刻画了一只较为写实的山羊。羊角被延长上扬呈优美的弧线形，头部窄小，嘴部下方还有羊须。羊的身体部分刻画得异常肥硕饱满，腿部却以线概括。山羊造型着重突出了丰硕之感，"大而饱满"是原始游牧部族最基本的审美标准，这种审美观源自游牧先民为满足生存欲求而产生的功利心理。岩画采用以点成线的方式勾勒出轮廓，再以磨刻技法进行填充，造型以剪影式突出了山羊的主要特征，形象生动、质朴。在杜拉特岩画中还有骆驼、狐狸、犬等多种动物形象，大多是以模仿自然客观物象的写实性表现（图 4-27、图 4-28）。

　　杜拉特岩画以动物形象和狩猎形象为主体，说明此时狩猎还是人们的重要生产方式。狩猎时代的人类生存依赖于动物，人的注意力始

图 4-26　　　　　　　　图 4-27　　　　　　　　图 4-28
山羊　　　　　　　　　　骆驼　　　　　　　　　　狐狸

终围绕着生存环境中的各种动物，他们感知着各种动物的特征和习性，以自身能辨别的方式刻绘、记录下它们的不同特点。对于那些动物具备的而人所不及的能力，原始游牧部族则以神秘观进行解释，并敬畏和崇拜这些动物。因此，动物形象在原始游牧部族的生产生活、精神情感、崇仰信念中都占有主要地位。

（二）人物形象

杜拉特岩画中的人物形象的刻画基本比较简略、概括，多以单线方式表现出人物的动态，无五官和细节刻画。而对动物的刻画往往较为细腻精致，这是因为在原始狩猎时代，人们最关注的是自身生存的需要。在狩猎过程中，他们需要观察动物的物象特征以及它们的生活习性，对动物越了解就越能成功地狩猎。原始游牧部族把更多的注意力放置在动物身上，动物刻绘得极为丰富，而忽略了人自身的形象。这不仅是对动物崇拜的表现，也体现出原始游牧部族们对生存需要的迫切性。杜拉特岩画中的人物形象虽简单，但动态刻画得生动有趣，充满故事性。

图 4-29 刻画了一只山羊和一个牧羊人，均以剪影式造型。牧羊人挥舞着工具正在驱赶山羊，人的动势刻画得写实且生动，充满动感。

羊在人的驱赶下，仓皇逃跑。

图 4-30 主要刻画了一个人和一头牛的形象。牛似是匍匐在草原上，而人正轰赶着牛起身，人物形象刻画得较为圆润，并配有尾饰。牛的造型肥硕强壮，突出了生殖器，形象具体写实，特别突出了牛角弯曲的特征，整体造型线条圆钝而充满流动性，真实地记录了原始游牧先民的牧猎生活。

图 4-29
牧羊人

图 4-30
人与牛

图 4-31 表现了一个骑马的人。以剪影式塑造出马的强壮身躯。岩画中的人作蛙状跳跃到马背上，整个人物形象动作夸张，刻画栩栩如生，充满趣味性。整幅岩画采用点凿刻的技法刻画出细密的点，以点成面，整个形象生动活泼。马的形象十分写实，安静地伫立着，马突出了雄性特征。从人物动态以及夸张的马的雄性特征可判断是动物与人之间生殖繁衍力的互渗巫术。

图 4-32 主要刻画了一个射箭人。人的上身刻画了四条手臂，其中两个手臂正手持弓箭，似在射箭。画面采用凿刻的技法进行刻制，以单勾式造型，线条粗犷质朴。在人与动物的组合中，动物角与夸张的生殖器，以及弓箭、工具的出现都是体现生殖力与巫术互渗的图式。

图 4-31
骑马人

图 4-32
射箭人

（三）牧猎场景

在阿勒泰地区的岩画中，动物形象占主要内容，原始游牧部族相信动物图像与实体具有同一性的联系，这种联系能够促使人与动物发生互动和交流。他们在摹绘现实物时，会不自觉地将自身的幻想、情感附加在动物形象上，因而动物形象就出现了以写实为基础，但局部又夸张的特征。这一特点说明原始游牧部族凭直觉认知世界，但受崇仰观念影响又充满了虚幻性，从而动物形象既具写实性又具意象性特点。

图 4-33 是杜拉特岩画群中面积最大、动物最密集的画幅。岩画刻绘在一块耸立的巨大岩壁上，岩壁平整、光滑。岩画顺着岩壁走势布满整个岩壁，从刻痕和不同的岩晒程度可判断，整壁岩画是不同时期叠加、补充所形成的。整壁岩画中共刻画了五个牧民、五只鹿、四只岩羊以及众多的山羊。岩画以岩壁裂纹为分割线，画面从右至左可分为四部分。第一部分有两个人，一只犄角呈"V"形枝杈状的鹿，四只羊。第一个牧民位于画面的最右边呈向左驱赶羊群状，最上方的人平躺，似乎在悠闲地晒太阳。第二部分有三个人物，一个在最上方，似

乎在大步疾行，下方的人双手叉腰伫立着静观，动物群中有一个猎人正在搭弓射箭。从人物动态和动物走向可以看出，这三个人与最右边的人各有分工，正在进行集体围猎。动物群在猎人的驱赶下，由两只体形较大的大角岩羊引领着向右逃跑。第三部分，画面中有一个人，两只犄角呈"V"形枝杈状的鹿，一只大角岩羊，还有骆驼、狗和狐狸等动物。最上方的猎人奔跑着驱赶动物。动物群中特别突出的是两只巨大的山羊，这两只羊也是整个岩画中最大的形象，其中一只羊雄性特征突出，这是丰产巫术崇拜的象征表现。第四部分，在岩画的左上角，散落着一些动物。其中最上方刻画有一大一小两只鹿，只有这两只鹿是以线条勾勒轮廓的方式表现。整幅岩画采用凿刻技法，以线条式和剪影式造型，画面构图松散，呈散点状布局，充满随意性，基本是依山石走向铺满岩壁。岩画表现出原始游牧部族在牧猎经济下对动物的崇拜，也是通过巫术仪式实现生存意愿的崇仰互动活动。

图 4-33
阿勒泰地区阿勒泰市杜拉特岩画

## 第二节　天山的原始岩画

天山南北沿线自古就是各种族群迁徙、商贸互通、文化交流的交通枢纽，它不仅是四方往来的必经之路，更是贯通欧亚大陆东西方文化和经济的重要通道，成为"丝绸之路文化圈"中极为重要的环节。在漫长的人类历史发展进程中，不同文化群体在天山周边叠复往来，错综融汇，使天山区域形成了多元性的文化特点。既有山地草原游牧文化的独特性，也有多元文化融合的丰富性。天山地区的岩画多分布在山脉南北的山区、河谷以及山前平原等区域。由于天山北坡优良的地理气候条件，使得这里草木丰茂，分布着大片优质草场，是原始游牧族群适宜生存的地区，这里还有大量内容丰富的岩画。而天山南坡邻接塔里木盆地，属于干燥的暖温带气候，水热条件不及北坡，牧放的草场条件有限。天山南坡的岩画比北坡少很多，但内容还是以山地草原文化常见的动物岩画为主。天山岩画中较为典型的岩画分布在伊犁哈萨克自治州与哈密市，反映着原始游牧先民现实的生存活动与神幻的精神活动，传达出原始游牧部族为生存不懈努力的生命意志。

### 一、伊犁岩画中的猎牧活动

伊犁岩画主要是指新疆伊犁哈萨克自治州区域内分布的岩画。伊犁哈萨克自治州气候湿润温和，水草丰美，素有"塞外江南""中亚湿

岛"之称。

远古时期人类极度依赖自然，伊犁河谷得天独厚的地理环境吸引了众多的游牧民族来此聚居、繁衍，如塞人、月氏与乌孙等游牧族群都在此驻留生息。他们主要进行狩猎、游牧活动，还有一些部族开始从事简单的农业生产，并遗留下大量记录原始生活或是进行祭祀活动的岩画。伊犁岩画分布广泛，主要的岩画点共有 40 个，岩画内容种类众多，以刻画羊、牛、马等驯养动物为主，还有其他野生动物。伊犁岩画主要分布在察布查尔锡伯自治县、巩留县、伊宁县、昭苏县、新源县、特克斯县、尼勒克县等区域的山地河谷中。岩画是远古时期在此游走牧猎的各游牧族群的生活印记，他们因依赖自然而赋予自然以神圣性，将自身的思维与情感寄托于动物，把马、牛、羊、骆驼、鹿、狗、狼刻在岩石上加以崇拜，以祈求生存需求的满足。伊犁岩画反映出原始游牧先民基于对自然的敬畏和生存本能诉求的崇仰文化特征。

## （一）牧放生活

原始游牧族群在漫长的狩猎生产过程中，掌握了许多关于动物体态特征、生活习性的知识和经验，他们以图像记录、标识这些动物的形象和行动轨迹，也将这些形象作为神来崇拜，这些操作都服务于狩猎收获这一实用性目的。随着工具的改进，原始游牧部族的狩猎经验与技能逐步提升，猎物开始富余，人们也从中领悟到驯化、牧放动物的要领。自此狩猎经济逐步转向畜牧经济，原始游牧民族选择牧放那些相对温顺的食草性动物，如羊、牛、马、骆驼等，畜牧成为原始游牧民族的主要经济方式，狩猎则是辅助经济。在漫漫的迁徙牧放岁月中，畜群成为原始游牧民族生活的重要依靠。为了保障畜群的丰产，他们常常会在裸露的岩石上刻画大量的动物岩画，以仪式或巫术的方式祈求神灵对氏族和家畜的庇佑。岩画中原始游牧部族以质朴的形象和虔诚的情感，真实地再现了当时游牧民族的牧放生活。

图 4-34 为尼勒克县库尔于孜克岩画。它位于喀什河北岸的草场中，四面环山。岩画以山羊为主，也有鹿、马等动物形象。岩画着重表现了山羊的形象，特别是画面中间刻画了一只粗壮硕大的山羊，这只山羊的形象被有意识地夸大，特别是羊角刻意地夸张为粗大有力的形态，使山羊整体呈现出健硕感。羊角是原始游牧部族认为最有"力"的部位，以粗壮的羊角体现出羊的强壮，而羊的身体则以剪影形式概括，由此可见原始游牧部族的关注重点聚集在羊角上，这是对神力的崇拜表现。羊角刻画得越大，越能从羊的身上获得更多的力量。原始游牧部族认为一切自然现象都是由神秘的力量主宰的，羊角自然被认为是山羊拥有超自然力量的属性特征，所以，岩画中的羊角都十分硕大，以此寄托原始游牧部族们对超自然力量的崇拜心理。以巨大的山羊为核心，周边刻绘了更多的羊形象，羊群共同朝右前进。羊群形态各异，其中还夹杂着盘羊。最大的山羊似是领头羊，充满威严感，带领着羊群徐徐向前。在羊群中还出现了鹿的形象，但鹿的形象较小，它的存在可能是为了使野性与神性生命力互渗给家畜，以表达丰产巫术崇拜。鹿的形象也可能是后来加上去的，只是单纯地刻画其形象，并无其他意义。岩画主要采用了凿刻与磨刻相结合的方式进行刻画，以面造型，利用剪影式的表现手法

图 4-34
尼勒克县库尔于孜克岩画

呈现山羊的侧面特征，且羊角均采用夸张的手法进行刻画，突出了主体的形态特点。整幅画面线条粗犷，结构紧凑，表现出简单质朴的美。

图 4-35 为尼勒克县塔特郎岩画，位于尼勒克县木斯镇托铁村阿布热勒山南麓塔特郎沟谷中。画面呈现了一幅质朴的放牧场景图，画面左上角是四只单线刻绘的山羊形象，在羊的右下方一个牧民张开双手，似乎正在奔跑着驱赶面前的羊群，牧人面前的羊大小不一，最大的羊应该是头羊。羊与人的造型均以单线刻绘，造型简约，但特征鲜明。此幅岩画表现的是单人牧放的场景，规模较小的羊群，基本都是由一人牧放，羊群在头羊带领下悠然地在草场觅食。岩画采用凿刻的方式，以点线凿刻加以磨刻技术构成单线式或剪影式图像，造型简约、稚拙，所有形象贯穿于从左上至右下的弧线上，营造出有序的空间感，画面充满简单质朴的生活气息。

图 4-36 为特克斯县鄂勒格代萨依西岩画，位于特克斯县喀拉达拉镇库木吐别克村西北、特克斯河北岸、也什克力克山中部的岩壁上，岩画所在地草木茂盛，是天然的优良牧场。岩画周边有许多远古墓葬，说明此处景观在原始游牧部族心目中具有神圣意义。岩画表现的是一幅牧放场景，画面的右上角刻画了三只形象简单的羊，画面主体是一群羊的形象。羊群中间有一个牧民骑在羊的身上，正向前方行进，后方的羊前赴后继地跟着，羊群上方还有一只狗在奔跑。岩画中所有羊的角都被着重夸张，凸显出原始游牧部族们对羊角力量的极度崇拜。岩画以点线凿刻加以磨刻技术构成线条式或剪影式图像，刻画出动物的主要特征，造型粗犷质朴，但粗中有细，栩栩如生，增添了画面的灵动性。从画面的表现手法可以判断右上角的羊与羊群可能不是同一时期所画，羊群的构图较为随意，更倾向于随性的无意识刻画，充满

趣味性。

图 4-35
尼勒克县塔特郎岩画　　　　　　　　图 4-36
特克斯县鄂勒格代萨依西岩画

## （二）牧猎场景

在新疆伊犁岩画中属特克斯县、新源县、察布查尔锡伯自治县、巩留县岩画点中的狩猎场景最引人注目。

图 4-37 为特克斯县加汗萨依西岩画，位于特克斯县喀拉托海镇也什克力克山中部的加汗萨依西山沟内。此处地势平缓，周遭牧草茂盛，是良好的天然牧场。加汗萨依西岩画中表现的是原始牧猎场景，画面中是一个猎人一只手持弓箭，直指正前方的猎物。从动物角部的形状可以判断出要捕获的猎物是两只鹿，在鹿的下方又有盘羊、北山羊等动物。猎人的另一只手用绳子牵引着一条狗，在猎人下方的动物已经被箭刺穿身体，奄奄一息地躺在地上。岩画中的人物以弓箭指射动物犄角，这是实现人、岩画、动物之间神灵互渗的巫术操作。岩画采用凿刻的方式刻制，人物形象和动物形象都采用了单线式的手法进行造型，长、短直线与曲线的有序结合，使形象简约、概括又具有形式感。动物的犄角是原始游牧部族最为关注的"力"的核心部位，成为重点

刻绘、强调的部位。动物犄角采用了对称形式，一只鹿的角以"V"形为主干，两侧以同间距短线呈梳状排列；另一只鹿的角以"‖"为主干，两侧同样饰以梳状短线，对称形式使形象富有强烈的装饰意味。两只羊的犄角也以对称的螺旋形表现，使简约的造型有了律动的美感。其中一只羊腹部中空隆起，说明是母羊，另一只应为公羊，一公一母具有生殖繁衍之意。弓箭、鹿角、公母羊这些具有生殖、繁衍、丰产意义的形象元素，共同表达出岩画所指意的动物崇拜和丰产巫术崇拜的内涵。动物形象的程式化造型，物象的夸张变形，对称、节奏等形式的应用，使形象具有了审美性的特点。整幅岩画线条圆钝稚拙，充满对称均衡的美感，整体构图饱满，再现了原始游牧先民的牧猎生活。动物表象被赋予了人的主观理想，具备了形式化和象征化的意味，成为人们崇仰的"神化"形象。原始游牧部族运用审美形式的首要目的是为物象添加赋意和巫术增效，其次才是满足形式感带来的愉悦体验。

图 4-38 为新源县塔特然岩画，位于新源县则克台镇阿西勒村西北，塔特然山口西阿布热勒山南的岩石峭壁上。画面是一幅狩猎场景图，画面中有一个猎人手持弓箭，直指前方的北山羊，箭头已射中羊的角部，表示狩猎的成功。原始人认为羊的神力集中在羊角上，弓箭代表着神力传递的途径，所以，把弓箭延长对准羊角，就能够通过弓箭把羊角的神力传递到自己身上为己所用，借此壮大自身的力量。弓箭在岩画中也代表着生殖，以弓箭击中羊角，也有着生殖力互渗的作用。在猎人的周围分布着数只羊，有的羊似被吓得连连后退，有的则待在原地，不知所措。此图采用凿刻的手法呈现出动物的主要特征，以剪影式和单线式来表现人和动物的形象，将人物置于画面的中间，突出其主体地位，粗犷的线条表现出简朴和稚拙的美。

图 4-37

特克斯县加汗萨依西岩画

图 4-38

新源县塔特然岩画

图 4-39 为新源县克孜勒塔斯岩画，位于新源县则克台镇则克台村北部克孜勒塔斯沟内一巨大岩石面上。画面呈现了大规模的群体狩猎活动。岩画从右至左大致可以分为三个部分，人物主要集中在右半部分。最右边有一排猎人有序地进行围猎，四个猎人手持弓箭挡在动物群的正前方，防止猎物逃出包围圈，猎人身后还跟着一只狗。动物群中有一头巨大的牛，一人骑羊位于巨牛上方，似乎在驱赶动物群。牛下方还有一只鹿。周围散落着若干只山羊。第二组围猎场景在画面中间的部分，中间有一头巨大壮硕的牛，有两个猎人正在搭弓射箭，直

图 4-39

新源县克孜勒塔斯岩画

指牛的头部，一人骑马赶来应援。上方还有四个猎人也在围捕四处逃窜的山羊，其中一人牵着马，手持工具加入围捕的行动中，在其对面同样有一个持棍棒的人。另外两个持弓箭的人在追赶猎物。第三组围猎场景在画面的左半部分，主要表现的是惊慌失措的羊群正四处逃窜，下方也有两个骑马持弓箭的猎人正在追击猎物。从猎人的分布以及他们的行动方式来看，这是一场有计划、有组织的大型群体狩猎活动。原始游牧部族认为岩画刻绘就是巫术实施的过程，在岩画中刻绘出弓箭射中猎物，就意味着现实中也能猎获、控制实物。这幅岩画应该是游牧族群在集体狩猎前，进行祈福巫术仪式时所作。从岩画的主要内容和表现风格上看，表现的是狩猎丰产主题，狩猎场景中的形象造型比较稚拙、简约，刻痕也较粗陋。但画面中有个别形象与整体画风略有不同，应该是后期添加补充上去的。如画面的左上角有两只大小羊的组合形式，以及三只以重复形式叠落的羊形象。这种图式多出现在牧放图中，象征着畜群繁衍丰产崇拜，是畜牧生产岩画的主要形式。特别是这组形象已经有了形式化的表现，造型美观、精细，形象趋向意象化。然而，无论是狩猎丰产还是畜牧丰产，都说明原始游牧族群始终将生存意志作为岩画创作的主题。整幅岩画均采用凿刻加磨刻的方式进行刻画，较小的形象主要采用了单线表现手法，而牛、马以及几只大型羊则采用剪影式的表现手法，突出了动物的肥硕体形。动物与猎人的形象形成鲜明的对比，进一步彰显出猎人极力征服动物的勇气，但也说明人对自身的认知还缺乏自信。画面构图丰富饱满，叙事性强，用简朴的线条真实地再现了当时的狩猎场景，具有纪实性。

（三）图腾崇拜

原始社会自然环境的恶劣和人类力量的薄弱，使人类的生活极为困顿。随着生存实践经验的增加和工具的改进，人们从采集、狩猎发展到畜牧经济，但始终离不开动物。人在与动物的较量中，逐渐发现有的动物体形庞大，有的则灵活矫健，有的繁衍能力强，有的凶猛可怕，动物具有许多人所不及的能力，这些能力既让人倍感不解，也令人羡慕、敬仰不已。于是，人们以原始思维将动物的能力归结为神秘力，从而对动物产生了崇拜之情。在新疆岩画中，图腾崇拜是常见的题材之一，在伊犁岩画中有大量以动物为图腾的崇拜仪式场景。

图4-40、图4-41为克孜勒塔斯岩画，此处山体高耸，岩石嶙峋。南望巩乃斯河谷平原，西为纳瓦萨依，东为则克台萨依，南坡下东、西侧草场连绵，南坡地上还发现多处古代墓群。此处山地具备"圣地"的各种条件，高山、向阳、草木茂盛，这里还是历代游牧族群的墓葬之地。岩画刻绘在近山顶处高约26米，宽约10米的崖壁上。人背依岩画立于岩壁狭窄的岩石上远眺，可见周遭群山环绕，南望河谷、平原，视野极为开阔。坡下有宽阔、平整的草地，茂盛的草场绵延。从岩画和环境相结合的方式可以判断，该岩画应该是原始游牧族群为进行盛大的崇拜仪式而创作。从岩画刻痕及岩晒程度的不同，也可判断出不同时期、不同族群都曾在此进行过各种崇仰仪式。岩画所在崖面平整光滑，深褐色的岩面上采用点线凿刻与磨刻技术相结合的方式进行刻绘，岩画中的造型以勾线式或剪影式图像为主。岩画上供奉的主体形象为一只身形巨大的被视为神灵图腾的鹿，鹿形象以线条勾勒轮廓的方式表现，造型趋向图案化的意象表现，巨大丰硕的身躯，头部

图 4-40

新源县克孜勒塔斯岩画（环境）

极简，鹿角以线状表现。鹿身上还刻绘着三只山羊，象征着神鹿在孕育，意为神鹿护佑着家畜的繁衍丰产。在鹿腹部和脚下还有三只羊，鹿的尾部后方也围绕有一群羊，还有骑在马背上的人物。画面的左边也有一只体形稍大的北山羊，北山羊的下方有一骑马人。岩画中鹿的形象被有意地夸张、放大，塑造出巨大无比的样子，形成须仰视方能见之的气势，显示出鹿图腾的神圣感、威严感。鹿的体态丰满，腹部三只山羊代表着繁殖孕育和数量增值，预示着畜群兴旺与丰产。一些游牧族群把鹿奉为始祖神，认为鹿代表着母性，既是祖先崇拜的图腾，也是孕育之神的化身。因此，此幅岩画反映了原始游牧部族们对鹿图腾的崇拜，祈求在神明护佑下

图 4-41

克孜勒塔斯岩画"鹿图腾"

实现族群畜牧丰产、人丁壮大，部落力量强盛，保障人们能够在严酷的草原上更好地生存下去。岩画中着重突出鹿的形象，线条简拙，但十分流畅。鹿、羊群、骑马人等共同勾画出草原上生动的牧放场景。岩画制作不仅采用了以点凿刻成线的方式造型，还使用打磨技术对形象进行填充，凿点细腻，由此判断此时应该使用了金属工具。在高耸陡峭的崖壁上刻绘如此之大的形象，着实令人惊叹，可见岩画作者不仅掌握了高超的岩画刻绘技术，而且倾注了极为虔诚的精神情感，此处岩画为典型的原始丰产仪式的图腾崇拜形象。

## 二、呼图壁康家石门子岩画中的生殖崇拜

### （一）康家石门子岩画

康家石门子岩画位于天山北麓昌吉回族自治州呼图壁县雀尔沟镇雀尔沟村西南的康家石门子，岩画所在的卡拉扎祖山是中国最长的侏罗纪山脉。高耸的赭红色山体在溪流河水、绿树青草映衬下格外醒目。岩画刻绘在赭红色砂岩山峰底部的岩壁上，岩画距地面约 2 米，画面东西长 14 米，上下高 9 米多，整体面积达 100 多平方米。康家石门子岩画表现的是生殖崇拜仪式主题，规模宏大，画面有数百个大小不等的人物形象，大的高达 2 米，小的不到 20 厘米。自 1987 年发现至今，在国内外都是罕见的巨幅生殖崇拜仪式岩画（图 4-42）。

康家石门子岩画反映了父系社会时期的生殖崇拜仪式场景，巨大的画面历经漫长的时间，由不同时期的人们不断地累积、添加刻绘而成。关于康家石门子岩画的年代及作者，王炳华研究员提出的依据是："人物面型、帽饰与古文献记述的塞人种族及他的头戴尖帽的特征，颇

图 4-42
呼图壁县康家石门子岩画（环境）

多共同点。"此外，他还提出："岩刻上见到的虎形图案，表现了岩刻主人的图腾信仰。而对虎的崇拜，是战国时期活动在新疆地区的塞人的传统。与呼图壁岩刻相去不远的阿拉沟塞人墓葬中，就曾发现过虎形金饰牌八块，对虎纹金箔带四条。同时在苏联南阿尔泰地区的巴泽雷克塞人贵族墓棺木刻绘的立虎形象，也有相似之处。"[1] 刘学堂教授提出的依据是："康家石门子人物头顶的角状——羽状装饰，与新疆、蒙古西部以及俄罗斯阿尔泰地区诸青铜时代考古学文化所见人物形象类似。"他还提出："人物羽状饰和小河墓地墓主人帽侧所插羽翎装束一致。"因此，"如此一来，基本就可确证康家石门子主体岩画的时代就在公元前 2000 年前后的青铜时代"。[2] 林梅村先生认为："康家石门子

[1] 王炳华 . 雕凿在岩壁上的历史 [J]. 新疆社会科学研究，1988（01）.

[2] 刘学堂 . 呼图壁岩画的时代、作者及其它 [J]. 新疆文物，2006（3）.

人物倒三角形上身、树枝状手、阳具等特征，与哈密天山北路文化的人物形象更加相似。"[1] 苏北海教授对人物形象分析："新疆呼图壁县康家石门子发现古代大型的生殖崇拜岩画以后，更清楚地显示了古代塞种人的面貌：狭面、长脸、眉弓发育、眼窝较大较深、鼻梁直而高、颧骨微凸、嘴小，这是对古代分布于天山塞种人的形象实录。"[2] 从众多考古研究资料来看，康家石门子岩画为距今 3000 年前的塞人遗存。康家石门子岩画对研究原始社会史、原始思维特征、原始巫术、原始舞蹈、原始艺术及新疆古代民族史等都具有重大的价值。

　　学术界普遍认同康家石门子岩画是大型生殖崇拜仪式图，画面共刻有 300 余个形象个体，刻绘采用浅浮雕和阴刻法相结合的工艺。画面大部分为人物形象，少量动物图像。人物形象的动作基本一致，整齐划一地手舞足蹈。他们左手朝上，右手朝下，膝盖微微弯曲，应该是在进行某种舞蹈仪式，或是为祭祀活动而做出的特定动作。人物造型姿态优美，以群舞状有序排列。从画面的整体布局来看，人物形象主要分布在一条从右下往左上的弧线上，图式的走势形成一个左箭头的形态，在中间的部分着重刻画了两个体形较大的女性人物形象，置于岩画的最高处，突出了形象的主体地位。人群中间伴有交媾人物、动物和几行排列整齐的小人等造型。经考证，整壁岩画是不同阶段逐步刻绘完成的，因此部分图像有重叠和后续添加的现象。画面主体人物形象高大俊美，最大者高 2 米左右。人物头部采用浮雕手法着重刻绘出面部细节特征，突出了五官的立体感。岩画中男女人物的体态均

---

[1] 林梅村 . 吐火罗人的起源与迁徙 [J]. 西域研究，2003（03）：9–23.

[2] 苏北海 . 古代塞种在哈萨克草原的活动 [J]. 西北民族研究，1989（01）：184–198.

以程式化的几何形加以简化概括，大多数人物上身为倒三角形，部分人物躯干呈梯形或是相对的两个三角形组合，一些形象的局部施以红色加以突出，人物动态均为上肢上下舞动，下肢微曲状。男性宽肩窄胯，凸显出男性生殖器特征，特别是男性生殖器都被极度夸大或延长。有的男性形象身上的生殖器多达二三个，且都有意识地夸大；有的男性生殖器被延长至女性人物形象上，形成男女交媾图式，体现出原始游牧部族们强烈的生殖崇拜意识，夸张的男根形象是整幅岩画中的鲜明特征。女性形象则宽肩细腰，形体修长，线条流畅。女性壮硕的上身与丰满的臀部是对女性生殖能力的崇拜，隐喻着原始游牧部族们希望女性能够多产，繁衍子嗣，以此壮大部族的力量。人物造型通过夸张男性生殖器，或者刻画女性细腰等方式，将男女体态特征加以概括和区别，表现出男人的强壮和女人的隽秀。原始游牧部族在造型上遵循主观的表象记忆和意念表达，抓住最基本的形象特征，不考虑细节和比例关系。在人物群像中还穿插有男女交媾、列队小人以及动物、弓箭等生殖象征形象，生殖造型的反复出现与夸大不仅体现在人物身上，也表现在动物造型上。去繁就简，着重强调生殖特征，这是原始游牧部族生殖崇拜认知的心理表现，也是生殖崇拜行为的结果外化，即"心象"转化为图像，传达出人们渴望部族群体繁衍壮大的精神意愿（图4-43）。

此外，岩画中还出现以组合重构方式塑造的"双头同体人像"和在男性腹中添加人面的"腹中人面男性人像"。这些通过臆想再造出的形象也是两性交合、孕育繁衍的生殖崇拜的特殊表达形式。在原始思维神秘互渗意识指导下，人们对现实形象赋予更多意念与想象，通过夸张、重构、组合的方法，虚构出自认为的具有强大生殖神秘力的新

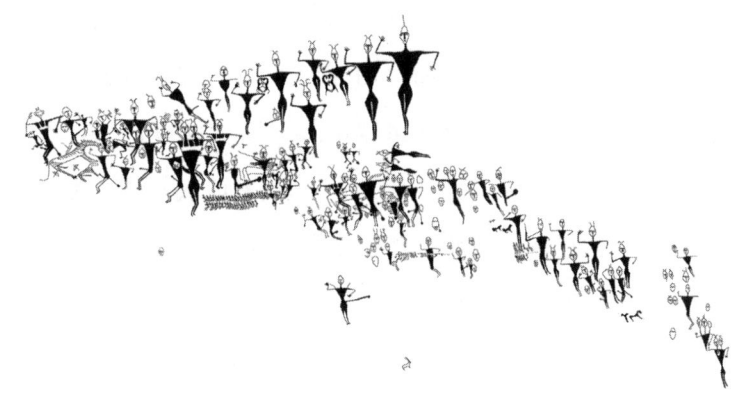

图 4-43
呼图壁县康家石门子岩画

形象，以此实现生殖丰产巫术的欲求。岩画中还穿插着一些动物形象，主要是老虎和马。动物形象有两组对马，对马为一对雌马和一对雄马，造型整齐对称，极具图案化美感，蕴含着生殖之意。还有一大一小两只虎，虎的生殖器被着重凸显，与整幅岩画的主题一致，虎周围还分布着象征生殖力的弓箭，以此表示生殖力的互渗，这是对岩画生殖崇拜主题的呼应。康家石门子岩画的群舞人物造型姿态丰富，排列有序，画面富于节奏性的美感。看着那些动作整齐划一的群舞人物，似乎能感受到人们有节奏的舞动着双臂，沉浸在崇仰仪式下的自我陶醉中，山谷草原回荡着欢呼声和舞步踢踏声。康家石门子岩画再现了阵势浩大、神圣肃穆的原始生殖崇拜的仪式场面。

## （二）康家石门子岩画的造型特征

### 1.人物形象造型

康家石门子岩画的形象均以点、线、面基本造型元素表现，造型语言的一致性与同一性体现出程式化特征。画面的主次鲜明，形象的规律重复，以及图像的对称均衡，构成令人愉悦的与画面主题相得益彰的节奏感和秩序感，可见原始游牧部族的审美意识已逐步形成并有一定的发展。人类自我意识的觉醒是原始审美意识发展的基础，岩画的审美形式是原始审美心理的外化表现，与原始文化表现形态对应同构，其审美形式具有鲜明的功利性特征（图4-44）。

图 4-44
呼图壁县康家石门子岩画（局部）

康家石门子岩画人物形象造型的程式化特征体现在男女形象特征、体态结构的一致性。男性的脸部刻画较为粗犷，唇部较厚，身体瘦长。体形为上大下小的倒梯形状，突出了男性的强壮感，男性有十分夸张的生殖器，有的甚至还添加了数根，刻画在大腿、手臂、腰部等人体的各个部位。例如在画面中间一排小人的上方刻有一个生殖器极为夸张粗大的男性形象，其大小几乎与人物大小等长，生殖器直指右前方女性的臀部，暗示着男女交媾（图4-46）。女性形象大都是宽肩、细腰、丰臀的体态，宽厚的上身凸显了女性养育生命的哺育功能，丰满的臀部表现了女性强大的生殖能力，窈窕的腰身使其与男性体态明确区别开来。所有的男性与女性形象的动作都整齐划一，他们右手向上，左手向下，这一姿态是特定的巫舞动作，具有生殖象征意义。在画面的左下和中下分别有两组整齐排列的小人形象（图4-45、图4-46），重复的小人形象代表着生殖、繁衍，这是原始游牧部族们希望通过生殖崇仰仪式使族群人丁兴旺、繁衍昌盛，以此增加部落的劳动力，壮大族群的整体力量。岩画中的人物形象有的带有尖顶或羽状头饰，其宗旨都是为了生殖崇仰而服务的。

图 4-45
呼图壁县康家石门子岩画（局部）

图 4-46
呼图壁县康家石门子岩画（局部）

岩画中"双头同体人""腹中人面像"等形象是原始生殖崇拜思

维下构造出的臆念幻象的具象化形式，人们以主观意志为原则，对人物形象进行主观改造、重构，以此强化形象的生殖意义。岩画造型语言程式化、秩序性的特征，使画面形成主题与形式互为照应的节奏感、肃穆感与神圣性。岩画形式是原始审美意识的外化体现，与原始社会形态、文化形态的功利性意义相对应。

2. 动物形象造型

岩画中的对马形象主要有两幅，一幅雌性对马图和一幅雄性对马图（图 4-44），位于岩画上方的女性人物形象之间。两组对马分别刻绘在舞蹈人物群像的间隙中。第一组两马以头部相抵，前肢曲折连接，后肢对接的方式组合成封闭的对称图案。该组马突出了公马的生殖器官，凸显雄性特征。另一组也是相同的组合方式，但表现的是一对母马。两组对马形象都是以侧剪影造型呈现，头颈部夸张并延长呈优美的曲线状，对马为首首相连，四肢、马尾皆简化为线，两组对马极富装饰意味，体现出符号化的特征。巫新华先生在康家石门子岩画研究中提出："对马图形象与中亚地区的'双马神'有着相似之处，是随着印欧人的东迁而传承到新疆地区的，体现了远古时代中西文化交流的现象。"[1]岩画中的老虎形象出现在舞蹈人群的最左侧，虎的头部简约、概括，大虎有长而卷曲的尾部，小虎无尾（图 4-46）。虎身以长短不一的直线、折线刻绘出皮毛斑纹，使形象具有图案化、意象性的审美意味。两只虎都有着勃起的雄性生殖器官，四周还有三只弓箭，雄性生殖器与弓箭都是具有生殖意义的符号，由此证明两只虎的形象是生殖

---

[1] 巫新华. 天山康家石门子岩画与古代中外交流 [J]. 原道，2018（02）：197–231.

崇拜的象征物。康家石门子岩画是父系社会生殖崇拜文化的产物，整幅岩画充满了以阳刚之气为核心的原始生殖欲念，体现出原始生命力的冲动，也契合了生殖崇拜的主题。

康家石门子生殖崇拜文化的表现形式，主要体现在对两性特征的强调，特别是对男性的生殖器进行夸张化的表现。同时，还有寄寓生殖崇拜意义的动物形象，以及生殖崇拜观念下再创造出的男女交媾、双头同体等形象，其核心目的都是为祈求获得强大的生殖能力，这些形象寄托了原始游牧部族期冀子孙繁衍、氏族强大、战无不胜的生存意愿。整幅岩画技法纯熟，刻画精致入微，形象富有程式化、装饰化倾向，体现了原始游牧部族们对均衡美与对称美的追求。

## 三、哈密岩画反映的游牧生活

哈密市处于中纬度亚欧大陆腹地，包括伊州区、伊吾县和巴里坤哈萨克自治县。哈密市自古就是新疆与中原地区交通往来的重镇要地与门户。历史上，哈密处在古代欧亚几大文明的中心连接处，因此，该地区产生了既有自身民族特色，又有多种文明兼容并蓄的文化形态。

天山横亘于哈密市中部，山脉南侧为哈密盆地，北侧是巴里坤草原和伊吾盆地。哈密市天然草场众多、面积广阔，处处都能看到"天苍苍，野茫茫，风吹草低见牛羊"的场景。

哈密市是新疆境内天山山系岩画分布较为密集的地区之一，现已发现的岩画一般都在水源丰富、草木丰茂，适合于农牧业生产的区域，主要集中在伊吾县、伊州区和巴里坤哈萨克自治县的山间、河谷之间。其中伊吾县主要有 22 个岩画点，伊州区主要有 40 个岩画点，巴里坤

哈萨克自治县有 20 个主要岩画点。这些分布在哈密市的众多岩画，反映了原始游牧民族的牧放生活和丰产崇拜活动。

（一）生动的牧放生活

新疆因其独特的地理环境，自古以来便拥有了绵延悠长的游牧文明。在广袤的草原上，远古游牧民族在他们放牧迁徙的轨迹上，留下了众多丰富多彩的生活印记。伊吾县位于新疆天山山脉东路北段，此处地表裸露，山势崎岖，植被稀疏。经历岁月的变迁，已不复往日水草丰茂、牛羊成群的景象，只有岩石上生动的"牧放图"在诉说着古老的游牧故事。哈密岩画中有许多以牧放生活场景为主的画面，其中有大量的羊、牛、骆驼等动物形象，还有车具、车轮等交通工具。岩画大多以凿刻加磨刻的方式进行刻画，形象的造型主要有剪影式、单线描式、双勾式以及符号式，刻画的线条多粗犷质朴，但在粗放之中也可体察出许多精微之处。一方面是由于原始游牧部族的审美意识与创造美的能力还处于人类发展的初期，且此时的原始游牧部族们并不一味追求画面的细腻精美，而是注重用图式来记录生活实况，或赋予其某种深刻的寓意。哈密市表现牧放生活的岩画主要有伊吾县南山岩画、约勒颇克昆多岩画、斯外特昆多岩画、粤海水库岩刻，伊州区阿热孜果勒岩画和乌兰布拉克村北岩画。

图 4-47 为伊吾县斯外特昆多岩画，位于伊吾县斯外特昆多的山沟中。画面中刻画了一个车的形象，车中间单辕，有舆和载物架，左右两边各一个车轮，轮上刻画有辐条。车前两只羊跟着奔跑。整个形象采用凿刻的方式进行刻画，以线条来表现车辆的主要造型，线条随意又有秩序，能够抓住造型的主要特征进行表现，画面中的车轮左右对

称，形成均衡的美感，此幅岩画表现出原始游牧民族迁徙的生活场景。

　　图 4-48 为阿热孜果勒岩画，位于伊州区柳树沟村西部的阿热孜果勒的一块山地上。画面表现的是人与羊和谐相处的情景，在画面的左侧有两个牧人骑着两只正在奔跑的羊，其中一只羊的羊角被有意识地夸大，羊角的形状呈半圆形紧紧包裹住骑在羊背上的人，说明原始游牧部族们希望通过对羊的崇拜能够得到羊角的力量，或是希望羊能够保佑族群兴旺繁荣。近处的羊正在悠然觅食，不远处的小羊在互相追逐。画面中的人骑的大羊采用了剪影式的造型方法，使羊的形象变得更加硕大与充实，其余的羊则采用线描式造型，用简练而又粗犷的线条表现出羊的主要特征，整幅画面的构图从左往右延伸，给人遐想的空间。

图 4-47
伊吾县斯外特昆多岩画

图 4-48
伊州区阿热孜果勒岩画

　　乌兰布拉克村北岩画位于伊州区西山乡布拉克沟口西侧，岩画多分布于台地上与戈壁滩上。图 4-49 为岩画中的一幅牧放迁徙图。画面中间有一人骑着骆驼，挥舞着手臂在草原上奔走，在骆驼的上方有羊正在吃草，骆驼的下方有一只硕大的北山羊，北山羊以单线勾勒轮廓，中空的躯干上还刻画了几只小羊，预示这是一只正在孕育生命的羊，表达出原始游牧部族们希望羊群能够多产，以获得充足的家畜资源的愿望。画面中的人骑的骆驼以剪影式表现，怀孕的羊则采用了线

条勾勒轮廓的形式进行表现，其余的羊则以单线式造型，线条简约概括，生动地表现出了羊形象的主要特征。画面布局从右往左向前延伸构成一条斜线，给人以动态美。

图 4-49
伊州区乌兰布拉克村北岩画

（二）激烈的狩猎场景

随着生产力的发展，原始游牧先民虽已开始驯化羊等动物，但是养殖技术并未成熟，仅仅依靠牧放并不能满足当时的所有生存需求，因此狩猎依然是原始游牧部族们重要的生活补充。哈密市的岩画也遗存了大量的狩猎场景，主要的岩画点有伊吾县热孜布拉克沟口岩画、伊吾县托克塔斯岩画、伊州区水亭东岩画和伊州区乌拉台岩画。

图 4-50 为伊吾县热孜布拉克沟口岩画，位于伊吾县盐池镇北部较低缓的山梁上。画面的左边有一人手持弓箭正在射向远方仓皇逃走的羊，在持弓箭的人前方有一人已抓住一只羊的羊角，羊正在奋力挣扎，试图逃脱。在画面的下方和右方有两只北山羊正抓住机遇四处逃

图 4-50
伊吾县热孜布拉克沟口岩画

窜。整幅画以粗犷的线条进行表现，体现出一种原始野性的稚拙美。

图4-51为伊州区杏树沟岩画，表现了一幅集体牧猎图。画面右下角有两个猎人手持弓箭对准羊群，中间下方还有一个猎人从后方拦住羊群，三个猎人的位置正好构成一个三角形，把羊群团团围住。画面中下处有一人手持弓箭，正在瞄准远处的羊群。画面的左上方有众多的羊、鹿等动物，其中也有一人手持弓箭，箭被延长直指一只巨大的羊的生殖器，喻指实现与大羊生殖力的传导互渗，整幅岩画布满大大小小许多只羊，反映出游牧先民渴望丰产的求全心理。岩画主要采用了凿刻方式进行刻画，整个画面构图随意性较强，呈散点式布局，注重叙事性。画面上方的两只羊比例极为突出，以剪影式造型，羊角被刻意夸大，具有神灵图腾的意义。所有形象均采用剪影式与单线式来表现，造型简约质朴，表现出稚拙的美，但又充满了神秘感。

图4-51
伊州区杏树沟岩画

图4-52为伊吾县托克塔斯岩画，位于伊吾县吐葫芦乡大石头村东部的戈壁滩上。主要表现了数只羊和两个猎人的形象。在画面的右

侧有两个手持弓箭的牧猎人，搭弓射箭直指羊群。原始岩画始作者认为刻绘弓箭直指羊的犄角，就意味着对动物实体的控制，这是神秘力互渗观念的体现。周围还散布着许多羊的形象，羊与人物形象采用以点呈线的方式凿刻而成，线条古朴流畅，体现出质朴而又简约的美感，表现出原始丰产巫术崇拜的主题内容。

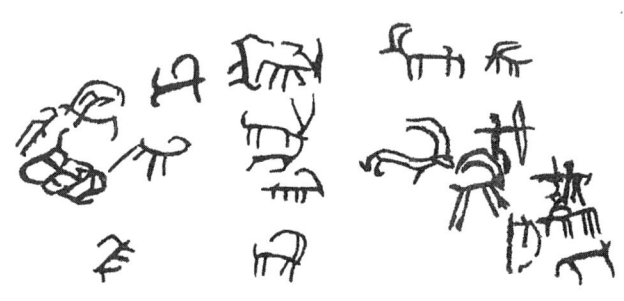

图 4-52
伊吾县托克塔斯岩画

图 4-53 为伊州区乌拉台岩画，岩画位于伊州区乌拉台村东沟口，此处地势开阔，植被茂密。图中最右方有一个猎人手持弓箭正对准面前硕大无比的羊，羊的形象被夸张化，说明原始游牧部族祈求能够狩猎到一只壮硕的肥羊。在手持弓箭的人旁边还有一个人跳到羊的背部，奋力抓住羊角，想要制伏这只羊。在羊群的中间还有一个人正在驱赶羊群，画面的最左边有一个车轮的形象，其他位置都布满了大小不一的羊形象。画面中巨大的羊以剪影式表现，采用凿刻加磨刻的制作手法。人物与比例较小的羊采用单线式表现，形象简约、概括。画面中羊的经营位置、大小关系都充满了随意性与无序性，但画面中充斥着浓烈的丰产巫术意味。

图 4-53
伊州区乌拉台岩画

图 4-54 是伊州区折腰沟岩画中的一幅，该幅岩画为不同时期叠加刻绘。左下方较深的刻痕部分主要表现了一幅争战图，画面左下有一群骑着马、手持长矛的人，长矛上细致地刻画出了倒钩，人物形象不再是用简单的线条来表现身体和四肢，而是用块面来表现人物的体积。上方一人在马背上手持长矛直立而起，似乎是头领在高呼鼓舞士气，战士们斗志昂扬，英勇奋战。下方则是两队人马正面交锋，表现出原始部族之间的争战场面。争战图构图均衡，造型刻画细致，特别是人物与马的动态尤为生动，说明这时人们已经有了较高的表现能力。画面的底层为牧放图，因为是更为早期刻绘的牧放场景，所以刻痕较模糊。画面中有骆驼及其他动物的形象，其刻痕经历风沙的腐蚀已不太明显，可推测它与争战图不是同一个时期。从形象的塑造手法上可以看出，画面右边与中间部分羊的形象是单线式，线条粗略率真。而骆驼的形象塑造是剪影式，形象稚拙粗放，但圆润流畅。动物群最下方有一骑马放牧的人，整体可以看出是一幅牧放场景。从岩画的画面主题、表现形式及制作技巧上可推断出，岩画为不同时期所刻制。整幅岩画是用凿刻加磨刻的方式制成，以剪影式的造型为主，部分形象采用的是单线式，人物与动物形象简约生动，画面构图自然随意。

图 4-54
伊州区折腰沟岩画

　　巴里坤盆地的山前地带，地形开阔、水草丰美，自古就是优良的牧场。回首漫长的岁月变迁，或许是在某个特别却又难以考证的时期，草原先民们就开始选择在坚硬的石质和平滑的石面上，用磨刻或凿刻的方式记录当时的生活，以此表达自己的心意与愿望，为后人留下许多可以追忆人类历史的印记。由于岩石多存在于山谷之间和河道两旁，岩画的分布也呈现出明显的规律，主要是在山谷两侧的石壁以及河道两旁的石头上。从内容上看，岩画主要反映的是原始游牧部族们狩猎、放牧、祭祀等生活场景。在巴里坤发现的岩画中，狩猎类岩画占到了很大的比重，狩猎场景中包含着单人猎、双人猎、围猎等多种类型，反映了原始游牧民族的狩猎生产技巧。狩猎场景不只是单纯的生活现实的记录，更是丰产巫术的实施载体，表达出原始游牧部族以满足生存诉求为目的的崇仰文化主题。

　　图 4-55 为巴里坤哈萨克自治县八墙子岩画中的一幅狩猎图。画面下方有一猎人骑在马背上，手持弓箭，正瞄准前方的三只鹿。三只鹿大小不一，造型流畅优美，鹿角呈"V"形，两侧以对称有序的短线刻绘呈枝杈状，且整个鹿角被夸大，而身体的部分则被简约化，说明

原始游牧部族们对鹿的崇拜，希望自身能够获得鹿的神力和庇护。在鹿的下方也有一个骑马的人，似要拦截鹿群逃窜。在手持弓箭骑马的猎人下方还有一匹马，马的造型俊美，似乎正在奔跑，马背上刻绘一只羊，马与羊形成互渗关系，这是对马崇拜的表现，期冀马的神力能

图 4-55
巴里坤哈萨克自治县八墙子岩画

传导给家畜。画面上半部分主要刻画了羊、鹿等动物群体形象，动物形象凿刻得简拙、质朴，整体风格较为粗放。中间有一只北山羊的羊角被有意识地夸大，其羊角的长度甚至比羊的身体还要长，说明羊是游牧先民重要的崇拜对象，表示期望狩猎、畜牧能够丰产富足。而画面的下半部分形象也是狩猎丰产内容，但表现手法相对细腻、流畅，技艺较为精致。从形象的表现技巧和形式上判断，岩画的上下两部分可能是不同时期刻制的，工具与技术的改进也是画面变得精美的重要原因。岩画均采用凿刻与磨刻的技法进行刻制，以线条式和剪影式造型为主，形象之间形成明显的稚拙与精美的对比，体现出原始游牧部族们的审美意识与造型能力在不断提高，使岩画更具有审美性。

### （三）丰富的草原动物

新疆岩画表现最多的内容是无穷无尽的草原动物，其中出现频率最高的是各种各样的羊，还有鹿、骆驼、牛、马、狐狸、驴等动物。原始游牧部族面对严酷的自然环境，由于认知能力的局限，对动物具有的那些异己力量充满憧憬。《吕氏春秋》曾提出："凡人之性，爪牙

不足以自守卫，肌肤不足以捍寒暑，筋骨不足以从利弊害，勇敢不足以却猛禁悍。"因此，原始游牧部族们在与自然界进行生存斗争的过程中，面对凶猛的动物愈发意识到自身的渺小，而把动物的强悍视为某种超自然的能力，对动物的崇拜由此产生。所以，在岩画中可以发现许多动物形象是被有意识地夸张或构成有意味的形式，这都反映了原始游牧部族们对动物的崇拜。

图4-56为伊吾县博然力克岩画，位于伊吾县盐池镇的山丘中，植被稀少。画面中表现了一只体形硕大的羊，在巨羊的腹部有一只小羊和一个人的形象，在羊的后方有一个手持弓箭的人正对准这只硕大的羊的尾部。图中巨羊的造型采用线条勾勒式的造型方法，刻制出羊的整体外形特征，彰显出其体形的硕大，羊角以线条表现且夸张，巨羊代表着被神化的图腾象征。巨羊的腹部刻绘着人和羊的形象，这一图式代表孕育，实则是生殖、丰产的象征性表现，意在神灵庇护下，族群人丁兴盛、畜群丰产。特别是还有一个持弓箭的人正在射击鹿的尾部，这也迎合了生殖力互渗的巫术目的。原始游牧部族们在驯化羊群之前，没有充足的食物来源，只能依靠狩猎和采集野果来维持基本的生存。弓箭直射图腾的形式具有占有和控制的意义，这是游牧先民希望在神灵关照下能够猎到硕大肥美的羊，以解决食不果腹的窘境。同时，也希望能从巨羊身上获得强大的生存力量。巨羊周围的羊则采用单线式表现，比例较小，巨大的图腾与这些代表家畜的小羊构成明显的大小关系，构成现实世界与神性

图4-56
伊吾县博然力克岩画

世界交错的混沌空间。

图 4-57 为伊吾县大白杨沟岩画，位于伊吾县吐葫芦乡大白杨沟村南大白杨沟内，该区域草木茂盛，地势崎岖。画面左上方的两只羊面对面似在博弈，中间有只被夸大的羊正向前奔跑，在它的前方有一列体形较小的羊朝它聚拢。画面中主体的羊形象采用线条勾勒的方式造型，体形巨大，羊角被夸张延伸至羊尾，整个羊角的长度几乎与羊身体等长，这与其他的羊形象形成本质上的区别，凸显其神性的主导地位。羊角是羊的主要特征，象征着雄健的力量。由于原始游牧部族自身没有优越的力量条件，只能借助外物某些特征的相似性，建立起神秘互渗的关系，夸张的羊角造型承载着原始游牧部族们对羊角力量的向往与崇拜。

图 4-58 为伊吾县约勒颇克昆多岩画，主要表现了骑马牧羊的场景，左边一人正骑马追逐羊群，羊的前蹄向前跃起，做奔跑状。画面正中间最大的羊显得尤为突出，羊的形象极为夸张，体形丰硕且羊角粗壮，充满力量感。羊在原始游牧部族心中有着重要的地位。岩画中频繁刻绘羊的形象，并当作崇拜对象，正是基于生存的合目的性需要。画面中采用凿刻加磨刻的方式进行精细刻画，以剪影式的方法造型，形象古拙生动，但不失优美，动物形象的工整排列使画面产生均衡、秩序的形式美感。

图 4-57
伊吾县大白杨沟岩画

图 4-58
伊吾县约勒颇克昆多岩画

（四）祈愿繁衍的生殖巫术

繁衍生息自古被奉为生存的第一要义，在远古时代由于生存条件恶劣，生产力低下，导致孕育生命与繁衍后代总是困难重重。原始游牧部族们迫切希望通过自身的行为与意识来控制生殖繁衍的成功，维持种族的繁衍生息，为狩猎、牧放等生产活动提供更多的劳动力，生殖崇拜就是原始游牧部族们表达生殖意愿最直接的方式。哈密市表现生殖崇拜的岩画以伊吾县的乌尊萨依岩画，巴里坤哈萨克自治县的兰州湾子岩画、冰沟岩刻画最为典型。

图4-59为伊吾县乌尊萨依岩画，位于伊吾县前山哈萨克民族乡喀拉乌勒村南，此地地势高耸崎岖，周围遍布崇山峻岭。画面表现了一幅人和动物的生殖崇拜图，画面上方有两个人，右边的人物形象高大，左手持弓，右手持箭，似乎正要射猎，身上刻画出明显的生殖器，在腹部还刻画了一个生殖器，男性人物的后方有一身材娇小的女性人物形象。弓箭是生殖象征符号，箭代表男根，弓则代表女阴。在人物的下方有一头体形庞大的牛，牛的生殖器也被有意地夸张突出。岩画中的每个形象都强化出与生殖有关的特征，说明这是以生殖崇拜为主题的画面。原始游牧部族认为人的两性关系能刺激动物的生产能力，而动物的生殖力也能对人的生殖产生作用，从而达到丰产和人丁兴旺的目的，夸张的生殖器与象征生殖的弓和箭都表达出原始游牧部族们强烈的生殖崇拜意愿。岩画中牛的形象采用了线条勾勒轮廓的方式进行塑造，牛的头尾却被填充，使牛的形象显得更加壮硕有力，人物形象采用单线式造型，形式简约、质朴。

图4-60为巴里坤哈萨克自治县兰州湾子岩画中的生殖崇拜图。岩

画位于巴里坤哈萨克自治县花园乡南园子村南的山前坡地上，周围植被多为低矮的灌木，牧草茂盛。画面右边有三个人物形象，最右边的为一个女性形象，她的手被有意识地夸张与延长，在手掌之上有一个小孩的形象。女性对面有一个男性形象，夸张的生殖器直指女性，而在他们之间有一个似女阴的符号，符号与女性掌中的小孩意在表达通过男女交合能够孕育新的生命，繁衍后代。在画面中间有一个倒置的男性人物形象，生殖器也被有意识地表现出来，他的手被夸张延长到与他并列的大型弓箭上，头部也刻画有一个弓箭形象。在此形象的左边有一个生殖器被夸张的动物形象，上方还有许多点的形状，可能预示着丰产与多产。画面左边还有一个人和两只羊，也喻示着畜群丰产。这些形象相互呼应、映射，共同传达出原始游牧部族们强烈的繁衍存续、生殖丰产的意愿。

图 4-59

伊吾县乌尊萨依岩画

图 4-60

巴里坤哈萨克自治县兰州湾子岩画

# 第三节 昆仑山的原始岩画

　　昆仑山岩画指分布在新疆境内帕米尔高原、喀喇昆仑山、昆仑山及阿尔金山的岩画总称。昆仑山博大雄奇的气势，自古就聚合着许多古老的原始族群在此生存活动。众多考古资料证明，从古至今这里就是一个多民族聚居的地区，远古时期不同族群的先民在迁徙游走中，就已经沿着昆仑山北麓开拓出了沟通东西方文明的通道。早在先秦时期，昆仑山就因盛产玉石，形成把和田玉运到很远地方的"玉石之路"，以及传播青铜与游牧文化的"青铜之路"，这为之后"丝绸之路"的畅通奠定了坚实的基础。随着丝绸之路的发展，促使昆仑山地区成为东西方文化与经济互通的要冲，也是多种文明融汇的重要地区。昆仑山岩画主要分布在昆仑山区域的山地、山前地带，反映着各游牧民族在此活动的迹象，游牧迁移的生产方式也决定了昆仑山岩画与内蒙古阴山、西伯利亚、中亚等地的岩画有着相关联系，因此在岩画题材、表现方式上都有很多相似性，这也说明各种文化在此交流融汇得十分频繁。

## 一、和田地区皮山县岩画中的生活印记

　　和田地区位于新疆最南端，古称于阗，是丝绸之路上的南道重镇。秦汉以前，这里生活着塞人、羌人、月氏人等古老游牧族群，他们所遗留的岩画印记成为探索原始游牧部落生产生活方式的重要线索。和

田县岩画多分布在山间与山前河谷等适合牧放的地方，关于和田地区岩画的年代，有学者认为是新石器时代或铜石并用时代。皮山县位于新疆南部，塔克拉玛干大沙漠南缘，喀喇昆仑山北麓。皮山县草场分布不发达，经济生产以农业为主，畜牧为辅，所以此地岩画较少。岩画内容大多以日常畜牧生活为主，其中具有代表性的岩画是克依克吐孜岩画、其切克乌尼库尔岩画、桑株岩画、巴什开维孜岩画、阿萨尔萨依岩画等五处。

### （一）皮山县岩画

　　克依克吐孜岩画位于皮山县阔什塔格镇阔什塔格村东南、苏勒尕孜河上游克依克吐孜峡谷内。岩石上刻有动物、人物、弓箭等形象。动物形象以羊为主（图4-61），主要以两种形式进行表现：一种是以单线的方式概括出羊的主要特征，以弧线代表羊角，用直线或曲线简化出羊的躯干，四根较短的线条作为羊的腿，腿或四条或两条，以简单的侧面造型。另一种羊的形象是以侧面剪影方式表现，躯干呈剪影式，四肢依旧为线条，但较为粗壮，形象十分生动。在克依克吐孜岩画中还发现了一些特殊符号，图像是用凿刻法刻画了一个半圆形，中间横穿一条直线，造型类似弓箭，从中可以想象到远古时期的狩猎工具。

图 4-61
皮山县克依克吐孜岩画中的羊形象

在克依克吐孜岩画中关于人的形象较为简单、统一，以单线式方法对人的躯干、四肢以及动态进行概括表现。图4-62为克依克吐孜岩画中的不同人物形象，有一人的手臂格外夸张，双臂延长且向下，相比其他岩画中人的手臂长了很多，所凿刻的线条也有起伏变化，还有一人也双臂张开下垂，貌似某种舞蹈动作。此外，还有一处岩画的三个人物形象也有类似动作，从人物动作的一致性上看，双臂张开且向下，这应该是某种巫术舞蹈动作。巫术舞蹈是原始游牧民族在仪式中的重要活动，人们以集体舞蹈方式模拟狩猎、牧放、交合、战争等活动行为，岩画中的人物舞蹈是仪式行为的模拟。人物形象都十分简单，通常都以点、线结合的方式进行描绘，头部以点概括，人物的躯干多用一条较粗的直线表示，人物动态依靠四肢的转折关系表现，简约地刻画出了人物的动态趋势。

图 4-62
皮山县克依克吐孜岩画中的人物形象

图4-63为其切克乌尼库尔岩画，位于皮山县垴阿巴提塔吉克民族乡康阿孜村南、康阿孜河谷东岸岩石上。岩画形象有大角羊、栅栏、半圆蹄形等符号，运用了凿刻与磨刻相结合的方式造型。画面中有三只夸张的大角羊，羊的造型采用剪影式的表现技法，身形丰硕，羊角被刻意夸张，这是对羊角"力"崇拜的表现。羊形象生动圆润，与其他地方所发现的羊的风格略有不同。画面中有一个类似栅栏的形象，

外部是矩形门框，框内上方刻画了
两条相互交叉的线条，刻画栅栏所
用的线条较直，造型较为严谨，赋
有整齐的节奏感，说明此时的畜牧
生产有可能在使用圈养方式进行。
画面中还有一些蹄形符号，蹄形在
原始崇拜中具有生殖象征的意义，
表达原始游牧先民祈求生殖繁衍、
家畜丰产的夙愿。

图 4-63
皮山县其切克乌尼库尔岩画

　　巴什开维孜岩画位于皮山县康克尔柯尔克孜民族乡乌拉其村西南、
桑株河谷西岸的青砂岩石上。岩画中刻有放牧人、持弓射箭的人，以
及各种姿态的北山羊。人的形象都十分简约，且人物形象都比较小，
而羊的形象高大健壮，反映出人们憧憬获得肥美猎物的心愿。此处岩
画描绘最多的形象是羊，表现技法有单线式、勾勒式以及剪影式等等。
由此可得知，羊在远古时期的昆仑山区域也是人类重要的生活资源，
原始游牧部族希望通过刻绘岩画施展巫术从而获得神力，得到更多的
生存资料。图 4-64 为巴什开维孜岩画中的一幅牧猎图，画面由两只羊
和一位持弓射箭的人组成。三个形象均为剪影式的表现方法，羊的刻
画风格较为粗犷、简拙，所用线条粗细不一，可见制作技艺还不成熟。
人物的形体比例较小，而且运用了剪影式的表现方式，人物的躯干和
腿均为正面。岩画中的人物形象多以正面表现，动物与弓箭都以侧面
表现，说明原始游牧部族还未建立起空间、透视的观念，他们总是以
物象最能体现特征的角度进行表现。弓箭指向远处奔跑的羊，这是自
然力互渗巫术的操作方式，希望所需的猎物或力量透过弓箭的传递互

渗给人类。弓箭的指向表示对猎物的控制，以及希望猎物的力量透过弓箭传送给狩猎者，这一操作在原始游牧部族认知中是对实体物的操控。图 4-65 为羊的单独图像，造型以剪影式的方法表现，羊角、四肢、躯干粗细均匀，特别是夸张的羊角和上翘的羊尾，突出了山羊的特征，形象生动有趣。从凿刻工序上看，剪影式造型相较于单线式的羊形象更为饱满，但从凿刻方法和稚拙的形象上判断，这应该是早期的岩画。图 4-66 为巴什开维孜岩画中的牧放场景，画面由三只羊，一个牧民组成。其中羊的表现形式出现了单线式与勾勒式两种。单线式的羊以有转折的线条作为羊角，以长直线概括羊的身躯，四条短线条刻绘出羊腿，羊形象被极简化为一种类似符号的图像。中间的羊则以勾勒式表现，羊的形象以较粗的线条勾勒出基本特征，以两条较为平行的曲线表示羊角，羊的身体以线条方式勾勒出中空的腹部，中空的腹部往往代表着母羊，也是家畜生殖丰产的象征。两组对称的短线条分别向前后倾斜，说明羊奔跑的动态。人物以线条方式概括出基本特征，人与其中一只羊连接在一起，人物比例较小。岩画中人与动物的结合是接触巫术互渗的方式，是实现动物的"力"与人发生传导的巫术操作。这幅牧放图不仅表现出牧民放牧的日常生活，也满足了原始游牧先民实现家畜丰产的精神诉求。

图 4-64　　　　　　　图 4-65　　　　　　　图 4-66
皮山县巴什开维孜岩画　皮山县巴什开维孜岩画　皮山县巴什开维孜岩画

　　图 4-67、图 4-68 为阿萨尔萨依岩画，位于皮山县康克尔柯尔克孜民族乡康克尔村南、桑株河东岸阿萨尔萨依吉勒尕沟的青砂岩石上。此处岩画中有人、动物，还有一些符号。在表现人物时，以线条表现，四肢以线的转折体现动态，形象简单概括。人物的动态有直立、行走、持弓射箭、手执木棍等等。刻画的动物形象以羊为主，造型上也多为单线式表现，也有剪影式造型，两种表现形式均以点线凿刻的方式刻画完成。单线式的羊简单概括，线面结合的羊突出了羊形象的古朴稚拙。羊都以侧面形象表现出主要特征，羊角被刻意夸张，身躯以线或面表现。岩画中的羊有的两条腿，有的四条腿，这表明岩画作者完全凭借直观感受表现。阿萨尔萨依岩画表现出这一地区原始游牧族群的牧放生活，同时也体现出人们对"万物有灵"祈福、崇拜的原始崇仰文化内容。

图 4-67
皮山县阿萨尔萨依岩画图

4-68
皮山县阿萨尔萨依岩画

### （二）牧放生活的典型图式——桑株岩画

　　桑株岩画位于皮山县康克尔柯尔克孜民族乡桑株镇乌拉其村西南、桑株河东岸路旁一块与山坡相连的巨石上。桑株河两岸是峡谷，植被丰茂，适合农耕和牧放，岩画记载了远古时期人们的牧放生活痕迹。历史上这里曾是一条贯通印度和中亚之间的桥梁——桑株古昆仑秘道，

也被称为"桑株古道"或"驮马古道",它是沟通新疆和西藏的古道。

图 4-70 为桑株岩画,描绘了远古人牧放、狩猎的现实场景。画面从右至左可分为三部分。第一部分,最右侧是一个人双手高举一颗"★",代表着某种时间概念,或是对日月星辰崇拜的象征。人物上部还有羊和"卐"符号,"卐"具有生殖象征的意义。新疆岩画中常有"卐"符号出现,在库车出土的古代砖刻上的男根与"卐"符号并列的图像,也证明了"卐"是生殖象征的符号。还有一个人正持弓射

图 4-69

皮山县桑株岩画(环境)

图 4-70

皮山县桑株岩画

箭，目标是前方一只大角羊，从人物的动态可以感觉到紧张、激烈的情绪。射箭人的下方是一条猎狗，正在帮助主人狩猎。第二部分，可以看到射箭人的目标猎物——大角羊，从画面中可见这只大角羊最为强壮，代表着强大、健壮的猎物。大角羊的上面有两个人物，两人都是双手持平做围堵状，其中一人双手五指张开，可以看出这两人与搭弓射箭的人相互配合进行围猎。大角羊的下面有两只小一点的大角羊。三只羊的左侧是一位骑马驰骋的人，马腿十分粗壮有力，马的生殖器官被凸显出来，这是丰产繁衍崇拜的常有表现方式。骑马人的上方是一排符号和一个空心的"☆"，五角星的造型应为象征性符号。第三部分，刻画的形象有两组大角羊，一些类似文字的符号，一颗实心的小五角星。中间是现代人涂写的汉字"吾拉其"，这是岩画所在村庄的名字。从凿刻痕迹上看，岩画中的个别图像不是同一时期刻绘的。

桑株岩画在表现技法上运用了凿刻方式，以点连线再进行磨刻，形成稚拙、古朴的风格，造型简约、概括，但又极具夸张的特点。画面中的人物、动物大多是采用剪影式的表现方法，以实线表现出人物、动物的形体及动态。画面形象中有几个特别值得关注和夸张的特征，一是画面中被高举着的"★"和"卐"符号；二是被围捕的大角羊的角；三是马的生殖器官；四是夸大的弓箭等等。这些特征强调了叙事内容的关键点，即事件发生的时间节点或天象。粗壮的大角羊体现出对"力"的关注；马夸张的生殖器官是对生殖的崇拜；弓箭是对猎物和"力"控制、传导的媒介。人的形象都与这些关注点发生着射、骑、赶等动作联系，这些行为都寄寓着丰产繁衍的意愿。

岩画构图较为随意，呈现散点关系，但画面内容是以分段叙事的形式，描述出一个完整的事件。从右至左叙述着事件发生的过程，以举着"★"的人物和"卐"符号为前序，这是原始游牧部族在狩猎活动开始前的祈福，期冀在神灵庇护下狩猎活动能够成功。接着，人们开始了集体牧放和狩猎活动，他们以大角羊为中心进行围捕活动，一个人以弓箭直指大角羊，意味着对现实动物的控制。犬成为人类围捕的重要帮手，这是一场紧张激烈的围捕场景。图左边一个骑马驰骋的人朝反方向走开，前方散落着几只羊，可能意味着狩猎结束，满载而归。在原始思维"万物有灵"观念的主导下，原始游牧先民将岩画刻绘作为巫术手段，希望通过巫术实现神力的转移、互渗，以期实现与神灵的互通，或以祈祷、献祭等手段"悦神娱己"，祈求神灵能赋予自己超自然的神力，实现生存所需的物质资料的丰富，桑株岩画明显是为牧猎巫术仪式所为。

## 二、且末岩画中的族群活动

且末县位于新疆南部，隶属于新疆巴音郭楞蒙古自治州。且末县地处塔里木盆地东南缘，邻接阿尔金山北麓。东部和若羌县交界，西部与民丰县相邻，南部和西藏接壤，北部直至塔克拉玛干大沙漠。且末岩画位于且末县东南约180公里处的阿尔金山北麓，分布在莫勒切河出山口东西两岸的山腰岩石上。岩画题材十分广泛，动物形象数量最多，包括羊、马、鹿、狗、骆驼、熊、虎、狐狸、蛇等等。动物多出现在狩猎和畜牧图像中，成为且末岩画的主要内容。还有舞蹈、争战、日月星辰、手脚掌印和各种符号等。在人与动物的组合中常配有弓箭、棍棒、绳索、抛石器等武器，以及人在驱赶、骑行等动态，表现出原始游牧族群的牧猎方式。岩画中还有舞蹈场景，有独舞、双人舞和群舞，有的人物还配有头饰和尾饰。此外，且末岩画中有许多形式各异的符号，包括手印、圆圈纹、方格纹、旋涡纹、菱形纹、波折纹、三角纹、田字形纹等等。

关于且末岩画的创作者与创作年代，盖山林先生在《中国岩画》中谈道："关于昆仑山岩画的时代，从岩画的内容和题材看，应是青铜时代至早期铁器时代的作品。"翦伯赞在《秦汉史》一书中说："以后到新石器时代中期，西羌之族，又循着南山北麓的天然走廊，徒入空虚盆地的西南。"这就是说，公元前3000年左右羌人进入塔里木盆地，这个时间恰是昆仑山岩画年代之上限。据范文澜《中国通史》记载，7世纪末（650~700年）西域的南山还生活着"群羌"，这又与岩画的下限相一致。盖山林将且末昆仑山岩画断定为公元前3000年到公元7世纪，是较为贴切的。[1]史书文献中屡见关于古羌人的记载，羌人是西北地区的游牧民族，自先秦时代古羌人不断西迁至昆仑山北坡，且末地区丰富的自然资源成为古羌人狩猎牧放的理想居所，他们在此留下了许多记录着生产生活的岩画。考古界专家们也普遍认同，这些岩画中的早期作品可能为古羌人所作。且末岩画的年代跨度很大，为世代相传逐步创作而成。且末岩画多以石质或金属工具进行磨刻和敲凿制作而成，体现出远古游牧先民的精神意愿与艺术表现能力。

莫勒切河岩画位于且末县奥依亚依拉克镇色日克阔勒村西北、莫勒切河东西两岸山腰陡坡的岩石上。此处风景静怡，雪山高耸环绕，山谷间有冰雪融化而成的河流，两岸生长绿植，丰富的自然资源为原始游牧族群提供了良好的生存条件。岩画中有人物、动物、手掌、几

---

[1] 李青. 古楼兰鄯善艺术史论 [D]. 西北大学，2003.

何形等形象。人物形象多为从事牧放、狩猎、举行仪式时的动作姿态，有持弓射箭、骑行、驱赶、舞蹈等等。动物中羊的数量最多，有羊角呈螺旋状的盘羊，长角弯曲的山羊。还有不同造型的鹿，有的是枝杈状角，有的是"V"形角，有的是梳状角。岩画中还有骆驼、狗、牛等形象。说明这里曾经是众多动物的栖息地，为原始游牧部族提供了丰富的生存资源（图4-71、图4-72）。

图4-71　　　　　　　　　　　　图4-72
且末县莫勒切河东岩画（环境）[1]　　　且末县莫勒切河西岩画（环境）[2]

（一）动物形象

且末岩画以动物为主，有羊、鹿、骆驼等，还有符号、手印等，表现方法上呈多样化特点。山羊是岩画中出现最多的动物形象，说明山羊是当时主要的畜牧家畜。羊的造型以单线式或剪影式表现，形象写实且简单概括，共同特征就是将羊角夸张，使羊的形象趋于符号化

[1] 新疆维吾尔自治区文物局.新疆维吾尔自治区第三次全国文物普查成果集成——新疆岩画（下）[M].北京：科学出版社，2011：488.

[2] 新疆维吾尔自治区文物局.新疆维吾尔自治区第三次全国文物普查成果集成——新疆岩画（下）[M].北京：科学出版社，2011：486.

（图 4-73、图 4-74、图 4-75、图 4-76）。

图 4-73
且末县莫勒切河西岩画

4-74
且末县莫勒切河西岩画

图 4-75
且末县莫勒切河东岩画

图 4-76
且末县莫勒切河东岩画

　　北方原始游牧民族对鹿都有着崇拜感情，在他们的认知中，鹿是具有神性的动物，有强大的生存能力和繁殖能力，善于跑跳，有巨大美丽的鹿角，这些特征都被认为是神力的象征。岩画中刻绘大量的鹿形象，并且鹿的比例往往比其他形象更大，证明鹿在原始游牧部族心中有着重要地位。鹿的造型形式多样，其变化多体现在鹿角的样式上，可见原始游牧部族对鹿角极为关注，实则是对鹿角具有的"力"的关注。图4-74 中的鹿为典型的"鸟喙""梳状角"的造型，夸张的鹿角象征着神性。画面中还有羊与牛等形象，家畜在神鹿的庇佑下可以丰产富足。图4-75 中刻画了两只鹿、三只羊和一个手掌印，其中将鹿角刻画成直立的枝杈形状，线条较为随意。鹿的体态以剪影式表现，从动态上看两只鹿呈静态或在缓慢移动，像是在觅食，给人以悠闲自在的感受。画面中还有一只手印，代表对动物的占有和控制，原始游牧部族认为这样也是对实体的控制。图4-76中刻画了两只鹿，运用了较为写实的剪影式表现出鹿的基本特征。鹿的躯干饱满、丰润，鹿角采用富有变化的曲线表达，呈枝权状，鹿嘴则刻画为较尖的鸟喙状。画面中两只鹿一大一小、一前一后呈现出奔跑的动态姿势，为画面增添了速度和力量的动态感受。

且末县的岩画中骆驼形象刻画居多，昆仑山区域气候干燥，多戈壁和荒漠，骆驼耐渴耐饿，又能抵挡风沙和寒冷，成为这一地区原始游牧部族重要的运输工具。岩画中有单只的骆驼，也有骆驼群体。图4-77中的骆驼群正在朝着同一个方向迁徙，骆驼形象以单线式表现，呈现出骆驼的体态特征。骆驼的特征主要集中在驼峰、长脖、长腿，驼峰造型为半圆形，骆驼的长脖以优美的曲线体现出来，以直线表现出长腿，骆驼群中还伴有羊的形象，这是迁徙牧放的场景。剪影式的表现方法则是以面造型，将最能体现骆驼特征的侧面以简单而生动的形式表现出来（图4-78）。

图 4-77
且末县莫勒切河东岩画

图 4-78
且末县莫勒切河东岩画

图 4-79 为一群动物形象。主
体形象为一只巨大的鹿，以简约的
线条概括出鹿的基本特征。鹿角夸
张且呈单线的不规则梳状。鹿的腹
部包围着两只羊，这种图式是典型
的图腾崇拜，表达着祈愿鹿的神力
能护佑家畜生殖繁衍的语意。大鹿
后方还有一只鹿形象，体态优美，

图 4-79
且末县莫勒切河东岩画

造型较为写实，看似比大鹿刻画得更为精细、美观，呈剪影式造型。
画面中其他形象都为山羊的形象，形象布局较为随意，以散点分布。
随意的散点式布局是原始岩画中的主要特征，原始游牧部族在岩画刻
绘时不受客观比例和空间透视的影响，他们在求全心理驱使下，按主
观意愿将各种形象填满整个岩面，希望获得更多的猎物和畜群，反映
出原始游牧部族祈愿丰产崇仰的理想。


（二）牧猎生活

且末岩画中的群体形象较多，表现内容大多以动物为主体，以及
动物与人组合的牧猎场景，充分反映出原始游牧族群生存实践的具体
方式。且末岩画的牧猎场景在表现形式、题材上与其他地区岩画有着
一致性，但且末岩画又具有其特殊性，画面中常伴有大量的手印、符
号等形象，这一特点可以理解为且末岩画始作者们对"手印"和"符
号"这些具有身份标识、权力象征意义的图形的认知意识更为强烈。
牧放场景中将动物的形象夸张放大，一方面是希望捕获强壮肥美的猎
物，另一方面是对力量强大的动物的敬畏和崇拜。

　　岩画中丰富的形象，反映了原始游牧部族的日常牧放生活，包括放牧、骑马、骑骆驼、射箭等等。在莫勒切河东岩画中发现多处描绘动物群体的图像，图4-80表现了一组庞大的动物群像。画面内容主要分为三部分：第一部分是画面的最左上角刻画着八只山羊，这八只羊排成两列，面朝画面右侧，呈现奔跑的状态。第二部分是画面中部刻画的一组庞大密集的动物群体，群体中山羊数量最多，还有鹿、骆驼等各种动物。羊群中一只羊的角部中间嵌合着一只小羊，这是畜群生殖丰产的典型图式。动物群体中还穿插着四个手掌印和一个弓箭符号，"手印"和"弓箭"符号，象征着对猎物的控制与占有，这是实现狩猎成功的巫术操作方式。动物群中鹿的形式较为多样，鹿角形式丰富，但都以夸大的方式凸显了鹿角的力量。第三部分在画面的最下方，刻画了两只大小不一的鹿和一只羊、一只狗，还有两个手掌印。主体鹿形象十分巨大，鹿角夸张为横向梳状，体形强壮有力，这只鹿正以回头的姿态看着所有的动物，形象灵动富有生机。另一只鹿则体形略小，但身形丰硕、圆润。画面中共有十八只鹿，这些鹿的形象也各有不同，关于鹿角的造型共有三种，分别是连续菱形状、耸立的枝杈状和横向梳状。鹿角的多样化表现方式，说明原始游牧部族对鹿的细致观察，尤其是对鹿角有着特殊的崇拜感情，他们以各种形式表达着对鹿角"力"的格外关注，并赋予其形式化的表现和美化。鹿形象主要采用线条式和剪影式的表现技法，整体形象朴素、简约，使鹿形象成为具有象征意义的神性符号。在这幅岩画中刻画数量最多的动物是山羊，说明山羊是原始游牧民族生产生存的重要物质基础。羊的形象有的强壮肥大，有的小巧可爱，有的稚拙，有的俊美，形象多样，姿态万千。不仅生动地表现出原始牧放生活中的现实场景，也表达出原始游牧先民渴望丰产的精神情感。整幅岩画画幅较大，疏密结合，构图上呈梯形结构，布局安排自然随意，给人以灵活多变的感觉，散点式构图反映出原始游牧先民求全、求多的丰产巫术崇拜的心理诉求。

图 4-80
且末县莫勒切河东岩画

图 4-81 是反映原始游牧民族自然崇仰的牧放岩画。画面中的形象有人、鹿、山羊、手掌印以及一些特殊符号。画面最上方是两只并列的鹿，鹿角呈枝杈状向上高耸，鹿身是以剪影式的技法表现。鹿的左下方是一只山羊，山羊以单线式造型，羊角夸张，形象较为写实。鹿的右下方是一只大角羊，大角羊的形象刻画得较大，以较粗的线条进行刻画，突出了大角羊在自然界中的重要地位。大角羊的右边是一个手掌印，手掌部分呈倒三角状，手指以长短不一的直线表示，从图像上判断，应为右手手印。手印下面是一只体形较小的山羊，形象灵动可爱。大羊、小羊及手印形成了特定的组合关系，这一组合包含着畜牧丰产的意味。大角羊下方有一组动物群和两个人，刻画的动物有大

角羊、鹿、马等，其中一人骑马前行，一人舞动双臂。舞蹈人物双臂交替上下摆动，这种舞蹈动作与康家石门子岩画中的舞蹈动作类似，应该是崇仰仪式中的巫舞。该组形象的右下方刻画了一只体形较为强壮的大角羊，羊以剪影式表现，头部向下，似乎在低头觅食。画面左中部为一组动物和符号形象，由鹿、野牛、马、狐狸，五个手掌印、两个"○"符号组成。其中鹿造型独特，鹿角呈枝杈状垂直高耸且较长，鹿身采用剪影式的手法进行刻画，整体造型富有形式感。牛的形象雄壮有力，以剪影方式刻画出强壮的身躯。马、狐狸等形象都以剪影塑造，以极简方式概括出动物的特征。四个大小不一的手掌印散布在动物群中，虽辨别不出是左手还是右手，但明确表达出对猎物的猎获与控制的意愿。中间的圆圈可能为某种特殊意义的符号，或是代表着日月，这些形象共同反映出原始游牧部族对自然的敬畏和崇拜。岩画右下中部依旧刻画着一组动物群、手印和符号形象，自上而下分别刻画有四只大小不一的鹿、七只不同大小的羊、一只野牛、两个巨大的手印，还有一组由"▼"连续排列整齐的图案。这组群像中的动物形象均以线条式或剪影式表现，而"手印"中一只为剪影式，一只为线条勾勒式，均为左手。牧猎图中的手印常表达着捕捉、控制之

图 4-81
且末县莫勒切河东岩画

意，岩画中刻印手印是对动物实体施以占有巫术的操作方式。画面右侧有一组以"▼"连续排列整齐的图案，这应该是某种象征性图案。在原始岩画和彩陶中常能看到"▼"形状，三角形也被视为生殖崇拜的象征符号。那么，数量众多的三角形连续排列且叠摞，可理解为表示着生殖繁衍、人丁兴旺的寓意，以此表达生殖丰产的精神诉求。结合两只不同的手印造型，可否解释为两只不同形式的手印代表着男女之别。男女手印与动物、生殖图案相互呼应，代表以巫术方式对生殖力施以控制，表达着生殖巫术崇拜。画面最下面表现出牧民放牧的场景，由一位牧民和五只羊、一头牛组成。放牧图中的形象刻画较小，并且整齐地排列为两排。从整体岩画的表现内容、形式和造型特征上可以看出，岩画反映了原始游牧先民以巫术方式"求丰产""求生殖"的崇仰文化，是原始游牧部族在生存本能欲求下的自然崇拜、图腾崇拜、生殖崇拜的文化印记。

图 4-82 为一幅牧放图。画面从右至左分为三部分，最右边为一组动物形象和手印，动物中有两只骆驼、一只鹿、五只山羊、一只右手印，形象均为凿刻出的剪影式造型，生动地表现出原始畜牧生产的牧放家畜。中间部分有一只壮硕的牛、三只大小不同的羊、两个人物、两只手印、一组曲线构成的河流，以及两条曲线符号。两个人物以双臂上扬的姿态进行舞动，这是仪式中常见的巫舞动作。三条曲线组成河流形象，这是生活在莫勒切河两岸的游牧先民表达对河流、水源的依赖，从而形成的自然崇拜，另外两条曲线也许是某种特定意义的符号或蛇形。"手印"代表族群对动物资源、水资源的控制和占有，以及祈求生活资源的丰产。画面左边的鹿有着巨大的鹿角，还有两只羊和一个符号。整幅岩画是原始游牧族群在崇仰仪式中，对自然资源、家

畜丰产实施占有与控制的巫术操作，表达了原始游牧民族渴望生存资源丰产的强烈意愿。

图 4-82
且末县莫勒切河东岩画

（三）生活印记

在莫勒切河岩画中最突出的特点就是有大量的手掌印，手印大部分出现在动物群像和牧猎场景中，"手印"形象多以凿刻的方式表现，有线条式和剪影式。手印的象征意义在研究中有着多种解释，其一，"手印"代表"人"本身，如同个人的签名或印章的作用，表示对岩画中物象（实体）的拥有。"手印"形象标记着人类对自我认知的萌芽初期，反映出人对"本我"与"他者"关系的认知。其二，人类用双手劳动和创造，"手印"作为手的形象，代表着人所具有的能力。岩画中刻绘"手印"即是对物象的控制、占有以及力的传导，象征着手具有的功能或意义的延续。其三，基于对"手"超凡能力的崇拜，或对某种特殊的权力、能量、控制力的崇拜，因此"手印"成为具有崇仰意

味的符号形式 [1]（图 4-83）。

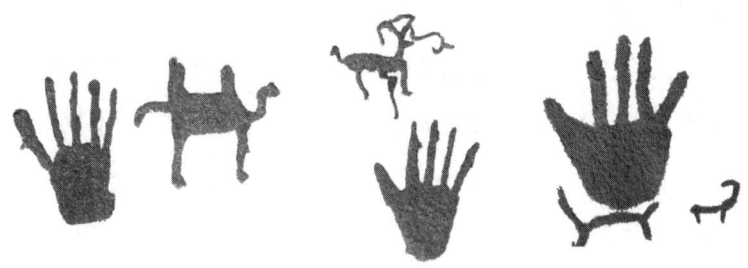

图 4-83
且末县莫勒切河东岩画中的手印

在且末岩画中也发现了许多"卍""卐"符号的遗迹，在大量考古研究和文献资料中都对"卍""卐"符号做出了具体分析。在不同的文化背景中，"卍""卐"符号具有特定的崇仰象征意义，表示对美好的寄寓，或代表吉祥平安，或代表光芒四射的太阳，或是生殖符号。"卍""卐"符号在西方早期文化中也极为流行，代表着丰产及性爱，也是女性生殖器的标志，象征着生育和繁殖力。赵国华先生在《生殖崇拜文化论》中也有阐述，认为青海马家窑彩陶文化中"卍""卐"符号，起初是蛙肢纹变形而成，是一种最原始的祈求生殖的巫术符号，象征生命来自女性生殖器，具有象征女性生殖器的意义。[2] 在阿尔泰山、天山、昆仑山各地岩画中都有类似的符号出现，"卍""卐"符号在新疆岩画中的频繁出现，应是游牧族群在不断迁徙中的文化传播、交流、融合的结果。

图 4-84、图 4-85 是动物形象与"卍"符号的组合形式。"卍"象

---

[1] 罗佳 . 哈密地区"大手人物"岩画图像考释 [J]. 装饰，2015（01）：94-96.

[2] 赵国华 . 生殖崇拜文化论 [M]. 北京：中国社会科学出版社，1990：197-201.

征生殖力，动物形象则都以硕大、强壮的形态表现，特别是夸张的犄角更是体现出对"力"的崇拜。"卍"与动物组合，实则是原始游牧部族为实现动物的"力"对人的生殖力的互渗、感应，通过岩画刻绘过程施以法术使人的生殖力强大起来，以此促使族群人丁兴旺、家畜丰产。

图 4-84
且末县莫勒切河东岩画

图 4-85
且末县莫勒切河东岩画

图 4-86 为莫勒切河岩画中的水波纹形象，以象形的蜿蜒曲线表现出河流。在游牧文化里"山代表父亲，水代表母亲"，这一比喻体现着原始游牧族群对水源的依赖。远古时代那些生活在莫勒切河两岸的游牧先民，他们逐水草而居，将源源不断的河流视为神灵，既感恩河水的滋养与灌溉，又畏惧河流泛滥带来的灾害，将河流形象刻绘在岩画上进行祭拜，试图通过"悦神娱己"的巫术仪式实现与河流之神的交流沟通，期冀以此方式使族群能控制并掌握更多的自然资源和自然力量，使自然之力为己所用。

岩画中还有弓箭、车辆以及各种符号。图 4-87 中的弓箭直指上方的鹿形象，弓箭作为对自然力量

图 4-86
且末县莫勒切河西岩画

进行传导、控制的象征媒介，也是实现自然神圣力互渗给人的巫术途径。弓箭同时还是生殖的象征物，表示原始游牧部族祈愿从动物身上获得强健的生殖力。岩画中还有车轮形象，说明这里的原始游牧先民也使用高车进行迁徙、转场。莫勒切河岩画中的车辆为两轮、单辕、有舆，但车轮多为四辐，凿刻的技法以线条式或剪影式描绘。且末岩画遗迹中发现的车辆图案，为研究昆仑山区域原始游牧经济的生产方式提供了重要证据（图4-88）。

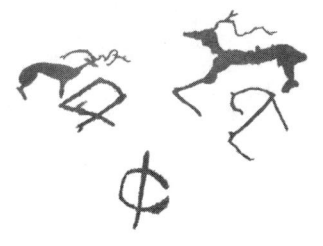

图 4-87
且末县莫勒切河东岩画

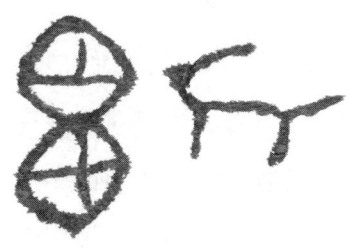

图 4-88
且末县莫勒切河东岩画

图 4-89 为莫勒切河东岩画中的一幅农田图。画面中由短直线勾勒出连续排列的"田"字网格状形象，表现出成片的网格状田地，田地周围还有些羊、鹿、牛等形象。由此可以说明，远古时期由莫勒切河灌溉的两岸绿洲，人们不仅从事畜牧生产，也进行着农耕生产，并且农耕生产已具有了一定的规模。且末县岩画中出现的田地形象，反映出生活在莫勒切河流域的人们的生产生活方式，他们依山牧放，依水耕田。在且末县扎滚鲁克遗址考古发掘中，就发现了大量的粟黍和小麦种子，充分证明在青铜时代晚期这一地区的生产方式就是农耕与畜牧并存的混合经济，这种田地形象的岩画目前只在昆仑山岩画中有所发现。

图 4-89
且末县莫勒切河东岩画

　　在且末岩画中还有许多形状各异的符号，如图 4-90、图 4-91 中"○"形、"◎"形、云纹形，以及一些异形符号。这些符号中有象征生殖力的符号，也有对日月星辰的象征，还有的是不同族群用来标记家族、游牧范围或领地的印记。使用符号印记标识家畜、草场和财产的习俗，在现代的一些民族中还依旧留存着。符号是先民对自然物象进行高度概括后形成的抽象化形象，承载着原始游牧部族赋予自然物的特定象征意义，也是原始文化中的重要内容，需要不断深入研究才能真正解读其中真正的含义。无论岩画中的形象以何种形式呈现，其内在涵义都体现出强烈、鲜明的"生命"诉求。因此，"生命意识"成为原始艺术表达的核心内容，并一直作为漫长人类历史与文化发展进程中的主旋律。

图 4-90
且末县莫勒切河东岩画

图 4-91
且末县莫勒切河东岩画

# 结　语

　　新疆自古就是多民族聚居地区。不同民族、不同文化的频繁交往使新疆文化呈现多元、开放、融合的特点。悠久的历史渊源与深厚的文化底蕴，积淀出丰富多彩且地域特色浓郁的文化内容。这里不仅有多姿多彩的民俗风情，还有厚重的历史文化。高山崖壁上刻绘的原始岩画，悠悠草原中伫立的石人立像，茫茫沙海下古城的断垣残壁，所有古迹都承载着这片土地的记忆。

　　新疆岩画以鲜活的形象展现出人类初期为生存而奋斗的生命实践历程，传达出生生不息的"生命精神"。在混沌初开的时代，人类的一切实践活动都是为了在严酷的自然环境下争取更多的生存机会，正如马克思、恩格斯指出："我们首先应当确定一切人类生存的第一个前提，也就是一切历史的第一个前提，这个前提就是：人们为了能'创造历史'，必须能够生活。但是为了生活，首先就需要衣、食、住以及其他东西。因此第一个历史活动就是生产满足这些需要的资料，即生产物质生活本身。"[1]生存与繁衍是原始社会时期人类的首要目的，一切社会实

---

[1] [德] 马克思，恩格斯，费尔巴哈. 马克思恩格斯全集：第 1 卷 [M]. 中共中央马克思恩格斯列宁斯大林著作编译局，译. 北京：人民出版社 .1972：32.

践都围绕着获取食物和族群延续这些维系生命根本的问题而发生，满足生存欲求是原始社会意识形态中的核心内容。"生命意识"是人类社会的集体意识，生命母题始终贯穿在人类社会发展的历史进程中，虽然在形式上有着时代性特征，但母题意义却是恒定的、明确的，成为人类文化的重要元素。正是在"生命精神"的激励下，人类社会才有经久不息、历久弥新的生命力。

美在生命，美是生命意识的蕴积与象征。原始审美建立在人类生命主体的生存需求是合目的性、有意识的秩序创造。原始审美实践活动始终与人类自身生存的功利性目的联系在一起，有益于生存的生命法则即是人类发现美、追求美、创造美的法则，正是生命法则使得原始岩画艺术充满了灵魂与活力。

"生命之美"是新疆岩画主题的本质内涵。岩画是原始社会"生命意识"的一种外化形式。幼年时代的人类，面对充满未知和危险的世界，以懵懂的认知与强烈的生存欲，构建出"万物有灵"的世界。在原始人类的世界里，一切都是有生命力的。他们热爱生命、敬畏生命，为了争取生存的机会，他们极尽所能与自然交流、沟通。将生命的情感、意志、期望都寄托于自然万物，以纯真的态度、稚拙的方式、强烈的热情，乐此不疲地刻绘着岩画，在"悦神娱己"中获得生命的鼓励，以达到自身生命力量的提升。岩画是人类初期自觉、能动地探索生命价值和实现自我生命超越的载体，它是人类在主观意识驱动下对自然的主动改造和重塑，创造出符合自身生存意愿的艺术形象和象征生命意志的精神形式。正是生命的自觉性促使了人类自我意识的萌生与发展，激发了人类对自然的征服欲和控制欲。岩画是原始游牧部族能动的、有意识的生命践行方式，反映出人类本性中最基本的生命欲望与生命力量，它是人类生命精神的自然表达，本质在于满足人类身心和谐的生命需要。

　　新疆岩画是在原始时代牧猎经济形态与文化背景下，形成的一种"巫绘合一"的原始艺术形式，反映着远古游牧先民的社会生活、生命意识、生命精神和生命情感。无论从岩画的题材，还是表现形式，都与原始游牧先民的生命活动紧密关联。游牧先民为了收获生存利益，从自我意志与情感喜好出发，运用各种表现形式和手段对自然世界进行主观改造和加工，以此表达对生命力的欲求。虽然岩画具有强烈的功利性目的，但其中张扬的生命情感却充满了艺术形式的律动，即使历经千万年风蚀雨剥，原始岩画依旧涌动着生命之美。

　　"单纯之美"是新疆岩画艺术形式的重要特征，单纯、稚拙、粗犷、朴实且又充满着神秘气息的图式形式，反映出原始时代人与人、人与自然之间平等、和谐的关系与观念。尚处懵懂的人类为了获得更多的生存利益，以"万物有灵"观念认知和理解外部世界，他们以直观、表象的方式把握自然万物，关注那些对自身生存有益的内容，并与自身的生存欲求密切联系起来。原始游牧部族摹绘物象时并不关心是否完全真实，而是关心物象所具有的神秘"力"。他们把所有的表达与表现热情都集中在关于"力"的夸张和强调上，在主观意志与功利意识作用下，创造出简约、概括、夸张和象征性的艺术形式。岩画稚拙、简朴、粗犷的形式感透射出的原始"单纯之美"，其实质却是现实的、功利的，充斥着强烈的生存欲望与功利目的，这与人类生命意志达成了高度和谐。新疆岩画是游牧先民在原始牧猎经济状态和文化背景下积淀而成的人对自然的格外观照与感情依赖的表现方式。游牧先民将精神信仰、生命热情全部倾注在自然之中。他们毫无矫揉造作，以纯粹的生存目的及功利欲望，明确而清晰地表达着自身与外部自然世界的生命联系。他们以真切、纯粹的方式贴近所表现对象的内在本质，在近乎痴狂的"巫绘合一"的操作过程中宣泄着生命的欲望。原始游牧部族用率真、简朴、单纯的表现形式表达着生命的诉求，这种顽强、执着的"生命精神"正是人类最基本的、普遍性的情感意识，即便是如今也会从原始艺术中感受到生命的共情。

新疆岩画具有极高的文化研究价值和艺术审美价值，通过一幅幅生动的画面，既可追溯考究历史，解读原始时代人类的社会活动，也可鉴赏、品味到原始艺术的独特魅力。新疆岩画不仅是新疆历史长河中的文化珍迹，更是中华民族璀璨文化中的组成部分，代表了中国史前艺术的一个体系，在人类文明宝库中占有重要的位置，为不同学科领域研究提供了丰富的文献材料与素材样本。同时，新疆岩画作为"丝绸之路文化圈"中重要的文化形式，体现着欧亚草原原始游牧民族共同的文化元素，反映出古代欧亚草原文化的广泛交流，对研究整个欧亚历史文化有着重要意义。

文化是一个国家、一个民族的灵魂。岩画不仅作为新疆珍贵的历史文化财产，也将会是促进区域文化发展与经济发展的价值来源。新疆岩画是人类历史初期的文化形式之一，也是人类文化发展历史追根溯源的见证。对于新疆岩画重要性的认识，不仅需要系统的理论研究，更需要广泛的社会宣传与文化传播，让更多的人透过丰富多彩的岩画艺术，深刻领会到中华文化的多元性、丰富性与融合性，对中华文化的博大精深有更加深刻的认识。同时，还要将理论与实践相结合，力争将新疆岩画保护与地方文化经济相结合，使岩画保护与地方经济协同发展，切实有效地开展新疆岩画的文化保护与文化推广，使原始岩画文化成为新疆的文化名片。

"岁月失语，惟石能言。"这是作家冯骥才先生面对贺兰山岩画时的由衷感叹。当面对遍布天山南北的新疆岩画时，也会令人顿生同感。岁月已逝，只有那些古老的岩画生动地记录下人类童年时期的生活印记。从稚拙、简朴的岩画中，我们看到远古先民顽强的生命勇气，体悟到人类执着的生命精神。这就是岩石所承载的人类文化史，更是一部人类生命史。它记载着过去，连接着未来，彰显着人类生生不息的生命力量。新疆岩画是人类初期的历史记忆与文化印记，是人类过去生活的反映，一旦消失，就可能永远不能再现。因此，加强对新疆岩画合理、正确的保护，加大对岩画文化知识的宣传就显得极其迫切和重要。这就需要更多的研究者与实践者参与到新疆岩画的科学保护、合理开发及创新发展的研究中。以文化创新让新疆岩画活起来，充分保护与依托新疆岩画文化资源，把原始艺术与现代生活紧密联系起来，努力打造具有区域特色的文化经济景观。让历史记忆走进当下，将远古的生命文化与追求返璞归真的现代生活有效融合，在文化传承和传播的过程中实现文化保护与文化共享。

# 参考文献

[1] [意]埃马努埃尔·阿纳蒂.世界岩画——原始语言[M].张晓霞，张博文，郭晓云，张亚莎译.银川：宁夏人民出版社，2017.

[2] [法]福柯.福柯集[M].杜小真译.上海：上海远东出版社，1998.

[3] [英]爱德华·泰勒.原始文化[M].连树声译.上海：上海文艺出版社，1992.

[4] [法]列维·布留尔.原始思维[M].丁由译.北京：商务印书馆，2009.

[5] [英]简·爱伦·哈里森.古代的艺术与仪式[M].吴晓群译.郑州：大象出版社，2011.

[6] [美]路易斯·亨利·摩尔根.古代社会[M].杨东莼，马雍，马巨译.北京：商务印书馆，1997.

[7] [英]詹姆斯·乔治·弗雷泽.金枝[M].徐育新，汪培基，张泽石译.北京：大众文艺出版社，1998v

[8] [美]O．A．魏勒.性崇拜[M].史频译.北京：中国文联出版公司，1988.

[9] [美]弗朗兹·博厄斯.原始艺术[M].金辉译，刘乃元校.上海：上海文艺出版社，1989.

[10] [法]安德列·勒鲁瓦·古昂.史前宗教[M].俞灏敏译.上海：上海

文艺出版社，1990.

[11] [ 英 ] 马林诺夫斯基 . 巫术、科学、宗教与神话 [M]. 李安宅译 . 北京：中国民间文艺出版社，1986.

[12] [ 意 ] 维柯 . 新科学 [M]. 朱光潜译 . 北京：人民文学出版社，1986.

[13] [ 美 ] 鲁道夫 · 阿恩海姆 . 视觉思维——审美直觉心理学 [M]. 滕守尧译 . 北京：光明日报出版社，1987.

[14] [ 美 ] 简 · 布洛克 . 原始艺术哲学 [M]. 沈波，张安平译，朱立元校 . 上海：上海人民出版社，1991.

[15] [ 苏 ]M. A. 达夫列特 . 游牧路上的岩画 [M]. 莫斯科：莫斯科出版社，1982.

[16] [ 德 ] 恩斯特 · 卡西尔 . 国家的神话 [M]. 范进，杨君游，柯锦华译 . 北京：华夏出版社，1999.

[17] [ 美 ] 亚伯拉罕 · 马斯洛 . 动机与人格 [M]. 许金声等译 . 北京：中国人民大学出版社，2012.

[18] [ 法 ] 亨利 · 柏格森 . 道德与宗教的两个来源 [M]. 王作虹，成穷译 . 南京：译林出版社，2014.

[19] Dvids ． Whitley. Introduction to Rock Art Research [M]. Walnut Creek：Left Coast Press，2005.

[20] [ 意 ] 达 · 芬奇 . 芬奇讲绘画 [M]. 刘祥英译 . 北京：九州出版社，2005.

[21] [ 美 ] 迈克尔 · 安 · 霍丽 . 帕诺夫斯基与美术史基础 [M]. 易英译 . 长沙：湖南美术出版社，1992.

[22] [ 美 ] 戴维 · 波普诺 . 社会学 [M]. 李强译 . 北京：中国人民大学出版社，1999.

[23] [ 英 ] 维特根斯坦 . 哲学研究 [M]. 陈嘉映译 . 上海：上海人民出版社，2001（36）.

[24] [ 意 ] 埃马努埃尔·阿纳蒂 . 欧洲岩画艺术的比较研究 [C].91 国际岩画研讨会文集 [M]. 银川：宁夏人民出版社，1999.

[25] [ 清 ] 纪昀 . 阅微草堂笔记（卷十三·槐西杂志三）[M]. 重庆：重庆出版社，1996.

[26] [ 清 ] 刘统勋，傅恒等 . 钦定皇舆西域图志（乾隆）卷二、三 .

[27] [ 唐 ] 李延寿 . 北史（卷九十九列传·第八十七）[M]. 北京：中华书局，1974.

[28] 王希隆 . 新疆文献四种辑注考述 [M]. 兰州：甘肃文化出版社，1995.

[29] 陈兆复，邢琏 . 世界岩画 I 亚非卷 [M]. 北京：文物出版社，2010.

[30] 陈兆复 . 中国岩画发现史 [M]. 上海：上海人民出版社，2008.

[31] 陈兆复 . 古代岩画 [M]. 北京：文物出版社，2002.

[32] 苏北海 . 新疆岩画 [M]. 乌鲁木齐：新疆美术摄影出版社，1994.

[33] 苏北海 . 哈萨克族文化史 [M]. 乌鲁木齐：新疆大学出版社，1989.

[34] 赵国华 . 生殖崇拜文化论 [M]. 北京：中国社会科学出版社，1990.

[35] 王炳华 . 新疆天山生殖崇拜岩画 [M]. 北京：中国展望出版社，1990v

[36] 盖山林，盖志浩 . 丝绸之路岩画研究 [M]. 乌鲁木齐：新疆人民出版社，2009.

[37] 盖山林 . 丝绸之路草原文化研究 [M]. 乌鲁木齐：新疆人民出版社，2009.

[38] 朱狄 . 原始文化研究 [M]. 北京：三联书店出版社，1988.

[39] 朱狄 . 艺术的起源 [M]. 武汉：武汉大学出版社，2007.

[40] 刘学堂 . 新疆史前宗教研究 [M]. 北京：民族出版社，2009.

[41] 班澜，冯军胜．中国岩画艺术 [M]．呼和浩特：内蒙古出版社，2008.

[42] 仲高．丝绸之路艺术研究 [M]．乌鲁木齐：新疆人民出版社，2009.

[43] 周菁葆．丝绸之路岩画艺术 [M]．乌鲁木齐：新疆人民出版社，1993.

[44] 户晓辉．岩画与生殖巫术 [M]．乌鲁木齐：新疆美术摄影出版社，1993.

[45] 刘青砚，刘宏．阿勒泰岩画艺术 [M]．济南：山东美术出版社，1998.

[46] 王嵘．西域艺术史 [M]．昆明：云南人民出版社，2006.

[47] 孟驰北．草原文化与人类历史（上，下）[M]．北京：国际文化出版公司，1999.

[48] 张佐邦．美学人类学——原始人类审美心理的生成及其文化表现形态 [M]．北京：民族出版社，2008.

[49] 高庆年．造型艺术心理学 [M]．北京：知识出版社，1988.

[50] 叶舒宪．神话——原型批评 [M]．西安：陕西师范大学出版社，1987.

[51] 李亦园．宗教与神话 [M]．桂林：广西师范大学出版社，2004.

[52] 高宣扬．当代法国哲学导论 [M]．上海：同济大学出版社，2004.

[53] 新疆维吾尔自治区文物局．新疆维吾尔自治区第三次全国文物普查成果集成——新疆岩画（上册，下册）[M]．北京：科学出版社，2011.

[54] 新疆美术大系编委会．新疆美术大系：新疆岩画卷 [M]．乌鲁木齐：新疆美术摄影出版社，2012.

[55] 吴泽霖．人类学词典 [M]．上海：上海辞书出版社，1991.

[56] 娜拉．新疆游牧民族社会分析 [M]．北京：民族出版社，2004.

[57] 满都呼．中国阿尔泰语系诸民族神话故事 [M]．北京：民族出版社，1997.

[58] 杨利普．新疆维吾尔自治区地理 [M]．乌鲁木齐：新疆人民出版社，1987.

[59] 胡汝骥 . 中国天山自然地理 [M]. 北京：中国环境科学出版社，2004.

[60] 郑度，中国科学院青藏高原综合科学考察队 . 喀喇昆仑山——昆仑山地区自然地理 [M]. 北京：科学出版社，1999.

[61] 潘裕生，中国科学院青藏高原综合科学考察队 . 喀喇昆仑山——昆仑山综合科学考察导论 [M]. 北京：气象出版社，1992.

[62] 董世魁，张翔，刘世梁，石建斌，李晓文 . 阿尔金山国家级自然保护区生态监测与综合管理 [M]. 北京：中国环境出版社，2015.

[63] [ 德 ] 马克思，恩格斯 . 马克思恩格斯全集（第 46 卷上）[M]. 中共中央马克思恩格斯列宁斯大林著作编译局译 . 北京：人民出版社，1979.

[64] [ 德 ] 马克思，恩格斯 . 马克思恩格斯全集（第 4 卷）[M]. 中共中央马克思恩格斯列宁斯大林著作编译局译 . 北京：人民出版社，2009.

[65] [ 德 ] 马克思，恩格斯 . 马克思恩格斯全集（第 1 卷）[M]. 中共中央马克思恩格斯列宁斯大林著作编译局译 . 北京：人民出版社，1972.

[66] [ 德 ] 马克思，恩格斯 . 马克思恩格斯全集（第 23 卷）[M]. 中共中央马克思恩格斯列宁斯大林著作编译局译 . 北京：人民出版社，1979.

[67] [ 德 ] 马克思，恩格斯 . 马克思恩格斯全集（第 20 卷）[M]. 中共中央马克思恩格斯列宁斯大林著作编译局译 . 北京：人民出版社，1979.

[68] [ 德 ] 马克思，恩格斯 . 马克思恩格斯全集（第 42 卷）[M]. 中共中央马克思恩格斯列宁斯大林著作编译局译 . 北京：人民出版社，1979.

[69] [ 俄 ] Kubarev V D. 由墓葬材料来看阿尔泰岩画的年代问题 [A]. 法国巴黎国际岩画会议 [C]. 法国巴黎国际岩画会议，1995.

[70] [ 俄 ] Ranov v. A. 帕米尔岩画：地点风格主题年代 [A]. 法国巴黎国际岩画会议 [C]. 法国巴黎国际岩画会议，1995.

[71] 王炳华 . 新疆考古、文物资料概述（上）[ A ]. 西域文史（第一辑）

[C]. 北京：科学出版社，2006：02.

[72] 潘其风. 新疆地区古人类学研究的主要收获 [A]. 中日尼雅遗址学术讨论会 [C]. 新疆文物考古研究所，2000：12-14.

[73] 鄂云龙. 草原文明与生态和谐 [A]. 生态文化高层论坛集 [C]. 北京：民族出版社，2007.

[74] 水涛. 新疆史前考古学术研讨会综述 [J]. 西域研究，2008：04.

[75] [意] 克罗齐. 一切历史都是当代史 [J]. 世界哲学 .2002：06；赵家祥译. 历史过程的时空结构和时间向度——兼评西方历史哲学的两个命题 [J]. 北京大学学报（哲学社会科学版），2005：02.

[76] 钱翰. 福柯的谱系学究竟何指 [J]. 学术研究，2016：03.

[77] 蒋学熙. 新疆岩画研究综述 [J]. 新疆师范大学学报（哲学社会科学版），1991：03.

[78] 张芳. 新疆阿尔泰山系岩画的宗教象征性初探 [D]. 新疆师范大学学位论文，2015.

[79] 新疆维吾尔自治区博物馆，北京自然博物馆，新疆维吾尔自治区地矿局区测大队联合考察队. 塔什库尔干县吉日尕勒旧石器时代遗址调查 [J]. 新疆文物，1985：01.

[80] 安成邦等. 新疆地理环境特征以及农牧格局的形成 [J]. 中国科学，2020：02.

[81] 于建军，王幼平，何嘉宁，冯玥，李昱龙，李文成. 新疆吉木乃县通天洞遗址 [J]. 考古，2018：07.

[82] 贺菊莲. 从新疆史前考古初探其古代居民饮食文化 [J]. 中国农史，2007：03.

[83] 王炳华. 新疆考古中所见生殖崇拜遗痕 [J]. 欧亚学刊，2005：07.

[84] 王博，郑颉．阿尔泰山墩德布拉克的旧石器时代晚期岩棚画 [J]．吐鲁番学研究，2005：01．

[85] 李晶，张亚平．家养动物的起源与驯化研究进展 [J]．生物多样性，2009：04．

# 后 记

　　《新疆岩画艺术谱系研究》是 2018 年度国家社科基金艺术学西部项目《新疆岩画艺术谱系研究》（批准号：18EF215）的成果。主持课题研究是一项非常有挑战性的工作，研究期间，我与课题组成员从阿勒泰地区的阿尔泰山区到天山南北，直至南疆四地州，足迹遍布新疆山川。经历风吹日晒，路遇毒蛇、野兽，常常是背着馕饼、矿泉水，翻山越岭寻找岩画，可谓千辛万苦。课题组对阿尔泰山脉、天山山脉、昆仑山系分布的典型岩画进行实地考察、拍摄、取证，对新疆岩画的地域环境、文化背景及民俗现象进行全面、直观的调研。为使新疆岩画素材更加充实，在实地取证基础上，结合各地文管部门提供的资料、文献，共搜集整理近万张岩画图像资料，并按照地域分布对素材进行分类归档。为保持岩画原始风貌与质感，我采用电脑图像处理技术对岩画图像进行提取，并对上万张素材照片逐一分析、辨析、抠取，力求将岩画内容、造型更加直观、真实地展现出来，同时保留岩画始作者刻绘的凿痕和石质原貌，还原岩画的原生质感。这项任务的工作量非常大，耗时一年完成。之后，对提取出的岩画图像进行深入分析，对新疆岩画的社会历史背景、地理环境、文化特征、造型特点、制作方式与图式构成等展开系统的研究。综合分析新疆岩画的艺术特征、主题意旨与审美意义，剖析岩画反映出的原始游牧社会的生活面貌与精神内涵。研究过程中查阅大量历史文献资料，研读相关学术论著，借鉴多学科研究成果，并走访知名学者进行学术交流，不断充实理论储备，夯实研究基础。经过三年的深入研究，着手撰写《新疆岩画艺术谱系研究》一书。本书从美术学角度对新疆岩画文化内涵、艺术形式及审美特征进行系统论述。运用多学科研究方法与成果，阐述了新疆岩画的社会背景与文化形态，详尽解析新疆岩画艺术内容与形式的表达特征，阐释岩画反映出的原始审美思维、审美形式与主题内涵。

新疆岩画遍布天山南北，内容丰富，形式多样，具有极高的研究价值和艺术价值。在多年岩画实地考察中，每每看到那些散落在山地谷间、石面岩壁，记录着游牧先民生活印记的远古艺术品，就不禁感慨生命的活力，即便历经千百年的风雨磨砺，依旧能如此鲜活！正是在这些充满生命力量的远古艺术的鼓舞下，我们不惧艰难与困境，尽己所能，致力于新疆岩画艺术的研究。希望通过资料搜集、学术研究以及文化宣传和创新，让世人更多地了解、认识新疆岩画独特的文化艺术魅力。虽然新疆岩画在学术研究、文化保护上已取得了许多成就，但还需要得到社会层面的更多关注和重视。首先，那些暴露于风吹日晒中的岩画，因自然风化、人为破坏等原因流逝现象十分严重，且这种损失不可逆。再者，由于岩画研究属于边缘学科，社会宣传和教育不足，因而人们对新疆岩画文化知之甚少。对此，迫切需要对新疆岩画进行系统的科学研究、整理记录，更需要社会广泛参与到岩画保护与文化创新中，使新疆岩画艺术充分发挥出历史文化价值与社会教育功能，为推进"文化润疆"做出贡献。

在研究过程中将理论与实践相结合，对新疆岩画艺术资源进行科学合理的开发与衍生。阶段性成果《新疆岩画艺术数字绘本》，打破传统手绘或拓印岩画的贯式，以数字绘本形式将新疆岩画典型图像汇集成电子书。为新疆岩画研究、数字化展示及当代艺术创作、现代设计等领域提供了研究和创作素材。阶段性成果《新疆岩画艺术衍生品设计》图录，集结了已开发的数十种新疆岩画艺术衍生产品，其中有 6 项产品获得外观专利，部分产品已产生了一定的社会效益。无论是理论研究，还是创新实践，主旨就是对新疆岩画文化展开宣传、传播与教育，期冀以文化创新实现新疆岩画的保护、传承和可持续发展。

研究本着科学、严谨的治学态度，泛览文献、深研史论，以实为基，依史为据，为考据和研究新疆岩画艺术奠定了坚实的理论基础。俗话说"一己之力难以成继"，在课题组成员的共同努力下，研究顺利展开并取得一些研究成果。在深入的实地考察与理论研究基础上，我又历经 9 个月不辍笔耕，反复斟酌、修改，于 2021 年 7 月完成本书稿。本书稿 30 万字，其中 329 张自绘岩画插图。

研究期间，虽然历程艰辛，但得到了众多朋友的帮助和鼓励。特别感谢课题组成员新疆博物馆研究员陈龙老师，他数十年致力于新疆岩画的拍摄与搜集，积累了丰富的岩画素材，其中不乏首次发现的岩画图像，为研究提供了充实的素材资源和实证材料。新疆师范大学美术学院教授李群老师，对研究思路与研究方法给予了专业性指导，为研究的深度开展提出了宝贵意见与建议。期间，还得到了众多相关领域专家、文管单位及挚友们的支持与帮助。在此由衷感谢新疆文物局、乌鲁木齐市文物局、阿勒泰博物馆、伊犁博物馆、和田博物馆、玛纳斯博物馆等相关单位及领导、友人给予的极大协助。同时，感谢

参与研究工作的所有课题组成员和学生团队的共同努力。本书为笔者对新疆岩画艺术研究的理解和拙见，尚不成熟之处还望多提宝贵意见。

隋立民

2023 年 3 月 10 日